상담 실제를 위한 안내서

A Guide to Clinical Practice

단기 역동적 심리치료

Time
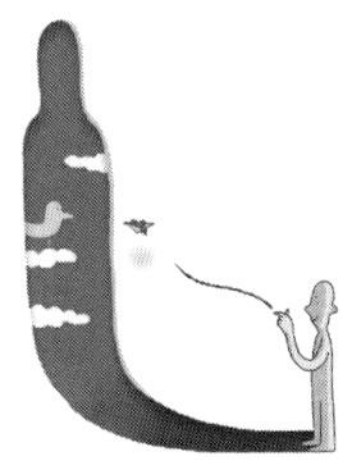
Limited
Dynamic
Psychotherapy

Hanna Levenson 저 | 정남운 · 변은희 공역

학지사

TIME-LIMITED DYNAMIC PSYCHOTHERAPY

by Hanna Levenson

역자 서문

단기 역동적 심리치료(TLDP)는 밴더빌트 대학의 Hans Strupp이 현대 정신분석, 특히 대상관계 이론에 바탕을 두고 개발한 접근으로, 내담자의 핵심적인 대인관계 패턴을 치료 과정의 초점으로 삼는다. TLDP는 비슷한 시기에 등장한 Lester Luborsky의 핵심적 갈등관계 주제(CCRT) 접근과 더불어 정신역동적 단기치료의 실제와 경험적 연구에 큰 발전을 가지고 왔으며, 정신분석에서 신비주의와 권위주의의 안개를 제거하는 데 큰 기여를 하였다. 이들을 통해 많은 상담자들이 대인관계적 혹은 대상관계적 접근의 핵심을 쉽게 이해할 수 있게 되었다.

역자는 수년간 이 책을 가톨릭대학교 심리학과 대학원과 상담대학원에서 '단기치료' 및 '대상관계 이론' 수업의 주교재 혹은 부교재로 사용해 왔다. 정신분석과 대상관계 이론은 자칫하면 추상적인 논의, 뜬구름 잡는 이야기에 머무르기 쉽다. 지금껏 역자는 대상관계적 접근에 기초한 책들 중에서 이 책보다 더 구체적이고, 생생하고, 이해하기 쉽게 쓴 책을 본 적이 없다. 물론 이 책에 기술된 내용, 혹은 TLDP라는 단기 역동적 접근이 강조하는 내용이 현대 정신분석이나 대상관계적 접근을 대표한다고 할 수는 없다. 정신분석은 훨씬 더 복잡하고 풍부한 내용을 담고 있다. 인간의 내면과 삶에 대해 정신분석이 축적한 지식과 지혜는 단지 한두 권의 책으로 담을 수 있는 것이 아니다. 그럼에도 불구하고 이 책은 추상적인 정신분석적 개념을 거의 사용하지 않으면서도 지금-여기에서의 전이분석의 핵심을 잘 보여 주고 있다.

이 책에 제시된 사례들이 모두 성공적인 결과를 보였기 때문에, TLDP 관점을 적용하기만 하면 상담이 쉽게 이루어질 것 같은 착각을 할 수도 있겠고, 또 바로 그래서 쉽게 이런 노력과 시도를 포기할 수도 있을 것이다. 그러나 내담자의 대인관계 패턴과 상담자-내담자 관계에 주목하지 않는 상담자는 매우 강력한 치료적 도구를 아깝게 잃어버리게 된다.

독자들은 상담과 심리치료를 책으로만 배우는 것이 매우 위험한 일임을 기억해야 한다. 상담에서 펼쳐지는 상담자와 내담자의 상호작용은 아주 미묘해서, 그것을 정확하게 이해하려면 좀 더 객관적인 입장에 있는 다른 동료들의 관점과 평가와 조언이 필요할 때가 많다. 그러므로 이 책을 읽고 이를 자신의 상담 실제에 적용해 보고자 하는 상담자나 수련생은 이 접근에 익숙한 슈퍼바이저로부터 체계적으로 지도를 받거나, (그런 기회가 부족한 우리나라의 실정을 고려할 때) 적어도 또래 상담자들과 함께 사례를 의논하고 공부하는 모임을 만들어 그 속에서 살펴보고 점검받아야 한다.

좋은 책을 번역하게 되어서 기쁘다. 이 책을 번역하는 과정에서, 1장에서 7장까지는 변은희가, 8장부터 부록까지는 정남운이 각각 번역을 하였고, 정남운이 다시 전체를 일관성 있게 수정하고 다듬었다. 가톨릭대학교 심리학과에서 이 책을 함께 공부하였던 김미자, 노이경, 이양자, 오충광, 조용주, 김일수, 황주연, 김영아, 윤재호, 윤아랑, 강선희, 이귀선, 윤지희 선생이 초벌번역에 힘을 보태 주었고, 서울대학교 김윤희 선생이 유익한 조언을 해 주었다. 이 분들에게 감사드리면서 느린 역자를 기다려 준 학지사의 김진환 사장님과 교정 과정을 정성껏 지원해 준 편집부 강물결 님에게도 감사드린다.

2008년 9월

역자 일동

추천사

단기치료 또는 시간제한적 심리치료가 빠르게 미래의 주류로 자리 잡아 가고 있는 데는 몇 가지 중요한 이유가 있다. 무엇보다 먼저 건강을 돌보는 데 드는 비용이 크게 증가함에 따라 그 비용을 줄이고자 하는 요구가 늘고 있다. 둘째, 심리치료의 효용성을 입증하는 수많은 경험적 연구에 힘입어 정신보건 전문가들이 제공하는 서비스를 받으려는 사람들이 늘어나고 있다. 셋째, 소비자들이 심리치료 비용의 지불을 보험사나 정부 등 제삼자에게 점점 더 많이 의존하고 있다. 넷째, 최근 치료자의 수가 주로 심리학 및 정신보건 사회복지 분야에서 꾸준히 증가하고 있어, '정신과 환자' 라는 낙인이 점점 옅어지고 있다.

심리치료의 '안전성과 효율성' 에 대해서는 더 이상 의문의 여지가 없지만, 특정 문제에 특정 심리치료 유형이 얼마나 효과가 있는지, 정신약물학과 비교했을 때는 얼마나 유용한지, 혹은 보험사와 관리의료 회사들이 아직 덜 표준화된 심리치료를 위해서 치료비를 어느 정도나 기꺼이 부담하려고 하는지 등에 대한 논란은 지속되고 있다. 최근에는 Freud의 예언처럼 수정된 형태의 정신분석이 널리 활용되고 있다. 사실 오늘날 행해지는 많은 심리치료는 정통 정신분석과는 너무나도 많이 달라졌다. 정신분석 자체는 꾸준히 감소하고 있지만, 다양한 형태의 심리치료가 이를 대체하고 있다.

또한 여러 달, 심지어 여러 해에 걸쳐 심리치료를 하던 시대는 지나가 버렸다. 보다 짧은 심리치료가 대세를 이루어 가고 있다. 단기 심리치료는 대부분 외래 치료의 형태로 이루어지며, 향정신성 약물이 함께 사용되는 경우가 많은데 그 예로 여러 종류의 우울증 치료를 들 수 있다. 여기서 심리치료는 전형적으로 항우울제 투약과 병행된다. 치료자뿐만 아니라 환자 편에서도 치료에 대한 기대를 많이 줄여 더 이상 '근본적인 치유'를 추구하지 않는다. 이젠 비용과 기간에 상관없이 최대한의 변화를 가져오게 하는 것이 아니라 사용 가능한 자원의 범위 안에서 최대한의 변화를 가져오는 것이 치료 목표가 되었다. 즉, 환자, 치료자, 보험사, 정부 등 모든 당사자들이 철저하게 실용적인 태도를 가지게 되었다.

1920년대 초에 정신분석 기간을 줄여 보려는 약간의 시도가 있었으나, 그 이후 단기치료 영역은 아무 발전이 없었다. 그러다가 1940년대 중반에 이르러 Franz Alexander와 Theodore French(1946)의 선구적인 시도가 등장했다. 그러나 정신분석가 집단은 대부분 적대적인 태도를 보이며 이를 거부하였다. 또 1960년대 초에는 Michael Balint와 David Malan을 비롯한 여러 연구자들이 정신분석의 원리에 기초한 시간제한적인 치료를 개발하기 위해 많은 노력을 기울였다. 이러한 시도는 그 이후 수십 년 동안 크게 성장하였으며, 그 사이 인지행동 치료가 출현하였다. 인지행동 치료와 정신역동적 심리치료는 오늘날 이루어지는 단기치료의 주종을 이루고 있다.

단기치료와 시간제한적인 치료가 도입되면서 치료 지침서(매뉴얼)들도 개발되었는데 치료 지침서는 치료 방법을 구체적인 용어로 설명하여 치료자들을 이끌어 준다. 그런 치료 지침서의 대표적인 예로는 Gerald Klerman과 그 동료들(1984), Lester Luborsky(1984), 나와 Jeffrey Binder(1984)가 만든 것을 들 수 있다. 그러나 기존의 지침서들은 충분히 만족스러울 만큼 구체적이고 자세하고 포괄적이지는 못하다. 게다가 단기 혹은 시간제한적인 심리치료를 시작하는 치료자들 대부분이 이를 위해 별도의 수련을 받은 적도 없다. 이 책은 이런 문제점을 극복하기 위한 중요한 한 걸음을 떼어

놓는다는 의미가 있다.

Hanna Levenson 박사는 정신역동 및 대인관계 전통에서 철저하게 수련 받은 고도로 숙련된 심리치료자이며, 지난 15년 동안 젊은 치료자들(특히 정신과 레지던트, 임상심리학 대학원생들)을 훈련하는 데 많은 노력을 기울여 왔다. 또한 Levenson 박사는 단기치료 기술을 향상시키고 싶어 하는 경험 많은 임상가들과도 많은 작업을 함께해 왔다. 그렇기 때문에 그녀는 다양한 수준의 학생들이 어떤 부분에서 어려움을 겪는지 잘 알고 있다.

이 책에는 Strupp과 Binder(1984)가 제시한 접근 방법에 따라 Levenson 박사가 고안한 훈련 프로그램이 자세히 설명되어 있다. 그녀는 시간제한적인 역동적 심리치료는 장기치료의 축약형이 아니라 그 나름의 요구조건이 있는 것이며, 배우는 사람들이 상당히 노력을 해야 한다는 점을 설명하면서 이 책을 시작한다. 그녀의 접근은 명확하고 간결하며 철저하게 실용적이면서도, 또한 섬세하고 정교하다.

이 책의 학습자는 실제 심리치료 회기의 비디오테이프에서 발췌한 임상 자료를 제공받아 함께 공부하는 능동적인 참여자가 될 것이다. 수련 과정에서 구체적인 환자-치료자 상호작용을 접하는 것이 절대적으로 필요하다는 인식이 높아지고는 있지만, 이러한 상호작용의 예를 수록한 전문서적은 별로 없다. 학생들이 치료 원칙에 대한 지식 기반을 획득하는 것도 중요하지만, 더욱 중요한 것은 모든 치료 회기에서 치료자가 직면하는 현실적 난제에 능동적으로 참여해야 한다는 점이다. Levenson 박사는 이 책에 수록한 풍부한 임상 자료를 통해 '어떻게 할 것인가?' 에 초점을 맞추어서 이론과 실제를 연결하고 있다. 또 임상 사례를 놓고 사례지도자와 수련생들이 함께 논의한 축어록을 독자들에게 제공한다. 이런 점에서 이 책은 치료 작업의 요약만을 제시하는 전형적인 사례지도 교과서보다 훨씬 뛰어나다.

Levenson 박사는 훌륭한 교사로서, 세미나에 참가하는 수련생들과 이 책의 독자들로 하여금 모든 치료자들이 당면하는 장애물들을 보다 효과적이고 창의적으로 다룰 수 있도록 도와줄 것이다. 물론 심리치료 기술을 책을 통해서만 배울 수는 없다. 수련생들은 매우 구체적인 임상 실제에 대처하는 방법을 배워야 한다. 그리고 이는 실제 상황 속에서 배우고 숙달할 수 있다. 그런데 Levenson 박사의 이 책은 학습자를 실제 상황에 놓이게 함으로써 배우는 사람이 이론과 실제를 더 잘 이해하도록 매우 구체적으로 돕는다. 따라서 나는 이 책이 시간제한적인 역동적 심리치료 기술을 배우고 숙달하는 데 크게 기여하리라고 감히 예측한다.

밴더빌트 대학교 명예교수

—Hans H. Strupp, Ph. D.

저자 서문

나는 교육과 훈련을 위해 치료 회기를 녹화하고 연구할 수 있도록 허락해 준 수많은 환자들에게 가장 먼저 감사를 표하고 싶다. 때때로 위압적으로 보이는 큰 장애물들을 만나는 순간에 그들이 보여 주었던 힘과 용기는 나에게 지속적인 영감의 원천이 되어 주었다.

아쉽게도 그들의 이름을 다 기억할 수는 없지만 지난 15년 동안 300명 이상의 수련생들과 함께한 경험은 이 책의 기초와 방향을 제공하였다. 교육 세미나와 사례 세미나에서 그들이 보여 준 협력적이고 진지한 피드백을 통해, 나는 내가 어떻게 가르치고 있는가와, 또 어떻게 하면 더 잘 가르칠 수 있을지를 알게 되었다. 수련생들은 인간의 상호작용과 변화 과정을 이해하고자 하는 자신들의 분투를 기꺼이 함께 나누어 주었다. 학생들의 열정과 성장은 나 자신의 열정과 성장을 자극하였다. 이 책의 여러 부분에 대해 피드백을 해 준 Ed Bein, Vera Dujovne, Lisa Kuhlman, Avvy Mar, Jeremy Ogel, Don Schwarcz, Laura Seitel, Jonne Van Meer, Dan Wolverton, Sharon Wood 등 수련생들과, PGSP(Pacific Graduate School of Psychology)에서 Julia Shiang의 심리치료 수업을 들으며 이 책의 초고에 조언을 아끼지 않은 학생들에게 특별히 감사한다.

더불어 CPMC(California Pacific Medical Center)와 샌프란시스코와 팰러앨토에 있는 여러 진료소에서 시행된 단기치료 훈련 프로그램의 초창기에 긴밀하게 함께 일했던 Anita Barzman, Jeanne Burns, Kay Bolter, Denise Capra-Young, Michael Dressler, Rick Ferm, Darrah Garvin, Nancy Glenn, Pamela Reaves에게도 진심으로 감사한다.

10년 전 나는 Hans Strupp과 그의 심리치료 연구팀의 활동에 고무되어 스스로 내시빌에 있는 밴더빌트 대학을 찾아갔다. 그 당시 Strupp 박사의 연구팀은 시간제한적인 역동적 심리치료에서의 훈련에 관한 국립정신건강연구소(NIMH) 연구 2기를 수행하고 있었다. 그 이후 Hans Strupp, Jeffrey Binder, Stephen Butler, William Henry의 아이디어와 개인적 지지는 나에게 헤아릴 수 없이 많은 영향을 주었다. 특히 치료 과정에 미치는 치료자의 영향에 관한 Strupp 박사의 연구는 나의 사고에 지대한 영향을 미쳤으며 밴더빌트 치료전략 척도와 그 매뉴얼을 부록에 수록할 수 있도록 허락해 준 연구팀에게도 감사의 마음을 전하고 싶다.

이 책을 쓰는 동안 책의 일부를 읽고 귀중한 피드백을 주고 지속적으로 격려해 준 Linda Alperstein, Avis Begoun, Jeffrey Binder, Kathryn DeWitt, Bram Fridhandler, Marc Jacobs, Stanley Messer, Jacqueline Persons, Judy Pickles, Saul Rosenberg, Julia Shiang, David Silven, Susan Steinberg, Mark Zaslav, Joan Zweben에게도 고마움을 전하고 싶다.

이 책을 쓸 시간이 없다는 끝없는 내 변명에도 "그래도 하세요!"라고 말해 준 Jackie Persons와 이 책을 쓰는 일을 관대하게 보아 주었던 나의 '보스'들, Jacqueline Becker, Robert Hales, Russell Lemle, Gene Zukowsky에게도 감사를 드린다.

또한 이 책의 출판에 큰 관심을 보여 준 Basic Books의 선임 편집자 Jo Ann Miller와 이 책이 출판될 수 있도록 지속적인 노고를 아끼지 않은 Stephen Francoeur에게 감사를 드린다.

가족의 이해와 지지가 없었다면 이 책은 나오지 못했을 것이다. Larry가 보여 준 지칠 줄 모르는 열정은 책을 쓰는 동안 나의 힘이 되어 주었고, Zachary와 Adam은 내가 인정하고 싶은 것보다 더 많았을 나의 부재를 선선히 받아들여 주었으며, 너그럽게도 "아직 안 끝났어요?"라고 묻지 않았다. 그리고 우리 집 개 Moe는 내가 컴퓨터 앞에서 보낸 긴 시간 동안 내 발치에 앉아 충실한 친구가 되어 주었다.

—Hanna Levenson, Ph. D.

차례

chapter 01 _ 서 론

TLDP 세미나를 시작하기에 앞서 나는 먼저 참가자들에게 "왜 이 훈련을 받기로 했습니까?"라는 질문을 던진다(독자에게는 "왜 이 책을 읽으려고 합니까?"라는 질문을 할 수 있을 것이다.). 이때 가장 흔한 대답은 단기치료를 해야 하는 상황에서 일할 준비가 안 되어 있기 때문이라는 것이다. 이미 단기치료 상황에서 일하고 있는 사람들은 이런 염려를 더 많이 한다. 그런가 하면, 정신역동적 훈련을 받은 많은 사람들은 단기적이면서도 깊이 있는 치료가 가능한지 의구심을 갖는다. 이들은 경제적인 이유 때문에 자신의 개념적 틀과 임상적 지혜를 포기하는 것을 달가워하지 않는다.

또 어떤 사람들은 단기치료를 하기에 까다로운 환자와 작업하는 방법을 배우려고 세미나에 참가한다. 경험이 많지 않은 치료자들조차도 이 환자들에 대해 잘 알고 있다. 너무 화가 나서 목을 조르고 싶거나, 너무 위협적이어서 치료 회기에 나타나지 않으면 도리어 안도감을 느끼거나, 너무 혼란스럽게 해서 갈피를 잡을 수 없거나, 너무 지루해서 짜증이 나거나, 너무 문제가 커 보여서 무력감을 느끼게 되거나, 너무 수동적이어서 강제로라도 행동을 취하게 하고 싶거나, 너무 유쾌해서 그냥 하는 대로 내버려 두고 싶거나, 너무 감사를 잘 표시해서 그 칭찬 속에 푹 빠지고 싶은 기분이 들게 하는 환자들이 있다는 것을 경험한다. 당신은 이런 환자들을 어떻게 효율적으로 치료할 것인가?

어떤 참가자들은 단기치료가 사례개념화에 초점을 맞추기 때문에, 즉 빠르고 분명하게 환자를 이해하고 이를 전체 치료 과정의 청사진으로 사용하는 방법을 배울 수 있기 때문에 단기치료 훈련을 받기로 한다.

또 어떤 사람들은 실제 치료 회기를 담은 비디오테이프를 볼 수 있기 때문에 이 훈련 과정에 참가한다. 그들은 '구체적인 치료 방법'에 초점을 맞추어 치료의 이론과 실제를 연결해 주는 풍부한 임상적 자료를 탐구하는 데 관심이 있다. 결정적인 세부사항을 얼버무리고 실제보다 훨씬 더 조리 있고 적절하게 치료가 이루어진 것처럼 묘사하는 치료자의 요약과는 달리, 비디오테이프는 치료에서 실제로 일어난 일을 생생하게 보여 주며 실감 나는 맥락을 제공하기 때문에 관련 자료를 적극적으로 다루도록 촉진할 수 있는데 이는 머리로만 아는 지식의 부정적 효과를 상쇄시킨다(Schacht, 1991).

이 책의 목표는 잘 확립된 단기 정신역동적 심리치료 모델인, 단기 역동적 심리치료(Time-Limited Dynamic Psychotherapy: TLDP; Strupp & Binder, 1984)를 소개하는 것이다. 이 치료 모델은 어려운 환자들을 치료하는 데 특히 유용하므로 나는 이 책에서 풍부한 교육적 자료를 실제 임상 사례들과 결합하려고 하였다. 그렇게 함으로써 독자들이 앞으로 자신의 환자들에게 TLDP의 요소들을 적용해 볼 수 있도록 하였다.

TLDP는 유용한 사례개념화와 적합한 치료적 개입을 촉진하기 위해 고안된 경험적 근거를 가진 접근이다. 더구나 TLDP는 치료자들에게 '친절한' 접근인데 그 까닭은 관찰 가능한 자료에 의존하고 있어서 치료자가 쉽게 이해할 수 있고, 또한 융통성이 있어서 치료자가 이 접근을 자신의 치료 스타일에 맞출 수 있기 때문이다. TLDP는 역동적인 틀을 가지고 있는 동시에 대인관계 이론, 대상관계 이론, 자기심리학 이론 그리고 인지행동적 접근 및 체계이론적 접근의 최근 발달도 포함하고 있다.

이 책은 임상가들에게 TLDP의 이론적 근거와 전략적 사용을 가르쳐 온 나의 수년간의 경험에서 나온 것으로 단기치료로 치료 영역을 확장하려는 숙련된 전문가, 최근에 면허를 획득한 치료자 그리고 대학원생, 정신과 레지던트, 심리학이나 사회복지 인턴과 같은 수련생들을 위한 임상 안내서다. 또한 이 책의 목표는 치료하기 힘든 환자들을 보다 효과적이고 효율적으로 치료하고 싶어 하는 치료자들을 실제로 돕는 데 있다.

나는 적극적, 경험적, 통합적인 방법으로 가르치기를 좋아하는데, 이는 어떻게 보면 운전 교습과 비슷하다고 할 수 있다. 운전을 배울 때 우리는 먼저 운전대 앞에 있어야 하고, 면허가 있는 운전 강사(이상적으로는 공감적이고 경험이 많은 강사)가 옆에 있어야 한다. 우리는 모든 상황(예컨대, 좌우회전, 정지, 주차 등)에 항상 적합한 방법을 배울 수는 없는데 각각의 상황이 맥락(도로 조건, 속도, 차종 등)에 따라 다르기 때문이다. 운전자는 앞으로 겪을 상황을 모두 다 예측할 수는 없기 때문에, 상황을 인식하고, 평가하고, 운전대를 조종할 수 있는 일반적인 방법을 배운다. 결국 우리는 운전석에 앉아 자기 경험을 통해 배우는 셈이다. 나는 TLDP를 운전 교습과 비교함으로써 임상적 작업이 지닌 '예술로서의 심리치료' 라는 측면을 부인하거나, 무생물인 기계를 조작하는 기술을 언급함으로써 인간의 상호작용의 측면들을 폄하하려고 하는 것이 아니다. 오히려 나는 성공적인 심리치료란 여러 기술을 경험적으로, 맥락에 맞추어 통합하는 것을 의미한다고 믿는다. 하나하나의 기술 자체는 상대적으로 무의미하며, 목적지에 도달하기 위해서는 이러한 기술을 언제, 어떻게 사용할 것인지 결정을 내려야 한다.

나는 가르칠 때 수련생들에게 운전석에 앉도록 권장한다. 내가 선호하는 훈련 방식은 실제 치료 회기를 찍은 비디오테이프를 상당한 기간 동안(보통 6개월간) 소집단의 수련생[1]들에게 보여 주는 것이다. 이 세미나에서는 비디오테이프를 보여 주다가 적당한 시점에서 정지한 뒤, 수련생들에게 그 비디오 자료에서 무슨 일이 일어났는지를 말하게 하고, 관련 있는 자료와 관련 없는 자료를 구분하게 하며 치료자가 사용할 수 있는 개입을 제안하게 하고, 그 선택의 근거를 제시하게 하고, 환자의 행동을 예측하게 한다. 수련생들은 운전대를 잡고 임상 영역을 탐색하기 시작하는데, 숙련된 운전자일수록 주위를 더 잘 지각하고 차량의 동력과 반응의 중요성을 인식하는 데 비해 초심자는 길을 벗어나지 않고 사고를 피하려고 애쓴다. 이러한 나의 방식은 '상황 학습' 이라는 교수법과 비슷하다. 이 방법은 학습할 지식이 특정 문제와 구체적인 연관을 갖도록 하여, 실제 상황과 매우 비슷한 맥락에서 학습자가 적극적으로 학습에 참여하도록 하는 교육 방식을 가리킨다 (Binder, 1993; Bransford, Franks, Vye, & Sherwood, 1989; Schacht, 1991).

이 책의 계획

이 책의 전개 방식은 훈련 세미나 방식과 같다. 이어지는 장에는 수련생들과 내가 비디오에 녹화된 임상 사례를 보면서 나눈 실제 대화가 나온다. 강의실의 대화 장면은 축약되고 합성된 것이기는 하지만, 여기서 수련생들이 내놓는 문제와 주제는 실제로 세미나에 참가한 수련생들이 제기한 것들로 이런 상호작용을 대화 형식으로 간결하게 제시하였다.

많은 임상 서적이나 강의들이 해석, 저항, 치료 동맹 등의 자료를 각각의 장에서 따로 분리하여 직선적으로 제시하고 다룬다. 그러나 임상 실제에서

1) 이 책에서 수련생은 임상 경험과는 관계없이 단기치료를 배우려는 모든 사람을 가리킨다.

는 모든 일들이 동시에 일어난다. 운전을 배울 때에도 운전자는 정지, 방향 조종, 가속하기를 첫 연수 시간에 모두 다루어야 한다. 왜냐하면 각각의 기술이 다른 기술과 복잡하게 얽혀 있기 때문이다. 그러므로 나는 치료 주제들을 인위적으로 나누어서 다루지 않고, 수련생들이 관심을 보이는 관련 자료가 나타날 때 이들을 다루었다. 그럼에도 불구하고 이 책은 순서대로 읽도록 되어 있다. 나중에 제시된 자료들은 이전에 제시된 내용을 바탕으로 하는데, 이는 자동차 조종법을 배운 다음 평행 주차 방법을 배우는 것과 마찬가지이다.

이 책에서 논의된 임상 사례들은 나와 수련생이 실제로 치료한 환자들을 바탕으로 정리한 것이다. 치료 회기를 녹화하고 그 축어록을 제시하였으며, 환자의 신원을 보호하기 위해 특정 자료를 덧붙이거나 삭제하였다. 어떤 한 시점에서 독자는 자신의 경험, 전문 지식, 성향에 따라서, 세미나에 참석한 학생, 혹은 비디오에 나오는 치료자나 환자, 혹은 강의실의 강사와 동일시할 수 있을 것이다.

나는 훈련의 목표가 치료의 목표와 비슷하다고 생각한다. 왜냐하면 훈련과 치료 모두에서 우리는 협력적이고 지지적이며, 의욕을 북돋우는 분위기 속에서 사람들이 자신에게 의미 있는 발견을 하고 문제를 해결하도록 돕고자 하기 때문이다. 나는 수업시간에 그렇게 하려고 노력하고 있으며, 이 책에서도 그렇게 하려고 애썼다.

2장에서는 단기 역동적 심리치료의 특징을 설명하고, 단기 심리치료에 관한 몇 가지 문헌들, 치료 지속기간과 결과 간의 관계, 단기치료에 대한 치료자의 가치와 태도 등을 검토한다. 이 장의 목표는 앞으로 TLDP에 고유한 자료를 제시하기 위한 배경을 마련하는 것이다.

3장에서는 TLDP의 기본 전제와 목표의 요지를 설명하여, 이 책의 나머지 부분을 이루는 임상 및 교육 장면을 이해하기 위한 토대를 마련한다.

4장에서는 뜻을 알아듣기 매우 힘들게 말하고 문제의 원인을 밖에서만 찾는 특성을 가진 루들로우(Ludlow) 부인과의 첫 회기가 제시된다. 그리고 이 자료를 통해 역동적 초점을 찾아내는 방법을 다룬다.

5장에서는 수련생들이 루들로우 부인이 TLDP에 적합한지의 여부를 어떻게 평가하는가를 다룬다. 그리고 루들로우 부인과 치료자인 닥터 엘리슨(Dr. Ellison)이 순환적 부적응 패턴을 재연하는 방식을 탐색한다.

6장에서는 어려운 환자를 맡은 닥터 엘리슨의 역전이 반응을 자세하게 살펴본다.

7장에서는 치료 과정을 촉진하는 치료자 특성과 치료적 상호작용의 특성을 검토한다. 이를 위해 방어적이고 거리를 두는 환자를 치료한 닥터 데이비드(Dr. David)의 접근을 예로 제시한다.

8장부터 12장까지는 저항이 심하고, 우울하고, 신체적인 증상에 집착하는 노인 환자를 대상으로 하여 TLDP 기법의 여러 영역을 살펴본다. 수련생들은 첫 회기가 시작되는 순간부터 마지막 회기의 마지막 순간까지 내가 환자와 작업하는 것을 지켜보면서 역동적 초점을 전체 치료의 청사진으로 사용하는 방법을 배운다.

마지막 장인 13장에서는 특정한 당면 문제가 그 이면의 역기능적 성격 양식과 관련된 경우를 위한 TLDP 치료 모델을 제시한다. 의학적 문제가 있는 두 환자의 예를 들고 있는데, 이 중 한 명은 에이즈에 감염되었고 다른 한 명은 당뇨로 인해 만성적으로 무기력한 경우이다.

부록에는 밴더빌트 치료전략 척도와 그 매뉴얼을 수록하였다. 이 척도와 매뉴얼은 이 책에서 논의된 TLDP의 원칙과 전략을 준수하는 정도를 측정하는 데 사용할 수 있으며, 또한 독자들의 추가적인 학습 도구로 사용할 수 있다.

Chapter

02 _ 단기 역동적 심리치료의 일반 주제

모든 치료자들이 '단기' 치료를 한다

TLDP 세미나를 시작할 때, 나는 참가자들에게 왜 이 훈련을 받으려고 하는가를 물어본 다음에, 참가자들 중 얼마나 많은 사람이 개인 상담실이나 기관에서 단기치료를 하고 있는가를 물어본다. 그런데 사람들이 내 질문에 손을 들면 나는 이 질문이 불필요한 질문이었음을 고백한다. 치료자들은 그들이 의도하건 그렇지 않건 간에 모두 단기치료를 하고 있기 때문이다.

그것은 바로 환자 대부분이 짧은 시간 동안만 치료받기를 원하기 때문이다. 다양한 상황과 다양한 문제를 가진 환자들을 대상으로 하여 이루어진 많은 연구들을 보면, 치료의 유형과 관계없이 환자들 대부분이 단지 6~12회기 동안만 치료를 받는다(Garfield, 1989; Phillips, 1987; Reder & Tyson,

1980; Straker, 1968). 이론적인 치료 탈락률 곡선(Phillips, 1985)에 의해 예측된 바와 같이, 전체 외래환자의 60~75%가 8회기 이전에 치료를 그만둔다는 것이 경험적인 증거로 확인된다(Rau, 1989). 심지어 장기치료를 의도하는 정신역동적인 치료에서도 마찬가지다(Pekarik & Wierzbicki, 1986). 소비자 쪽에서 결정하는 이러한 단기치료를 Steven Stern(1993)은 '자연발생적 단기치료'라고 불렀는데, 이는 제한된 시간을 최대한 활용하기 위해 처음부터 단기로 계획한 치료와는 매우 다르다. 이렇게 일반적 경향이 되어 버린 내담자 쪽의 이탈로 인한 단기치료는 계획된 단기치료와 대조를 이룬다(Budman & Gurman, 1988).

Gene Pekarik과 Michael Wierzbicki(1986)의 연구에 따르면, 비영리 정신건강 클리닉의 환자들은 비교적 적은 치료 회기 동안 치료받을 것을 예상하며(절반 정도가 5회기 이하를 예상), 실제로 그렇게 참여하는 패턴을 보였다. 반면 치료자들은 더 오랫동안 환자를 만나고 싶어 했다.

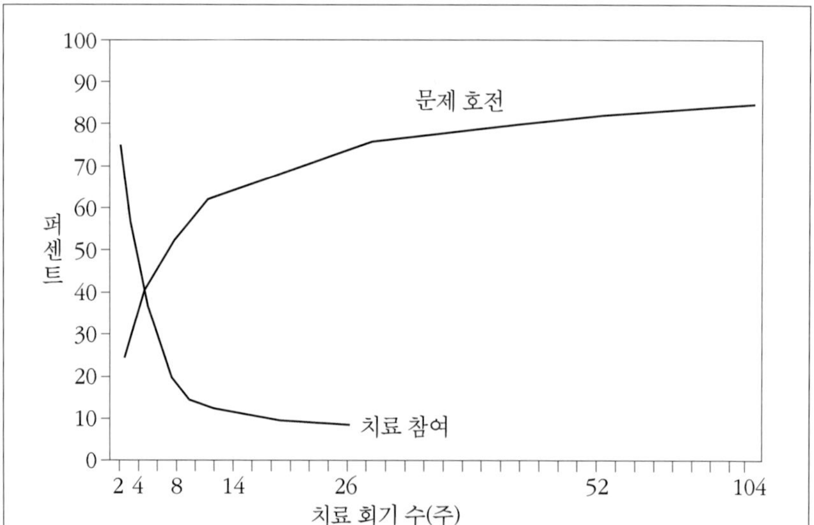

[그림 2-1] 치료 회기 수에 따른 치료 참여 곡선과 문제 호전 곡선

MacKenzie, 1991에서 인용함. 허락을 받아 수록함.

[그림 2-1]의 참여 곡선을 보면, 내담자들의 수가 2회기에서 8회기 사이에 극적으로 감소하는 것을 알 수 있다. 이는 대부분의 정신건강 전문가들이 의도하지는 않았지만 매우 짧은 치료를 하고 있다는 것을 의미하며, 보험사가 치료 회기에 제한을 가하기 한참 전에 이미 내담자들 스스로가 제한을 가했다는 사실을 말해 주는 증거이다.

이러한 통계 수치에서 잘 알 수 있듯이 엄청나게 많은 사람들이 단기치료를 받으러 온다. [그림 2-1]에서 치료 참여 곡선은 문제 호전 곡선, 즉 환자가 치료에서 도움을 받는 비율의 거울상이다(Howard, Kopta, Krause, & Orlinsky, 1986). 이 두 곡선을 종합해 보면, 환자들은 임상적 개선이 가장 많이 일어나는 시기에 치료를 중단한다는 것을 알 수 있다.

치료를 받으러 오는 사람들은 정서적으로 고통을 당하고 있으며, 가능한 한 빨리 고통이 경감되기를 바란다. 이들은 대부분 자신의 마음의 오묘함에 매혹되지도 않으며, 자신의 정신건강이 완벽해지기를 바라지도 않는다. 때때로 환자들은 즉각적인 경감을 바라는 자신들의 욕구가 치료자가 목표로 하는 '문제 해결'과 다르다는 것을 경험한다. 종결 시점이 결정되어 있지 않은 치료에서는 환자들이 자주 목표가 무엇인지 잊어버리는데, 심지어 종종 "우리가 지금 뭘 하고 있지요?"라고 묻는 환자도 있다. 그러나 치료의 초점이 있는 시간제한적인 치료를 할 때는 탈락률이 줄어든다는 것을 보여 주는 흥미로운 증거들이 있다.

William Sledge와 그의 동료들(1990)은 대도시 대학부속 지역사회 정신건강 센터의 환자들이 시간제한적인 치료를 받았을 때 조기 종결이 극적으로 감소한다는 것을 발견하였다. 12회기 한정 치료를 받은 환자들의 탈락률은 치료 기간이 3, 4개월로 예정되거나 종결 일자가 정해지지 않은 환자들의 탈락률의 절반 정도였다. 환자들의 인구학적 변인, 진단상의 변인, 또는 치료자 특성으로는 이런 현상을 설명할 수 없었다. 연구자들은 특정한 종결 일자를 정하는 것이 의존에 대한 공포 및 종결과 관련된 갈등이 일어날 가능성을 줄였을 것이라고 보았다. 환자가 치료 초기, 중기, 종결기의 구조를 이해한다면 보다 더 기꺼이 치료를 완결하려고 할 것이다. 또한 연구자들은 시간제한적인 치료에서 명확한 초점을 유지하고, 치료자가 더 많은 활동을 하며, 긍정적인 치료 동맹을 강조한 것이 탈락률을 극적으로 낮추는 데 기여했을 수 있음을 알게 되었다. 일반적으로 이 요인들은 계획된 단기 역동적 치료가 가진 특성의 일부이다. 이제 이 요인들을 살펴보기로 하자.

단기 역동적 심리치료의 특징들

단기치료와 다른 치료 유형을 구분하는 본질적인 특징이 무엇인지 살펴본 여러 책과 논문들의 내용을 분석해 보면(Levenson & Butler, 1994) 몇 가지 근본적인 특징들이 되풀이해서 언급되는 것을 알 수 있다. 이것들은 단기간이라는 시간 자체와 정신역동적 측면과 관련된 두 가지 주요 범주로 체계화할 수 있다. 이러한 특징들을 문헌에 언급된 빈도순으로 아래에 열거하였다. 이것들은 단기 역동적 심리치료에 대한 조작적 정의를 제공한다.

- 치료 기간이 짧은 데 기인하는 특성
  - 제한된 초점(그리고 제한된 목표)
  - 제한된 시간
  - 선별 준거
  - 치료자 활동
  - 치료 동맹
  - 신속한 평가와 즉각적인 개입
  - 계획된 종결

- 낙관주의
- 계약

- 정신역동적 특성
  - 분석적 개념
  - 분석적 기법

(Levenson & Butler, 1994)

치료 초점의 제한

단기 역동적 심리치료와 장기적이고 종결 시기를 미리 정하지 않는 심리치료 및 정신분석을 구분하는 주된 특징은 치료가 제한된 초점을 갖는지 여부이다. 모든 단기치료는 상담자들이 목표에 집중할 수 있게 해 주는 중심 주제나 문제를 필요로 한다. 시간이 중요할 때 이는 필수적이다. 요가 수련자인 베라(Berra)가 말한 바와 같이, "만일 당신이 어디로 가는지 모른다면, 아마 엉뚱한 곳에 가 있게 될 것이다."

단기 역동적 치료에서 초점을 구성하는 여러 방법들 중에서 비교적 잘 알려진 것으로는 핵심 갈등관계 주제(Luborsky, 1984; Luborsky & Crits-Christoph, 1990), 역할-관계 모델(M. Horowitz, 1988), 미해결 오이디푸스 갈등(Sifneos, 1979/1987), 계획 공식화 방법(Weiss, 1993; Weiss, Sampson, & the Mount Zion Psychotherapy Research Group, 1986), 개별화/분리(Mann, 1973) 그리고 이 책의 주제인 순환적 부적응 패턴(Strupp & Binder, 1984) 등을 들 수 있다.

치료 주제는 치료자가 피상성이라는 바위에 부딪히거나 확산성이라는 바다를 표류하지 않도록 방지하는 나침반 구실을 한다. 어떤 저자는 이를 "환자에 대한 정신역동적 이해는 어떤 형태의 치료에서든 안정적인 힘을 제공한다. 이는 작은 바람에 흔들리지 않도록 지켜 주는 효과가 있다."(Perry, Cooper, & Michels, 1987, p. 543)라고 묘사하였다. 짧은 시간 안에 치료가 이루어지기 위해서는 치료자와 환자 모두가 치료의 범위가 제한되어 있다는 것을 받아들여야 한다. 만일 치료자와 환자가 이런 한계를 수용하지 못한다면, 양측 모두가 힘들 수 있다(Bauer & Kobos, 1987).

현대 단기치료의 주요 특징 중 하나는 사례개념화를 위해 상당히 명시적인 방법을 사용한다는 것이다. 치료 초점을 정의하기 위한 체계적인 방법의 개발은, 처음에는 주요 개념을 보다 신뢰할 수 있게 정의하고자 하는 연구자들의 요구와, 수련생들을 보다 효율적으로 훈련시키고자 하는 교육자들의 요구에 의한 것이었는데 이러한 방법의 사용이 치료 기법의 주요한 부분을 이룰 때 치료 효과가 더 좋다는 증거들이 최근 증가하고 있다(Crits-Christoph, Cooper, & Luborsky, 1988; Hartmann, 1994; Silberschatz, Fetter, & Curtis, 1986).

시간제한과 시간관리

시간은 단기치료를 정의하는 핵심 변인이다. 사람들은 관리의료(미국의 민영 의료보험 방식)의 막강한 영향력을 떠올리며, 치료 시간의 제한이 단지 행정적이고 경제적인 필요에서 비롯되었다는 잘못된 생각을 한다. 그러나 이론적으로 볼 때 시간제한은 실존적 주제를 부각시키고 희망을 고취하며, 치료자 활동을 격려하고 치료 초점을 고수하도록 권장함으로써 치료 작업을 촉진한다. 실용적 관점에서 본다면 시간제한은 대부분의 환자들이 짧은 시간 동안만 치료받다가 스스로 그만둔다는 사실을 활용하는 것이다.

전통적으로 단기 역동치료의 상한선은 대개 25회기로 본다(Koss & Shiang, 1994). 그러나 '단기'의 범위는 짧게는 1회기이고(예: Bloom, 1992; Talmon, 1990), 길게는 40회기(Sifneos, 1979/1987)에 이른다. 많은 보험사들이 1년에 20회기를 진료비 지불의 상한선으로 삼고 있는데, 환자들이 실제 사용하는 회기는 6회기 정도이다. 또 어떤 의료 플랜과 기관들은 그 나름의 상한선을 갖고 있으며, 대개 6~20회기 사이에 위치한다.

그러나 최근 연구자나 이론가 그리고 임상가들은 단기치료를 회기 수만으로 정의하는 단순한 개념화에서 벗어나고 있다. 그 대신 이들은 치료 기간에 관계없이 모든 회기가 중요하다고 보는 모델(Burlingame & Fuhriman, 1987)을 강조한다. 이처럼 보다 정교한 접근의 영향으로 치료자와 환자의 시간제한적인 태도(Binder, Henry, & Strupp, 1987)가 강조되고 있으며, 따라서 '시간-효율적인' '시간에 민감한' (Budman & Gurman, 1988) 혹은 '비용-효율적인' 등의 용어가 더 적절한 것으로 보인다.

선별 준거

선별 준거는 아마 단기 정신역동적 심리치료 분야에서 가장 논란이 되는 주제일 것이다. 이 논란은 Freud(1904/1953)가 건강한 환자의 치료는 그 기간을 단축할 수 있다고 시사했을 때 이미 시작된 셈이다. 이 아이디어에 따라 초기 단기치료자들(Davanloo, 1978, 1980; Malan, 1963, 1976, 1979; Mann, 1973; Sifneos, 1972, 1979/1987)은 단기치료에서 효과를 볼 가능성이 높은 환자들, 즉 높은 수준의 자아강도, 동기, 대상관계를 가진 환자들을 가려내기 위해 엄격한 환자 선별 준거를 만들었다.

그렇다면 어떻게 이런 선별 준거가 만들어지고 유지되었을까? 어쩌면 자아강도 같은 추상적인 개념은, 실제로 측정하기 어렵지만 이론적으로 그 중요성을 주장하는 것은 비교적 쉬웠을 것이다(Binder et al., 1987). 하지만 초기 회기에서의 환자의 수행(예컨대, 환자가 심리치료 과정에 참여할 수 있는 능력)은 단기 역동적 심리치료에서의 치료 결과를 일부 예측하기는 했으나 그 예측력은 미약하였다(Binder et al., 1987; Thackrey, Butler, & Strupp,

1985). 심각한 성격장애가 있는 사람이 단기 정신역동적 치료에서 도움을 받을 가능성이 별로 높지 않다는 견해가 널리 받아들여지고 있으나(Pilkonis & Frank, 1988; Shea, Widiger, & Klein, 1992), 문제가 심각한 이런 환자들도 단기치료에서 효과를 볼 수 있는 것으로 보인다(Bein, Levenson, & Overstreet, 1994; Thompson, Gallagher, & Czirr, 1988 참조). 또한 급성 발병, 발병 이전의 높은 적응 수준, 관계 맺는 능력, 문제의 범위, 변화하려는 동기, 높은 사회경제적 지위, 현재의 위기 등의 환자 변인들이 단기치료 결과를 예측하는 정도는, 종결 시기가 정해져 있지 않은 치료 결과를 예측하는 정도와 별 차이가 없었다(Lambert, 1983). 아무래도 좋은 환자는 치료 기간과 관계없이 좋은 환자인 듯하다.

따라서 일부 교육자, 연구자, 임상가들은 환자 요인을 단기치료의 적합성을 알려 주는 절대 기준으로서가 아니라, 환자에 대해 얼마나 지지적으로 혹은 탐색적으로 개입해야 하는가를 알려 주는 정보로서 활용한다. Levenson과 Butler(1994)는 여러 단기치료자들의 견해를 종합하여 "어떤 환자에게 어떤 심리치료를 하든지 간에 치료자의 '시간제한적인 태도' 는 도움이 된다."(p. 1018)라고 결론 내렸다. Wolberg(1965) 또한 "내가 보기에 가장 좋은 전략은, 환자가 치료에 반응하지 않는다는 것이 증명되지 않는 한, 진단에 관계없이 모든 환자들이 단기치료에 반응하리라고 가정하는 것"(p. 140)이라고 하였다. Budman과 Gurman(1988)은 "이 시점에서 단기치료에 잘 맞지 않을 것을 알려 주는 징후들을 열거하고 싶지만 그것은 불가능하다. 표면적으로 단기치료 전망이 열악해 보이는 많은 환자들도 자신과 잘 맞는 치료자를 만나거나 정확한 치료 양식이 적용되면 단기치료에서 크게 효과를 본다."(pp. 24-25)고 하였다.

치료자 활동

단기치료를 논한 많은 저술가들이 치료자의 적극성을 강조한다. 그러나 이것이 치료자 활동의 양과 질이 정해져 있다는 것을 뜻하지는 않는다. 치료자는 치료적 초점을 유지하는 데 필요한 만큼의 활동만을 해야 한다. 단기치료를 배우는 많은 임상가들이 치료자 활동을 직면, 충고하기, 지시 등과 혼동하는데, 이러한 오해는 의도하지 않은 역효과를 가져올 수 있다(Henry, Strupp, Butler, Schacht, & Binder, 1993b).

정신분석적 개념과 기법의 수정

단기 역동적 심리치료는 아동기 경험과 발달의 중요성, 행동의 무의식적 결정 요인, 갈등의 역할, 전이, 치료 작업에 대한 환자의 저항, 반복적 행동 등과 같은 주요 정신분석적 개념에 기초한다. 그러나 많은 단기 역동적 치료자들은 고도로 추론적인 개념(예컨대, 오이디푸스 콤플렉스)이나 어떤 행동을 언급하는지 불분명한 메타심리학적 모델을 사용해야 할 필요를 느끼지 않는다.

정신분석 기법 중 단기치료자를 위해 현저하게 바뀐 점은 치료자가 환자의 퇴행과 의존을 피하고 환자의 강점을 강조하며 치료과정을 보다 더 현실에 바탕을 두려고 한다는 것과, '완전한 개인사'를 구성하기 위해 생애 초기의 기원적 자료를 수집하는 데 상대적으로 관심이 적다는 것이다. 단기 역동적 심리치료에서 치료자는, 치료자와 환자 사이의 지금-여기에서의 관계에 더 집중하며, 정보가 불완전해도 기꺼이 그것에 기초하여 개입한다.

단기 역동적 심리치료의 훈련

단기치료에 관한 워크숍을 할 때면 단기치료의 이론과 기법에 대해 훈련을 받은 경험이 거의 없는데도 당장 단기치료를 해야 하는 환경에서 일하고 있다고 말하는 임상가가 반드시 나온다. 이러한 '고백' 을 하는 이는 경험이 많은 전문가부터 최근 졸업생을 비롯하여 정신건강의 모든 분야(심리학, 정신의학, 사회복지학, 간호학 등)의 실무자까지 매우 다양하다.

단기치료 분야의 훈련이 이렇게 중요함에도 불구하고, 치료자 훈련에 대한 연구는 단기치료의 기법이나 성과에 비해 많이 부족하다. 심리치료의 한 형태로서 단기치료를 가르치려는 시도는 별로 많지 않다(Schneider & Pinkerton, 1986). 정신과 레지던트 프로그램에 대한 초기 조사연구에 따르면, 대부분의 프로그램들이 단기 심리치료에 전문화된 순환근무를 독립적으로 시키지 않고, 다른 훈련(예: 위기 개입)과 묶어서 하고 있었다(Clarkin, Frances, Taintor, & Warburg, 1980).

나와 내 동료들은 단기 심리치료 훈련의 정도와 유형에 관한 두 개의 조사연구를 수행하였다. 먼저 우리는 캘리포니아 주와 매사추세츠 주에 거주하는 1,500명의 유자격 심리학자들에게 단기치료 분야에서의 경험, 훈련 및 기술에 관한 자기평가지를 발송했다(Levenson, Speed, & Budman, 1995). 회수율은 58%였으며, 응답자의 82%가 어느 정도 계획된 단기치료(치료 초점이나 시간이 제한된 치료로서, 보통 10~20회기)를 하고 있었다. 이들은 치료 시간의 40%를 단기치료를 하는 데 사용하였다.

두 번째 조사연구에서, Donna Davidovitz(1995; Levenson & Davidovitz, 1995)는 조사 범위를 확대하였다. 그녀는 3,600명의 심리학자, 정신과 의사, 사회복지사들을 대상으로 전국적인 조사연구를 하였다. 반응율은 57%로, 이 세 학문 분야의 거의 모든 임상가들이 어느 정도 계획된 단기치료

(89%, 77%, 84%)를 하고 있다고 보고했으며, 치료 시간의 40%를 단기치료를 하는 데 할애하고 있었다. 심리학자들은 정신과 의사나 사회복지사들보다 단기개입 경험이 더 많고 기술이 더 좋다고 평가했으나, 단기치료에 대한 직업 만족도는 다른 두 직업 집단보다 높지 않았다. 그런데 흥미롭게도 남성 치료자들이 여성 치료자들보다 단기치료를 더 많이 하고 있었으며(진료 시간의 43% 대 38%), 치료자가 개업하고 있는 장소도 영향을 미쳤는데 대도시에 거주하는 치료자들이(37%) 중소도시(44%)나 농촌(46%)에 비해 단기치료에 할애하는 치료 시간이 더 적었다.

단기치료가 많이 행해지고 있는 것은 분명하다. 그러나 단기치료를 하는 사람들이 어떤 훈련을 받았는지가 염려되었다. 예상대로 단기치료를 하고 있는 치료자의 1/3이 단기치료 이론이나 기법에 대한 훈련을 거의 또는 전혀 받지 못했다고 보고하였다(Levenson et al., 1995).

또한 예전에 비해 교육 현장에서 단기치료 훈련이 증가했는지 알아보기 위해 치료자의 개업 기간과 단기치료 과목 수강 사이의 관계를 살펴보았다. 1990년에 2개 주에서 행한 조사연구에서는 최근에 졸업한 심리학자들이 20년 전에 학위를 받은 심리학자들보다 더 많은 과목을 수강하지 않았음을 발견하였다(Levenson et al., 1995).

우리가 1994년에 수행했던 조사연구를 보면, 단기치료 과목을 수강한 임상가의 숫자가 30년 동안 대체로 증가하였으나(51%에서 68%로 증가), 지난 10년 동안에는 정신과 의사와 심리학자에게서 그러한 증가를 찾아볼 수 없었다(Levenson & Davidovitz, 1995). 또 1988년과 1994년 사이에 졸업한 심리학자들은 1981년과 1987년 사이에 졸업한 심리학자들에 비해서 단기치료 과목을 수강한 비율이 오히려 더 낮았다(54% 대 63%). 이러한 사실을 보면 훈련 프로그램들이, 시간 사용에 민감한 이론과 기법에 대해서 더 잘 알기를 원하는 학생들의 요구에 적극적으로 대처하는지 의문을 갖게 된다. 대학원과 레지던트 및 인턴 프로그램들이, 숙련된 단기치료자에 대한 수요가 빠르게 증가하는 현실에 부응하고자 한다면, 이러한 훈련을 권장하고 관련 과목을 더 많이 개설해야 할 것이다.

많은 치료자들이 관리의료 환경에서 일하고 있으므로(40~70%로 추정), 이 기관들은 고용된 치료자들을 위해 단기치료 훈련 기회를 제공하는 데 일부 책임을 져야 할 것이다. 그러나 일반적으로 이들은 훈련을 사치스러운 일로 보고 있다(Budman & Armstrong, 1992).

심리학자들을 대상으로 한 조사연구를 보면, 예상한 바와 같이 정신역동적 성향을 가진 치료자들은 인지행동적 성향이나 체계이론의 성향을 가진 치료자들보다 단기치료 훈련을 유의미하게 덜 받는다. 그럼에도 불구하고, 정신역동적으로 훈련받은 치료자가 개업 치료자의 많은 부분(응답자의 40%)을 차지하고 있기 때문에, 실제로 이들은 모든 단기치료의 약 1/4을 담당한다고 볼 수 있다.

이러한 발견은 소비자의 입장에서는 걱정스러운 일이 아닐 수 없다. 이제 단기치료가 장기치료에서 핵심 영양소가 빠진 것이거나(Cummings, 1986), 장기치료보다 못한 어떤 것이 아니며(Peake, Bordin, & Archer, 1988), 오히려 단기치료의 고유한 방법론에 대해 전문화된 훈련이 필요하다는 사실이 널리 받아들여지고 있다(Bauer & Kobos, 1987; Budman & Stone, 1983; Levenson & Butler, 1994). 단기치료 훈련을 받고 그 방법을 실행하는 치료자들이 그렇지 않은 치료자보다 더 좋은 결과를 얻는다(Burlingame, Fuhriman, Paul, & Ogles, 1989; O' Malley et al., 1988; Rounsaville, O' Malley, Foley, & Weissman, 1988). 또한 훈련받은 임상가들이 훈련받지 않은 임상가들보다 단기치료에 대해 더 숙련되어 있다고 느낀다(Levenson et al., 1995). 그럼에도 불구하고 단기치료 훈련을 위한 공급과, 시간을 아끼는 방법을 효과적으로 사용할 수 있는 전문가에 대한 수요가 일치하지 않는다는 것은 분명한 사실이다.

치료의 기간과 성과

치료 성과는 치료의 양과 관계가 있는가? 장기치료를 받은 환자 표집을 살펴본 Kenneth Howard와 그의 동료들(1986)은 치료 회기가 많을수록 문제가 개선될 기회가 많다는 것을 발견하였다. 그러나 [그림 2-2]는 치료에서 효과를 보는 환자의 수가 치료가 길어짐에 따라 그 증가율이 감소함을 보여 준다. 즉, 환자들은 초기에 이득의 대부분을 얻으며, 치료 후반에는 추가적인 치료 단위당 이득이 줄어든다.

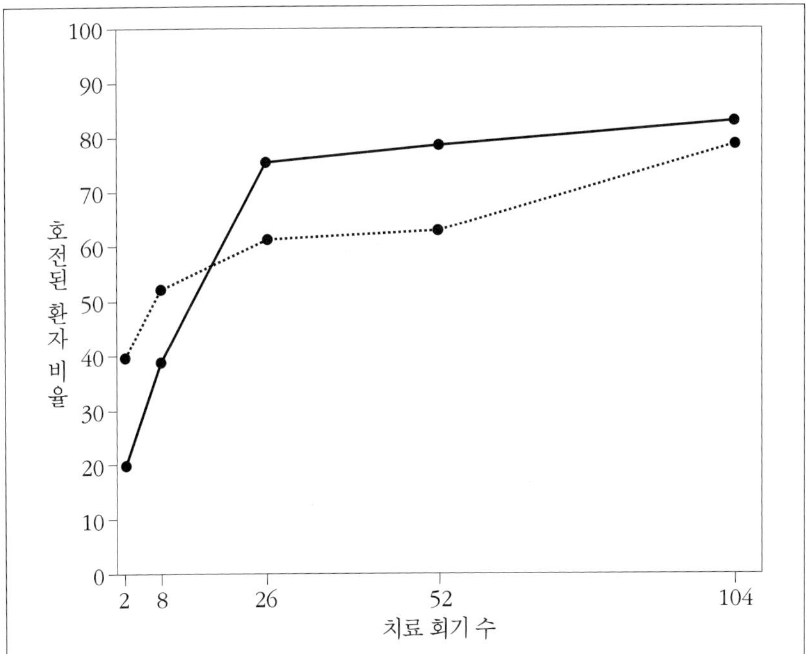

[그림 2-2] 심리치료의 회기 수와 문제가 호전된 환자 비율 간의 관계

주: 실선은 종결 시의 객관적인 평가를 나타내며, 점선은 치료 기간 중의 주관적인 평가를 나타낸다.

Howard, K. I., Kopta, S. M., Krause, M. S., & Orlinsky, D. E. (1986). The dose-effect relationship in psychotherapy. *American Psychologist, 41*, p. 160. 저작권은 미국심리학회의 소유임. 저작권자의 허락을 받아 수록함.

어떤 임상가라도 이 발견을 직관적으로 이해할 수 있다. 고통을 느끼며 도움을 받기 위해 찾아온 환자들은 치료 초기에 빠르게 기운을 차리고 훨씬 낫다고 (즉, 더 많은 희망과 더 적은 증상을) 느끼지만 그 이후, 예를 들면 56번째와 58번째 회기 사이에 성취한 이득은 훨씬 덜 극적이고 심지어는 아예 느끼지 못할 수도 있는 것이다.

Howard 등(1986)은 또한 치료 시간과 문제 개선의 함수관계를 살펴본 여러 연구 결과들을 검토하여 치료 효과를 얻는 데 필요한 치료의 양을 보여 주는 관계 곡선을 도출하였다. 이들은 8회기에 이르면 환자의 53%가 측정할 수 있는 개선을 보이며, 26회기에 이르면 이 수치가 74%로 증가한다고 추정하였다. 이러한 회기 수는 여러 단기 역동치료의 한계선인 10~25회기와 일치한다. 연구자들은 전형적인 환자들이 6~8회기에 이르면 심리치료에서 이득을 얻는다고 결론지었다.

보다 최근의 한 연구는 심리적 증상들이 치료를 받는 동안 정상 수준이 되는 비율을 알아보기 위해 몇 가지 증상에서의 치료의 양-효과 곡선을 살펴보았다(Kopta, Howard, Lowry, & Beutler, 1994). 이 연구에서 종결 회기가 정해져 있지 않은 치료를 받는 854명의 외래 환자들이 증상 체크리스트에 응답하였는데 방대한 증상들이 경험적으로 세 범주로 나누어졌다. 예상할 수 있는 대로 급성 장애 증상(예: 두통, 안절부절못함, 쉽게 울)이 심리치료에 잘 반응하였으며, 가장 높은 평균 회복률을 나타냈다. 만성 장애 증상들(예: 무가치감, 쉽게 상처받음, 사람들과 함께 있을 때 외로움)은 가장 빠른 평균 반응률을 나타냈다. 적개심, 편집증적 사고, 정신병과 관련된 문제(예: 누군가를 해치고자 하는 충동, 감시당한다는 느낌, 마음속에 무언가 잘못되었다는 느낌)는 심리치료에 가장 느리게 반응하였다. [그림 2-3]은 세 가지 증상군에서 회복된 환자의 비율을 치료 회기 수의 함수로 나타낸 것이다.

그러나 Howard와 Kopta의 두 연구 모두 계획된 단기치료나 시간제한적인 치료가 아니라, 장기치료나 종결 회기가 정해지지 않은 치료에 기초

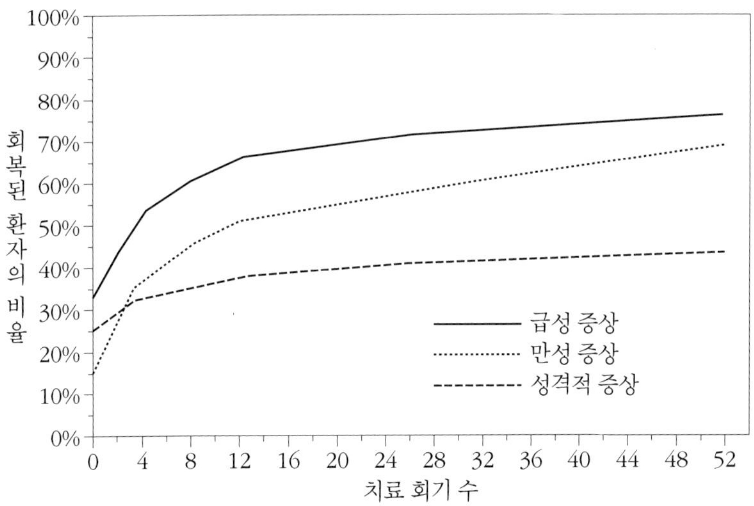

[그림 2-3] 급성, 만성, 성격 문제 증상군에서의 평균적인 치료 용량-효과 관계(N=854)

Kopta, S. M., Howard, K. I., Lowry, J. L., & Beutler, L. E. (1994). Patterns of symptomatic recovery in psychotherapy. *Journal of Consulting and Clinical Psychology, 62*, p. 1014. 저작권은 the American Psychological Association의 소유임. 저작권자의 허락을 받아 수록함.

하였다는 점을 주목해야 한다(Hoyt & Austad, 1992). 만일 (매 회기가 중요하도록) 계획된 단기치료였다면 보다 극적인 결과를 얻을 수 있었을 것이다.

단기 심리치료의 효과를 개관한 최근의 연구에 따르면, 경험적 연구들은 장기(또는 종결 회기가 정해지지 않은)치료가 단기(또는 시간제한적인)치료보다 결과가 좋다는 것을 증명하는 데 실패하였음을 알 수 있다(Koss & Shiang, 1994). 더구나 단기개입이 더 효과적임을 나타내는 연구들도 있다. 예를 들면 William Piper 등(1984)은 단기 역동적 개인 심리치료(6개월)와 장기 집단치료(24개월)가 장기 개인치료와 단기 집단치료보다 결과가 좋다는 것을 발견하였다. 이렇게 다양한 임상 상황에서 중요하고 오래 지속되는 변화가 단기개입을 통해 일어나고 있다(Steenbarger, 1994의 다른 개관 논문도 참조하라.). 그러므로 다수의 연구자들은 "단기치료자와 시간제한을 두지 않는 치료자들을 비교한 연구들은 근본적으로 치료 성과에 아무런 차이가 없음을 보여 준다. 따라서 단기치료는 가용한 치료 시간을 대폭 절약하여 치료가 필요한 더 많은 사람들을 치료할 수 있게 해 준다." (Koss & Shiang, 1994, p. 692)라는 결론을 내린다.

장기치료와 단기치료 두 가지를 다 하는 사람으로서, 나는 이 두 치료의 결과가 동일하다고 주장하지는 않는다. 장기치료는 쉽게 측정되지 않는 다른 목표들(예컨대, 자기 탐색과 이해)을 추구하며, 이 분야의 연구는 복잡하고 시간이 많이 걸린다. 내가 여기서, 그리고 다른 곳(Levenson & Butler, 1994)에서 좀 더 자세히 말하고자 했던 바는, 최근의 연구 문헌들이 단기개입의 사용을 강하게 지지한다는 것이다.

새로운 기법이 긍정적 결과를 가져온다는 자료를 보면 이 기법을 시도해 보려는 강력한 동기가 생기겠지만, 자신의 개인적 경험만큼 확신을 주는 것은 없다. 그래서 나는 단기 심리치료 프로그램의 한 부분으로 각 수련생이 20주 동안 한 환자와 작업하는 과정을 포함시킨다. 수련생들은 자신의 매 치료 회기를 녹화하고, 집단 사례지도에서 그것의 일부를 보여 준다. 이러한 형식으로 진행하면 수련생들은 다른 환자-치료자 팀의 단기치료 과정을 관찰할 수 있을 뿐만 아니라, 자신의 치료기법에 대해 동료와 슈퍼바이저의 의견을 들을 기회를 얻게 된다.

치료자의 가치관

단기 역동적 심리치료의 이론과 기법이 발달하고 있고, 단기 역동치료의 효과를 증명하는 많은 연구가 있음에도 불구하고, 많은 치료자들은 아직도 단기치료를 배우려 하지 않는다. 그 주된 이유는 단기 심리치료의 본질과 실제에 관한 치료자들의 가치관과 가정에서 찾아볼 수 있다.

Simon Budman과 Alan Gurman(1983)은 장기치료자의 가치 체계와 단기치료자의 가치 체계가 서로 다르다고 제안했다. 그들은 단기치료의 본질을 정의하는 가장 중요한 준거 중의 하나가 회기 수나 치료의 길이가 아니라, **치료자와 환자의 마음의 상태**라고 보았다. 이 연구자들은 장기치료와 관련된 8개의 주된 가치가 있다고 가정하고, 이것들을 단기치료의 이상적인 가치와 비교하였다. 〈표 2-1〉은 단기치료자와 장기치료자의 주된 가치를 비교한 목록이다. 예를 들면, Budman과 Gurman은 '치유' 라는 것에 대한 생각에서 장기치료자와 단기치료자가 차이를 보인다고 가정했

〈표 2-1〉 단기치료자와 장기치료자의 주요 가치 비교

장기치료자	단기치료자
근본적인 성격의 변화를 추구한다.	실용주의와 절약성을 선호하며, 근본적 '치유' 라는 개념을 믿지 않는다.
중요한 심리적 변화가 일상생활에서는 잘 일어나지 않는다고 믿는다.	중요한 심리적 변화가 불가피하게 일어난다고 보는 성인 발달 관점을 가진다.
제기된 문제는 그 이면의 기본적인 병리를 반영한다고 본다.	환자의 강점과 자원을 강조한다. 제기된 문제는 (꼭 액면 그대로는 아니지만) 진지하게 받아들인다.
환자가 중요한 변화를 할 때 '그곳' 에 있고 싶어 한다.	'치료 후' 에도 많은 변화가 일어나며, 이 경우 치료자가 변화를 관찰할 수 없다는 것을 받아들인다.
치료가 '시간의 제약을 받지 않는다' 고 보고 인내심을 가지고 기꺼이 변화를 기다린다.	시간제약이 없음을 가정하는 치료 모델을 받아들이지 않는다.
무의식적으로 장기치료를 하는 것이 재정적으로 유리하다고 본다.	관리의료가 치료비를 지불하는 구조 때문에 재정적인 면은 별로 문제시되지 않는다.
심리치료가 거의 언제나 긍정적이며 유용하다고 본다.	심리치료가 때로는 유용하고 때로는 해롭다고 본다.
치료를 받는 것이 환자의 삶에서 가장 중요한 부분이라고 본다.	세상에서 살아나가는 것이 치료를 받는 것보다 더 중요하다고 본다.

S. Budman & A. Gurman, 1988. 허락을 받아 수록함.

다. 이 점에서 장기치료자는 기본 성격의 변화를 추구하는 반면, 단기치료자는 '치유'라는 개념을 믿지 않고, 실용주의를 선호하며, 향후 추가 치료의 가능성을 받아들인다(한 대형 정신건강 관리의료 회사는 채용을 원하는 임상가를 평가할 때 이 8가지 단기치료자 가치 리스트를 사용한다. 이 기관은 고용을 원하는 정신건강 전문가들에게 이 가치 진술문을 보내고, 여기에 동의하지 않는다면 지원하지 않는 것이 좋다고 알린다.).

나와 동료들(Bolter, Levenson, & Alvarez, 1990)은 실제로 단기치료자들과 장기치료자들 사이에 이러한 가치관의 차이가 있는지를 경험적으로 평가해 보고자 하였다. 우리는 심리치료의 본질과 실제에 관한 가치를 측정하기 위해 태도 척도를 구성하였다. 특히 Budman과 Gurman이 제안한 8개의 가치 영역 각각을 측정하기 위한 항목들을 만들었다. 또한 가치 항목에 덧붙여, 단기치료에 대한 태도와 관련된 여러 항목을 포함시켰다. 〈표 2-2〉는 치료에 대한 신념 및 태도 질문지(BAT-Q)다. 독자들도 BAT-Q에 응답하면, 자신의 태도와 가치가 자신이 행하는 치료 유형을 정하는 데 어떻게 영향을 미치는가를 검토해 볼 수 있을 것이다.

우리는 캘리포니아 주에 거주하는 심리학자 중 550명을 무선표집하여 BAT-Q를 보내서, 그들의 이론적 성향과 선호하는 치료적 접근(예: 단기/초점/시간제한 치료 대 장기/종결 시기 미정 치료)을 표시하도록 요청하였다. 이러한 요청에 대해 45%가 응답해 왔으며 조사 결과는 Budman과 Gurman의 가설을 부분적으로 지지하였다. 즉, 8개 영역 중 2개 영역에서 장기치료자와 단기치료자의 반응이 유의미하게 달랐다. 구체적으로 보면, 단기치료자들은 심리적 변화가 치료 밖에서도 일어날 수 있으며, 시간을 제한하면 치료 작업이 강화된다고 더 강하게 믿었다. 또한 정신역동적인 접근을 하는 임상가들은, 인지행동적 접근을 하는 임상가들에 비해서, 변화를 위해 치료가 꼭 필요하며, 치료의 초점은 병리에 맞춰져야 하고, 치료 종결 시기를 미리 정하지 말아야 하며, 야심찬 목표가 바람직하다고 믿는 경향이 더

〈표 2-2〉 치료에 대한 신념 및 태도 질문지(BAT-Q)

	강한 반대	다소 반대	약간 반대	약간 찬성	다소 찬성	강한 찬성
1) 치료의 일차적 목표는 성격 변화에 있다.	−3	−2	−1	+1	+2	+3
2) 어떤 환자들에게 치료는 치료자의 숙련도와는 상관없이 해로울 수도 있다.	−3	−2	−1	+1	+2	+3
3) 정신병리는 보통 의미 있고 지속적인 치료적 관계를 통해서만 바뀔 수 있다.	−3	−2	−1	+1	+2	+3
4) 치료자는 인내심을 갖고 환자가 자신의 속도대로 변화하기를 기다리는 것이 중요하다.	−3	−2	−1	+1	+2	+3
5) 치료를 할 때 환자의 깊은 곳에 자리 잡고 있는 약점과 병리보다는 강점과 능력에 더 초점을 맞춘다.	−3	−2	−1	+1	+2	+3
6) 단기치료는 보통 최근에 발병한 심각하지 않은 장애에만 적합하다.	−3	−2	−1	+1	+2	+3
7) 환자의 중요한 변화의 대부분이 치료가 끝난 다음에 일어날 것이라고 본다.	−3	−2	−1	+1	+2	+3
8) 환자의 이득이 공고해지기 위해서는 오랜 기간의 '훈습' 이 필요하다.	−3	−2	−1	+1	+2	+3
9) 일반적으로 환자의 전체 성격보다는 현재의 어려움을 다루는 것이 주된 치료 목표가 되어야 한다.	−3	−2	−1	+1	+2	+3
10) 아주 심각하고 오래 지속된 신경증적 장애가 단기치료에서도 해결될 수 있다.	−3	−2	−1	+1	+2	+3
11) 치료에서 시간을 제한하면 치료 성과가 증가되고 강화된다.	−3	−2	−1	+1	+2	+3
12) 환자가 치료를 받는 동안에는, 그 치료가 환자의 삶에서 가장 중요한 일이 된다.	−3	−2	−1	+1	+2	+3
13) 단기치료자는 장기치료자보다 재정적 압력을 더 많이 받는다.	−3	−2	−1	+1	+2	+3
14) 인생에서 많은 상실을 경험한 사람은 시간제한적인 치료에 적합하지 않다.	−3	−2	−1	+1	+2	+3
15) 환자가 제시한 문제는 더 깊은 기본적인 병리를 반영할 뿐이다.	−3	−2	−1	+1	+2	+3

(계속)

16) '충분히 좋은' 치료자의 치료는 거의 늘 도움이 되며 해롭지 않다.	−3	−2	−1	+1	+2	+3
17) 중요하고 오래 지속되는 통찰과 성격 변화가 단기치료에서도 이루어질 수 있다.	−3	−2	−1	+1	+2	+3
18) 치료를 받지 않아도 중요한 심리적 변화가 일생을 통해 대부분의 사람에게 불가피하게 일어난다.	−3	−2	−1	+1	+2	+3
19) 대부분의 사례에서 단기치료의 이득은 비교적 짧게만 지속된다.	−3	−2	−1	+1	+2	+3

강했다. 연구 결과를 종합해 보면, 치료자의 접근(장기치료 대 단기치료)뿐만 아니라 치료자의 이론적 성향(정신역동 대 인지행동)도 치료 가치와 연관이 있다는 것을 알 수 있다.

Kay Bolter(1987)는 정신역동적 치료자의 91%가 단기치료보다는 장기치료를 선호한다는 것을 발견하였다. Judith Speed(1992)도 매우 장기적인 치료를 선호하는 치료자들의 87%가 정신역동적인 성향을 가지고 있다고 보고하였다. 단기치료의 보급률에 관한 두 조사연구(Davidovitz, 1995; Levenson et al., 1995)를 보면, 많은 응답자들이 직장에서 갈등을 경험한다고 보고하였는데 이들은 단기치료에 필요한 훈련, 기술, 자신감이 없지만 경제적, 행정적인 이유로 단기치료를 해야 하는 치료자들이었다.

Michael Hoyt(1985)는 역동적으로 훈련받은 치료자들이 단기 심리치료에 대해 저항감을 가지고 있다고 보았다. 많은 치료자들이 단기 역동적 방법을 치료 방법의 하나로 선택해서 배우고 실행하지 않는 이유에 대해서, Hoyt는 치료자들이 최근의 임상과 연구의 발달을 몰라서 그렇다는 설명을 채택하지 않았다. 그보다는 임상가들이 잘못된 신념이나 신화를 믿기 때문에 단기치료를 배우는 것에 저항한다고 보았다. 그는 치료자들의 저항을 다음과 같은 7개의 큰 범주로 나누어 정리하였다.

1. '많을수록 좋다' 는 믿음(효과를 보려면 치료가 길어야 한다는 생각)
2. 분석은 '순금' 이라는 신화(다른 치료 기법은 2등급이라는 믿음)
3. 환자의 관심(가장 효율적이고 효과적인 치료)과 치료자의 관심(환자 성격의 모든 측면을 밝히는 것)의 혼동
4. 단기치료는 벅찬 작업이라는 생각(단기치료에서는 적극적이어야 하고 열심히 정신을 집중해야 한다는 생각)
5. 경제적인 압력과 기타 압력(이익이 되고 의지할 수 있는 것을 유지하고 싶은 욕구)
6. 종결에 대한 역전이 및 관련 반응(종결은 환자에게뿐만 아니라 치료자에게도 힘들다는 생각)
7. 다른 사람의 말을 따르는 것에 대한 부정적 반응(즉, 저항 이론에 따르면 사람들은 선택할 수 없을 때 반항한다는 생각)

치료자들이 어떤 점에서 단기개입에 대해 부정적인 태도를 가지고 있는가 하는 것은 매우 중요한 문제인데, 이러한 신념이 단기치료 방법을 효과적으로 사용하는 능력과 자발성에 악영향을 미칠 수 있기 때문이다. 단기치료자와 연구자들은 치료자가 단기치료의 과정에 대해 낙관적이지 않고 자신감이 없다면 그 치료가 훼손될 수 있음을 경고하였다(Flegenheimer, 1982; Ursano & Dressler, 1977). 같은 맥락에서 Meir Winokur와 Haim Dasberg(1983)는 다음과 같이 제안하였다.

> 전문가들에게 새로운 접근법을 가르칠 때는 강의, 읽을거리, 현장 시범과 개인 사례지도 등의 방법만으로는 충분하지 않다. 새로운 접근을 치료적 정체성에 통합하기 위해서는, 특히 정체성이 이미 형성되어 있다면, 전문가들이 학습 과정에서 부딪히는 지적, 정서적인 어려움을 훈습할 필요가 있다(p. 51).

다른 연구에서 Bolter와 나(1988)는 6개월 동안 진행된 단기 역동적 심리치료 세미나의 전과 후에 정신과 레지던트와 심리학 인턴들의 가치 및 태도를 측정하였다. BAT-Q로 측정하였을 때 수련 후 태도에 유의미한 차이가 있었다. 구체적으로 보면, 훈련 후 수련생들은 경미한 장애가 아닌 경우에도 단기치료 사용을 더 기꺼이 고려하였다. 단기치료에서도 중요한 통찰을 성취한다는 것에 더 긍정적이었고, 치료 효과가 오래 지속될 것으로 더 많이 기대하였으며, 장기간의 '훈습' 기간이 덜 필요하다고 생각하였다. 또한 그들은 더 적극적인 치료적 태도를 보였으며, 시간제한이 도움이 될 것으로 더 많이 생각했고 치료가 끝난 후에도 환자가 의미 있게 변화할 것이라고 더 많이 믿게 되었다.

최근의 후속 연구에서는 167명의 숙련된 치료자들이 (각각 다른 단기치료 모델을 사용하는 세 명의 숙련된 훈련자가 지도한) 단기치료에 관한 전일 워크숍에 참가하였다(Neff, Lambert, Lunnen, Budman, & Levenson, 1994). 이들이 참가 전과 후에 BAT-Q에 응답한 것에 따르면, 집중적인 훈련 경험이 단기치료에 대한 긍정적이고 낙관적인 태도를 가져온다는 사실이 밝혀졌다. 일반적으로 이러한 연구들은 단기치료 훈련이 교육적으로 유용할 뿐만 아니라, 동기적 측면에서도 유용하다는 가설을 지지한다. 어떤 훈련 프로그램이든지 간에 그것이 성공하기 위해서는 단기치료와 연관된 태도와 가치를 다루어야 한다는 것이 나의 생각이다. 다행스럽게도 이제 '단기치료를 받아들이게 하는 태도'의 중요성을 훈련자와 슈퍼바이저들이 고려하기 시작하였다(Bennett, 1994; Cummings, 1995).

chapter

03 _ TLDP 모델: 전제와 목표

1970년대 후반부터 단기 심리치료를 가르쳐 오면서 나는 치료뿐만 아니라 가르치고 배우는 데 있어서도 효율적인 단기 역동적 치료 모델을 찾아왔다. 치료 모델은 심리치료에서 일어나는 일을 (의식적으로 혹은 무의식적으로) 여과시켜 우리의 이해를 돕는다. 명시적인 어떤 치료 모델을 잘 알고 있으면, 치료자가 치료적 가설에 의문을 던지거나 치료에서 어떤 일이 일어나는가를 평가하거나 필요할 때 그 모델에서 어떻게 벗어날 수 있을지를 아는 데 도움이 된다. 그리고 이 모든 요인들은 치료 기간이 짧을 때 특히 더 필요하다.

나는 효과적인 모델을 찾기 위해 탐구하다가, Hans Strupp과 Jeffrey Binder와 동료들(1984)이 개발한 단기 역동적 심리치료(Time-Limited Dynamic Psychotherapy: TLDP)에 이끌렸다. TLDP는 치료 초점을 강조하는 현대 정신역동적 접근의 하나로 그 핵심은 환자와 치료자 사이의 상호작용을 검토하는 데 있다. TLDP는 환자가 다른 사람 및 자기 자신과 상호작용하는 방식을 근본적으로 변화시키기 위해 치료자와 환자 사이에 형성되는 관계를 활용한다. TLDP의 원칙과 기법은 시간제한 여부와 관계없이 널리 적용될 수 있다. 그러나 TLDP의 사례개념화와 개입방법은 '어려운' 환자를 단기치료나 시간제한적인 치료의 틀 안에서 치료하는 데 특히 적합하다.

왜 TLDP인가

내가 가능한 여러 모델 중에서 TLDP를 선택한 이유는 다음과 같다.

1. 어려운 환자의 치료에 적용할 수 있다(폭 넓은 환자 선별 준거).
2. 경험적으로 검토할 수 있다.
3. 보다 효과적으로 작업하기를 원하는 정신역동적 수련을 받은 임상가들에게 적합하며, 이들이 쉽게 사용할 수 있다.

폭 넓은 선별 준거

TLDP는 만성적인 대인 문제나 성격장애를 가진 사람들—이른바 어려운 환자들—을 치료하기 위해 고안된 융통성 있는 단기치료 접근이다. 이들은 치료자와 협조하는 일에 서툰 사람들이어서 자신이 필요로 하는 바로 그것을 치료자가 주지 못하도록 방해한다. 또한 통찰을 하지 못하고, 설사 통찰을 할 수 있다고 해도 반복적이고 부적응적인 행동 패턴에서 자유롭지 못하다. 이러한 까닭에 이들은 분명히 시간제한적인 치료가 적당하지 않은 환자로 보이고 치료자들에게도 어렵고, 두렵고, 상태가 나쁘다고 낙인찍힌다. 따라서 이들을 치료하는 데는 치료자의 기술과 자원이 상당히 많이 요구되는데 무엇보다도 치료자가 이들에 대한 그 자신의 (대개는 부정적인) 반응을 다루기가 힘들기 때문이다. '치료에 저항하고' '도움을 거부하는' 환자들에 대한 정신과 의사들의 반응을 살펴본 연구에서, 면접조사를 받은 의사의 100%가 이들 어려운 환자에 대한 반응이 다른 환자들에 대한 반응과는 다르다고 응답하였다(Bongar, Markey, & Peterson, 1991). 이 임상가들은 어려운 환자를 치료할 때 너무 많은 한계를 설정하게 되고, 화나는 감정을 부인하고, 과도하게 조심하거나 주의하면서 치료 기간을 지나치게 연장하거나 조기 종결하고, 곧바로 거부하거나 포기하는 등의 반응을 나타낸다고 말하였다. 이러한 환자들은 대개 성격장애로 진단되며, 치료자나 치료감독자들에게 자주 관리 문제를 일으킨다.

단기치료자는 이들을 치료에서 제외하고 싶은 마음이 들 수 있겠지만, 이것은 환자의 절실한 요구를 무시하는 일이며, 마음대로 환자를 선택할 수 없는 오늘날의 관리의료 환경을 고려할 때 현실적이지 않은 태도다. 따라서 제외할 수도 선택할 수도 없다면, 시간 사용에 민감한 방식으로 어려운 환자를 다루도록 고안되고, 적절한 이론적 근거와 개입방법을 갖춘 치료 모델을 사용해야 할 것이다.

Peter Sifneos는 매우 제한적인 선별 준거를 채택한 임상가로서, 단기치료가 장기치료와 조화를 이루는 하나의 치료 방법으로 등장하기 시작하던 시기에 활동한 제2세대 단기치료의 선구자이다(Crits-Christoph & Barber, 1991; Levenson & Butler, 1994). Sifneos(1979/1987)는 오이디푸스적 주제를 다루는 데 초점을 맞추는 단기 불안유발 심리치료(short-term anxiety-provoking psychotherapy, STAPP)를 개발하였는데 다음의 준거를 사용하여 환자를 선별하였다.

1. 주호소 문제의 범위가 좁을 것
2. 아동기에 다른 사람과 '의미 있는 관계'를 맺었다는 증거

3. 면접하는 동안 평가자를 융통성 있게 대할 수 있는 능력
4. 면접하는 동안 감정을 경험하고 직접적으로 표현할 수 있는 능력
5. 다음과 같은 특성으로 정의되는 심리적 소양
   (a) 평균 이상의 지능
   (b) 자신의 마음을 들여다볼 수 있는 능력
6. 다음과 같은 특성으로 표현되는 (증상 완화가 아닌) 변화에 대한 동기
   (a) 적극적으로 정신과적 평가에 참여하려는 자발성
   (b) 자신에 관해 보고하는 데 있어서의 솔직성
   (c) 증상이 심리적 근원에서 나온다는 것을 깨닫는 능력
   (d) 내성(內省)과 호기심
   (e) 새로운 아이디어에 대한 개방성
   (f) 치료 결과에 대한 현실적인 기대
   (g) 적당한 시간과 돈을 기꺼이 희생하려는 마음가짐

(Sifneos, 1979/1987, pp. 30-45)

내가 수련생들에게 Sifneos의 선별 준거를 제시할 때마다 그들은 믿을 수 없다고 반응하며, STAPP에 적합한 환자들은 치료를 받을 필요가 없는 것 같다고 말하곤 한다. 수련생들은 자신들의 환자는 '그렇지 않다' 고 말한다. Sifneos 자신도 그의 클리닉에 오는 사람들 중 10~15%만이 이러한 선별 준거를 충족시킨다고 말한 바 있다.

TLDP는 단기치료로 치료받을 수 있는 환자의 유형을 제한하기보다는, 어려운 환자의 치료 효과를 높이기 위해 치료와 치료자 수련 방식을 개선하고자 한다. TLDP는 만성적이고 역기능적인 상호작용 스타일을 가진 환자를 위한 접근이면서, 시간 사용에 민감한 접근이다. TLDP는 잘 기능하는 환자들뿐만 아니라 치료받으러 오는 대다수 환자를 돕기 위한 단기 정신역동적 전략과 방법을 강조한다. 그러므로 TLDP는 치료실의 문을 열고

들어오는 환자들 대부분을 도와야 하고, 엄격한 선별 준거를 채택할 위치에 있지 않은 치료자들이 널리 사용할 수 있다.

연구 결과에 바탕을 둔 접근

TLDP는 치료자가 치료 과정에 어떤 기여를 하는지 살펴본 경험적 연구들에 뿌리를 두고 있다. TLDP의 배경이 된 것은 1950년대 초에 시작된 경험적 연구 프로그램이었다(Strupp, 1955a-c, 1957, 1958, 1960). Strupp은 개업하고 있는 치료자들에게 서면으로나 영상으로 환자의 말을 제시하고 이에 반응하도록 하였다. 그는 처음에는 기법과 치료자 변인(예컨대, 이론적 성향, 경험 수준) 간의 관계에 관심을 가졌지만, 곧이어 환자에 대한 치료자의 부정적 태도가 공감의 상실과 부정적인 임상적 판단과 관련됨을 보이는 연구 결과에 흥미를 갖게 되었다. "이러한 자료들에 근거하여, 나는 환자에 대한 치료자의 초기 태도가 일종의 자기충족적인 예언이 된다는 것과, 치료자의 의사소통은 기법적인 요소와 개인적인 요소를 모두 담고 있다는 가설을 세웠다."(Strupp, 1993, p. 431).

그 후 10년 동안 Strupp은 치료 결과에 대한 특수 요인(기법적인 요인)과 일반 요인(대인관계 요인)의 상대적인 기여도에 초점을 맞춘 연구를 진행하였다. 그는 밴더빌트 대학의 심리치료 연구 센터에서 행해진 경험적 연구 프로그램(Vanderbilt I)의 일부로서, 훈련받은 심리치료자들이 수행한 단기치료와 심리치료 훈련을 정식으로 받지는 않았지만 따뜻하고 이해심이 많은 사람이라는 평판을 받는 교수들이 수행한 단기치료를 비교하였다(Strupp & Hadley, 1979). 동일한 치료자가 치료한 사례 중 결과가 좋은 사례와 나쁜 사례를 비교하였을 때, 적대적이고, 반항적이고, 완고하고, 의심이 많거나, 또는 다른 방식으로 매우 저항적인 환자들은 훈련받은 치료자에게 치료를 받든지 아니면 대학교수에게 치료를 받든지에 관계없이 한결 같이 결과가 나빴다(Strupp, 1980a, 1980b, 1980c, 1980d). 전문적인 치료자들은 처음 3회기 정도에 좋은 작업 관계를 형성할 수 있는 환자들에게서는 좋은 치료 결과를 얻었다. 그러나 이 치료자들도 어려운 환자의 요구에는 그들의 접근을 잘 맞추지 못하였다.

Strupp은 이러한 연구 결과를 바탕으로, 어려운 환자들은 치료자와 좋은 작업 관계를 형성하기 매우 어려운 성격적인 스타일을 가지고 있다고 생각하였다. 그런 경우 치료자는 치료 분위기를 이끌어 가는 데 있어서 큰 부담을 가지게 되었고 치료 기간 역시 짧았으므로, 빨리 치료 동맹을 형성하지 못한 것은 전체 치료에 해로운 영향을 끼쳤다.

Vanderbilt I의 이러한 발견들을 보면, 치료자들은 어려운 환자들의 부정적 전이를 다루는 데 별다른 진전을 보이지 못했다는 것을 알 수 있다. 치료자들은 환자들의 전반적인 반항적 태도와 적개심에 대해 부정적 태도, 적개심, 무시 등의 반응을 나타내는 반치료적인 반응의 덫에 걸리는 것 같았다. 자신의 치료자들로부터 이런 부정적인 반응을 받았을 때 환자들의 무력감과 절망감은 더 커지고, 자신과 타인에 대한 부정적인 견해는 더욱 굳어졌을 것이다.

그 다음 연구(Vanderbilt II)는 전문적 훈련이, 임상가들이 전형적으로 단기 역동적 심리치료에 적합하지 않다고 거부하는 환자들을 치료하는 데 도움이 되는가를 평가하기 위한 것이었다. 이 연구에서는 16명의 숙련된 치료자(8명의 정신과 의사와 8명의 심리학자)와 80명의 환자를 대상으로 하여 TLDP 훈련의 효과를 연구하였다. 연구 첫 해에 각 치료자는 두 명의 환자를 맡았는데(한 명은 비교적 '쉬운' 환자였고, 한 명은 비교적 '어려운' 환자였다.) 매주 한 번씩, 최대 25회기까지 치료할 수 있었다. 두 번째 해에 치료자들은 TLDP 훈련(세미나 및 훈련 사례에 대한 시청각 자료를 활용한 소그룹 사례지도)을 받으며 각각 한 명의 환자를 담당했다. 세 번째 해에 치료자들은 다시 두 명의 환자를 맡았으며, TLDP의 원칙에 따라 치료했다. 주요 결과를 보면, 훈련 프로그램은 치료자들에게 TLDP 전략 사용을 가르치는 데 성공적이었으며(Henry et al., 1993b), 어려운 환자를 치료하는 경우에도 그러하였다(Henry et al., 1993a).

그러나 치료자의 행동 변화와 관련된 Vanderbilt II의 연구 결과는 상당히 복잡하다. 훈련 후에 치료자 기술에 긍정적인 변화가 있었지만, 부정적인 변화도 나타났다. 예를 들면, 치료자들은 단기치료에서 활동 수준이 높았기 때문에 실수할 기회도 더 많았다. 또한 훈련 후, 치료자들은 내담자의 말에 덜 긍정하고 덜 지지하는 태도를 보이는 것 같았다. 연구자들은 치료자들이 훈련 후에 새로운 기법을 그들의 기존 치료 양식에 통합시키려고 고심하는 가운데 치료적 성취가 떨어지는 시기를 겪는 것 같다고 추측하였다.

Vanderbilt II 연구는 치료자 훈련이 수행에 미치는 영향을 직접적으로 살펴본 유일한 연구라는 점에서 높게 평가할 만하다. 그러나 이 연구에는 몇 가지 문제점이 있었다. 그중 하나는 연구자들이 훈련 대상자로 지역사회의 성공적인 개업 임상가들을 모집하였는데, 이들은 밴더빌트 대학의 유명한 연구에 참여하는 데는 동기가 높았지만, 단기치료 전략을 배우는 데는 동기가 높지 않았다는 것이다. 2장에서 지적한 바와 같이, 단기치료에 임하는 태도가 이 새로운 지식을 얼마나 잘 배워서 유능하게 구현하는가에 영향을 미친다. 또한 이들은 장기치료에 숙련된 임상가들이었기 때문에 아마도 버려야 할 게 많았을 것이다. 이 가설을 지지하는 증거로는, 훈련 전에 자신의 기존 모델에 따라 사례지도를 많이 받았을수록 새로운 TLDP 전략에 대한 충실도가 낮았다는 발견을 들 수 있다(Henry et al., 1993a).

Vanderbilt II 연구 결과 중 더욱 놀라운 것은, 치료자가 훈련자 A그룹에 있었는가 또는 훈련자 B그룹에 있었는가에 따라 훈련 효과에 차이가 있었다는 점이다. 훈련자 A그룹의 치료자들은 TLDP의 원칙을 따르는 쪽으로 더 많이 변화하였다. 두 훈련자 사이의 차이를 살펴보면 훈련자 A의 접근은 보다 지시적이고 구체적이며 도전적인 것이었다. 이러한 연구 결과에 따라 연구자들은 TLDP 훈련을 통해 최대의 효과를 얻기 위해서는 다음의 지침을 따를 것을 제안하였다(아마 매뉴얼이 있는 다른 치료에서도 마찬가지일 것이다.).

1. 능력은 있지만 상대적으로 덜 숙련된 치료자를 선택한다.
2. 부정적인 훈련 효과에 덜 취약한 치료자(예: 적대적이거나 지배적이지 않은 성향의 치료자)를 선택한다.
3. 숙련된 치료자도 새로 학습할 치료 방법에 있어서는 초심자라고 가정한다.
4. 치료자에게 면밀하고, 지시적이고, 구체적인 피드백을 제공하고, 치료자의 사고 과정을 자세하게 검토한다.

우리는 VA 단기 심리치료(VAST) 프로젝트의 일부로 심리치료 과정과 결과의 여러 측면을 검토하고, 미숙련 치료자들이 TLDP를 수행할 수 있도록 훈련하는 과정을 연구하기 위해, 1986~1992년에 101명의 정신과 외래 환자들에게 TLDP 치료를 시행하였다(Levenson & Bein, 1993). 이 환자들은 치료 전과 직후에 몇 가지 질문지에 응답하였다. 대부분의 환자들은 우울, 불안, 오랜 대인관계 문제를 가지고 있는 남자들이었다. 이들은 무직이거나 은퇴한 중노년의 독신이고 심리적 소양이 부족한 사람들로, DSM의 축 I 문제와 더불어 여러 성격장애를 가지고 있다고 진단되었다. 이들 중 많은 사람이 약물 남용과 정신과적 장애 병력을 가지고 있었다.

치료자들은 6개월 단기치료 순환근무의 일부로 TLDP 훈련을 받는 정신과 레지던트, 심리학 인턴, 사회복지 인턴이었는데, 이들 또한 치료 전과 후에 환자에 관한 질문지에 응답하였다.

각 수련생은 한 환자와 최대 20회기 동안 작업하도록 할당되었고, 모든 치료 회기는 비디오로 녹화되었다. 이들의 훈련은 교육 세미나와 집단 사례지도를 통해 이루어졌다. 세미나에서는 실제 치료 회기를 편집한 훈련용

테이프를 사용하여 사례개념화와 개입 전략을 다루었다. 집단 사례지도에서는 4~6명의 수련생들이 자신들의 수련 사례를 발표하였으며, 그 주의 치료 회기를 녹화한 것 중에서 일부를 발췌하여 보여 주었다. 사례지도 시간에는 구체적인 개입에 대한 면밀하고 지시적인 피드백이 주어졌다. 결정적이거나 흥미로운 부분에서는 비디오테이프를 정지시켜서 수련생들이 TLDP와 일치하는 방식으로 치료를 진행하고 개입할 수 있는 대안적 방식을 탐색하게 하였다.

David Overstreet(1993)은 VAST에 참가했던 환자의 60%가량이 TLDP(평균 14회기) 후에 증상이 개선되거나 대인관계가 좋아졌다는 것을 발견하였다. 종결 시에는 환자의 71%가 자신의 문제가 경감되었다고 느꼈다. 또한 환자의 21%는 임상적으로 유의미한 대인관계 개선(대인관계 문제 척도에서 2 표준편차 이상의 변화)을 성취하여, 정상 범위에 속하는 점수를 얻었다. 이 결과는 다른 이론적 모델을 사용하는 연구자들이 덜 어려운 환자 집단을 대상으로 수행한 연구들의 결과보다 나은 것이었다(예: Ankuta & Abeles, 1993).

한 장기 추수연구(Bein, 1995; Bein et al., 1994; Levenson & Bein, 1993)는 TLDP 치료가 종결되고 6개월에서 6년(평균 3년)이 경과한 후에 환자들을 다시 평가하였는데, 환자들의 증상과 대인관계 문제의 개선이 잘 유지되거나 약간 더 강화되었음을 발견하였다. 추수평가 시점에서, 환자들의 80%는 그들이 문제를 이전보다 더 효과적으로 다루는 데 치료가 도움이 되었다('다소' 48%, '많이' 32%)고 생각했다. 단지 20%만이 치료가 별 도움이 안 되었다고 말했으며, 치료가 상황을 더 나쁘게 만들었다는 환자는 한 명도 없었다.

다른 분석들에서 치료가 가치 있다고 여기는 환자들은 그 치료 회기들이 TLDP와 일치하는 전략(예: 자신의 전형적인 대인관계 패턴에 대한 이해, 아동기 관계의 탐색, 치료자와 새롭고 나은 방식으로 관계 맺기)에 초점을 맞춘다고 지각하였다. TLDP와 일치하지 않는 개입(예컨대, 치료자의 충고, 증상에 초점 맞추기, 과제 내 주기 등)은 환자가 판단한 치료 효과와 관계가 없었다.

요약하면, 이러한 결과들은 이전에 단기치료가 적합하지 않다고 여겼던 환자들에게도 TLDP가 적용될 수 있다는 점과, TLDP 접근에 고유한 어떤 특성들이 TLDP를 더욱 효과적이게 만든다는 점을 시사한다.

교수와 학습의 용이성

많은 전문가들이 기적을 행하는 것처럼 보이는 '대가' 들의 워크숍에 참석한다. 단지 그들 옆에 있는 것 자체가 치유적인 것 같아 보인다(아마 그럴 수 있을 것이다!). 수련생들은 워크숍에서 경험한 치료를 시도할 때, 대가가 보여 준 치료 효과를 기대하며 그들의 억양, 제스처, 걸모습 등을 따라해 보지만, 이런 모방은 대개 아무런 효과도 없다.

이와는 대조적으로 TLDP는 치료 효과를 달성하기 위해 치료자의 카리스마에 의존하지 않는다. TLDP는 융통성 있는 틀을 제공하므로, 치료자가 그것을 자신의 성격에 맞출 수 있다. TLDP는 기술자가 된 듯이 엄격하게 따라 해야만 하는 고정된 기법을 피한다.

TLDP의 치료 지침서(매뉴얼)가 Vanderbilt II 연구의 한 부분으로 개발되었으며, 이것은 곧이어 『*Psychotherapy in a New Key: A Guide to Time-Limited Dynamic Psychotherapy*』(Hans Strupp & Jeffrey Binder, 1984)라는 제목의 책으로 출판되었다. 이 책은 사례개념화와 치료 기법을 이전의 지침서보다 더 명확하게 설명하고 있다. 이 지침서에 제시된 TLDP의 원칙과 전략은 임상적 유용성 및 관찰가능한 자료들에 바탕을 두고 있다. 이 책은 복잡한 메타이론적 구성개념을 가능한 한 피했기 때문에, 치료자들이 고도로 추론적인 개념들의 의미를 이해하기 위해 애쓸 필요가 없다.

정 의

TLDP는 대인관계적 단기 심리치료다. TLDP의 목표는 환자들이 부적응적 대인관계 패턴을 반복하지 않도록 돕는 것이며, 이는 치료적 관계라는 맥락에서 새로운 체험과 이해를 촉진함으로써 이루어진다. 치료가 의도하는 바는 환자가 자신 및 다른 사람들과 관계 맺는 방식을 수정하도록 돕는 것이다. 그러므로 TLDP의 초점은 증상을 경감시키는 데 있지 않고(그렇게 개선되리라고 예측하지만), 대인관계에 스며들어 있는 패턴, 즉 전통적으로는 성격 구조라고 불러왔던 것을 변화시키는 데 있다.

1984년에 Strupp과 Binder는 25회기나 30회기 동안 지속되는 시간제한적인 치료에 대해 저술하였다. 오늘날의 관리의료 환경에서는, 이정도 회기라면 중기치료, 심지어 장기치료로 간주된다. 수련 과정의 6개월 순환근무 시기에 TLDP를 가르치게 되면, 나는 치료 회기를 20회로 제한한다. 왜냐하면 20회기가 6개월 동안 환자를 치료할 수 있는 최대치이기 때문이다. 휴가, 질병, 공휴일 등을 고려하면 실제 회기는 훨씬 줄어들 수 있다(실제 평균 회기 수는 14회이다.). 숙련된 치료자는 회기 수와 관계없이 상호작용 과정에 초점을 유지하고 조율함으로써 치료 과정을 조절하는 방법을 찾아낼 수 있을 것이다.

전 제

TLDP 모델은 다음의 7가지 기본 가정을 바탕으로 한다.

1. 환자들은 혼란스러운 대인관계에서 비롯된 문제들을 해결하기 위해

대인관계적 치료를 필요로 한다.
2. 역기능적 양식은 과거에 학습된 것이다.
3. 역기능적 양식은 현재 유지되고 있다.
4. 환자는 치료자를 대상으로 대인관계의 어려움을 재연한다.
5. 치료자는 참여관찰자다.
6. 치료자는 환자가 재연하는 문제에 휘말려 들어간다.
7. 주된 대인관계 문제 패턴이 존재한다.

대인관계 치료

TLDP는 치료의 대인관계 모델을 채택하며, 역사적으로 볼 때 대상관계 이론에 그 뿌리를 두고 있다. TLDP는 대인관계적 관점의 중요성을 강조하는데, 이는 Harry Stack Sullivan(1953)의 연구에 잘 나타나 있으며, 현대 대인관계 이론가들의 견해와도 일치하는 것이다(예: Anchin & Kiesler, 1982; Benjamin, 1993; Greenberg & Mitchell, 1983). 이 입장은 인간관계를 추구하고 유지하는 것이 모든 사람의 주요 동기라고 간주한다. 이처럼 관계를 강조하는 견해는 미리 결정된 심리적 구조가 본능적 충동의 충족과 사회적 제약 사이의 갈등을 다룬다고 강조하는 전통적인 정신분석과는 분명한 대조를 이룬다.

TLDP의 대인관계적 관점은 정신분석적 사상과 치료 안에서 일어나고 있는 보다 큰 패러다임의 변동을 반영한다. 이러한 변화의 조류(Cooper, 1987) 혹은 전환의 시기(Altman, 1993)에 사람들은 추동의 방출이 성격 발달을 결정한다는 견해에서 멀어져 대인관계의 형성 과정에 초점을 맞추는 방향으로 나아가고 있다. 실제로 대부분의 정신분석 학파들은 이제 덜 충동지향적이며, 문화적, 사회적, 임상적, 과학적인 이유에서 보다 더 관계지향적으로 되어 가고 있다(Aron, 1990; Messer & Warren, 1995). 이러한 변화는 어떤 것이 병리적인 것인가, 치료자가 임상적 상황을 어떻게 해석하는가, 또 어떤 개입이 적절하다고 보는가 등의 치료적 관점에 근본적인 영향을 미친다.

관계적 관점은 치료자가 참여관찰자로서 치료 관계에 들어가게 되는 상호교류의 패턴에 초점을 맞춘다. 이때 전이는 왜곡이 아니라, 치료자의 행동과 의도에 대해 환자가 그럴듯하게 지각한 것이며 역전이는 치료자의 실패가 아니라, 환자와의 상호작용의 밀고 당김에 대해 치료자가 보이는 역할 반응성(Sandler, 1976) 혹은 대인관계적 공감이다(Strupp & Binder, 1984).

이러한 모든 패러다임의 변화들을 기술하는 것은 이 책의 범위를 벗어나는 일이지만, 여러 이론가들이 개념과 절차의 차이를 기술하기 위해 사용한 구성개념들의 목록을 〈표 3-1〉에 제시하였다. 표의 각 항목 아래에는 다양한 정신분석적 태도가 존재하며, 따라서 독자들은 이들이 단지 같은 칸에 있다고 해서 서로 일치한다고 생각해서는 안 될 것이다. 그러나 TLDP의 접근은 두 개의 견해 중 분명히 현대적 견해에 속한다.

정신분석뿐만 아니라 다른 심리치료 모델들(예: 인지치료, Safran & Segal, 1990; 행동치료, Kohlenberg & Tsai, 1991)도 점차 대인관계적 관점을 통합하고 있다. 인간은 본질적으로 대인관계적인 존재이다. 우리는 생후 오랜 기간 동안 타인의 도움에 의존하기 때문에, 타인에게 애착하는 방식이 우리가 세계와 어떻게 관계하고 우리 자신에 대해 어떻게 느끼는가를 결정하는 주된 힘이 된다는 것은 놀라운 일이 아니다. 치료실에서 보는 대부분의 문제들이 본질적으로 대인관계와 관련된다는 사실도 이러한 대인관계적 관점과 일치한다(Merikangas & Weissman, 1986).

TLDP에서는 심리적 증상과 문제가 대인관계의 어려움에서 비롯된다고 여긴다. 사람들이 치료를 받을 때 제시하는 주호소 문제는 불안, 우울 등 축 I 진단(APA, DSM-IV, 1994)의 기초가 되는 증상들인 경우가 많다. 그러나 이러한 불편한 느낌의 원천을 찾아보면 대인관계적 근원이 분명해진다.

〈표 3-1〉 정신분석적 이론과 실제의 시대적 조류

전통적 관점	현대적 관점
모 델	
• 추동-갈등 모델	• 관계-갈등 모델
• 본능적 충동과 사회적 요구 사이의 갈등	• 애착 욕구와 학습된 행동 사이의 갈등
• 치료관계에 있어서의 비대칭성	• 상호성
• 한 사람	• 두 사람
• 심리내적	• 대인관계적, 상호작용적
• 미리 결정된, 내적 구조	• 반복되는 상호작용에 기초한 대인관계 구조
• 마음은 내부로부터 구성된다.	• 마음은 외부로부터 구성된다. 상호작용의 내적 작동 모델
• 본능과 대처 기제와 사회 사이의 긴장	• 상호작용 장에서 비롯된 교류 패턴
치료자의 역할	
• 객관적인 해독자	• 참여관찰자, 온전한 참여자
• 객관주의자, 자연과학자	• 구성주의자
• 중립적인 스크린, 빈 스크린	• 공동참여자, 치료자가 관계의 장에 불가피하게 참여함
• 중립성은 원초아, 자아, 초자아로부터 같은 거리를 유지하는 것	• 중립성은 옛 대상과 새로운 대상 사이에서 균형을 유지하는 것
전 이	
• 왜곡으로서의 전이	• 치료자의 실제 행동은 환자에게 강한 영향을 미친다.
• 성장사의 객관적 반영	• 두 사람의 공동의 활동
• 과거 경험의 재생	• 치료자에 대한 환자의 지각은 있을 수 있는 가설 중의 하나
역전이	
• 중립을 유지하는 일의 실패	• 치료자는 중립적일 수 없다.
• 치료자의 해결하지 못한 갈등과 아동기 잔여물의 결과	• 대인관계적 공감
• 치료자는 환자의 관계의 장 밖에 있다.	• 치료자는 환자가 부여하는 역할을 수행한다. 역할 반응성
• 게임에 참여하지 않는 것이 기본 과제이다.	• 치료자는 게임에 참여하지 않을 수 없다.

(계속)

• 역전이 개방은 초점에서 벗어나는 일이다.	• 역전이 개방은 초점을 유지하는 데 기여한다.
개입의 종류와 역할	
• 정확한 해석. 내용과 정확성 강조	• 교정적 정서 체험
• 해석이 환자 내부의 구조를 변화시킨다.	• 해석은 복잡한 대인관계적 사건이다.
• 해석은 역사적 진실을 드러낸다.	• 이야기로서의 진실
• 해석을 통한 변화	• 치료자를 내재화함. 자기 표상과 타인 표상의 수정
• 해석은 진실이며, 감추어진 내용을 드러낸다.	• 구성된 이야기. 이해를 위한 한 가지 방법(여러 가지 중의 하나)
• 통찰. 의식의 확장	• 분석적 현실을 공유함. 사회적 구성주의
• 인지적 계몽. 무의식적 내용을 의식화함.	• 진실에 대한 상대주의적 접근. 구성된 진실
• 명시적인 의사소통	• 반드시 명시적일 필요는 없다.
• 언어적인 전이 해석	• 환자에 대한 치료자의 암묵적인 반응성. 치료자가 환자의 시험을 통과하여 병리적 신념을 반증한다.
환자를 보는 관점	
• 자극에 반응을 보이는 존재	• 대인관계 세계를 적극적으로 구성하고 해석하는 존재

Alexander & French(1946), Aron(1990), Beebe & Lachman(1988), Bowlby(1973), Burke(1992), Cooper(1987), Eagle(1984), Emde(1991), Fenichel(1941), Gabbard(1993), Gill(1982), Greenberg(1991), Hirsch(1992), Hoffman(1992), Mitchell(1988), Sandler(1976), Stern(1994), Strupp & Binder(1984), Sullivan(1953), Weiss et al.(1986), Wolf(1986), Wolstein(1983)에서 인용함.

예를 들면, 환자는 '별다른 이유 없이' 가을부터 초조하다고 말하면서 치료를 시작한다. 그러나 자세히 탐색하다 보면 치료자는 그 당시 환자의 외아들이 대학에 가기 위해 집을 떠났다는 것을 알게 된다. 어떤 환자는 평생 지속되는 대인관계적 어려움을 호소하면서 치료를 시작하지만, 이러한 호소는 자주 누군가 다른 사람이 변화되었으면 하는 바람으로만 표현된다(예: "만일 남편이 조금만 마음을 더 써 준다면, 우리는 행복한 결혼생활을 할 수 있을 텐데.").

과거의 학습

사람들은 어떻게 역기능적인 대인관계 스타일을 갖게 되는가? TLDP의 두 번째 가정은 성인기의 장애는 초기 양육자와의 문제 있는 관계에서—보통 원가족 내에서—생긴다는 것이다.[1] John Bowlby(1969)는 어떻게 타인(보통은 부모)에 대한 안전 애착이 돌봐 주기를 바라는 아동의 기본 요구를 충족시키며, 불안의 부정적인 영향을 경감시키며, 건강한 발달을 촉진하는가를 설득력 있게 기술하였다. Bowlby(1973)는 부모와의 초기 경험이 대인관계의 심리적 표상, 즉 대인관계적 세계에 대한 고유한 작동 모델을 만든다고 설명하였다. 아동은 타인과 연결을 유지하고 안전하다고 느끼기 위해서는 어떤 방식으로 행동해야 하는지를 배운다. 이러한 '어떤 방식' 들이 모여서 체계화되고 부호화된 경험적, 인지적 자료(대인관계 스키마)가 되고, 이 대인관계 스키마는 관계 맺기의 본질에 대해서, 또한 다른 사람과 정서적 연결을 유지하는 데 무엇이 필요한지에 대해서 우리에게 정보를 준다.

자기에 대한 우리의 근본적인 작동 모델(혹은 스키마)은 자존감과 자기 개념을 결정하는데, 이 또한 대인관계에서 나온다. "우리가 거울을 사용해 자신을 보는 것을 배우는 것처럼, 아이들은 타인이라는 거울에 비치는 모습을 봄으로써 자신을 의식하게 된다."(Popper & Eccles, 1977, p. 110). Guidano(1991)는 사람들이 다른 사람과의 상호작용을 통해 자기 자신에 대해서 알게 되는 '거울 효과' 를 상세히 설명한 바 있다.

대인관계 스타일과 관련해서 학습 요인을 강조하기는 하지만, 개개인의

---

1) 때로는 성인기에 경험한, 특히 장기간에 걸쳐 일어난 대인관계적 혹은 환경적 외상이 역기능적 대인관계를 초래할 수 있다. 나는 베트남전 참전 군인들이 전쟁 경험의 외상 때문에 25~30년이 흐른 지금도 다른 사람들을 의심하고 소외감을 느끼는 것을 많이 보았다. 동료가 죽거나 크게 다치는 외상적 경험으로 인해 그들은 스스로 고립되고 사람을 매우 경계하는 존재방식으로 도피하였다. 이것은 전쟁 전의 그들의 애착유형과는 다른 것이었다.

기질에 영향을 미치는 유전적 요인과 태아기 요인도 무시할 수 없다(Kagan, 1989). 이러한 기질은 출생 시부터 나타나며, 대인 경험에 의해 수정(악화 혹은 개선)된다. 예를 들면, 환경의 작은 변화에도 쉽게 반응하도록 (예: 작은 소리만 나도 울도록) '타고난' 유아는 엄마를 불안에 빠뜨리고 화를 잘 내도록 이끌 수 있으며, 이렇게 엄마가 쉽게 화를 내면 아이는 다시 타인에 대해 불안해하고 두려워하는 태도를 더욱 발전시키게 된다.

역기능적 관계 방식을 생애 초기에 학습한다는 사실과 관련된 또 한 가지 전제는, 이러한 문제 행동이 애착을 유지하기 위한 아동의 적응적 노력에서 비롯된다는 것이다. 예를 들면, 짐(Jim)은 권위적이고, 독단적이고, 자주 벌을 주는 부모 밑에서 자랐다. 짐은 부모와의 연결을 유지하기 위해 (이것은 맞지 않는 것에서부터 부모의 인정을 받는 것까지 전 영역에 걸쳐 있다.) 부모가 원하는 대로 해야만 한다는 것을 깨달았다. 그는 비위를 맞추는 순종적인 아이가 되었다. 짐은 자신이 온순한 그 정도만큼만 대인관계 세계가 안전하다고 믿게 되었다. 그러나 이러한 애착 스타일은 그가 소년이었을 때는 적절하게 도움이 되었겠지만, 어른이 되었을 때는 시대착오적인 것이 되어 버렸다.

문제의 유지

이처럼 TLDP에서는 초기 아동기 경험을 강조하는데, 이 점은 여러 정신분석적 사고의 기본 원리나 인간 행동에 대한 다른 이론들과도 일치한다. 그러나 관계적 TLDP 모델은 개인의 성격이 오이디푸스기 끝 무렵에 굳어진다고 주장하는 전통적인 정신분석적 입장과는 중요한 차이가 있다.

TLDP에서 개인의 성격은 특정 시기에 완성되는 것이 아니라, 다른 사람들과 상호작용하는 가운데 역동적으로 변화한다고 여겨진다. 개인의 역기능적 대인 스타일은 생애 초기에 학습되지만, 대인관계적 어려움이 계속된다는 것은 현재의 성인 생활에서도 이 스타일이 나타나고 있다는 것을 의미한다. 이것이 임상적으로는 어떤 모습을 띠는가? 짐의 사례를 보면, 그는 아동기에 비위를 맞추고 순종하는 전략을 발달시켰으며 성인기에도 계속 이 전략을 사용하였다. 그는 무의식적으로 자신의 대인관계 스키마의 영향을 받아서 이것이 다른 사람과의 관계를 유지하는 유일한 방법이라고 여기기 때문이다. 그러나 TLDP의 관점은 짐의 복종적인 스타일이 그의 대인관계 세계를 고압적이고 권위적이며 처벌적인 방식으로 그를 대하는 사람들로 가득 채우는 결과를 가져왔다고 본다.

짐이 이렇게 사람을 추종하는 방식으로 행동하기 때문에, 결국 그는 사람들이 그에게 보다 지배적으로 행동하도록 유발하고 자극하며 초대한 셈이 되었다. 그런 압제적인 반응에 직면했을 때 짐 자신은 오히려 더 편안하게 느끼는데, 그 이유는 다른 사람들의 지배적인 행동이 그의 내적 스키마, 즉 다른 사람들의 평가에 반영된 자기 모습을 확증해 주기 때문이다(Sullivan, 1953). 다시 말해 그의 순종적인 스타일과 타인의 지배성은 서로 꼭 들어맞는 짝이었던 것이다.

그렇다고 짐이 이러한 상호작용을 일부러 요청하면서 피학적으로 행동하는 것은 아니다. 그보다는 그의 순종적인 태도가 다른 사람들의 지배적인 행동에 의해 확증된다는 것이다. 짐은 이러한 불만족스러운 애착이 그가 생각하는 유일한 대안인 혼자 있는 것보다는 낫다고 느끼지만, 그 결과 자존감의 손상과 다른 심리적 증상을 경험하게 될 때가 많아진다. 짐은 '자기확인적 상호작용 패턴에 참여하도록 사람들의 반응을 유도하는 사회적 행동을 함으로써' 그의 연속성을 유지한다(Bartholomew & Horowitz, 1991, p. 241). 그 결과 의식적으로 선택한 것이 아닌 시스템을 유지하기 위해, 관련된 모든 사람들이 자기의 역할을 맡아서 역기능적인 상호작용의 춤을 추게 된다.

현재 시점의 중요성을 강조하는 것은 TLDP와 전통적인 정신분석 사이의 주된 차이점이다. TLDP는 역기능적 스타일이 과거에 시작되지만, 위에 기술한 과정을 통해 현재에 유지되고 있다고 주장한다. 현재에 대한 이러한 강조는 짧은 시간 안에 대인관계적 어려움을 치료하는 데 시사하는 바가 매우 크다. 만일 역기능적 상호작용이 현재 시점에 유지된다면, 우리는 이 역기능적 스타일을 변화시키기 위해 바로 지금 작업을 시도할 수 있을 것이다. 현재에서 작업하면 아동기의 갈등을 훈습하고 역사적 진실을 발견하는 일에 몰두할 때보다 더 빨리 변화를 가져올 수 있다.

이러한 초점은 체계 지향적인 접근이 상황의 맥락과 그것을 둘러싸고 있는 순환적 과정이 매우 중요하다고 주장하는 것과도 일치한다. '병리'는 개인 안에 놓여 있는 것이 아니라, (병리적인) 체계 안에 있는 모든 구성 요소에 의해 만들어진다. 체계 이론(Bertalanffy, 1969)에 따르면, 체계의 한 부분을 변화시킬 경우 다른 부분도 따라서 변화하지 않을 수 없는데 그것은 전체 체계가 새로운 수준의 안정성을 찾기 때문이다. 만일 어떤 사람이 환자의 밀고 당기는 스타일에 반응하지 않는다면, 환자의 역기능적 방식도 바뀌게 될 것이다.

앞의 예에서, 만일 짐과 상호작용하는 사람이 그의 순종적이고 추종적인 행동에 대해 지배적으로 반응하게 되는 끌어당김에 저항할 수 있다면, 짐은 그 영향을 받아서 보다 독립적으로 자기주장을 할 수 있게 될 것이다.

치료에서의 재연

TLDP의 네 번째 전제는 환자가 중요한 타인과의 상호작용과 유사한 역기능적 방식으로 치료자와 상호작용한다는 것이다. 정신역동적 용어로는 이러한 행동을 '전이'라고 한다. 환자들은 자신의 성격을 치료실 밖에 두고 오지 않는다. 그보다는 자신의 전 생애 동안 문제가 되어 왔던 바로 그 스타일로 치료자에게 반응할 것이다.

대인관계적 치료의 관점에서 보면, 이러한 재연이 치료를 위한 이상적인 상황을 마련해 준다. 이 상황은 환자가 바깥 세계에서 어려움을 겪도록 하는 바로 그 시나리오를 치료자가 볼 수 있게 해 주기 때문이다. 치료자는 부적응적 상호작용 패턴에서 나온 행위를 관찰하고, 이 사람과 관계를 맺으려고 애쓰는 것이 도대체 어떤 것인가를 경험하는 기회를 갖는다. 치료자는 체험적으로 환자의 대인관계 세계에 들어가서 어떤 일이 일어나는가에 주의를 기울인다. 이때 치료자에 대한 환자의 지각은 과거의 정적인 재생(즉, 왜곡)이 아니라, 환자의 참조틀을 고려할 때 충분히 있을 수 있는 그럴듯한 가능성(Gill, 1982)이라고 볼 수 있다.

이 전제에 따르면, 치료자는 발생적 자료를 철저하게 발굴하는 일에 몰두할 필요가 없다. 즉, 아동기의 모든 국면에서 어떤 일이 일어났는가를 정확하게 알아내는 것이 중요하지 않다는 것이다. 왜냐하면 치료의 요체가 바로 치료실에서 두 사람 사이에 일어난 상호작용에 있기 때문이다. 그러나 이것이 개인사적 정보를 무시한다는 것을 의미하지는 않는다. 만일 치료자가 치료에서 일어난 일에 대해 관찰한 것과 환자가 과거와 현재 관계에 대해 지각하고 있는 바를 결합할 수 있다면, 치료자는 환자가 다른 사람들과 상호작용할 때 무엇이 잘못되는지를 더욱 확실하게 이해할 수 있을 것이다.

치료 관계

전이에 대한 TLDP의 개념과 연관된 또 다른 전제는, 치료자도 관계에 들어가서 상호작용의 일부가 된다는 것이다. Sullivan(1953)의 용어로 말하자면, 치료자는 **참여관찰자**가 된다. 참여관찰자는 상호작용을 검토하고 주의를 기울이지만, 또한 상호작용의 일부가 되어서 그것을 바꾸는 사람이다. 다른 연구자들 또한(예: Stern, 1994) 치료자가 불가피하게 관계의 장에 들어가게 된다고 말하고 있다.

TLDP는 치료자가 상호작용의 유형과 질에 기여한다고 본다. 치료자와 환자 두 사람이 하나의 단위가 되어(비록 이 중 한 사람은 고통을 받고 있으며, 다른 한 사람은 조력자이기는 하지만), 어떤 목표를 달성하기 위해 관계를 맺으려고 한다. 그들은 두 사람으로 구성되는 상호작용 시스템을 형성한다.

이 전제는 전통적인 정신분석적 개념에서 보는 치료자의 역할과는 극적으로 다르다. 전통적인 정신분석에서 치료자는 시스템에 들어가지 않으며 들어가서도 안 되는 객관적이고 중립적인 관찰자여야 한다. 또한 분석가가 도움이 되려면, 가능한 한 빈 스크린인 채로 머물러 있어서 환자가 '부적절한' 전이를 할 수 있도록 해야 하며, 그렇게 하기 위해서는 환자의 역기능적 행동에서 분리되어 있어야 한다. 그러나 TLDP에서는 그 반대이다. 긍정적인 결과를 얻기 위해서 치료자는 분리되어 있을 수도 없으며, 분리되어서도 안 되고, 또한 서로 맞물리는 과정에 적극적으로 관여하는 만큼만 도움이 된다.

상호작용적 역전이

전통적인 정신분석 이론은 역전이가 치료자 자신의 해결되지 않은 신경증적 갈등의 표현이라고 주장한다. 이러한 갈등은 환자에 의해 자극되기는 하지만, 작업 관계와 밀접한 것은 아니다. 그러므로 역전이는 치료자의 객관성을 해친다고 여겨진다. 이 견해에 따르면, 분석가는 치료를 받으며 자신의 갈등을 훈습하거나, 사례 자문을 받아야 할 필요가 있다.

TLDP의 상호작용적 입장에 따르면, 치료자는 환자에 대해 역전이적으로 반응하지 않을 수 없다. 즉, 치료자는 불가피하게 환자의 역기능적 스타일에 의해 밀고 당김을 당하며 이에 따라 반응하게 된다. Stephen Butler와 동료들(Butler, Flasher, & Strupp, 1993)은 이런 유형의 역전이에 대해

"환자의 전이에 대한, 그리고 환자의 관계 맺는 스타일에 대한 자연스럽고, 역할-반응적이며, 상보적인 반응으로, 이는 전이 반응이 이에 상응하는 상보적 역전이가 없다면 유지될 수 없음을 시사한다."(p. 347)고 하였다. 현대 대인관계 이론가인 Donald Kiesler(1982, 1988)가 말한 바와 같이, 치료자는 환자의 융통성 없고 부적응적인 패턴에 대해 상보적인 반응을 하도록 '휘말려 들어' 간다.

왜 치료자는 환자와의 역기능적인 상호작용에 이끌려 들어가는가? 치료자가 적절한 사례지도, 치료, 훈련을 받는다면 환자의 역기능적인 밀고 당김에도 꿋꿋할 수 있지 않을까? 여기서 치료자가 환자와 협력하는 관계로 들어간다는 것은, 치료자가 한 개인으로서 환자와 관계를 형성하기 시작한다는 것을 전제로 한다. 처음에 치료자는 환자의 역동에 대해 잘 알지 못하는 반면, 환자는 수십 년 동안 이 대인관계 시나리오를 반복해 오고 있기 때문에 자신의 역할을 아주 능숙하게 해낸다. 환자를 이해하고 관계를 맺으려는 시도를 할 때, 치료자는 환자의 대인관계적 단서에 대해 다른 사람들과 비슷한 방식으로 반응하기 시작한다.

여기서 우리는 환자가 치료자보다 더 역기능적이라고 가정한다. 그러므로 환자의 보다 융통성 없고, 극단적이고, 만성적인 대인관계 스타일이 치료자의 보다 융통성 있고, 온건하고, 조절된 스타일보다 비중이 커서 관계에 더 큰 영향을 미치게 될 것이다. 만일 그 반대 상황이라면, 분명히 해로운 치료 결과가 나타날 것이다.

초기 회기 혹은 관여 단계(Kiesler, 1982)에서 치료자가 휘말려 들어가는 예로, 사람들의 비위를 맞추는 환자인 짐의 치료를 생각해 보자. 치료자는 초기 회기의 교류에서 자신이 평소보다 더 적극적이고, 조금 더 자신감이 있으며, 심지어는 독단적으로 반응한다는 사실을 알 수 있을 것이다. 이런 치료자의 방식은 짐이 자신을 나타내는 태도와 멋지게 들어맞으며, 짐이 더욱더 주저하면서 순종적으로 반응하도록 조장한다. 그리고 이러한 짐의 행동은 다시 치료자가 더욱 주장적인 행동을 하고 전문가적인 태도를 갖도록 조장한다.

TLDP 관점은 이러한 교류적 역전이에 몇 가지 긍정적인 측면이 있다고 가정한다. 첫째, 불가피하게 환자와의 대인관계에 말려들게 되면서 치료자는 이 사람과 상호작용하는 것이 어떤 것인가를 경험적으로 알 수 있게 된다. 그러고 나서 이러한 직감에 따라 치료자는 환자와의 상호작용을 개선하기 위해 지금-여기에서 무엇을 바꾸어야 하는지 알 수 있게 된다. 둘째, 치료 회기의 열기 속에서, 이러한 역전이 느낌은 상호작용이 유익한 방향으로 나아가는지를 알려 주는 민감한 나침반 역할을 한다.

셋째, 치료자가 처음에 환자의 부적응적 스타일에 맞추어 주면, 치료자에 대한 환자의 정서적 유대인 치료 동맹의 발달이 촉진된다. 왜 그럴까? 환자들은 다른 사람과의 애착을 손상하지 않으려면 어떤 방식으로 자신을 나타내야 하는가를 배워 왔고, 다른 사람들도 이에 부합하는 방식으로 반응할 것을 예상하게 되었다. 그러므로 치료자가 중요한 타인들과 비슷하게 반응할 때, 그런 치료자의 반응은 환자에게 친숙하며 따라서 덜 위협적으로 느껴진다(즉, 치료자의 반응은 환자의 기저에 있는 대인관계 스키마와 일치한다.).

이것은 환자에 대한 치료자의 상보적인 초기 반응이 궁극적으로 환자가 원하는 것과 일치한다는 뜻이 아니라, 환자가 이 행동(예컨대, 환자의 순종에 대한 반응으로 치료자가 권위적으로 행동하는 것)을 예상했고, 따라서 이 행동을 이해하고 참는다는 것을 의미한다. 만약 짐이 치료를 받으러 왔는데, 치료자가 자신보다도 더 순종적임을 알게 된다면 어떤 느낌이 들까? 그는 아마 어울리지 않는 역할에서 생기는 불안 때문에 치료를 그만 받으려고 할 수 있을 것이다. 그러나 만약 지배적인 스타일을 가진 환자가 왔다면 자신과는 상보적인 순종적 임상가를 대할 때 아주 편안하게 느낄 수 있을 것이다.

다행히 치료자는 어떤 것이 좋은 '역기능적' 만남인가를 결정하기 위해 많이 노력할 필요가 없다. 이 일은 자연스럽게 일어나기 때문에 치료자가 조종하지 않아도 된다. 이것은 환자의 대인관계적 행동에 대한 치료자의 '적당하면서도 사회적으로 기대되는' 반응이다(Butler & Strupp, 1991, p. 93).

그러나 치료자가 역전이적인 반응을 멈추는 것은 훨씬 어렵다. 이것이 TLDP 훈련의 핵심인데, 왜냐하면 환자가 필요로 하는 것은 또 하나의 부적응적 관계가 아니기 때문이다. 치료자가 역기능적 패턴의 반복을 자신이 어떻게 촉진했는가를 깨달은 다음, 이 정보를 사용하여 환자와의 상호작용을 긍정적인 방향으로 바꾸고, 환자가 그들 사이에서 일어나는 일을 볼 수 있도록 초대하는 것이 매우 중요하다.

한 연구 결과에 따르면, 치료 성과가 좋은 치료자들은 처음에는 상보적인 역할을 하다가 치료의 중기에 비상보적인 위치로 그 역할을 바꾸었다(Dietzel & Abeles, 1975). 그러나 이 연구는 또한 환자가 부적응적일수록 전체 치료 과정에서 치료자의 상보적인 반응을 더 잘 이끌어 낸다는 것을 보여 주었다.

전이에 대한 TLDP의 견해는 Strupp과 Binder(1984)가 보수적인 상호작용 견해라고 부른 것과는 구분할 필요가 있다. 이 견해는 환자가 불러일으킨 느낌을 치료자가 자각할 때 많은 것을 알 수 있게 되지만, 치료자는 이런 느낌을 '통제해야' 하며 '게임에 참여하지' 말아야 한다고 주장한다. 몇몇 단기 역동 이론가들은 이 견해를 지지한다(예: Davanloo, 1978; Mann, 1973; Sifneos, 1979/1987). 보수적인 상호작용 견해는 치료자의 역할이 환자의 대인관계 공간 밖에 머무르는 객관적 관찰자로 정의된다는 점에서 고전적인 정신분석적 견해와 비슷하다.

핵심적 관계 패턴

환자는 그 당시의 마음 상태나 상호작용하는 상대방 등에 따라 다양한 대인관계 패턴을 나타낼 수 있지만(Horowitz, 1987 참조), TLDP는 그중에서도 가장 광범위하고 가장 문제가 되는 대인관계 스타일의 이해를 강조한다(이때 환자가 자기와 대상에 대해 갖는 여러 견해들을 포괄적인 범주로 통합할 필요가 있을 것이다.). 이것은 다른 관계 패턴이 중요하지 않다는 것이 아니다. 다만 가장 자주 문제를 일으키는 상호작용 유형에 초점을 맞추는 것이 덜 중심적인 다른 대인관계 스키마에도 영향을 미치며, 특히 시간이 핵심적인 조건일 때는 이런 초점 맞추기가 실용적인 면에서 필수적이라는 뜻이다.

TLDP의 목표

TLDP는 두 가지 주된 목표를 가진다. 그것은 ① 환자에게 새로운 경험을 제공하고 ② 환자에게 새로운 이해를 제공하는 것이다. 나는 첫 번째 목표에 더 주의를 두는데, 이 점은 『*Psychotherapy in a New Key*』(Strupp & Binder, 1984)의 강조점과는 다소 다르며 그 차이는 아래와 같다.

새로운 경험

TLDP를 수행하는 첫 번째이자 가장 중요한 목표는 환자가 새로운 경험을 하게 하는 것이다. '새로운' 이라는 말의 뜻은 환자에게 익숙한 부적응적 패턴과는 다르고 더 기능적이라는(즉, 더 건강하다는) 의미이다. 그리고 '경험' 은 변화의 정서적-행동적 요소를 강조하는 말이다. 다시 말해, 이전과는 다르게 행동하고, 이런 행동을 정서적으로 느끼는 것을 강조한다. TLDP 관점에서는 어떤 내용을 강조하는 경험(예: 혼자 극장가기)보다 새로운 상호작용 방식의 출현을 뜻하는 행동(예: 자기표현을 좀 더 적극적으로 하기)을 장려한다. 물론 새로운 상호작용 방식이 어떤 구체적인 내용을 담지 않고서는 표출될 수 없지만, TLDP 치료자는 특정한 구체적인 행동 자체가 나타나게 하는 것보다 부적응적 패턴을 차단하거나 무너뜨리는, 상호작용에 있어서의 근본적인 변화를 촉진하고자 한다.

이러한 새로운 경험은 실행을 통한 변화를 강조하는데, 여기에는 서로 관련되는 두 부분이 있다. 첫째, 치료자와 환자의 만남에서, 환자는 자신을 이전과 다르게 지각해야 한다. 환자는 치료자에게 이전과는 다른 행동을 하는 모험을 하면서 자신을 다르게 경험해야 한다. 예를 들어 지나치게 순종적인 짐은 치료가 진행되면서 더 많이 자신의 생각을 주장하고, 더 많이 독립적으로 행동하는 자기 자신을 느껴 보아야 한다.

새로운 경험의 두 번째 부분은 환자가 과거의 중요한 사람들과 가졌던 것과 다른 경험을 치료자와의 관계에서 하는 것이다. 예컨대 짐은 치료자가 다른 사람들보다 덜 처벌적이고, 덜 판단적이며, 덜 경직되어 있다는 점을 관찰하고 느끼는 일련의 경험을 해야 할 것이다.

그러므로 새로운 경험은 치료 기간을 통해 환자가 자신과 치료자를, 그리고 둘 사이의 상호작용을 이전과 다르게 느끼는 일련의 경험들로 이루어진다. 환자가 본래 가지고 있던 역기능적 상호작용 스타일도 다른 사람과의 관계에서 일련의 선행사건과 그 결과를 경험하면서 학습하였던 것처럼, 그때와는 다른 일련의 선행사건과 결과를 경험함으로써, 더 기능적인 대인관계 스타일을 학습할 수 있다고 가정하는 것이다.

긍정적인 대인관계 경험(예컨대, 이전보다 표현을 더 잘 하게 된 환자가 다른 사람들보다 덜 판단적인 치료자와 상호작용하는 것)은 환자에게 체험적 학습의 기회를 주며, 이로 인해 낡은 패턴이 사라지고 새로운 패턴이 나타나게 된다. 이러한 생생한 학습이 TLDP 치료의 가장 중요한 요소이다. 환자는 치료 과정에서 능동적으로 새로운 행동을 시도해 보고, 이때 기분이 어떤지 알아보고, 또 치료자가 새로운 행동에 대해 어떻게 반응하는지를 볼 수 있는 기회를 갖는다. 환자는 이 정보들을 바탕으로 하여 자신과 타인에게 무엇을 기대할 수 있는가 하는 대인관계 도식을 만들어 낸다.

환자에게 두려움을 주었던 영역을 이렇게 새롭게 경험하게 되면, 환자의 정서적 학습이 고양된다. 환자의 행동에 대해 (비록 해롭지만) 익숙한 반응이 주어지지 않으면 환자는 긴장한다. 그리고 이렇게 긴장할 때 새로운 학습이 일어난다. 이런 정서적으로 격렬한 과정이 치료를 달구어서, (보통 해석과 명료화를 통한) 추상적인 학습에만 의존하는 접근보다 더 빠른 진전이 일어나게 한다. Frieda Fromm-Reichmann이 말한 바와 같이, 환자가 필요로 하는 것은 설명이 아니라 체험이다.

새로운 경험이라는 TLDP의 목표와 몇몇 행동적 기법에서 사용하는 노출치료 사이에는 유사점이 있다. 노출치료를 받을 때 환자는 두려워하는 자극에 노출되지만 부정적인 결과는 일어나지 않는다. 현대 인지치료의 (새로운 경험을 통해 자기와 다른 사람에 관한 역기능적 신념을 반증하는) 경험적 반증도 이와 유사한 개념이라고 볼 수 있다(Safran & Segal, 1990). 또한 환자의 변화는 치료자가 환자의 시험을 통과할 때 일어난다고 하는 Joseph Weiss와 Harold Sampson(Sampson & Weiss, 1986; Weiss, 1993)의 계획 공식화 방법에서도 유사점을 발견할 수 있다.

그리고 50여 년 전에 제기된 교정적 정서 체험도 유사점을 가지고 있다. 『*Psychoanalytic Therapy: Principles and Application*』(1946)이라는 고전적인 저서에서, Franz Alexander와 Theodore French는 억압된 기억의 노출과 그 기원에 대한 재구성의 치료적 중요성을 믿고 있던 당대의 가정에 도전하였다. 그들은 짐과 비슷한 사례를 언급하면서 다음과 같이 썼다.

> 환자가 낡은 부자(父子)관계를 버릴 수 있으려면, 먼저 새로운 부자관계를 경험해야 한다. 이 일은 지적인 작업으로는 되지 않는다. 새로운 관계를 환자가 버텨내고 느껴서, 이것이 정서적 삶의 필수적 구성 요소가 되어야 한다. 그리고 나서야 비로소 태도가 변화한다(p. 63).

Alexander와 French의 교정적 정서 체험이라는 개념은 치료자로 하여금 환자의 기대와는 정반대되는 반응을 하게 함으로써 전이를 조작한다는 비판을 받았다. 예컨대, 만일 환자가 참견이 심한 어머니에 의해 양육되었다면 치료자는 멀리 떨어져 있는 태도를 취해야 한다는 것이다.

TLDP의 새로운 경험이라는 개념은 Alexander와 French가 제안한 것과 같은 전이의 직접적인 조작을 포함하지 않는다. 새로운 경험은 또한 좋은 치료 관계를 형성한다고 해서 저절로 생기는 것도 아니다. 구체적으로 설명하면, 치료자는 일반적으로 환자에게 도움이 되는 모든 성숙하고 정중한 방식들 중에서 바로 그 환자가 가진 역기능적 스타일을 가장 많이 약화시킬 수 있는 측면들을 선택함으로써 환자의 새로운 경험을 촉진할 수 있다.

이것은 치료자가 환자의 부모가 제공하지 않았던 것을 제공하기 위해 자신의 존재 방식이나 성격을 바꾼다는 것을 의미하지 않는다. 그보다는 치료자가 먼저 환자의 역기능적 패턴을 철저하게 이해하고(4장 참조), 이 사례개념화로부터, 환자의 역기능적 상호작용 스타일을 가장 효과적으로 변화시키려면 (치료적 역할의 한계 내에서) 어떤 말이나 행동을 해야 하는가를 알아내야 한다는 뜻이다. 새로운 경험을 이렇게 개념화하는 것은, 변화를 가져오는 '구체적인' 전이-역전이 상호작용이 반드시 필요하다고 말한 Merton Gill(1933)의 언급과 일맥상통한다. 치료자-환자의 "상호작용은 올바른 내용, 즉 그것이 표명될 때 우리가 그것을 통찰이라고 부를 만한 그런 내용에 관한 것이어야 한다." (p. 115).

예를 들어, 환자 A의 역기능적 대인관계 패턴은 즐겁고, 쾌활하고, 천진한 소녀 같이 행동하지 않으면 자신을 알아주지 않을 거라고 믿는 뿌리 깊은 신념을 반영하였다. 그녀가 다섯 번째 회기 내내 농담을 했을 때, 치료자는 그녀의 명랑한 농담과 초조하게 손수건을 비트는 행동 사이의 뚜렷한 대비에 그녀를 주목시켰다(새로운 경험: 치료자는 그녀가 명랑하지 않고 불안해하더라도 여전히 그녀에게 진실한 관심을 가진다는 것을 보여 주었다.).

한편, 환자 B의 평생 지속되는 역기능적 패턴은 알코올중독인 아버지로부터 반복해서 비웃음을 당하면서 갖게 된 온순한 태도를 반영하는 것이었다. 그녀도 다섯 번째 회기에서 농담을 하려고 하면서 신경질적으로 손수건을 비틀었다. 치료자는 농담을 관심 깊게 들었으며, 그녀의 말을 중단시키지 않았다(새로운 경험: 치료자는 그녀가 무대 중앙에 서는 것을 존중하였으며, 그녀가 그렇게 취약할 때에도 창피를 주지 않았다.). 이 두 사례 모두에서 치료자들의 개입(비언어적 행동에 대한 관찰과 경청)은 정신역동적 치료자들이 받아들일 수 있는 레퍼토리 안에 잘 들어간다. 치료자는 꾸며서 행동할(예컨대, B의 농담에 대해 소란스럽게 웃을) 필요가 없었으며, 환자들의 비슷한 행동에 대해 같은 반응을 할 필요도 없었다.

이 사례들에서 치료자들은 환자에게 자신의 대인관계 스키마를 반증할 기회를 주었기에 양질의 경험을 충분히 한다면, 환자는 관계에 대해 전과는 다른 내적 작동 모델을 개발할 수 있을 것이다. 이러한 방식으로 TLDP는 환자의 교류 세계의 기본 하부구조를 변경시킴으로써 변화를 촉진하며, 이러한 변화는 다시 자기개념에 영향을 미친다. 환자가 치료 관계를 내면화한다는 경험적 증거들이 쌓이고 있다. Stephen Quintana와 Naomi Meara(1990)는 단기치료를 받는 환자의 심리내적 활동이, 환자를 대하는 치료자의 태도를 닮는다는 것을 발견하였다. Steven Harrist와 동료들(1994)은 한 걸음 더 나아가, 환자가 치료적 상호관계에 대한 그들 자신의 기여와 치료자의 기여 모두를 내면화하며, 이러한 내면화가 긍정적 치료 성과와 연관이 있다는 것을 발견하였다.

나는 TLDP에서 새로운 경험이라는 목표가 가장 중요하다고 강조해 왔는데, 이는 단기 심리치료 대상의 선별에 시사하는 바가 크다. 만약 그런 회복의 경험이 변화를 촉진한다면, 도움을 구하는 사람 중 가장 통찰력이 있고, 지적이며, 언어적 표현이 유창한 사람들만 단기 역동치료에 받아들일 필요가 없을 것이다. 추상적 사고력이 부족하거나 자신의 마음을 잘 들여다볼 줄 모르는 사람도 보통 새로운 경험을 했다는 사실,[2] 즉 일상적인 준거 틀의 밖에 있는 어떤 일이 일어났다는 것을 안다. 새로운 경험을 완전히 개념화하거나, 추상화하거나, 여기에 대해 충분히 표현하지는 못하지만, 이들도 대개 뜻밖에 어떤 가치 있는 경험을 했음을 '감으로' 안다 (Gendlin, 1991). 새로운 경험을 주요 목표로 강조하면, 해석을 통한 이해를 강조하는 다른 많은 정신역동적 단기치료 유형들보다 넓은 범위의 환자들을 치료에 받아들일 수 있게 된다.

새로운 경험이 주요 목표라고 강조하는 다른 이유는 체험을 통한 학습의 중요성 때문이다. 임상가들은 자신의 역동에 대해 매우 잘 알고 통찰력 있게 말할 수 있는 환자를 만나는 데 그리 오랜 시간을 필요로 하지 않는다. 이것은 특히 통찰지향적인 치료를 몇 번 받은 적이 있는 환자들을 만날 때 그렇다. 어떤 환자는 자신의 아버지보다 우수한 것에 대한 두려움, 적극적 관여에 대한 억제, 오이디푸스 콤플렉스 등에 대해 생생하게 표현할 수 있다. 어떤 환자들은 심지어 자신의 DSM-IV 진단을 말해 주기도 한다. 그럼에도 불구하고 이들이 보다 행복하고, 충만하고, 보람이 있고, 잘 기능하는 삶을 영위하지는 않는다. 즉, 진실을 안다고 해서 반드시 자유로워지는 것은 아니다.

2) 때때로 치료자들은 환자 자신이 새로운 치료 경험을 하고 있다는 자각을 촉진할 필요가 있다. 박탈의 경험이 심한 어떤 환자들은 긍정적인 대인관계 경험이 너무 없어서 그런 경험을 해도 그것을 잘 받아들이지 못한다. 한 환자는 "나한테는 이런 경험들을 저장하는 폴더가 없어서 그런 것은 곧 잃어버리게 된다."라고 말하였다. 치료자가 새로운 대인관계 행동을 분명하게 조명하고 강조한다면 환자는 '폴더'를 만들어서 그것을 저장하고, 차츰 새로운 경험의 맛을 느끼고 이해할 수 있게 될 것이다.

새로운 이해

새로운 경험이 정서적, 행동적 측면을 강조한 데 비해, 새로운 이해는 인지적인 변화에 초점을 맞춘다. 새로운 이해는 자신의 역기능적 패턴을 알아내고 이해하는 것을 포함한다. 이 목표를 달성하기 위해 치료자는 해석, 명료화, 직면 같은 일반적인 정신역동적 기법을 사용한다.

TLDP 치료자는 새로운 이해를 촉진하기 위해서 환자가 과거의 중요한 인물과 현재의 중요한 인물, 그리고 치료자에게 나타내는 반복적인 패턴을 지적할 수 있다. 이런 작업을 통해 환자는 자신이 살아오면서 여러 사람들과 얼마나 비슷한 관계를 맺어 왔는가를 깨닫기 시작한다. 이러한 새로운 관점을 갖게 되면, 환자는 다른 사람과의 역기능적 상호작용을 지속하는 데 자신이 적극적인 역할을 한다는 것을 알게 된다. 짐의 사례에서, 그는 왜 아내가 모질고 지배적으로 행동했는가를 이해하기 시작하였다. 이전에는 단지 아내가 '항상 요구만 하는 못된 여자' 며, 너무 이기적이어서 그녀의 사랑을 얻기 위해 애쓰는 자신을 전혀 이해하지 못한다고 생각해 왔었다.

TLDP에서 새로운 이해를 하도록 도울 수 있는 가장 강력한 개입은 치료자와 환자 사이의 지금-여기에서의 상호작용을 검토하는 것이다. 이는 주로 치료자가 환자의 순환적 부적응 패턴의 재연을 회기 내에서 관찰하고, 환자가 자신의 행동을 현장에서 생생하게 이해함으로써 이루어진다. 치료관계에서 역기능적 패턴이 어떻게 나타나는가를 확인함으로써, 환자는 평생 처음으로 이 패턴을 이루는 행동의 본질을 안전한 환경에서 탐색해 보는 기회를 갖는다.

치료자는 환자가 자신의 발달사를 이해하도록 도움으로써 환자의 행동과 증상에 붙은 병리의 낙인을 제거한다. TLDP 관점에서 보면, 병리적 증상과 역기능적 행동은 위협적인 상황에 적응하려는 노력의 결과이다. 예컨대 짐은 치료 과정을 통해, 맞지 않으려면 늘 복종하고 경계해야만 했었다는 것을 이해하게 되었다. 이것을 알게 되자 그는 현재의 대인관계 스타일을 다른 관점에서 볼 수 있게 되었고, 어린 시절 자신이 겪은 곤경에 대해서도 공감할 수 있게 되었다.

물론 환자가 새로운 이해를 얻고, 일반화하고, 확장할 수 있는 정도는 지적 능력, 내성 능력, 자신의 마음을 들여다보는 능력 등과 같은 요인에 의해 제한된다. 추상적 사고를 할 수 없는 환자는 그들의 행동과 다른 사람의 반응 사이의 직선적 연결만을 이해할 수 있을 것이다. 심리적인 소양을 더 많이 갖춘 사람들은 자신들의 상호작용 패턴의 뉘앙스를 감지할 수 있으며, 관계 맺는 패턴이 어떻게 시작되었는가를 기술할 수 있고, 이 패턴이 현재에 나타나는 미묘한 방식도 인식할 수 있을 것이다.

두 목표의 통합

지금까지 TLDP의 두 가지 목표가 마치 별개인 것처럼 제시하였지만, 실제로 새로운 경험과 새로운 이해는 동전의 양면과 같다. 두 가지 목표는 언제나 존재하지만, 특정한 한 시점에 한 목표는 전경이 되고 다른 목표는 배경이 된다. 새로운 경험은 스쳐 가는 감각 이상의 것이며, 자기 표상과 타인 표상이라는 구성 요소(이해의 요소)를 갖는다. 마찬가지로, 새로운 이해는 주지화 이상의 것이며, 경험과 정서라는 구성 요소를 갖는다.

새로운 경험과 새로운 이해라는 개념을 구분한 것은 교육적인 이유 때문이다. 이렇게 구분을 하면 수련생들이 변화 과정의 여러 측면들에 주의를 더 잘 기울일 수 있고, 이것은 사례개념화와 개입을 신속하게 하는 데 도움이 된다. 또한 정신역동적으로 수련을 받은 치료자들은 해석을 통해 개입하려는 준비가 너무 잘 되어 있기 때문에, 새로운 경험을 전면에 내세우면 이들이 전체 윤곽을 잡고 환자와 함께 역기능적 시나리오를 재연하지 않는 방법을 파악하는 데 도움이 된다.

절차적인 면에서 보자면, 치료의 특정 시점에 치료자가 새로운 이해를 촉진하려고 하는가 아니면 새로운 경험을 촉진하려고 하는가에 따라 서로 다른 종류의 정보처리를 장려하는 셈이 된다. 환자의 개념적 틀을 직접 자극하여 그 이면에 놓여 있는 정서적 자료에 도달하는 것을 하향 정보처리라 하고, 행동 변화나 체험적 자각을 촉진하며 정서 경험에 직접 접근하는 것을 상향 정보처리라고 한다(Safran & Greenberg, 1991). 이 책에서 설명한 두 개의 목표는 상향 처리와 하향 처리 모두를 장려한다.

치료전략

TLDP의 목표를 달성하기 위한 모든 치료적 개입의 방법들을 이 장에 다 요약할 수는 없다. 이 책의 나머지 부분은 그런 전략들에 초점을 맞출 것이다. 그러나 이 시점에서는 독자들에게 밴더빌트 치료전략 척도(Vanderbilt Therapeutic Strategies Scale, VTSS)와 그 매뉴얼이 수록된 부록을 읽어 볼 것을 권한다. 나는 TLDP 개입의 요약본을 원하는 독자들을 위해 VTSS를 포함시켰다. VTSS는 TLDP의 원칙을 고수하는 정도를 측정하기 위해 Stephen Butler와 밴더빌트 대학의 심리치료 연구센터 팀원들이 만들었다(1986). 이것이 만들어진 이유는 Vanderbilt II 연구에 참여한 치료자들이 TLDP 전략을 얼마나 충실하게 수행하는가를 측정할 도구가 필요했기 때문이다. VTSS는 TLDP 고유의 치료전략과 기술을 사용한 정도를 치료자 본인이 아닌 평정자가 평가하도록 한다. 연구 결과는 VTSS가 TLDP 훈련 후 치료자의 행동 변화를 반영할 수 있다는 것을 보여 주고 있다(Butler, Lane, & Strupp, 1988; Butler & Strupp, 1989; Butler, Strupp, & Lane, 1987; Henry et al., 1993b).

TLDP는 기법 자체에 의존하지 않기 때문에 VTSS의 초점은 치료전략에 있다. 이 전략들은 대인관계 속에 스며들어 표현될 때에만 유용하다. VTSS는 두 부분으로 나뉘는데, 한 부분은 일반적인 정신역동적 면접에 관한 것이며, 다른 부분은 TLDP에 특유한 치료자 행동에 관한 것이다.

독자들은 (TLDP를 배우기 전과 후에) 자신의 치료 실제에서 TLDP 전략을 사용하는 정도를 측정하거나, 환자에게 TLDP를 적용할 때 따라야 할 지침서(일종의 회기 전 체크리스트)로써 VTSS를 사용할 수 있을 것이다. 이때 치료 과정을 녹음하거나 녹화한 테이프를 들으면서 매뉴얼을 참고해 자가 평가를 하면 된다. 매뉴얼은 각 항목의 평가 지침과 함께, 구체적인 예와 규칙을 제공하고 있다. 실제로 VTSS와 그 매뉴얼의 사용은 그 자체로 일종의 학습 과정이라고 할 수 있는데, 이렇게 하면 치료자가 TLDP에 대해 임상적으로 의미 있는, 구체적 행동에 기초한 이해를 얻는 데 도움이 된다.

chapter

04 _ 사례개념화: 초점 찾기

치료 초점의 제한은 단기 역동적 심리치료와 장기 심리치료를 구별하는 주된 개념이다. 단기치료에서는 치료자가 목표를 유지할 수 있도록 안내해 주는 중심 주제 또는 핵심 문제가 필요하다. 단기치료자는 모든 임상 자료에 주의를 기울일 수 없으며, 아무리 매력적인 자료도 때로는 무시해야 한다. 단기 모델을 가지고 작업하는 치료자들은 선택적 주의(Malan, 1963)와 우호적인 무관심(Pumpian-Mindlin, 1953)을 배워야 한다. 만일 이를 배우지 못한다면 환자의 풍부한 심리내적 생활과 대인관계 생활에 압도당할 위험에 처하게 될 것이다.

그러나 치료 작업을 하기 위한 초점을 어떻게 찾아낼 수 있을까? 환자의 호소 문제("나는 더 이상 불행한 삶을 살고 싶지 않아요."), 또는 구체적 행동("나는 방 안에 가득 찬 사람들 앞에서 말하기가 힘들어요.")이 초점인가? 아니면 특정한 문제("나는 권위적인 사람한테는 너무 기가 죽어요.")가 초점인가?

TLDP에서 치료 작업의 초점은 환자의 생활에서 역기능적 관계를 만들어 내고 유지시키는 반복되는 대인관계 패턴으로 바로 이런 관계가 일상생활의 문제와 증상을 가져온다. 달리 표현하면, TLDP의 초점은 환자의 부적응적인 상호작용 스타일이다. 그런데 초점이 이렇게 포괄적이라면 치료자는 어떻게 구체적인 상호작용 스타일을 찾아낼 수 있을까?

과거에는 정신역동적 단기치료자들이 사례개념화를 하기 위해서 자신의 직관, 통찰, 임상적 육감을 사용하였는데, 이런 방법은 재능이 있거나 숙련된 임상가에게는 잘 맞겠지만 구체적으로 가르칠 수도 없고 경험적으로 검증할 수도 없다. 이런 상황을 해결하는 방법 중의 하나는 역동적 대인관계 초점, 즉 순환적 부적응 패턴(cyclical maladaptive pattern: CMP)을 추출하는 절차를 개발하는 것이다(Schacht, Binder, & Strupp, 1984).

CMP는 특정 환자가 타인과 관계를 형성하면서 빠져 들게 되는 고유한 '악순환' 의 윤곽을 그려 준다. 이러한 대인관계적 순환 혹은 패턴은 융통성 없는 지속적인 행동, 자기패배적인 예측, 부정적 자기평가 등을 포함하며, 타인과의 역기능적이고 부적응적인 상호작용을 초래한다(Butler & Binder, 1987; Butler, Strupp, & Binder, 1993). CMP는 4개의 범주를 사용하여 개인의 대인관계 정보를 체계화한다.

1. **자기의 행동**(Acts of the Self). 첫 번째 범주는 대인관계적 속성을 가진 환자의 생각, 감정, 소망, 행동을 포함한다. 그 예로 '새로운 사람들을 만날 때면, 그들이 나에게 아무런 관심도 없을 거라는 생각을 한다.' (생각), '승진하는 게 두렵다.' (느낌), '모임에서 스타가 되고 싶다.' (소망), '애들이 귀찮게 하면 나는 악을 쓴다.' (행동) 등을 들 수 있다. 자기의 행동은 방금 언급한 바와 같이 의식적일 수도 있고, 여동생의 성취를 얼마나 질투하고 있는지를 깨닫지 못하는 언니의 경우처럼 때로는 무의식적일 수도 있다.

2. **타인의 반응에 대한 예측**(Expectations of Others' Reactions). 이 범주는 다른 사람들이 자신의 대인관계 행동(자기의 행동)에 대해 어떻게 반응할 것인가에 관한 모든 추측과 예상을 포함한다. '만약 내가 실수를 하면, 사장이 나를 해고할 거야.' '내가 댄스파티에 가도, 아무도 나하고 춤추자고 하지 않을 거야.'
3. **자기를 대하는 타인의 행동**(Acts of Others Toward the Self). 세 번째 범주는 환자가 관찰하고 해석한 다른 사람의 실제 행동들로 이루어진다. "직장에서 실수했을 때, 상사는 그날 내내 나를 피했다." "댄스파티에 갔을 때 남자들이 나더러 춤추자고 했지만, 그건 내가 불쌍해서 그런 거야."
4. **자기를 대하는 자기의 행동-내사**(Acts of the Self Toward the Self-Introject). 자기도 대인관계 역동의 대상이 될 수 있으며, 이 경우 자기 자신에 대한 행동과 태도가 이 범주에 속한다. 환자가 자기 자신을 어떻게 대하고 어떻게 취급하는가? "내가 그런 실수를 했던 날, 나는 자책을 너무 심하게 해서 밤에 잠을 잘 수가 없었다." "아무도 춤추자고 청하지 않았던 그때, 나 자신에게 그건 내가 뚱뚱하고, 못생기고, 사랑스럽지 않기 때문이라고 말했다."

[그림 4-1]은 환자의 CMP를 범주화하기 위한 도식이다. 초기 회기(들) 후에 CMP를 실제로 적어 본다면, 초점을 유지하고 사례개념화의 변화를 추적하는 데 매우 유용할 것이다. 이 양식을 정신과 입원환자 차트에 포함시키도록 하는 병원도 있는데 이렇게 하면 교대 근무를 하더라도 특정 환자와 작업하는 치료자는 누구라도 그 환자의 현재 CMP를 알 수 있게 된다.

치료자는 위의 네 범주의 정보를 종합함으로써, 특정 환자의 고유한 대인관계 이야기 또는 대인관계 시나리오를 파악할 수 있다. 사람들은 기분, 상황, 대상 등에 따라 몇 가지 역할-관계 패턴을 보일 수 있지만, CMP는

ID:	
1. 자기의 행동	
2. 타인의 반응에 대한 환자의 예측	
3. 자기를 대하는 타인의 행동	
4. 자기를 대하는 자기의 행동	
5. 역전이 반응	

목표:	
새로운 경험	
새로운 이해	
환자 이름:	날짜:

[그림 4-1] 순환적 부적응 패턴(CMP) 양식

그 사람의 삶에 가장 폭넓게, 가장 자주 드러나는 주된 대인관계 패턴을 중심으로 구성된다. 이 패턴이 묘사하는 역기능적 스타일은 환자를 어려움에 빠져 들게 하고, 우울하고 불안하게 만들며, 성취감을 앗아 간다.

치료자는 CMP 정보를 사용해서 이야기를 만든다. 즉, ① 환자가 이러이러하게 느끼고, 생각하고, 바라고, 행동하며 ② 다른 사람들이 자신에게 이러이러하게 반응할 것이라고 짐작하고 ③ 환자가 관찰하기에는 다른 사람들이 이러이러하게 실제로 반응하며 ④ 이 모든 것들이 환자가 자신을 어떻게 대하는가와 관련이 있다고 기술한다. 예를 들면, "나는 다른 사람들을 불신하고(자기의 행동), 그들로부터 떨어져 지낸다(자기의 행동). 왜냐하면 나는 다른 사람들이 냉담하고 경솔할 것이라고 보기 때문이다(타인에 대한 예측). 다른 사람들이 나를 무시하니까(타인의 행동), 나는 스스로를 보호하고 고립시킬 수밖에 없다(자기를 대하는 자기의 행동). 나는 아무도 믿을 수 없기 때문이다(타인에 대한 예측).”

치료자가 네 개의 범주 중 어떤 것에서 시작하더라도 비슷한 시나리오를 만들게 된다. 이들은 서로 맞물려 하나의 역동적 틀을 형성하기 때문이다. 예를 들면, 치료자는 환자의 내사, 즉 자신을 어떻게 취급하는가를 기술하는 데서 시작하여 환자가 다른 사람들에게 어떻게 행동하며, 다른 사람들은 어떻게 반응하는가 하는 측면들과 관련지을 수 있다. 이 요소들은 대인관계에서 무엇을 기대할 수 있을까에 대한 환자의 느낌에 반영된다. 그러면 다음과 같은 이야기가 구성된다. “나는 나 스스로를 보호해야 한다. 다른 사람들이 나의 요구를 충족시켜 주지 않으므로 나는 사람들과 어울리지 않는다. 다른 사람들은 그런 나를 무시한다. 그래서 나는 세상이 냉담하고 인정머리 없는 곳이라고 생각하게 되었다.”

CMP 범주들은 다음의 두 가지 목적을 가진다. ① 방대한 자료를 이해할 수 있도록 하는 체계적인 틀을 제공한다. ② 생산적인 가설을 산출하는 발견적 시스템을 제공한다. 물론 CMP를 진리의 요약본이라고 여겨서는 안 된다. CMP는 한 개인의 상호작용 세계의 주요 요소들을 통합한, 있을 법한 이야기들의 구조물이다. 그러므로 비슷하게 타당한 다른 역동적 사례개념화가 얼마든지 가능하다(Messer & Warren, 1995).

네 가지 CMP 범주에 덧붙여, 나는 다섯 번째 범주로 치료자의 역전이를 추가한다. 치료자가 이 환자와 같이 치료실에 있을 때 어떻게 느끼는가? 치료자는 무엇을 하거나 또는 하지 않도록 이끌리는가? 치료자의 역전이 반응은 환자가 평생 지속해 온 역기능적 패턴을 이해하도록 치료자를 이끄는 아주 중요한 정보원이 된다. 다른 사람들이 이 환자에 대해 느끼고 행동하는 것과 치료자가 이 환자에 대해 느끼고 행동하는 것이 비슷해질 것인데, 왜냐하면 치료자는 이제 이 환자의 대인관계 세계의 일부가 되기 때문이다.

3장에서 논의한 바와 같이, TLDP는 역전이를 매우 독특한 방식으로 사용한다. TLDP에서는 치료자는 환자의 역기능적 상호작용에 말려들어 갈 수밖에 없다고 가정한다. 그러나 거미줄에 걸린 파리처럼 무력한 존재가 아니라 적극적이고, 잘 반응하는 힘으로써 환자의 역기능적 역동에 참여하게 된다. 치료자의 이미지는, 공에 스핀을 넣어서 예측할 수 없게 튀게 해서 상대방이 있는 힘을 다해 스윙을 하지만 공을 헛치게 만드는 테니스 선수와 비슷하다.

환자에 대한 역전이 반응이 대인관계 이야기와 일치하지 않는다면, 아마 (역전이에 대한 고전적인 정의에 맞게) 치료자가 자신의 독특한 개인사의 영향하에서 환자를 경험하고 있기 때문일 수 있다. 만일 치료자가 환자를 다섯 살 이후로 줄곧 경쟁하고 있는 자신의 오빠처럼 본다면, 치료자의 특이한 반응은 환자의 CMP보다는 그 자신의 개인적 문제와 더 관련이 있을 것이다.

CMP와 맞지 않은 역전이 반응이 나타나는 또 다른 이유는, 아직 보충해야 할 정보가 더 남아 있기 때문일 수 있다. 이때는 CMP를 수정할 필요가 있다. 환자가 하는 이야기가 너무 모호해서 치료자가 그 상황을 잘 다루기 어렵거나, 또는 환자가 의도적으로 혼란을 가져올 수도 있다(예: 꾀병 부리기). 환자의 행동, 예측, 다른 사람들의 실제 행동, 내사에 관한 정보를 갖고 있는데도 환자에 대한 치료자 자신의 반응을 이해할 수 없다면, 이것은 무엇인가가 빠져 있기 때문이다.

치료의 평가 단계는 맨 처음 환자와 접촉할 때부터 시작되며, 이는 전화 통화로 시작했다고 해도 마찬가지이다. 이때 치료자는 환자가 말하는 이야기의 내용뿐만 아니라 어떻게 (공손하게, 조심스럽게, 또는 극적으로) 말하는가 하는 점에도 주의를 기울인다. 그러고 나서 치료자는 환자의 증상 또는 문제의 대인관계 맥락을 탐색한다. CMP의 네 범주와 치료자 자신의 정서적, 인지적, 행동적 반응을 활용함으로써 치료자는 환자의 특유한 대인관계 시나리오에 대한 윤곽을 그리기 시작한다. 치료자는 수집되는 자료에 나타나는 주제에 주의를 기울이고, 교류 패턴을 밝혀내고, 이것들로부터

〈표 4-1〉 TLDP 사례개념화 및 개입의 단계

1. 환자가 자신의 말로 자신의 이야기를 하게 한다.
2. 증상이나 문제와 관련된 대인관계 맥락을 탐색한다.
3. 정보의 수집, 분류, 조사를 위해 CMP 범주를 사용한다.
4. 환자의 말을 경청하며 환자가 (과거와 현재의 관계에 대해) 말한 내용과 치료 회기 중에 상호작용하는 방식에서 환자의 고유한 주제를 찾는다.
5. 환자에 대한 반응(역전이적 밀고 당김)을 인식한다.
6. 치료관계에 나타나는 역기능적 상호작용의 재연에 주의를 기울인다.
7. 치료자와의 관계의 발전에 대해 환자가 어떻게 반응하는지 탐색한다.
8. 환자의 주요한 역기능적 상호작용 패턴을 기술하는 CMP 이야기를 만든다.
9. CMP로부터 치료 목표의 윤곽을 그린다.
10. 환자의 CMP에 맞게, 치료자와 더 적응적인 관계를 맺는 새로운 경험을 하도록 돕는다(목표 1).
11. 환자가 다른 사람들이나 치료자와의 사이에서 발생하는 자신의 역기능적 패턴을 알아내고 이해하도록 돕는다(목표2).
12. 환자가 자신의 상호작용 방식이 한때는 적응적이었음을 인식하도록 돕는다.
13. 전체 치료 기간에 걸쳐서 CMP를 수정하고 보완한다.

환자의 주된 순환적 부적응 패턴에 관한 이야기를 만든다. 〈표 4-1〉은 사례개념화 및 개입에 필요한 TLDP의 일반적인 단계들을 보여 준다.

임상적 적용

CMP의 개념과 유용성을 생생하게 전달하기 위해서, 나는 단기 심리치료 수련생들에게 리디아 루들로우(Lydia Ludlow)라는 환자의 사례를 제시한다. 그리고 수련생들과 함께 루들로우 부인의 역동적 초점을 구성하는 작업을 한다.

루들로우 부인은 치료를 받으러 왔을 때 다양한 문제를 호소하였으나,

표현이 불분명하여 핵심을 파악할 수 없었다. 나는 훈련 초기에 이 사례를 즐겨 다루는데, 왜냐하면 수련생들이 이 사례에서 어떻게 초점을 도출해 내는가를 배운다면 이 환자보다 더 쉽고 간결하게 이야기하는 다른 환자들에게서는 훨씬 쉽게 초점을 이끌어 낼 수 있기 때문이다.

루들로우 부인은 45세의 다소 비만한 여성으로, 나이보다 더 어리게 행동했다. 그녀는 최근 남편과 별거했다. 그녀는 결혼 문제와 더불어 충동적 섭식, 경제적인 어려움, 알코올중독인 어머니 그리고 '사랑이 뭔지 모르겠다' 는 호소를 포함해 많은 문제를 가지고 있었다. 마침 그녀의 이전 치료자가 최근에 치료비를 인상하였고, 그녀는 그 비용을 감당할 수 없다고 느끼고 우리 외래 환자 클리닉으로 오게 되었다.

나는 의도적으로 루들로우 부인의 배경에 관해 더 많은 정보를 제공하지 않고 있다. 왜냐하면 나는 수련생들이 역동적 초점을 이끌어 내기 위한 정보를 얻는 방법으로서 치료 회기에서 보고, 듣고, 느끼는 것에 주의를 기울이도록 훈련하는 데 관심이 있기 때문이다. CMP 구성 방법에서 분명하게 드러나지만, CMP는 DSM-IV 진단이나 문제의 구체적 내용이 아니라 환자의 대인관계 과정을 강조한다.

[강의실에서 수련생들과 함께]

[상황: 큰 수련 병원의 정신과 외래 병동에 있는 세미나실. 세미나실에는 8개의 의자가 둥글게 놓여 있으며, 비디오 기기와 칠판이 있다. 나는 비디오 가까이에 앉았고, 다른 의자에는 여러 학문 분야에서 온 수련생들이 자리하고 있다. 그들은 심리학 박사과정 인턴 세 명, 정신과 레지던트 두 명, 사회복지 인턴 한 명, 클리닉의 스태프 한 명이었다.]

저자: 환자인 루들로우 부인에 대해 조금 이야기를 했습니다. 이제 치료자인 마거릿 엘리슨(Margaret Ellison)에 대해 이야기하기로 하

> 지요. 닥터 엘리슨은 이 치료를 할 때 정신과 레지던트 3년차였습니다. 그녀는 입원환자 병동의 순환근무를 막 마쳤습니다. 루들로우 부인은 그녀의 첫 번째 단기 심리치료 환자였을 뿐만 아니라, 최초의 외래 사례이기도 했습니다. 닥터 엘리슨은 여러분들과 비슷하게 TLDP의 개요만 알고 있는 상태에서 수련을 받으러 왔습니다.

나는 수련생들에게 초기 회기(들)에서 환자의 반응을 정보 범주(예컨대, 발달사, 학력, 병력 등)로 구조화하는 전통적인 정신과적 면담이나 임상적 접수면접 방식에 의존하지 말고, 환자들이 자신의 이야기를 하도록 허용하라고 조언한다. 환자의 상호작용 방식에 제약을 덜 가하면, 치료자는 환자 이야기의 내용뿐만 아니라, 이 정보를 전달하는 방식(예컨대, 세세한 부분을 강조하는가, 모든 책임을 외부 사건이나 사람들에게 떠넘기는가, 치료자가 지도해 주고 안심시켜 주기를 바라는가 등)을 통해서도 환자에 대해 많이 알게 된다. 이런 방식으로 수련생들은 역기능적 패턴의 내용과 과정 모두를 직접 접하게 된다.

나는 수련생들에게 첫 회기를 비디오로 녹화하게 하고, 환자들에게는 첫 회기가 그들에게 TLDP가 적합한가를 알기 위한 평가 회기임을 알려 주도록 한다. 치료자는 환자에게 이 단기 프로그램에서 치료자들이 팀으로 작업을 하며, 집단 사례지도 회기 동안 비디오테이프의 일부를 보여 주고 동료 및 슈퍼바이저와 협의한다는 것도 알려 준다. 또한 치료자는 (그 다음 주로 날짜가 잡혀 있는) 두 번째 회기에서 환자가 TLDP에 적합한가에 관한 팀의 결정을 알려 준다는 것도 얘기한다. 치료 팀이 환자에게 단기적이고 대인관계에 초점을 맞추는 치료가 적합하지 않다고 결정하면(예컨대, 문제가 대인관계적 근원을 가지고 있지 않거나, 정신병적이거나, 환자가 정기적으로 만나려고 하지 않을 때는), 환자와 다른 대안을 논의한다(선별 기준은 5장에서 보다 자세하게 논의된다.).

[강의실]

저자: 닥터 엘리슨이 루들로우 부인과 작업한 첫 평가 회기의 처음 5분을 보여 주겠습니다. 칠판에 역동적 초점의 네 범주를 적어 놓았습니다. 우리가 비디오에서 루들로우 부인의 말을 들을 때, 네 범주의 어느 한 가지에 해당되는 것이 나오면 그것을 칠판에 적겠습니다. 네 범주 각각에 대해 충분히 많이 적어 놓을 테니까 여러분들은 초기 사례개념화를 도출하기 위해 내가 어떻게 자료를 듣고 체계화하는가에 대해 알 수 있게 될 것입니다.

우리가 비디오로 첫 회기의 처음 5분간을 보고 난 다음, 나는 이 환자에 대해 느낀 여러분들의 역전이 반응에 대해 물어볼 것입니다. 그러고 나서 우리는 루들로우 부인의 상호작용 스타일을 잘 반영하는 대인관계 이야기를 도출하기 위해 그녀의 생각, 느낌, 행동, 다른 사람들의 행동에 대한 그녀의 예측, 그녀에 대한 다른 사람들의 행동, 그녀 자신에 대한 태도와 행동, 그리고 그녀에 대한 여러분의 반응에 관한 정보를 활용하는 방법을 연습하겠습니다. 이렇게 함으로써 여러분은 루들로우 부인이 평생 동안 지속시켜 온 순환적 부적응 패턴을 공식화할 수 있게 될 것입니다.

[비디오테이프]

치료자: 자, 어떻게 오시게 되었는지 좀 얘기해 보겠어요?

환자: 음…… (잠시 침묵) 결혼하기 전에는 어떤 심리학도 접하지 못했어요. 나는 더 나아지기 위해 종교를 접했지요. 심리학자들을 미워하지도 않았지만, 그들에게 의지하지도 않았어요. 내 의료보험 기관인 스테이 웰에 갔었고, 가장 최근에는 케어센터에도 갔었어요.

그런데 내 담당치료자는 그 케어센터를 떠났고 치료비는 올랐어요. 치료자는 나를 계속 치료하겠다고 했지만, 그녀도 중간에 끼어 별 수 없었지요.

치료자: 케어센터는 어디 있어요?

환자: 펀스톤 중심가요.

치료자: 그 치료자에게는 얼마나 오랫동안 치료를 받으셨나요?

환자: 그리 오래는 아니에요. 대기자가 많았지요. 나는 마운트 러시모어 클리닉과 케어센터에서 접수면접을 했는데, 두 군데서 다 기다리면 된다고 했어요. 그렇지만 대기자가 많았어요. 그래서 내가 가장 필요로 할 때, 나는 기다리고 또 기다려야만 했지요. 그러고 나서 의료보험 자격을 잃었고, 그래서 나는 임시변통으로 때웠어요. 그래도 독서를 많이 했어요. Alice Miller*의 아동학대에 관한 책과 Scott Peck의 '거짓의 사람들' 을 봤지요. 우리 부모들이 바로 그래요. 모든 대답을 다 얻을 수는 없네요. 그랬다는 것을 아는 것만으로는 충분하지 않아요. 나는 그 이상이 필요해요.

치료자: 지금 무엇 때문에 어려움을 겪고 있고, 왜 치료를 받으러 왔는지 얘기할 수 있을까요?

환자: 부모가 나에게 무슨 짓을 했고 또 무엇을 가르쳤는가를 알았을 때 …… 나는 남편과의 사랑이 뭔지 몰라요. 나는 남편하고 전처럼 지냈으면 좋겠어요. 이건 사람을 조종하는 게 아니에요. 나는 충동적으로 먹어대요. 엄격하게 다이어트를 할 때는 신진대사가 바뀌어요. 정말 그래요. 단백질도 재서 먹는답니다. 나는 해답의 가장자리에 있어요. TV에서 Bradshaw**를 보는데, 거기서 충동적 행

---

* Alice Miller: 개인 성장 전문가이자 저술가. 가족시스템, 중독과 회복이 주된 관심 분야임(역주).

** 심리치료자이자 저술가. 아동 학대와 그 방지가 주요 관심 분야임(역주).

동이나 사람을 조종하는 것에 관해 이야기하는데, 나는 거의 다 이해했다고 생각해요.

치료자: 남편과의 사랑이 뭔지 모른다고 얘기하셨지요. 거기에 대해 좀 더 말해 주시겠어요?

환자: 글쎄요. 정말 쉬운 예를 들어 내가 "사랑해."라고 말하면 남편도 "사랑해."라고 말하잖아요. 그래야 되잖아요? 그런데 가끔 그는 "알고 있어."라고 말하곤 했어요. 그리고 그건 나를 궁지로 몰아넣었지요. 물론 이제는 거기에 대해서 웃을 수 있어요. 그렇지만 나는 함께 있는 게 뭔지, 그리고 좋다는 게 뭔지 정말 모르겠어요. 왜냐하면 부모가 이랬거든요(손깍지를 하고 손을 앞으로 밀었다가 잡아당겼다가 하면서). 엄마는 술을 마시고, 아버지는 술을 들이붓지요. 나는 사랑받았다고 느끼지 않아요. 나는 괜찮지 않아요.

[몇 분 후 같은 회기에서]

환자: 우리 부모가 나를 위해 내 곁에 있는 게 아니라는 걸 깨달았어요. 그들은 자기중심적이고 우월감을 가지고 있어요. 부모는 평생 늘, 내 문제에 집중했어요. 아버지는 의사이고, 체중 조절이 전문 분야랍니다. 엄마는 건강에 집착하고, 사이즈 4를 입어요. 부모는 내 신체적 결함에 집중했지요. 나는 아름다웠어요. 그렇지만 늘 빌어먹을 새로운 문제가 생겼는데, 내 입술이 말려 올라갔다고 마사지를 하게 했어요. 그러고 나서 이를 교정하게 했고요. 나는 그 일들에 대해 감사했었지요. 그런데 하나 다음에는 또 다른 걸 문제 삼았어요. 부모는 내 평생 나를 고치려고 했어요.

치료자: 더 젊었을 때는 거기에 대해서 어떻게 느꼈었나요?

환자: 그들은 완벽했어요. 나는 몇 년 전까지만 해도 부모님이 인간이 아닌 줄 알았다니까요.

[강의실]

저자: 먼저 여러분의 역전이 반응을 알아보기로 하지요. 여러분이 치료자라고 상상해 보세요. 여러분이 닥터 엘리슨입니다. 루들로우 부인에 대해 어떻게 느끼고 어떻게 생각하나요? 그녀에 대해서 어떻게 반응하고 싶어지나요?

수련생: 글쎄요, 루들로우 부인이 나 여기 있다고 하는 말을 들을 수는 있는데, 치료에서 많은 걸 기대하지는 않는 것 같습니다.

저자: 그러면 이 환자로부터 치료자나 치료에서 많은 걸 기대하지 않는다는 말을 듣는 기분이 어떤가요?

이 수련생의 반응이 예시하는 것처럼, 치료자가, 특히 별로 경험이 없는 치료자가 환자에 대한 치료자 자신의 반응에 초점을 맞추기란 어려운 일이다. 우리는 환자에게 어떤 일이 일어나는가에 주로 집중하도록 훈련받아 왔다. 치료자가 자신의 역전이에 주의하지 않으면 환자의 주된 문제에 관한 결정적인 정보의 원천을 잃을 수 있다.

수련생: 좀 짜증이 나요.

수련생: 전 정말 좌절감 느끼고 화가 나는데요. 그녀를 잡아 흔들며 "도대체 여기 왜 왔어요?"라고 묻고 싶어요.

수련생: 그래요. 그리고 저는 그녀의 적개심에 압도당하는 기분입니다. 불안해요. 그녀가 "심리학자들을 미워하지 않아요."라고 했을 때 특히 더 그랬습니다.

이 수련생은 환자의 어떤 말이 불안감을 일으켰는지를 정확하게 지적할 수 있었다. 어떤 말과 행동이 어떤 생각, 느낌, 행동을 불러일으켰는지를 구체화할 수 있으면, 이는 환자가 다른 사람과 도움이 안 되는 상호작용을 어떻게 유발하는가를 이해하는 데 특히 유용하다.

수련생: (계속하며) 소리를 지를 것 같아요. 모든 사람들이 그녀를 고치려고 해 왔지만 저도 같은 상황에 빠져 드는 것 같습니다. 그녀를 고쳐서 제대로 살게 해야만 될 것 같았거든요. 그렇지만 내가 어떻게 브래드쇼나 앨리스 밀러와 경쟁할 수 있겠어요? 이들 전문가가 그녀를 돕지 못했다면, 나도 나을 바 없겠지요. 저도 그녀를 우울하게 만들 것 같습니다. 그래서 저는 무기력하고 희망이 없다고 느낍니다.

수련생: 그녀는 너무나 아이 같습니다. 그녀가 45세라는 생각이 안 들어요. 아마 내가 좌절감을 느끼나 봅니다.

수련생: 무슨 얘긴지 알겠어요. 처음에 저는 루들로우 부인에 대해서 동정심이 들었습니다. 너무나 간절히 도움을 필요로 해서 그녀를 돌봐 주고 싶었어요. 그런데 그러고 나서 너무 많은 걸 요구한다고 느끼기 시작했지요. 돌보고 싶다는 마음이 짜증으로 변하더군요.

수련생: 저도 그녀가 너무나 요구가 많다고 생각했습니다. 그녀는 내가 아무리 채우려고 해도 결코 채울 수 없는 빈 구덩이 같아요. 물론 이런 생각이 드니까 나 스스로 무능하다고 느끼게 되고, 그녀를 피하고 싶어요.

수련생: 저도 그래요. 그녀는 너무 적대적이고 지나친 요구를 해서 거리를 두고 싶다고 느꼈습니다. 그녀는 사람들을 궁지에 빠뜨리는 데 익숙한 것 같습니다.

저자: 자, 그래서 이제 우리는 그녀가 치료자로부터 끌어냈을 수도 있는 몇 가지 반응들에 대한 아이디어를 갖게 되었습니다. 집단 사례지도에서 우리는 참가자들의 동의, 즉 합의적 검증(consensual validation)에 이르게 되었습니다. 이 환자는 사람들에게 일관성 있

는 반응을 불러일으키고 있습니다. 우리 모두는 각자 독특한 배경과 다양한 성격을 가지고 있지만, 그럼에도 불구하고 이 환자와 함께 있다고 상상하면 대체로 짜증, 좌절, 무기력, 거리감 등의 감정을 느끼는군요.

수련생: 그녀의 목소리를 들으면 불안해져요. 그녀는 안개 속에 있는 것 같아요. 작고 무기력한 목소리로 말하고, 치료자가 그녀에게 닿기 위해 손을 뻗어야 하며 그녀를 어디로 이끌어야 할지 알고 있어야 된다고 생각하는 것 같습니다. 그렇지만 그녀는 그렇게 하기 위한 정보를 주지도 않고 그렇게 하도록 허용하지도 않습니다. 그녀는 질문에 대답할 때 보이는 바로 그 특유의 애매한 방식으로 자기 자신을 드러내는 것 같습니다. 그녀는 '답변의 가장자리에 있다' 는 식으로 모호하게 말했는데, 이런 면이 그녀의 주제인 것 같습니다.

저자: 그 점에 대해 좀 더 이야기할 수 있을까요?

수련생: 내가 소리를 지를 것 같은 느낌이 드는 면이 바로 그런 거예요. 그녀는 "자, 내게로 와서 도와주세요."라고 부르지만, 실제로는 그녀를 돕도록 받아들이지 않을 거라고 느꼈습니다. 그러니까 그녀는 사사건건 고의로 방해하고 있는 것 같아요. 그녀를 조금 도와줄 수 있게 되었다고 해도, 그녀는 자신에게 결함이 있다는 뜻으로 받아들일 것 같습니다. 저는 두 손이 등 뒤로 묶여 있는 기분이에요.

저자: 여러분들의 말을 듣다 보니, 역전이 반응에 대해 언급하다가 우리 이야기가 루들로우 부인의 순환적 부적응 패턴의 영역으로 확장된 것 같군요. 4개의 CMP 범주를 보면서, 이러한 초기 상호작용으로부터 내가 자료를 어떻게 간추렸는지 살펴봅시다.

- 자기의 행동: 종교를 접했다. 클리닉에 갔다. 기다리고 또 기다렸다. 임시변통으로 때웠다. 독서를 많이 했다. TV를 봤다. 해답의 가장자리에 있다.
- 타인에 대한 예측: 남편이 "사랑해."라고 말할 것을 기대했다.
- 타인의 행동: 치료자는 정신건강센터를 떠나려 하고, 클리닉에는 대기자 명단이 길었다. 엄마는 술을 마시고, 아빠는 술을 들이붓는다. 우리 부모는 평생 내 문제에 집중해 왔고, 나를 고치려고 애써 왔다.
- 자기에 대한 행동(내사): 나는 괜찮지 않다. 좋다는 게 뭔지 모른다. 나는 아름다웠다. 입술을 마사지했다. 충동적으로 먹는다.

나는 '자기의 행동' 범주에 심리적 문제에 관한 책을 읽는 것과 교육적인 '대중 심리학' TV 프로그램을 보는 것을 포함시켰다. 보통 독서나 TV 시청과 같은 활동들은 상호작용이 아니지만, 루들로우 부인에게 있어서 이 활동들은 상호작용적인 의미를 갖는다. 그녀는 다른 사람들의 대인관계 방법과 동기를 배워, 그녀 자신의 대인관계 세계에서 어떤 일이 일어나고 있는가를 더 잘 이해하고 싶어 하는 것 같다. 루들로우 부인은 마치 도움이 필요한 사람은 자기가 아니라 다른 사람이라고 말하는 듯한 어조와 말투를 사용한다. 그녀는 자신을 순진한 방관자로 제시한다.

우리는 그녀의 생각이나 행동에 비해 '타인에 대한 예측' 범주에 대해서는 아는 바가 별로 없다. CMP의 구조는 치료자가 불충분한 정보 영역에 주의를 기울이는 데 도움을 준다. 그래서 치료자는 바로 그런 부족한 자료들을 이끌어 내기 위한 질문을 할 수 있다. 예를 들면, "만약 당신이 지금 부모님 집을 방문한다면, 그분들이 어떻게, 무슨 말을 하실 거라고 생각하세요?"와 같은 질문을 할 수 있을 것이다.

그녀는 남편에게 "사랑해."라고 말했을 때 남편 또한 사랑한다고 말해 주었으면 하는, 충족되지 않은 욕구에 대해 넌지시 언급한다. 우리는 또한 그녀가 다른 사람이 그녀를 견뎌 주지도 않고 자신의 욕구를 충족시켜 주지도 않을 것으로 믿는 것 같다는 느낌을 갖게 된다. 그러나 환자를 이해하기 위한 사례개념화의 초기에는 임상적 추론보다는 기술적(記述的) 자료에 가깝게 머무는 것이 좋다. 그렇다고 가설을 형성하거나 다소 비약적인 추측을 해서는 안 된다는 뜻은 아니다. 다만 치료 초기에 환자에 대한 정보가 아주 제한적일 때는 빈칸을 너무 많이 채우지 않는 것이 현명하다는 뜻이다.

루들로우 부인은 그녀가 다른 사람의 행동을 어떻게 해석하는가에 대해 많은 정보를 제공한다. 예를 들면, 그녀는 부모가 치아교정을 해 준 것을 주목하지만(그녀는 이것에 대해 감사한다.), 부모가 자신들의 문제로부터 주의를 돌리기 위한 목적에서 그녀의 결함을 강조하고 그녀를 고치려 한 것으로 본다. 그녀는 부모가 자기중심적이고 우월감을 느낀다고 보았다. 그들은 그녀를 위해 곁에 있지 않았다. 이와 비슷한 맥락에서, 그녀는 이전 치료자가 치료비를 인상한 것과, 다른 정신건강 전문가들이 그녀가 '가장 필요로 할 때' 그녀를 위해 곁에 있지 않았다는 것을 이야기하였다.

네 번째 범주인 '자기에 대한 행동과 태도', 즉 내사는 가장 채우기 어려운 범주이다. 환자들은 치료가 잘 진행되어 긍정적인 치료 동맹이 확립될 때까지 그들이 어떻게, 또는 왜 특정한 방식으로 자신을 대하는지에 대해 잘 드러내지 않는 경우가 많다. Butler와 Binder(1987)는 환자의 역기능적 패턴의 발달에 환자 본인이 어떻게 적극적인 역할을 하는지를 이해하는 데 내사의 행위적 요소가 결정적으로 중요하다는 점을 지적하였다. 예를 들어, 한 남성 환자가 "그녀가 나에게 다가왔을 때, 내 자존심이 0으로 떨어졌다."라고 말하였다면, 치료자는 환자의 어떤(관찰 가능하거나 불가능한) 행동이 이러한 위축을 가져왔는지를 명료화해야 한다(예컨대, "어떤 말을 자신에게 했을 때 그렇게 스스로 가치 없다는 느낌이 들었나요?"라고 물어볼 수 있을 것이다.). 이런 방식으로 치료자는 역기능적 역동에 기여하는 환자의 자동적 사고(Beck, Rush, Shaw, & Emery, 1979)를 이해할 수 있을 뿐만 아니라, 환자가 자신이 참을 수 없는 바로 그 느낌을 스스로 촉진하거나 조장하는 어떤 일을 능동적으로 하고 있다는 사실을 환자에게 전달할 수 있게 된다.

루들로우 부인이 다른 사람들과 상호작용하는 습관적인 방식을 이해하려면 우리는 그녀가 말한 내용과 더불어, 그녀가 자신의 이야기를 드러내는 방식을 생각해야 한다. 예를 들면, 우리는 루들로우 부인이 수동적으로 하는 것(기다림, 그럭저럭 때우는 것)과 다른 사람들이 그녀에게 능동적으로 하는 것(그녀를 고치는 것, 그녀의 문제에 집중하는 것)은 많이 아는데, 다른 사람들의 행동에 대해 그녀가 가진 기대나 그녀가 자신을 대하는 태도에 대해서는 훨씬 적게 알고 있다. 이런 과정적 자료에서 우리는 루들로우 부인이 그녀의 문제에 대한 책임을 밖으로 돌려 다른 사람들의 반응을 탓하고 있다는 가설을 세울 수 있다. 또한 그녀가 이야기하는 방식(음질, 말투, 어조)과 비언어적인 행동도 그녀의 (어린 소녀를 닮은) 상호작용 스타일을 추정하는 데 도움이 된다.

처음에 CMP를 구성할 때, 치료자들은 환자들이 말한 것을 과연 올바른 범주에 집어넣었는지를 염려한다. 다른 사람에 대한 환자 자신의 행동은 '자기의 행동' 범주에 들어간다든지 자신을 향한 행동은 보통 '자기에 대한 행동' 범주에 들어간다든지 하는 간단한 지침들이 있다. 그러나 때로는 (다른 사람을 향하거나 자신을 향하거나 간에) 특정 행동의 의미가 그다지 분명하지 않을 때가 있다. 예를 들면, 루들로우 부인의 충동적인 섭식은 다이어트 전문 의사인 아버지를 괴롭히기 위한 것인가(자기의 행동), 아니면 자신을 위안하기 위한 것인가(자기에 대한 행동), 아니면 둘 다인가? 다행히도 우리는 올바르게 분류하는 것에 지나치게 매달릴 필요가 없다. 왜냐하면 이렇게 범주로 나누는 것은 주로 치료자가 많은 양의 자료를 체계화하는 데 도움을 얻기 위해서이고, 범주들은 결국 모두 합쳐져서 하나의 이야기가 될 것이기 때문이다. 중요한 것은 환자의 행동, 생각, 태도, 동기를 이해하고, 이들이 어떻게 서로 연관되어 대인관계적 역동을 형성하는지를 이해하는 일이다.

[강의실]

수련생: 이제 선생님이 어떻게 환자의 말에 기초해서 '자기의 행동'을 알아내는지 이해가 가네요. 그렇지만 저는, 그녀가 누군가가 자기를 사랑하고 돌봐 주기를 원한다고 생각했어요.

저자: 그렇지요. 어떻게 그런 추론을 하게 되었는지 잘 알겠습니다. 그러나 초기에는 환자가 말한 것과 기술적(記述的) 자료에 아주 가까이 머무는 것이 중요합니다. 환자는 다른 사람이 그녀를 사랑했으면 좋겠다고 직접 말한 적은 없습니다. 나중에 한 걸음 물러서서 수집한 모든 자료를 검토하여 CMP를 추출해 낼 수 있을 텐데, 그때가 되면 하나의 완결된 이야기를 만들기 위해 기초 자료들을 연결하는 추론을 하는 게 좋을 것 같군요. 지금은 그녀의 CMP를 이해하기 위한 기초 자료를 수집하고, 여기에 그녀가 그 자료를 드러낸 방식과 우리 자신의 역전이 반응을 결합하여, 그녀의 역기능적 상호작용 패턴을 묘사하는 하나의 이야기를 만드는 일에 집중했으면 좋겠습니다. 루들로우 부인의 대인관계는 왜 그렇게 불만족스러울까요?

수련생: 그녀는 나아지려고 계속 애쓰는 것 같아요. 사람들은 도우려고 하지만 실패하고, 그래서 '사람들은 나를 도울 수 없다.'는 그녀의 예측을 확인시켜 주게 됩니다.

수련생: 저는 그녀가 자기 가치감을 추구하고 있다고 봅니다. 그녀는 계속 다른 사람들에게 실망하지요. 사람들은 충분히 잘 할 수 없습니다. 그들은 그녀에게 무엇을 하라고 말하거나, 그녀를 고치려고 하거나, 그녀를 무시합니다. 그러나 바로 그 행동 때문에 그녀는 스스로 결함이 있고, 사랑스럽지 않고, 엉망이고, 수용받지 못한다

고 느낍니다.

수련생: 루들로우 부인은 자존감이 낮은 사람입니다. 그녀는 다른 사람들이 비난한다고 느끼며, 이러한 거부에 대해 복수하려고 합니다. 그러고 나서 그녀는 자신이 도움이 필요한 희생자라고 느낍니다. 그러나 이것은 단지 다른 사람들을 더 멀어지게 하며, 자신이 가치가 없다는 최악의 두려움을 확인시켜 줄 뿐입니다.

수련생: 루들로우 부인은 자신을 이해하려는 시도를 별로 하지 않는 사람입니다. 그녀는 다른 사람들에게 도와달라고 접근하지만, 그들이 그녀 곁에 있으리라고는 정말로 믿지 않습니다. 왜냐하면 아무도 그런 적이 없으니까요. 그래서 그녀는 무기력한 채로 있고, 또 이걸 보고 그녀 자신과 다른 사람들은 그녀가 정말로 고칠 필요가 있다고 믿게 됩니다. 사람들이 도와주려고 할 때 루들로우 부인은 그들에게 화를 내는데, 그 이유는 도와준다는 태도의 이면에는 그들이 그녀를 있는 그대로 받아들이지 못한다는 메시지가 깔려 있기 때문입니다. 이처럼 도움을 요청하면서 화를 내기 때문에, 사람들은 결국 그녀를 포기하게 됩니다. 이렇게 되면 루들로우 부인은 뭔가 결함이 있는 듯하고, 화나고, 혼란스럽고, 외롭고, 실망스러운 기분이 들게 됩니다.

수련생: 그녀는 누군가 완벽한 사람이 모든 걸 돌봐 주기를 기대합니다. 그 기대가 이루어지지 않으면 실망합니다. 그녀는 다른 사람들이 자기를 의기소침하게 만든다고 생각합니다.

수련생: 그녀는 과식을 하거나 불평하거나 실패할 때만 주목을 받는 것 같아요.

수련생: 부모에게 거부당했기 때문에 이런 압도적인 의존성과 부족감을 갖는 것 같습니다. 그녀는 이것을 음식, 책 그리고 사람들의 조언으로 메우지요. 그러나 어떤 것도 그녀를 기분 좋게 만들지는 못

합니다. 사람들은 결국 그녀를 실망시키지요.

저자: 그래서 그녀는 어떻게 느끼나요?

수련생: 충족되지 않고 성에 차지 않는다고 느낍니다. 이것이 바로 가장자리에 있는 것이지요. 만일 그녀가 자신에 대해 더 낫다고 느낀다면, 다른 사람들이 그녀를 돕지 못하는 것이 그녀에게 그렇게 중요하지 않을 것입니다.

루들로우 부인의 대인관계 시나리오 패턴을 이해하려는 수련생들의 시도를 보면, 각각의 이야기가 초점, 범위, 완결성에 있어서 다소 차이가 있지만 서로 비슷하다는 것을 알 수 있다. 몇몇 주된 주제를 살펴보면 다음과 같다.

- 자기의 행동: 루들로우 부인은 자신이 '나아지려고' 하며 자신의 '문제'를 다루려고 한다고 생각한다. 그러나 그녀는 매우 도움이 필요하며, 다른 사람들에 의해 희생당했다고 느낀다. 그녀는 사람들이 자신을 대하는 방식에 대해 화가 나 있고, 원하는 것을 해 줄 수 있는 누군가를 기다리고 있다.
- 타인의 반응에 대한 예측: 루들로우 부인은 한편으로는 어떤 완벽한 사람이 돌봐 줄 것을 소망하지만, 다른 한편으로는 사람들이 자신에게 결함이 있는 것을 알게 되어, 최악의 경우 그녀를 거부할 것을, 또 가장 좋은 경우라고 해 봐야 그녀를 '고치려고' 할 것을 예상하였다. 그러나 거부하거나 고치려 하는 이 두 경우 모두, 그녀가 결함이 있으며 있는 그대로의 그녀는 받아들여질 만하지 않다는 것을 의미한다.
- 타인의 행동: 다른 사람들은 루들로우 부인의 수동공격적인 행동, 화내면서 도움을 요청하는 태도, 초점 없이 산만하게 말하는 행동 등에 짜증이 나고 압도당한다. 만일 사람들이 도우려고 하면, 루들로우 부

인은 그들의 행동을 그녀를 모욕하려는 비공감적인 시도라고 해석한다. 만일 사람들이 그녀를 혼자 내버려 두면, 그녀는 이것을 사람들이 자신을 사랑스럽지 않게 본다는 증거로 이해한다.

- **자기에 대한 행동**: 루들로우 부인은 자신을 비공감적인 사람들의 세상에 사는 희생자로 본다. 자신이 옳다고 생각하며 분개해서 다른 사람을 깎아내리면 자신이 옳고 특별하다고 느끼는 데는 도움이 되지만, 그녀의 자기 파괴적인 행동(예: 과식)은 단지 자신이 결함이 있고 사랑스럽지 않고 따라서 그녀를 고쳐 줄 누군가가 필요하다는 자신의 두려움을 확인시켜 줄 뿐이다.

5분 사례개념화

나는 환자를 이해하려는 이러한 초기의 시도를 5분 사례개념화라고 부른다. 나는 지금 환자와 만난 지 단 5분 만에 사례개념화를 완성하라고 장려하는 것이 아니다. 나는 이것을, 치료자가 환자와 5분 동안 상호작용한 후에 환자를 어느 정도 알 수 있는가를 보여 주는 교육적인 장치로 사용한다. 5분, 또 5분이 계속되어 가면서 추가되는 정보에 따라 우리는 환자의 역기능적 대인관계 시나리오를 강화, 수정 또는 부정하게 된다. 많은 사례들에서 이런 방식으로 첫 회기 끝부분에 이르면 활용가능한 사례개념화를 얻게 된다.

CMP는 치료의 청사진을 만든다. 그래서 나는 수련생들에게 루들로우 부인의 치료 목표를 설정하는 데 초기 사례개념화를 이용하도록 하는 연습을 계속한다. 만일 루들로우 부인이 우리가 방금 묘사한 부적응적 스타일을 나타낸다면, 단기치료 과정에서 어떤 새로운 경험과 새로운 이해가 그녀에게 도움이 될까? 어떤 새로운 경험이 그녀로 하여금 우리가 가정한 일련의 반복적인 상호작용에서 벗어나도록 하는 데 도움이 될까?

[강의실]

수련생: 그녀는 자신이 원하는 것을 분명하게 요청할 줄 알아야 할 것입니다.

수련생: 자신의 경계를 스스로 잘 설정할 줄 알아야, 그런 일을 다른 사람들에게 의지할 필요가 없겠지요.

수련생: "결함이 있어도 괜찮다."는 어떨까요?

저자: 있는 그대로 자신을 수용한다는 뜻인가요? 아마 그녀가 다른 사람들에게 받아들여지기 위해 윗입술을 마사지 하지 않아도 되겠지요. 완벽해야 할 필요가 없다는 거지요.

수련생: 희생자라는 느낌에서 벗어나면 좋겠습니다. 원하는 걸 낯선 사람의 친절에 의존하는 대신 자신이 직접 얻을 수 있으면 좋겠습니다.

수련생: 치료자인 닥터 엘리슨과의 관계에서 자신을 덜 무기력하게 느끼는 경험을 했으면 좋겠습니다. 그녀 자신이 괜찮은 사람이라고 느끼고, 스스로 원하는 것을 더 많이 얻을 수 있다고 느끼면 좋겠어요.

수련생: 자신을 결함이 있는 존재가 아니라 유능한 존재로 경험했으면 좋겠습니다.

수련생: 그래요. 그리고 그것은, 닥터 엘리슨이 그 관계에 말려들어 그녀를 결함이 있는 존재로 보거나 고치려는 시도를 하지 않는 것과 관계가 있습니다.

이 수련생은 새로운 경험이 최소한 두 개의 구성 요소로 이루어져 있다는 것을 발견하였다. 하나는 환자가 자신을 어떻게 경험하는가 하는 것이고, 또 다른 하나는 상대방을 어떻게 경험하는가 하는 것이다.

[강의실]

수련생: 환자가 자신을 자율적인 성인으로, 스스로 대답을 찾고 자신의 요구를 충족시킬 수 있는 그런 사람으로 경험해야 합니다. 또한 치료자가 비판적이지 않으며, 관심을 갖고 있으면서도 고치려고 하지 않는다는 것을 경험해야 할 것입니다. 치료자는 환자를 포기해서는 안 됩니다.

수련생: 맞아요. 그렇게 되면 그녀는 누군가로부터 괜찮은 사람이고 가치가 있다는 말을 듣는 경험을 하는 거지요.

저자: 좋아요. 그래서 닥터 엘리슨은 루들로우 부인을 고치려고 해서는 안 되지만, 어떻게든 그녀에게 관심이 있다는 걸 알려 줘야 하겠군요. 그리고 바란다면, 루들로우 부인이 다른 사람의 기준으로 자신을 바라볼 필요가 없고, 또 그들 요구의 제물이 된다고 느껴서 화를 낼 필요도 없는 사람으로 자신을 새롭게 보게 되면 좋겠습니다.

치료 목표는 루들로우 부인이 체중감소 프로그램에 등록하도록 권장하는 것처럼 내용에 기초하지 않고, 과정에 초점을 맞추고 있다. 치료자는 이 새로운 경험이 어떻게 성취될 것인가를 상상하거나 정의하는 데 있어서 제한을 받지 않는다. 실제 치료 상황에서 새로운 경험이 정확하게 어떤 형태로 나타날지는 예측하기 어렵다. 과정 지향적인 TLDP의 목표는, 환자-치료자 사이가 바람직한 방향으로 나아가도록 하는 것이라면 어떠한 것이라도 인정하고 장려하도록 치료자의 자각과 민감성을 촉진한다.

수련생들은 (자기와 대상에 대한) 어떤 경험이 루들로우 부인의 변화를 촉진할 수 있을까에 대해 어느 정도 합의를 본 것 같다. 즉, 루들로우 부인에게 필요한 경험은, 닥터 엘리슨이 그녀를 고치려 하지 않고 이해하며 함께 작업하려고 애쓴다는 것과 자신에게 힘이 있으며 결함이 없음을 느끼는 것이다.

[강의실]

수련생: 저는 그녀가 자신의 행동이 다른 사람들에게 영향을 미친다는 걸 깨달았으면 좋겠습니다. 그런데 이건 너무 장기적인 목표가 아닐까요?

저자: 방금 얘기한 것은 TLDP의 두 번째 목표인 새로운 이해에 관한 것입니다. 우리는 루들로우 부인이 무엇을 이해하기를 바라고 있습니까? 치료가 끝날 때쯤에 그녀가 무엇을 자각하고 통찰하면 좋을까요? 치료가 끝난 후에도 계속 고쳐 나가길 바라는 잘못된 생각은 무엇일까요?

수련생: 자신이 사람들을 어떻게 밀어내는지를 알았으면 좋겠습니다.

수련생: 사람을 신뢰할 수 없으니 인생이 고통스럽다는 걸 알기 바랍니다.

수련생: 저는 그녀가 자신을 아주 부적절하다고 느끼기 때문에, 다른 사람들로 하여금 자신을 돕도록 이끈다는 것을 이해했으면 좋겠습니다.

수련생: 저는 그녀가 아이처럼 자신을 나타내서 사람들로부터 부모의 반응과 비슷한 반응을 얻어 내게 되는데, 그게 결국 자신에게 해를 끼친다는 것을 깨달았으면 좋겠어요.

수련생: 그리고 그녀는 부족하고 결함이 있는 그런 모습을 드러내야만 다른 사람과 관계를 맺을 수 있다고 전제를 하는 것 같습니다. 이건 바로 그녀가 자신의 부모와 관계를 맺었던 방식이지요. 저는 그것 말고도 관계를 맺는 방법이 있다는 걸 그녀가 알았으면 좋겠습니다.

저자: 가능하다면 나는 새로운 이해의 일부로서 환자가 자신의 역기능적 패턴의 근원을 자각하는 것을 포함시키고 싶군요. 이런 부적응적인 인간관계 방식의 근원은 무엇일까요? 나는 현재 부적응적으로 보이는 관계 맺기 방식이 원래는 다른 사람들, 보통은 부모가 되겠지만, 그들과 관계를 유지하는 데 도움이 되었을 것이라고 가정합니다. 아마도 결함이 있고 비만인 아이가 되는 것만이 다이어트 전문의사인 아버지와 날씬한 어머니의 주의를 끄는 유일한 방법이었을지도 모릅니다. 과거 행동의 적응적 기능을 이해하게 되면 자신에 대한 공감이 촉진되고, 이것은 자기 행동에 대한 책임감의 증가와 함께 찾아오기 쉬운 자기 비난을 줄이는 데 도움이 됩니다.

전체적으로, 수련생들은 문제가 많은 어린아이처럼 행동한 것이 다른 사람들로 하여금 야단치는 부모처럼 반응하도록 이끌었다는 것을 그녀가 이해했으면 좋겠다고 언급하였다. 그리고 수련생들은 그녀가 그렇게 자신의 결함에 기초를 두는 관계가 아닌 다른 관계를 가질 수 있음을 알기를 바란다고 하였다.

이제 우리는 이 사례를 위한 역동적 초점과 두 가지 치료 목표를 갖게 되었으므로, 나는 이제 수련생들에게 5분 사례개념화를 활용하여 전이-역전이 상호작용의 본질을 예측해 보라고 독려하였다. 만일 수련생들이 닥터 엘리슨의 의논 상대로서 루들로우 부인과 함께 작업하며 겪게 될 문제를 경계하도록 한다면, 치료자에게 무슨 조언을 줄 수 있을까? 앞으로 전개되어 나갈 치료 관계의 성격을 예상하는 일에 CMP를 사용할 수 있다면, 역동적 초점은 진정으로 전체 치료의 청사진이 될 수 있을 것이다.

[강의실]

저자: 이제, 이 사례에 대한 우리의 개념화에 기초해서, 루들로우 부인

과 닥터 엘리슨 사이의 상호작용의 성격에 대해 생각해 봅시다.

수련생: 루들로우 부인은 닥터 엘리슨이 일을 충분히 잘 해내지 못한다는 걸 알릴 것입니다. 그녀는 닥터 엘리슨이 자신을 고치려 들 거라고 예상하고, 그런 다음에는 배반당했다고 느낄 겁니다.

수련생: 저는 닥터 엘리슨에게 루들로우 부인을 구출하고, 체계를 잡아 주고, 고치려는 방향으로 이끌리지 말라고 말하고 싶습니다. 그렇게 하면 반작용이 있을 테니까요. 닥터 엘리슨은 루들로우 부인에게 정서적인 보철을 해 주면서 온통 뜯어 고치고 싶어지겠지만, 그렇게 되면 루들로우 부인은 자신을 있는 그대로 수용하지 못하는 누군가에게 희생되었다고 느끼게 되겠지요.

수련생: 그리고 닥터 엘리슨이 루들로우 부인의 수동적 저항에 좌절하면서 치료를 포기하고 싶은 마음이 들 수 있겠지요. 실제로 그러지 않더라도 정서적으로 그럴 수 있습니다.

수련생: 그리고 치료자는 루들로우 부인에게 공격받았다고 생각해서 그녀에게 미묘하게 공격적인 말로 되갚을 수도 있을 것 같습니다.

수련생: 저는 닥터 엘리슨에게 계획 세우기, 조언하기를 피하고 "옳은 말씀이네요, 그렇지만" 이라는 게임에 걸려드는 걸 피하라고 조언하고 싶습니다. 닥터 엘리슨은 그 자신의 가치감, 자존감을 유지해야 합니다. 그렇지 않으면 결국 무기력하고 무능력하다는 느낌에 시달리게 될 것입니다.

이제 수련생들은 치료 전체의 흐름을 예측하게 되었다. 그들은 5분간의 비디오테이프를 보고 CMP, 두 개의 목표, 전이-역전이 관계의 양상을 그려 볼 수 있게 된 것이다. 이러한 방식으로 자료들을 범주화함으로써 치료자는 상호작용 역동의 윤곽을 치료 초기부터 그릴 수 있다. 치료자는 다음 5분과 그 후의 치료 시간 동안 더 많은 것을 알게 되고, 그 자료에 더 잘 맞도록 역동적 사례개념화를 수정한다.

최근 VAST 프로젝트 자료를 사용하여 실제 임상 장면에서 이루어진 TLDP 사례개념화의 유용성을 살펴본 연구가 수행되었다(Hartmann, 1994; Hartmann & Levenson, 1995). 이 연구에서는 치료자들이 작성한 CMP 사례개념화를 환자나 치료에 관한 정보를 전혀 모르는 숙련된 임상가 5명에게 읽게 하였다. 이 평가자들은 CMP 이야기에만 기초해서 환자의 대인관계 문제에 대해 의견의 일치를 볼 수 있었다. 또한 이들이 환자의 CMP에 기초해서 치료에서 반드시 논의되어야 한다고 판단한 대인관계 문제와, 실제로 치료자들이 치료 중에 논의한 주제들 사이에는 통계적으로 유의한 관계가 있었다. 가장 의미 있는 발견은 치료자들이 환자의 CMP와 관련된 주제에 꾸준하게 초점을 맞출수록 치료 성과가 더 좋다는 것이었다. 그러므로 이러한 예비적 발견들은 TLDP 사례개념화가 치료자에게 신뢰할 수 있는 대인관계 정보를 제공하며, 치료에서 논의해야 할 주제를 부각시키고, 또한 치료자가 이 사례개념화를 염두에 두고 치료를 진행할 때 더 좋은 결과를 얻는다는 것을 보여 주고 있다.

그러나 어려운 환자의 경우 치료자가 초점을 잡고 그것을 유지하는 것이 쉽지 않다. 환자의 치료 기록을 검토한 한 연구의 예를 보면, 통제집단 환자들과는 달리 어려운 환자들은 한 사람의 예외도 없이 사례개념화와 치료 계획이 분명하지 않았다(Neill, 1979). 다음의 몇 장에서 보게 되는 바와 같이, 사례개념화가 명료해야 치료 효과를 최대치로 높이는 방향으로 치료자가 개입할 수 있다. 그렇게 되면 치료는 더 짧으면서도 더 효과적일 것이다.

chapter

05 _ 환자 선별 준거와 순환적 부적응 패턴의 재연

이 장에서는 선별 요인과 순환적 부적응 패턴(CMP)이 임상적으로 어떻게 사용되는지 알아보기 위해 루들로우 부인과 닥터 엘리슨의 사례를 살펴볼 것이다. 루들로우 부인과의 첫 회기 후에, 닥터 엘리슨은 TLDP가 그녀의 치료에 적합한가를 놓고 고민하였다. 나는 슈퍼비전 시간에 치료자와 비디오테이프를 함께 보면서 사례를 논의한 후, 루들로우 부인이 TLDP에 적합한 환자라고 느끼는지 물어보았다. 우선 TLDP 선별 준거에 대해 간략하게 살펴본 후 닥터 엘리슨의 대답을 들어 보기로 하자.

환자 선별 준거

우리는 치료를 시작하기 전에 미리 환자에게 첫 회기는 TLDP 치료가 적합한지 평가하는 회기라고 말해 준다. 그러나 앞에서 언급한 바와 같이, 환자와 직접(전화로) 또는 간접(의뢰를 통해) 접촉을 시작할 때부터 평가는 시작된다. 환자가 치료자와의 최초의 접촉에서 어떤 행동을 보이는가 하는 점은 환자의 희망, 기대, 두려움, 태도, 전반적인 대인관계 스타일에 대해 많은 것을 말해 준다. 예를 들면, 치료자로부터 걸려 온 전화를 최대한 자세를 낮추며 받는 ("네, 선생님, 저는 선생님이 기꺼이 저를 봐 주시겠다는 데 대해 감사해요. 저는 선생님이 얼마나 훌륭하신지 얘기를 많이 들었고요, 선생님을 만나 뵙기를 고대하고 있답니다. 선생님이 더 중요한 일로 바쁘실 텐데도 저를 봐 주실 수 있다고 해서 정말 기뻐요.") 환자는 도전적이고 논쟁적으로 전화를 받는 ("나는 목요일 오후에만 약속 시간을 잡을 수 있습니다. 그리고 시간을 안 지키는 사람하고는 아무 일도 함께할 수 없어요. 설마 치료 시간에 늦지는 않겠지요?") 환자와는 이미 치료자에게 다른 영향을 미치고 있는 것이다.

그리고 직접 대면하는 만남에서도 시작 시점부터 환자의 비언어적인 행동을 관찰함으로써 역기능적인 대인관계 패턴에 대해 많은 것을 알 수 있다. 예를 들면, 구조적 가족 치료자들은(예: Minuchin, 1974) 가족 구성원들이 대기실에서 어떻게 자리 잡고 있는가, 누가 누구와 함께 어떤 순서로 복도를 걸어가는가를 관찰하도록 훈련받는다. 이러한 '구조'는 이 가족이 어떻게 기능하는가를 알려 준다. 개인치료에서도 치료자는 환자의 태도에서 대인관계 방식에 관한 귀중한 정보를 얻는데, 예를 들어 환자는 부인을 대동하고 대기실에 나타나는가? 치료자가 환자에게 인사할 때 환자의 부인이 대신 대답하는가? 일단 환자와 치료자 두 사람만 만나자고 할 때 환자가 부인의 동의를 구하는가? 등을 관찰하면 환자에 대해 상당한 정보를 얻을 수 있다. 이 상황은 실제로 어떤 수련생이 겪었던 일인데, 13장에서 자세히 논의할 것이다.

물론, 첫인상이 영원히 굳어 버리지 않도록 하기 위해서는 몇 가지 유의할 사항이 있다. 먼저, 치료 상황이란 곤경에 처한 사람이 도움을 요청하는 상황임을 기억해야 한다. 사적인 문제로, 혹은 당황스럽고 수치스럽게 느껴지는 문제로 고통을 겪으면서 전문가에게 도움을 요청하는 일은 많은 불안을 안겨 준다. 우리 사회에서 치료를 받으러 간다는 것은 아직도 대부분의 사람들에게 약하고 인생에서 실패했다는 낙인이 찍힐 수 있는 일이다. 치료자와 환자의 초기 상호작용은 이러한 맥락에서 이해되어야 하며, 이런 상황에서 환자는 일반적으로 불안해하고, 순종적이고, 조심스럽게 행동하기 마련이다.

둘째, 개인의 상호작용 방식은 그의 특이한 패턴에 의해서만 결정되는 것은 아니다. 이것은 문화, 사회, 경제적 지위, 인종, 성, 나이 등등의 산물이기도 하다. 예를 들면, 치료자는 다른 문화권에서 정상으로 인정되거나 장려되는 인간관계 방식을 손쉽게 병리화하거나 변화시키려고 하지 않도록 조심해야 한다. 7장에서는 역기능적 부적응 패턴과 개인이 속한 참조 집단의 규범에 맞는 상호작용 방식을 어떻게 구분하는가에 대해 논의할 것이다.

환자가 TLDP에 적합한지 결정하는 데에는 다섯 가지 주요 선별 준거가 사용되며 이들을 〈표 5-1〉에 열거하였다.

먼저, 환자는 정서적으로 불편한 상태에 있어서 그 상태를 벗어나고자 하고, 치료에 필요한 시간, 노력, 돈을 지불하려는 동기가 있어야 한다. 환자는 때로는 힘들고 고통스러운 치료 과정을 견뎌내려는 의지가 있어야 한다. 많은 치료자들이 법정에서 의뢰되거나 절박한 가족들에 의해 끌려온 사람들을 치료해야 하는 벅찬 (그리고 때로는 해결이 안 되는 어려운) 문제에 직면한다. 체계지향적 가족치료자들(예: Haley, 1976; Weakland, Fisch, & Watzlawick, 1974)은 가족의 주요 고통을 어떤 가족 구성원으로부터 다른 가족 구성원에게로 전이시키는 일에 능숙하다. 예를 들면, 행실이 나쁘면서도 그것에 둔감한 아들 때문에 지친 부모는 아들에게 (변화의 동기를 주기 위해) 야간 통행금지 시간을 정함으로써 그를 고통스럽게 만드는 방법을 배운다.

〈표 5-1〉 TLDP의 선별 준거

1. **정서적 불편.** 환자는 치료적 도움을 찾을 정도로 정서적인 고통을 느껴야 한다.
2. **기본적 신뢰.** 환자는 고통에서 벗어나리라는 희망과 신뢰를 가지고 정기적으로 찾아와 자신의 삶에 대해 이야기할 수 있어야 한다.
3. **자신의 갈등을 대인관계적 관점에서 생각해 보려는 태도.** 환자는 자신의 문제가 인간관계의 어려움과 관계가 있을 가능성에 대해서 생각해 볼 수 있어야 한다.
4. **자신의 감정을 검토해 보려는 태도.** 환자는 자신의 감정이 대인관계의 어려움에 어떤 중요한 역할을 할 가능성에 대해서 생각해 볼 수 있어야 한다. 또한 환자는 강렬한 감정에서 정서적인 거리를 두는 능력이 있어서 이런 감정을 검토할 수 있어야 한다.
5. **치료자와 '의미 있는 방식' 으로 관계 맺는 능력.** 환자는 다른 사람들을 자신과 분리된 온전한 사람으로 경험하고 그와 관계 맺을 수 있는 능력이 있어야 한다. 그래서 새로운 대인관계 경험을 하고 있다는 사실을 지각하고, 치료 상황에서 부적응적 대인관계의 재연을 검토할 수 있어야 한다. 환자가 부적응적 상호작용을 매우 완고하게 지속할 경우에는 치료자가 제 역할을 못할 수 있다.

Strupp & Binder(1984)를 수정함.

둘째, 환자들은 치료 약속을 지키려고 해야 하며, 치료자와 적극적으로 교류할 수 있어야 한다. 설령 그런 적극성이 부족하더라도, 적어도 이야기는 할 수 있어야 한다. 이런 태도는, 치료 초기에는 긍정적인 결과를 얻을 수 있으리라는 희망과 믿음에 의해 촉진되고, 나중에는 실제 경험에 의해 치료자가 도움을 주는 파트너라는 사실을 아는 데서 나오게 된다.

셋째, 환자는 자신의 '관계' 가 고통스러운 증상과 부정적 태도와 행동상의 어려움을 만드는 데 어떻게 기여해 왔는지를 고려해 볼 수 있어야 한다. 여기서 중요한 것은, 생각해 보겠다는 의지이다. 치료에 적합한 환자라고 해서 반드시 '나는 다른 사람과의 대인관계에 문제가 있다.' 고 인정하면서 치료를 시작하는 것은 아니다. 그보다는 서로 교류하는 치료적 만남 가운데, 자신의 대인관계에 문제가 있을 가능성을 진지하게 생각해 보겠다는 의지를 보여야 한다는 것이다.

넷째, 환자는 자신의 감정을 검토하며, 그것이 보다 바람직한 관계를 방해하지는 않는지 생각해 볼 수 있어야 한다. 또 Strupp과 Binder(1984)가 잘 묘사한 바와 같이, 환자는 "이러한 감정들로부터 정서적인 거리를 둘 수 있는 충분한 능력을 가지고 있어서, 치료자와 함께 이 감정들을 검토할 수 있어야 한다."(p. 57).

다섯째, 환자는 치료자와 의미 있는 관계를 맺을 수 있는 능력이 있어야 한다. 물론 환자가 처음부터 협력적인 관계를 맺으리라고 기대하는 것은 아니다. 그러나 그런 관계를 형성할 수 있는 잠재력은 있어야 한다. 환자가 현실과 접촉하지 못하거나, 치료자를 자신과 분리된 다른 존재라는 것을 판단하는 데 어려움이 있어서는 안 된다. 만일 환자가 자신과 치료자를 구분하지 못한다면 대인관계적 치료는 불가능할 것이다.

다른 정신역동적 모델들(예: M. Horowitz, 1976; Mann, 1973; Sifneos, 1979/1987)의 선별 준거와 비교해 보면, Strupp과 Binder가 제시한 다섯 가지 준거는 상당히 포괄적이다. 이 준거는 고정된 환자 변인(예컨대, 자신의 마음을 관찰하는 능력이나 평균 이상의 지능)에 초점을 맞추지 않으며, 특정 진단이나 증후군에 대해서도 언급하지 않는다. 그보다는 치료 관계 속에서 표현될 때 비로소 판단이 가능한 특성들을 강조한다. 예를 들어, 치료자의 적절한 도움을 받으면, 우울한 이유가 단지 허리가 아파서가 아니라 완전히 무능해져서 자식들에게 의존하게 될까 봐 두려워하기 때문이라는 것을 깨달을 수 있을까? 치료자와의 상호작용을 통해서, 완벽하지 않은 치료자에 대해 자신이 얼마나 화가 나고 실망하고 있는가를 느끼기 시작하고, 이러한 감정을 갖는 데 대해 치료자가 처벌하지 않는다는 것을 경험할 수 있을까?

경험적 연구 문헌들은 치료 과정의 상호작용에서 알게 되는 것들에 바탕을 두고 환자를 선별한다는 생각을 지지하고 있다. 예컨대 치료 동맹의 상태가 치료 성공과 상관이 있다는 연구 결과들이 계속해서 보고되고 있다(예: Eaton, Abeles, & Gutfreund, 1988; Gaston, 1990; Marmar et al., 1989;

Orlinsky & Howard, 1986). 그리고 이런 조력 동맹이 치료 성과를 가장 잘 예측하며, 이론적 접근이나 특정 기법과 같은 다른 요인들보다 치료 성과에 더 많이 기여한다는 것이 밝혀졌다(Luborsky et al., 1985).

하지만 내 경험에 비추어 보면 사람들과 오랫동안 역기능적인 방식으로 관계를 맺어 온 환자들은 TLDP에서도 긍정적인 치료 동맹을 형성하는 데 문제가 있다. 그러나 TLDP에서는 이런 '어려운' 환자들이 치료자와 작업 관계를 형성하는 데 장애물을 갖고 있다고 거부하기보다는, 환자의 자발적인 협력을 어렵게 하는 바로 그 이유에 초점을 맞춘다.

그러므로 치료적 유대를 형성하는 일의 어려움은 TLDP로부터 효과를 보는 데 장애가 되기보다는 오히려 치료의 기회를 제공한다. 치료자와 관계를 형성할 때 펼쳐지는 문제가 바로 변화를 위한 현장이 된다. 이러한 행동-체계 관점에서 보면, 통찰과 이해를 강조하는 다른 단기 역동치료 모델들이 요구하는 것처럼 환자가 내성(內省)의 능력이나 언어적 표현 능력이 뛰어나지 않아도, TLDP와 같은 상호작용적 치료에서 상당한 유익을 얻을 수 있다.

TLDP의 배제 준거(〈표 5-2〉)는 다른 단기 역동적 접근의 준거와 매우 비슷하다. 이 준거는 최소한의 환자만 제외시키며, 대부분의 단기 혹은 장기 정신역동적 접근에 적용될 수 있다(다양한 역동적 모델들의 선별 및 배제

〈표 5-2〉 TLDP의 배제 준거

1. 환자가 치료자와의 언어적인 교류 과정에 참여할 수 없다(예: 환자가 섬망(譫妄), 치매, 또는 정신병 상태이거나, 지적 능력이 현저하게 감소하였다.).
2. 환자의 문제가 다른 방법을 사용하면 더 효과적으로 치료될 수 있다(예: 환자가 특정 공포증이나 조울병을 가지고 있다.).
3. 환자가 불안을 증가시킬 수 있는 적극적, 해석적, 상호작용적인 치료 과정을 견뎌 낼 수 없다(예: 환자가 충동조절 문제, 알코올 및 약물 남용 문제를 가지고 있거나 반복적인 자살시도 경험이 있다.).

MacKenzie(1988)에서 인용함.

준거에 대한 적절한 논의를 Crits-Christoph & Barber, 1991, pp. 328-330에서 볼 수 있다.).

이제 이 장이 시작될 때 자신의 환자에게 TLDP가 적합한가를 고민하였던 닥터 엘리슨에게로 되돌아가기로 하자. 나는 수련생들에게 닥터 엘리슨이 루들로우 부인을 치료에 받아들이는 여부에 대해 무슨 말을 했을 것 같은지 물어보았다.

[강의실]

수련생: 글쎄요, 그 환자는 TLDP에 적합한 것 같은데요. 그녀는 선별 준거를 충족시킵니다. 우선, 환자는 지금 분명히 어려움을 겪고 있고 고통스러워 보입니다.

수련생: 그래요. 또한 그녀는 이미 자신의 문제를 대인관계 문제로 보고 있습니다.

수련생: 그리고 그녀는 자살충동을 느끼거나 술을 마시지 않습니다. 그래서 배제 준거에는 해당되지 않는 것 같습니다.

수련생: 환자는 확실히 자신의 감정에 대해 이야기할 준비가 되어 있습니다. 그렇지만 자신의 문제를 다루려고 하는 동기가 어느 정도인지는 모르겠어요. 그녀는 정말 외재화를 많이 합니다.

저자: 무슨 뜻이죠?

수련생: 네, 환자는 자신의 문제가 다른 사람이 잘못해서 생겼다고 봅니다. 그리고 자신은 무고한 희생자이고요.

저자: 나도 그렇게 생각합니다. 그러나 그것은 이전 회기에서 우리가 윤곽을 그렸던 것처럼, 그녀의 역기능적 스타일의 일부이지요. 나는 환자가 외재화하는 태도를 가지고 있다고 해서 치료에서 제외시키지는 않는데 사실 그것이 치료 작업에 아주 좋은 기회를 제공할 것입니다.

수련생: 그럴 것 같아요. 그렇지만 치료는 아주 어렵겠지요.

저자: 그러니까 이 환자가 TLDP에 적합하기는 하지만 치료 과정이 쉽지 않을 거라고 보는군요. 닥터 엘리슨이 루들로우 부인의 적합성에 대해 뭐라고 말할 거라고 생각하세요?

수련생: 제 생각에 닥터 엘리슨은 루들로우 부인을 괜찮은 후보자로 볼 것 같아요.

수련생: 음…… 치료자가 그녀를 적합하지 않다고 볼 수도 있습니다. 왜냐하면 이 환자는 초점 맞추기가 너무 어렵거든요. 그녀한테는 너무나 많은 일들이 일어나고 있어요.

수련생: 그래요. 이 환자는 참 대하기가 어렵습니다. 테이프에서 그녀를 보았을 때 제 반응은 뒤로 물러서고 싶다는 것이었는데요, 그녀를 보고 정말 짜증이 나고 좌절감이 생겼기 때문이죠.

저자: 닥터 엘리슨에게 환자가 TLDP에 적합하다고 보느냐고 물었을 때, 그녀는 다른 환자를 원한다고 대답했습니다. 또 루들로우 부인을 "너무나 핵심을 벗어나고, 너무나 변죽만 울리고, 너무나 압도적이고, 너무나 산만하고, 어쩌면 정신병 발병 직전일 수도 있다."고 보았습니다.

수련생: 정신병 발병 직전이라고요?

저자: 그래요. 닥터 엘리슨은 만일 이 환자의 방어에 도전한다면 그녀를 유지시켜 오던 것이 붕괴되어서 치료 이전보다 더욱 지리멸렬해지고 엉망이 될 것이라고 느꼈습니다.

수련생: 그래서 닥터 엘리슨은 루들로우 부인의 치료를 받아들였나요, 아니면 배제했나요?

닥터 엘리슨이 속해 있는 훈련 팀은 루들로우 부인을 치료에 받아들일지 여부를 결정하지 못했다. 루들로우 부인은 기술적으로는 선별 준거에 맞기는 했지만, 환자와 상호작용한 유일한 사람인 닥터 엘리슨이 이 환자에게 TLDP가 유용할 것인지 의문을 갖고 있었다. 닥터 엘리슨과 훈련 팀은 의견을 절충하여 정확한 평가를 위해서는 정보가 더 필요하다고 결론을 내렸다. 두 번째 평가회기를 가지기로 결정한 것이다. 그들은 닥터 엘리슨이 추가적인 정보를 팀으로 가져오면 이 환자가 TLDP에 적당한지 여부에 대해 최종 결정을 내리기로 하였다.

두 번째 회기가 시작될 때 루들로우 부인은 자신이 치료 프로그램에 받아들여질지에 대해 어떤 결정을 들을 것으로 기대하고 있었다. 그러나 닥터 엘리슨은 회기가 시작될 때 TLDP가 환자에게 적합한가를 결정하기 위해서는 정보가 좀 더 필요하다고 말하면서 두 번째 회기도 평가에 포함되며, 루들로우 부인이 단기치료 프로그램에 받아들여지는지 여부는 다음 회기에 대답할 수 있을 것이라고 설명하였다.

순환적 부적응 패턴의 재연

이 시점에서 나는 두 번째 회기의 일부를 수련생들에게 보여 주었다. 그리고 이 부분의 끝에서 수련생들에게 치료자-환자 교류에서 어떤 일이 일어났다고 생각하는가를 물었다.

[비디오테이프]

치료자: 오늘은 무엇을 다루면 좋을까요?

환자: 거기에 대해서는 얘기한 거 같은데요.

치료자: 음, 그 점에 대해서 우리가 작업을 하고 있지요. 진행하고 있는 중이지요.

환자: 그래요? 참 실망스럽네요.

치료자: (감기 때문에 회기 내내 기침을 하며) 다루고 싶거나 변화시키기 원하는 것에 대해 생각하거나, 문제 영역을 찾아내려고 애쓰는 것이 실망스럽게 느껴지는 건가요?

환자: 아니요, 나는 그런 걸 모두 다 하고 싶어요. 때때로 선생님의 질문은…… 선생님이 그 정도로 우둔하다는 걸 믿을 수가 없어요. 선생님이 똑똑한 여자라는 걸 알아요. 다시 물어보시겠어요?

치료자: 음. 내 질문의 어디가 그렇게 우둔해 보였나요?

환자: 나는 단지 내 문제가 명백하다고 생각했어요.

치료자: 당신은…… 왜 자신의 문제가 다른 사람에게 명백하다고 생각하세요?

환자: 글쎄요, 나는 이미 선생님에게 많이 이야기했어요. 그리고 선생님이 뭔가 틀림없이 알아냈으리라 생각했어요. 잘 모르겠네요.

치료자: 이런 일이 다른 사람하고도 일어나나요? 그러니까 당신은 때로, 음, 당신에게 일어난 일이나 당신의 생각에 대해 다른 사람들이 더 많이 알고 있어야 한다고 생각해서 실망스럽고 화가 났었나요?

환자: 오! 남편하고 그랬던 것 같아요. 그리고 가족들하고도요. 사람들이 좀 별나요. 아니에요. 나는 사람들 대부분이 스스로 부적절하기 때문에 그렇게 행동한다는 걸 알아냈어요. 사무실에서처럼 말이지요. 만일 내가 매너 좋게 대하고, 기분 좋게 행동하고, 일에 관해서 이야기를 나누려고 애쓰면, 어……(잠시 침묵) 사람들이 내가 그들을 속이거나, 타격을 가하거나, 배신하려고 하지 않는다는 걸 알았으면 좋겠어요. 나는 단지 내 길을 가고 싶을 뿐이에요. 그렇게 하면서 누군가에게 심하게 하고 싶지는 않아요.

치료자: 으음.

환자: 사람들은 두려워하는 것 같아요. 잘 지내기 힘든 직장 동료가 있는데, 그녀는 일을 엉망으로 만들고, 목청을 가다듬고, 내 평판을

나쁘게 만든답니다.

치료자: 그녀가 당신을 두려워한다고 생각하세요?

환자: 네. 그녀는 속으로는 움츠리고 있으면서 나에게 심하게 상처를 줘요. 그녀한테 화가 나요.

치료자: 그녀가 왜 당신을 두려워할까요?

환자: 글쎄요. 나는 일을 잘해요. 물론 그녀도 잘하고요. 만일 그녀가 그걸 모른다면 그건 그 여자 문제지요. 나는 그녀를 나쁜 사람으로 만들고 싶은 게 아니고, 단지 내가 잘하고 싶을 뿐이에요. 그리고 …… 어, 그녀는 많은 사람들 앞에서 나를 웃음거리로 만들었어요. 그리고 그녀는 내 말 중간에 끼어들고, 그리고 그녀는 단지, 나는 단지 그게 싫고, 그게 필요 없어요.

치료자: 그녀가 의도적으로 당신에게 그렇게 하는 것일까요?

환자: 네. 비슷한 경험을 한 적이 있어요. 그런 짓거리를 하는 애하고 같이 초등학교를 다녔는데, 교활하고 욕심이 많았어요. 그 애는 남자 애들이 자기를 좋아하기를 바랐지요. 그 애는 아빠와 함께 살지 않았고, 엄마들끼리는 친구였는데, 나는 학교생활 내내 그 계집애한테 시달려야 했어요. 그렇게 시달리고 나면 내 속이 싸늘해지곤 했어요. 내가 남자 아이하고 얘기하고 있으면, 그 애가 다가와서 끼어들어 남자 아이들의 주의를 끌고는 했는데 그러면 남자 아이들이 그 애를 바라보고는 했던 거지요. 나는 그저 얼어 버리고…… 일이 계속 그런 식으로 돌아갔어요. 내가 당한 거지요. 나는 그저 속이 차가워졌어요. 그러나 직장 동료와 일하는 상황에서는, 나는 다만 그녀와 친구를 하고 싶지가 않을 뿐이랍니다.

치료자: 당신이 생각할 때는, 사람들이 당신 부모가 한 것과 아주 비슷하게, 당신이 바보 같고 잘못되었다는 느낌을 갖도록 한다는 뜻인가요?

환자: (고개를 끄덕이며) 그럼요.

치료자: 내가 질문했던 것들에 대해서도 같은 기분이 들었어요? 그러니까 혹시 내가 당신을 바보 같이 보이게 만드는 것 같다는 느낌이 있나요?

환자: 네. (낄낄거리며) 나는 지금 막 달에서 온 사람 같고, 당신은 이런 걸 전에는 전혀 본 적이 없는 것 같이 느낀다는 기분이 들어요. (웃으며) 나의 많은 도전거리들이 작은 구멍에 말끔히 들어갈 수 있겠죠.

치료자: 도전거리라면?

환자: 내가 가진 작은 문제들이요.

치료자: 나는 지금, 왜 그럴까, 왜 내가 정보를 얻으려고 했던 질문들에 관해 내가 모든 걸 다 알아야 한다고 기대했을까 궁금하거든요. 당신은 왜 내가 이 모든 것을 다 알아서 물어볼 필요도 없기를 기대하나요?

환자: 그냥, 글쎄요. 선생님은 다른 식으로 질문했어요. (침묵) 이런 일은 전에도 일어났었어요.

치료자: 어떤 일이 일어났었는데요?

환자: 나는 마운트 러시모어 클리닉에서 힘든 접수 절차를 거쳤지만 다 끝내지도 못했지요. 거기 있던 사람이 선생님처럼 질문을 했어요. 그래서……

치료자: 그 사람이 질문한 방식이 당신을 불편하게 한 점이 있었나 보죠?

환자: 내게 아주 많은 일이 일어난 걸 보고 그는 깜짝 놀란 것 같았어요. 나를 '걸어 다니는 멜로드라마' 로 보는 것 같았어요.

[강의실]

저자: 자, 이 장면에서 어떤 일이 일어난 것 같아요?

수련생: 그게 벌써 시작되었어요.

저자: '그게' 뭔가요?

수련생: 치료자를 평가절하하는 거요.

수련생: 선생님이 보여 주신 부분은, 닥터 엘리슨이 그녀에게 아직 단기 프로그램에 받아들여지지 않았다고 이야기한 바로 다음이었지요?

저자: 맞습니다. 그건 왜 물어보세요?

수련생: 왜냐하면 훈련 팀이 한 번 더 평가회기를 가져야 하고, 그녀가 치료를 받기 위해 곧바로 받아들여질 수 없다고 말한 건, 어떤 의미에서는 닥터 엘리슨이 그녀를 거부한 것이니까요.

수련생: 맞아요. 루들로우 부인은 아마 뺨을 맞은 것 같을 거예요. 그녀가 받아들여질 만큼 충분히 좋지 않다는 것이지요.

수련생: 거부당한다는 것은 이 환자에게 아주 중요한 문제입니다. 그녀의 역동적 초점을 중심으로 살펴보면, 그녀는 자신이 다른 사람들에게 받아들여지지 않을까 봐 두려워하고 있습니다. 사람들이 어떻게든 그녀가 모자라고 결함이 있는, 손상된 제품임을 알게 될까 봐 두려워하고 있어요.

수련생: 제가 "그게 벌써 시작되었다."라고 말한 게 바로 그 의미에요. 치료자와 환자 사이의 역동은 상당히 예측할 수 있는 방식으로 진행되고 있습니다. 환자는 거부당했다고 느껴서 치료자에게 화를 내고, 치료자의 도와주려는 시도를 평가절하합니다.

수련생: 환자가 말한 모든 사건은 비슷한 주제를 가지고 있습니다. 사람들이 그녀를 거부하고 그녀에게 상처를 준다는 거지요.

나는 사람들에 대한 환자의 경험이 진공 상태에서 일어나지 않았음을 수련생들에게 지적하였다. 루들로우 부인의 초점 없고 사람을 소외시키는 스타일은 치료자에게 역전이 반응을 일으켰고, 치료자는 이 환자를 거부하고 싫어 했다. 루들로우 부인이 자신을 드러내는 방식은 그녀가 선별 준거에 맞는지 여부를 평가하기 어렵게 했을 뿐만 아니라, 치료자에게 부정적인 반응을 일으켰다. 닥터 엘리슨은 도움을 요청하고 그 도움을 활용할 줄 아는, 대하기 쉬운 다른 환자를 원했다. 닥터 엘리슨은 루들로우 부인을 도우려는 시도를 하는 것을 어려워했다. 다른 많은 사람들도, 이처럼 과도하게 도움이 필요한, 45세 여성이라기보다는 칭얼거리는 아이 같은 사람을 돕는 데 실패했기 때문이었다.

나와 우리 팀의 다른 사람들도 닥터 엘리슨이 역전이 반응을 행동으로 옮기는 데 공모한 셈이다. 우리는 치료자에게 환자를 받아들이는 대신 두 번째 평가회기를 가질 것을 제안했다. 핵심을 말하면, 닥터 엘리슨과 단기 치료 팀은 이 환자의 순환적 부적응 패턴의 중요한 부분을 재연한 것이다. 즉, 우리는 그녀가 산만하고, 비판적이고, 징징대는 방식으로 자신을 드러내기 때문에 그녀를 퇴짜 놓은 것이다.

3장에서 TLDP 모델을 설명할 때 언급한 바와 같이, 치료자는 지속적인 부적응적 관계 방식을 가진 환자가 부여한 배역을 거부할 수 없다. 치료자는 환자와의 파괴적인 '게임' (Berne, 1964)에 단지 관찰자로서가 아니라 참여자로서 빠져 들게 된다. "환자는 부지중에 (치료자를 포함한) 다른 사람들이 상보적으로 반응하도록 유발하는 경향이 있다. 이것은 그가 다른 사람들의 반응에 대해 예측한 것을 증명해 주는 효과가 있다. 즉, 환자의 행동은 자기 충족적 예언이 된다. 이러한 무의식적이고 자기 패배적인 행위는 전이의 행동적 구성 요소가 된다……." (Strupp & Binder, 1984, p. 142) 닥터 엘리슨이 환자를 치료에 받아들이지 않으려고 한 것은 역전이의 행동적 구성 요소라고 할 수 있다.

또 하나 고려할 점은, 닥터 엘리슨에게는 루들로우 부인이 첫 외래 환자 사례였으며, 따라서 그녀는 어떤 환자에게든지 압도당할 수 있었다는 것이다. 그러나 여기서는 닥터 엘리슨의 경험 부족이 루들로우 부인의 스타일과는 아무 관련이 없다는 것이 분명해 보인다. 만일 루들로우 부인에 대한 닥터 엘리슨의 반응이 단지 훈련 부족과 경험 부족에만 기인한다면, 치료자의 반응은 환자의 CMP의 윤곽을 그리는 데 아무 도움도 되지 않을 것이다.

루들로우 부인에 대한 닥터 엘리슨의 반응은 우리가 이끌어 낸 역동적 사례개념화에 비추어 충분히 이해가 되므로, 닥터 엘리슨이 환자의 스타일에 끌려들어 환자와 역기능적 시나리오를 실행하게 되었다는 가정은 (달리 반증이 되지 않는 한) 계속 유지된다. 이 사례에서 치료자는 환자를 거절하는 매우 파괴적인 방식으로 역전이를 행동으로 옮길 뻔했다. 단기 정신역동 프로그램 팀은 한 번 더 평가회기를 갖자고 제안하였다. 치료 팀도 환자의 CMP에 끌려들어서 그녀를 즉시 치료에 받아들이지 않았지만, 이런 '행동화' 는 다행히 덜 극단적이었고 적어도 한 회기 동안은 관계가 더 지속될 수 있게 하였다.

TLDP 관점에서 볼 때, 치료자의 강한 역전이 반응 자체는 결코 '실수'가 아니라는 점을 다시 한 번 강조한다. 오히려 이러한 내적 자료를 환자와의 상호작용을 이해하는 데 유용한 정보의 원천으로 사용하지 않는 것이 문제라고 할 수 있다. 만약 치료자가, 자신은 모든 것을 수용하는 공감적인 조력자라는 환상적 견해를 유지하기 위해 이런 부정적인 반응이 일어남을 부인한다면, 이는 그야말로 큰 실수가 될 것이다. 또한 치료자가 역전이 반응을 그저 자신의 신경증적 갈등의 표출로 보고, 그 자신의 치료나 사례 자문에서 작업할 필요가 있는 것으로만 생각한다면 (이런 결론에 도달할 강력한 이유가 없다면) 이 또한 실수라고 말할 수 있을 것이다.

그러므로 닥터 엘리슨이 환자에게 두 번째 평가회기가 필요하다고 말한 것은, 다른 사람들의 거부를 부르는 환자의 자기 패배적 스타일에 치료자가 어떻게 말려들 수 있는가를 보여 주는 좋은 예가 된다. 그리고 우리는 어떻게 이 '반응' 이 환자를 화나게 했는가를 보았다. 두 번째 회기에서 일어난 일은 전이-역전이 패턴이 치료 초기부터 분명해져서 거의 즉각적으로 작업 대상이 되는 현장을 보여 준다. 나는 수련생들이 비디오테이프에서 이 밖에 어떤 것을 관찰했는지 물었다.

[강의실]

수련생: 환자가 치료자에게 자신이 다른 사람들에게 얼마나 많이 거부당했는가를 반복해서 얘기하는 걸 봤습니다.

저자: 구체적으로 뭐라고 언급하던가요?

수련생: 환자의 평판을 나쁘게 하고 상처를 입히는 동료가 있다고 합니다.

수련생: 그 동료는 많은 사람 앞에서 환자를 웃음거리로 만들었습니다.

수련생: 그리고 초등학교 때의 친구 이야기를 했지요.

수련생: '그 계집애' 라고요.

수련생: 남자아이들의 관심을 뺏어간 애.

저자: 이러한 거부와 수모에 대해 환자는 어떻게 반응했나요?

수련생: 화가 나고, 상처를 받았습니다.

수련생: 속이 차가워졌어요.

수련생들의 반응에서 알 수 있는 것처럼, 환자의 대인관계 패턴을 보면 환자는 다른 사람들이 아무런 이유 없이 자신을 거부하고 상처를 입힌다고 보고 있다. 환자는 이런 지각으로 인해 화가 나고 실망한다. 2회기의 앞부분에서도 똑같은 패턴이 나타났다. 환자는 치료자에게 거부당했다고 느끼고 화를 냈고("때때로 선생님의 질문은, 선생님이 그 정도로 우둔하다는 걸 믿을 수가 없어요."), 실망했다("글쎄요, 나는 이미 선생님에게 많이 이야기했어요. 그리고 선생님이 뭔가 틀림없이 알아냈으리라 생각했어요.").

2회기의 앞부분을 보면, 치료자에게 상처받고 좌절감을 느낀 현재의 경험은, 이와 비슷하게 속상했던 대인관계 상호작용에 대한 과거의 기억을 무의식적으로 떠올리게 했음을 알 수 있다. 직장 동료와 초등학교 친구에 대한 이야기는 전이에서 어떤 일이 일어났는가를 암시하는 구실을 한다 (Gill, 1979).

대상관계 이론의 관점에서 보면, 치료자에 대한 경험과 느낌은 환자가 다른 사람과의 교류를 언급하는 것에 반영된다. 때로는 이러한 유사성이 (직장 동료나 어렸을 때 친구의 예에서처럼) 명백하게 드러나고, 때로는 상당히 미묘하게 표현된다. 전이에 대한 미묘한 암시의 예로서, 루들로우 부인이 직장 동료와의 경험에 대해서 이야기하면서 이 사람이 "목청을 가다듬었고 내 평판을 나쁘게 했다."라고 말한 것을 들 수 있다. 치료자인 닥터 엘리슨이 (감기에 걸려서) 회기 내내 목청을 가다듬었다는 사실을 주목하면, 이처럼 미묘한 무의식적인 언급은 닥터 엘리슨과 관련이 있을 가능성이 있다.

전이에 대한 미묘한 암시의 또 다른 예로, 직장 동료가 많은 사람 앞에서 자기를 웃음거리로 만들었다고 언급한 것을 들 수 있다. 환자는 치료자로부터 첫 회기에 치료 장면을 비디오로 찍어서 다른 수련생들과 슈퍼바이저로 구성된 단기 정신역동 프로그램 팀에게 보여 준다는 이야기를 들었다. 환자는 얼마나 많은 사람들이 이 비디오테이프를 통해 자신을 보게 되는지는 몰랐으나 꽤 많은 사람이 보리라고 생각했을 것이다.

이러한 전이적 암시가 임상 장면에서 바로 증명될 수 있는 것은 아니지만, 이것들은 치료자가 고려할 만한 유용한 가설을 제공하며, 환자 마음의 무의식적인 부분이나 검열되는 부분을 언뜻 볼 수 있는 소중한 기회를 제공한다. 환자는 치료자가 등 뒤에서 자신을 비웃을까 봐 두려워하는가? 치료자가 자신의 평판을 나쁘게 할까 봐 두려워하는가? 치료자로부터 받기를 원하는 관심을 받지 못했을 때 속이 차가워지는가? 치료자가 자신을 두려워한 나머지 상처를 입히려 한다고 보는가?

환자가 자신의 패턴을 자각하고 이해할 수 있도록 하기 위해서, 치료자는 다른 사람들과의 상호작용 사이에, 그리고 치료자와의 상호작용 사이에 이러한 연결점이 있음을 명시적으로 이야기할 수 있을 것이다. 치료자는 루들로우 부인에게 그녀의 직장 동료가 예전에 부모가 했던 것과 비슷하게 그녀로 하여금 '내가 바보 같다' 는 느낌이 들도록 만든다고 보는가를 물었다. 그때 치료자는 현재의 중요한 사람과 과거의 중요한 사람 사이를 연결한 것이다. 그리고 나서 닥터 엘리슨은 한 걸음 더 나아가 치료자 또한 그녀를 바보 같은 사람이라는 느낌이 들게 하는지 물었다. 치료자와 환자 사이의 전이 안에서 어떤 일이 일어나고 있는가를 언급한 것이다.

현재 중요한 타인과 과거에 중요했던 타인, 그리고 치료자에 대한 정서적 상호작용들을 연결하는 이와 같은 해석이 **통찰의 삼각형**(triangle of insight)을 구성한다(Malan, 1979; Menninger, 1958). [그림 5-1]은 일반적인 사례에서 볼 수 있는 과거, 현재, 치료 상황 사이의 연결을 도식적으로 표현한 것이다. 삼각형의 꼭짓점들을 연결하는 것이 강력한 개입이 되는

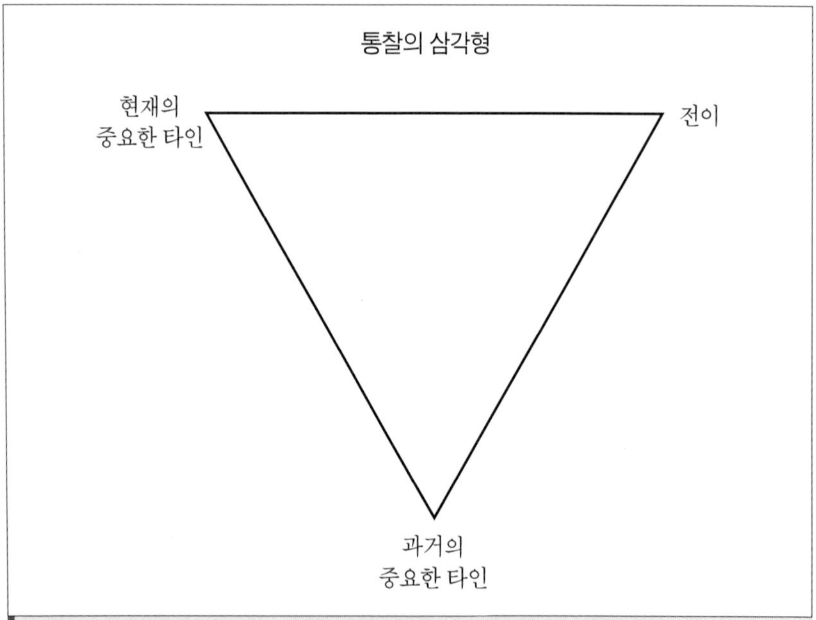

[그림 5-1] 정신역동적 과정에 대한 Malan/Menninger 모델

Butler & Binder, 1987. 허락을 받아 수록함.

이유는, 이러한 연결이 (아동기에서 성인기까지) 아주 오랜 시간에 걸쳐 서로 다른 주요 인물들과의 관계에서 나타났던 패턴을 하나로 묶어 주기 때문이다.

환자의 CMP를 발견하는 절차는 전적으로 통찰의 삼각형과 일치한다. 두 방법 모두 식별 가능하고 예측 가능한 상호작용 패턴이 환자의 일생을 통해 중요한 사람들과의 관계에서 일어나는 것을 보여 준다. Butler와 Binder (1987)는 두 구성개념 간의 유사점을 인식하고 순환적 정신역동과 통찰의 삼각형을 개념적으로 통합하였으며, 어떻게 삼각형의 각 꼭짓점에서 역기능적 상호작용의 윤곽을 그릴 수 있는지를 설명하였다. 이러한 개념적 통합이 [그림 5-2]에 제시되어 있다.

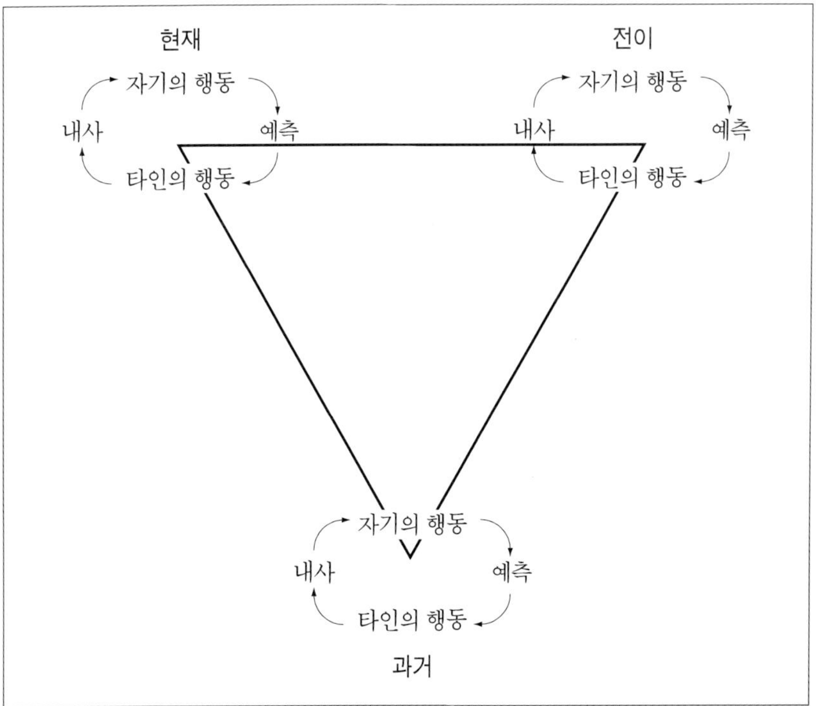

[그림 5-2] 통합 모델: CMP와 통찰의 삼각형

Butler & Binder, 1987. 허락을 받아 수록함.

루들로우 부인과의 2회기로 돌아가면, 닥터 엘리슨은 현재의 중요한 타인(직장 동료)과의 사이에서 부모와의 관계 패턴과 비슷한 역기능적 대인관계가 일어났다는 것을 인식하였는데 그럼으로써 전이가 어떤 모양으로 전개되는지 알아차리고, 예측도 할 수 있게 되었다. 치료가 진행됨에 따라 어떤 일이 일어나는지 빨리 알아차리고, 또 어떤 일이 일어날지 예측한다는 것은 단기 심리치료에서 매우 중요한 부분이다.

치료적 개입

대개 이 시점에 이르면 수련생 중에 단기치료에서는 치료자가 언제 해석을 시작할 수 있는지 묻는 사람이 나온다. 닥터 엘리슨은 두 번째 회기에서 일종의 '통찰의 삼각형' 해석을 하였다. 이것은 '때 이른' 해석이 아니었을까? 치료자는 더 많은 정보를 수집할 때까지 기다려야 하지 않았을까?

물론 그 대답은 간단하지 않다. 그 결정은 치료자의 임상적 판단에 맡겨야 한다. 그러나 이것은 초보 임상가나 단기개입 경험이 별로 없는 치료자에게 만족스러운 설명이 못되며, 나는 해석의 시점에 대한 길잡이로서 다음 다섯 가지 원칙을 제시한다.

첫째, 단기치료에서 치료자는 정보가 불충분해도 (해석을 포함한) 치료적 개입을 해야 한다. 사실은 장기 또는 종결 시간을 정해 놓지 않은 치료에서도 마찬가지다. 왜냐하면 치료자가 모든 관련 '사실들'을 다 알 수는 없기 때문이다. 그러나 이것은 시간을 효율적으로 사용해야 하는 단기치료에서는 특별히 더 그러하다. 치료자가 개입하려고 한다면 '이치에 맞는 추측'에 기초해서 할 수밖에 없다. 단기치료의 장점은 치료자가 계획적으로 치료적 초점을 사용하는 데 있다. 단기치료자는 한정된 영역에 초점을 맞추기 때문에, 종결 시기를 정하지 않고 모든 단서를 따라가는 장기치료에서

보다 더 짧은 시간에 더 많은 것을 알 수 있다.

두 번째로, 해석은 치료자가 객관적 진실을 밝히는 과정이 아니라, 환자가 말하고 행한 것에 기초해서 그럴듯한 가능성을 찾는 과정을 의미한다. TLDP의 관점은 해석이 사건에 대한 이해를 돕는 기능을 한다고 본다. 그러니까 해석이 절대적인 의미에서 '정확할' 필요가 있는 것은 아니라는 뜻이다. 치료자의 해석 방식이 이러한 '다중 진실'의 관점을 전달할 수 있다. "당신이 말한 것으로 미루어 보면, 혹시 이러이러하다고 할 수 있을까요?" 또는 "어머니의 적개심에 대해 이야기하다가 곧바로 부인 얘기로 옮겨 갔네요. 혹시 부인 또한 당신을 비난할까 봐 염려하는 것일까요?" 등의 언급은 탐색을 중단시키지 않으면서 환자들이 숙고해 볼 수 있는 어떤 지점을 제공한다. 닥터 엘리슨이 그런 식으로 통찰의 삼각형 해석을 하였는데, 그 예로 "내가 질문했던 것들에 대해서도 같은 기분이 들었어요? 그러니까 혹시 내가 당신을 바보 같이 보이게 만드는 것 같다는 느낌이 있나요?"를 들 수 있다. 이러한 해석은 환자에게 치료자의 말을 숙고해 볼 여유를 준다.

세 번째 원칙은 두 번째 원칙에서 파생된다. 시기적절한 해석(즉, 치료 과정을 진전시키는 해석)은 환자가 해석에 동의하느냐의 여부로만 판단해서는 안 된다. 특히 다른 사람에게 잘 맞추는 스타일의 환자에게서 동의란 그들의 순종적인 특성을 보여 주는 지표일 뿐이다. 환자가 해석에 동의하지 않더라도 치료자는 적어도 두 가지 일을 성취한다. 첫째, 환자는 치료자에게 동의하지 않을 수도 있고, 동의하지 않아도 처벌받지 않음을 알게 된다. 둘째, 치료자 편에서는 나중에 싹을 틔울 수 있는 새로운 아이디어의 씨앗을 얻게 된다(해석의 효과 여부를 판단할 수 있는 방법은 다음 장에서 논의한다.).

네 번째 원칙은 TLDP에서 전이 해석의 시점을 결정할 때 특별히 중요하다. 치료자는 치료 관계가 발전해 나갈 수 있도록 충분한 시간을 허용해야 한다. 치료자와 환자는 우선 그들 사이에 자연스럽게 일어나는 일들을 경험해야 한다. 이런 상호작용은 대개 환자의 CMP와 관련이 있다. 때때로 이런 대인관계 에피소드가 바로 첫 번째 회기에서 (또는 첫 회기를 정하는 전화에서도) 풍부하게, 감정이 많이 실린 채로 드러나기도 한다.

상호작용이 충분히 이루어진 때가 언제인지 확실하게 보여 주는 리트머스 검사 같은 것은 없지만, 경험상의 일반적인 원칙은, 특정한 상호작용의 역동이 충분히 반복되어 환자가 자신의 행동과 치료자 반응으로 이루어진 하나의 패턴을 주관적으로 느낄 수 있도록 허용해야 한다는 것이다. 치료자는 이와 같은 패턴을 쉽게 지각할 수(심지어 예상할 수) 있겠지만 환자가 치료자에게 기대하는 특정 반응이 무엇인지에 대한 환자로부터의 단서가 필요하다. 때때로 이러한 단서들은 직접 말로 표현되고(예: "분명히 선생님은 그런 멍청한 질문들을 계속하겠지요!"), 때로는 좀 더 은밀하게 나타난다(예: 환자가 주제에서 벗어나면 책망을 받을 것이라고 예상해서, 치료자와 눈을 마주치지 않으려고 한다.).

상호작용 주제를 찾아내려고 열심을 부리다 보니, 치료자들은 환자가 치료자와 충분한 대인관계 경험을 하기도 전에 전이 패턴을 지적하는 실수를 저지르곤 한다. 치료자는 자신과 환자 사이의 지금-여기에서의 교류에 대해 언급하는 방법을 실제 관계의 맥락에서 더 많이 배워야 한다. Vanderbilt II 연구(Henry et al., 1993b)에서도 이와 비슷한 일이 일어났다. 이 연구에서 치료자들은 관계의 틀 안에서 전이 해석을 하는 방법을 이해하기 보다는, 전이 해석을 기계적으로 적용하는 것을 배웠다.

예를 들면, 내 이전 수련생 중의 한 사람은 환자가 경쟁 상대를 이기고 싶어 하는 것이 너무나 뚜렷하게 보여서, 바로 두 번째 회기에 환자에게 "이제 당신은 치료를 잘 해 보려고 하는 내 시도를 어떻게 망칠 건가요?"라고 물었다. 치료자가 환자의 경쟁적인 스타일이 치료 관계에서 나타날 것을 (올바르게) 예측했지만, 치료의 이 시점에서 환자는 아직 치료를 방해하려는 반복적인 시도를 한 바가 없다. 환자는 깜짝 놀라면서 그런 계획이 전혀 없으며 도움을 받으러 오는 자신의 동기를 치료자가 완전히 오해하고 있다고 말했다. 치료자와 환자 사이에 역기능적 상호작용이 반복해서 나타날 수 있는 기회가 없었기 때문에, 환자가 전적으로 오해받고 부당하게 비난을 당했다고 느낀 것은 놀라운 일이 아니다. 이런 식의 때 이른 해석은 보통 환자를 놀라고, 화나고, 혼란스럽게 하며, 작업 동맹을 총체적인 불화로 이끌 수 있다.

이 환자가 처음의 두 회기에서 실제로 반복해서 한 일은 자신이 치료자보다 지식, 운동, 도덕적 가치 면에서 더 우월함을 나타내려고 한 것이었다. 만일 치료자가 다른 사람과 경쟁하는 환자의 습관과, 치료자와 비교해서 자신이 우월하다고 보는 경향 사이의 유사성을 해석했었다면, 환자는 이 가능성을 보다 기꺼이 검토했을지도 모른다. 왜냐하면 환자 자신이 치료자보다 낫다고 주장한 경험이 여러 번 있었기 때문이다.

다섯 번째 원칙은 특히 네 번째 원칙과 연관이 있다. 전이 해석의 시기를 결정하는 데 있어서, 치료자는 가능한 한 자세하고 구체적으로 해석을 할 수 있을 때까지 기다려야 한다(Strachey, 1934). 이렇게 구체적으로 해석하면 환자가 특정 상황에서의 자신을 체험적으로 이해하는 데 도움이 된다. 예를 들면, "당신은 마치 당신 아버지한테 하는 것처럼 나를 대하는군요."라고 하는 것보다는 "당신은 내가 이번 회기에서 몇 번 심한 말을 했는데도 웃으며 나를 추켜세웠어요. 이것은 당신 아버지가 당신을 호되게 꾸짖지 못하게 하기 위해서 당신이 하는 일이라고 말했던 것과 비슷해 보이네요."라고 하는 것이 정서적으로나 지적으로 더 호소력이 있다.

전이 해석이라는 주제를 떠나기 전에, 독자들이 TLDP에서 전이 해석이 풍부하게 사용된다고 생각하지 않도록 하기 위해, 전이 해석의 공급이 그 수요를 훨씬 초과한다는 Strupp의 경고에 주목하고자 한다. 어떤 치료자들은 전이 해석을 너무 많이 한다. 나는 TLDP에서 새로운 경험을 강조하는데, 그 이유의 일부는 반복해서 전이 해석을 하는 것이 심리치료 과정과 결과에 해를 끼치기 때문이다. 환자들은 이러한 개입을 비난이나 비판으로 받아들이는 경우가 많다(Henry et al., 1993b; Piper, Azim, Joyce, & McCallum, 1991). 최근 정신역동적 개입에 대한 연구를 개관한 William Henry와 그의 동료들(1994)은 전이 해석의 효과에 대해 의문을 표시하였다. 물론 전이 해석의 빈도와 함께 해석의 정확성, 즉 해석과 역동적 초점의 일치도가 매우 중요하다(Crits-Christoph et al., 1988; Silberschatz et al., 1986). 또한 전이 해석을 할 때는 문제가 심한 환자가 전이 해석의 부정적인 효과에 더욱 취약하다는 점도 특히 주의해야 한다.

루들로우 부인의 사례로 돌아가서, 나는 수련생들에게 그 밖에 생각나는 다른 것은 없는지 물어보았다.

[강의실]

수련생: 저는 루들로우 부인이 처음 닥터 엘리슨에게 화를 냈던 방식이 흥미로웠습니다. 그녀는 닥터 엘리슨더러 우둔하다고 비난했는데, 사실 사람들이 자신을 우둔해 보이게 한다고 매우 민감하게 반응하는 사람은 다름 아닌 루들로우 부인 자신이에요.

수련생: 맞아요. 루들로우 부인은 부모가 자신에게 했던 걸 치료자에게 하는 것 같습니다.

수련생: 이것이 수동을 능동으로 바꾼다는, 통제 숙달 이론의 그 아이디어와 같은 건가요?

저자: 어떤 개념을 이론의 맥락에서 떼어 내 다른 개념과 연관이 있는가를 알아보는 것이 쉽지는 않지만, 한번 그 아이디어를 살펴보기로 하지요.

치료자에게 보였던 루들로우 부인의 공격의 형태는 Joseph Weiss (1993)와 Harold Sampson 등(1986)이 개발한 계획 공식화 방법(이전의 통제 숙달 이론)으로 이해할 수 있다. 이 모델에 따르면, 환자들은 치료자와 상호작용할 때 무의식적인 병리적 신념(도식)을 시험해 봄으로써 무의식적으로 이 신념을 반증하려고 한다. 이 때 환자들이 사용하는 방법 중의 하나는 **수동을 능동으로 바꾸는 것**(turning passive into active)이다. 즉, 치료자가 자신의 행위에 의해 외상을 당하지 않기를 (무의식적으로) 바라면서, 부모에게 대접받아 온 바로 그 방식으로 치료자를 대하는 것이다.

TLDP 관점에서 보면, 이러한 역할 역전의 재연을 알아차리는 것은 치료에 큰 도움이 된다. 환자들은 자신의 원가족에서의 원래 위치에 해당하는 태도만을 보이는 것이 아니고, 역할을 바꾸어서 자신이 수동적으로 당하였던 것을 이번에는 능동적으로 다른 대상에게 나타내 보일 수 있다. 그러나 TLDP 모델은 환자들이 무의식적인 치유 계획을 가지고 치료에 임하며, 이 계획의 일부로서 치료자에게 자신들의 병적 신념을 반증할 기회를 준다고 가정하지는 않는다. 그보다는 TLDP는 환자의 태도와 행동이, 세상과 자신을 보는 자기 관점의 한계 안에서, 치료자와의 관계를 이해 가능한 것으로 만들려는 최선의 시도를 반영한다고 가정한다. 루들로우 부인은 분노와 좌절감이 깎아내리기와 헐뜯기로 표현되는 집에서 자랐다. 그녀가 부모의 집에서 관찰하고 과잉 학습한 그대로 모방 행동을 하는 것은 놀라운 일이 아닐 것이다.

이 시점에서 나는 수련생들에게 닥터 엘리슨이 치료자의 지적 능력을 의심하는 환자의 도전적인 언급에 대해 어떻게 반응했는지 생각해 보게 했다.

[강의실]

수련생: 닥터 엘리슨이 뭐라고 말했는지 정확하게 기억은 안 나지만, 참 마음에 들었어요.

수련생: 닥터 엘리슨이 "내 질문의 어디가 우둔해 보이는가?" 뭐 그런 비슷한 말을 했던 것 같습니다.

수련생: 지금 기억이 나는데, 닥터 엘리슨이 한 걸음 물러서서 지금-여

기의 상호작용을 바라보며 방어적이지 않은 태도로 정보를 요청했었는데, 참 잘한다는 생각을 했었습니다. 만약 제 환자가 그런 말을 했다면 저는 두렵고 매우 당혹스러웠을 것 같습니다.

수련생: 그래요. 닥터 엘리슨은 개방적이었고 진실로 알고 싶어 했어요. 만일 내가 그 환자였다면 치료자가 정말로 내 생각에 관심을 가지고 있다고 느꼈을 것 같습니다.

저자: 만일 닥터 엘리슨이 루들로우 부인에게, 그녀를 이해하고 도움을 주기 위해 그녀를 더 잘 알 필요가 있어서 그런 질문을 했었노라고 설명했다면 어땠을까요?

수련생: 제가 전에 환자에게 그 비슷하게 말한 적이 있습니다. 그러나 그걸 환자의 입장에서 듣는다면, 미묘한 기죽이기처럼 들릴 것 같아요. 마치 나는 내 나름의 의견을 가질 자격이 없고, 치료자는 필요한 일을 한 것일 뿐이며, 내가 그걸 이해하지 못한다면 내가 멍청한 거다! 이런 느낌이 들 것 같습니다.

저자: 그래요. 정보가 더 필요하다는 건 진실일 수 있으나, 그렇게 말하는 데는 방어적인 속성이 있을 수 있지요. 닥터 엘리슨의 반응은 환자가 자신의 견해를 가질 권리가 있음을 인정하는 것입니다. 더구나 닥터 엘리슨은 왜 자기 질문이 우둔하고 멍청한가를 물어봤는데, 이 질문을 통해 환자에게 환자 자신의 반응을 검토함으로써 알게 되는 것이 있음을 전달할 수 있었습니다.

수련생: 그리고 닥터 엘리슨은 화가 나서 환자에게 보복하거나 철수하지 않는다는 걸 보여 주었어요.

수련생: 그리고 닥터 엘리슨은 아주 침착한 목소리로 말했어요. 환자는 매우 아이 같고 반항적이었지만, 닥터 엘리슨은 진심으로 알고 싶어 하고 협력하고 싶어 한다는 느낌이 들도록 말했습니다.

수련생: 치료자가 환자의 정보 처리를 이해하기 위해 물어본 질문은 환

자로부터 많은 자료를 이끌어 냈습니다. 만일 치료자가 그 상황을 설명과 변명으로 매끄럽게 수습했다면, 중요한 자료를 결코 얻지 못했을 겁니다.

수련생: 닥터 엘리슨은 권위적이거나 화를 내며 반응하는 덫에 걸려들지 않았습니다. 그녀는 환자의 적개심에 혐오감을 갖지 않았습니다. 만일 치료자가 화가 나서 되받아쳤다면, 환자에 대한 다른 사람들의 반응을 되풀이하는 것에 지나지 않았을 겁니다.

저자: 이렇게 하여 닥터 엘리슨은 작은 새로운 경험을 환자에게 제공했습니다. 자료의 뒷부분에서 루들로우 부인은 학교 때의 계집애, 직장 동료, 부모 등 다른 사람들과의 관계에서 어떤 일이 일어났는지 많은 이야기를 했습니다. 이 사람들은 다 어떤 식으로든 그녀를 거부했습니다. 환자의 관점에서 보면, '나는 완벽하게 일을 해낸다. 그런데 그들 자신과 관련이 있는, 내가 모르는 어떤 이유 때문에 사람들은 나한테 분풀이를 한다.' 가 주된 주제입니다. 그녀의 생각과 견해에 대해 물어봄으로써, 닥터 엘리슨은 상호작용의 성격을 바꾸었습니다. 그녀는 루들로우 부인의 말을 열심히 듣고, 유연하게 질문하고, 존중했는데, 이 반응들은 보통 환자가 유발했던 행동들과는 매우 다른 것이었습니다.

CMP를 구성하는 네 범주는 어떤 개입이 가능할 것인지를 알려 주는 길잡이로 사용될 수 있다. 이 예에서 환자가 치료자를 비판한 다음에, 치료자는 다음과 같이 물을 수 있을 것이다. ① "내 질문의 어디가 그렇게 우둔해 보였나요?" (자기의 행동) ② "당신이 이러이러한 말을 했는데, 이제 우리 사이에 어떤 일이 일어날 거라고 생각하세요?"(타인의 반응에 대한 예측) ③ "당신이 그 말을 했을 때 나는 뒤로 물러서고 싶었어요."(타인의 행동) ④ "지금 자기 자신에게 무슨 말을 하고 있어요?"(내사). 각각의 질문은 대인관계 패턴의 서로 다른 측면에 대한 정보를 요청한다. 이러한 치료적 개입을 할 때, 치료자는 이 말이 책망이 아닌, 환자의 시각에 대한 진지한 관심으로 느껴질 수 있도록 말투와 내용에 조심하여야 한다.

닥터 엘리슨이 자신의 '우둔함'을 기꺼이 탐색한 것은 단기치료라는 한계 내에서 이루어지는 치료 작업의 또 다른 측면을 보여 주는 좋은 예가 된다. 시간의 제약을 받는 치료자는 치료 과정에서 부정적 전이가 표출되는 징조가 있을 때 이를 즉시 다루어야 한다. 단기치료에서는 치료 동맹 훼손의 여파와 이에 수반되는 기능상 퇴행을 다룰 시간이 별로 없다.

4장에서 우리는 루들로우 사례의 초기 사례개념화를 다루었는데, 그때 환자는 자기의 행동과 다른 사람들의 행동에 대해 상당량의 정보를 알려 주었었다. 그러나 다른 사람들의 반응에 대한 그녀 자신의 예측이나 내사에 관해서는 직접적으로 이야기한 바가 거의 없었다. 이 두 번째 회기에서 우리는 이 점에 대해서 많이 알게 되었다.

[강의실]

수련생: '거부'라는 주제 말고도 또 다른 주제가 있는 것 같습니다. 치료자는 환자가 뭐가 잘못되었는지를 당연히 알아야 하고, 환자가 어떤 사람인지 이미 알고 있어야만 한다는 주제입니다.

저자: 그래요. 환자는 두 번째 회기에 와서 치료자가 이미 '뭔가 틀림없이 알아냈으리라고' 생각한다고 말했습니다. 그래서 치료자는 환자가 어떤 유형의 상호작용을 기대하는지를 질문함으로써 타인의 반응에 대한 예측을 탐색합니다. ("왜 자신의 문제가 다른 사람에게 명백하다고 생각하세요?" "당신은 왜 내가 이 모든 것을 다 알아서 물어볼 필요도 없기를 기대하나요?")

수련생: 닥터 엘리슨은 루들로우 부인의 기대를 알아냅니다. 환자는 자신의 '작은 문제들'을 사람들이 '작은 구멍에 말끔히' 넣을 수

있기를 기대합니다.

수련생: 늘 그녀의 문제에 지대한 관심을 보였던 부모와의 경험으로부터, 아마도 자신을 고칠 게 많은 문제거리로 나타내는 것만이 사람들의 관심을 끄는 유일한 방법이라고 배운 것 같습니다.

수련생: 그녀는 흥미로운 모순덩어리에요. 한편으로 그녀는 단순한 해결책이 있는 단순한 문제를 가지고 있다고 말합니다. 그러나 다른 한편으로는 자신의 문제가 너무 크고 복잡해서 사람들이 놀란다고 말합니다.

수련생: 그녀는 '걸어 다니는 멜로드라마' 이니까요!

저자: 사실, 이러한 예측은 그녀의 내사와 역동적으로 뒤얽혀 있습니다. 그녀의 내사에 대해서 우리는 무엇을 알고 있나요?

수련생: 1회기에서 그녀는 자기 자신을 희생자라고 보는 것 같았습니다. 2회기에서는 그녀가 자신을 특별한 희생자로, 전문가들과 부모를 놀라게 할 정도로 복잡한 사람으로 본다는 것이 더 명확해졌습니다.

저자: 그래요. 자신은 달에서 온 존재이고 치료자는 자신과 같은 사람을 본 적이 없을 것이라고 말하는 그 때, 사실 그녀는 웃고 있었습니다. 그리고 그녀가 '걸어 다니는 멜로드라마' 여서 지난번 접수면접자가 어떻게 압도당했는가를 설명할 때 그녀는 허세와 자만심을 가지고 말했습니다. 즉, 문제라는 측면에서 보면 그녀는 특별하고, 무시할 수 없는 존재이며, 힘이 있습니다.

내사가 드러난 부분을 보면, 환자는 자기 자신을 대하는 방식에 긍정적인 애착을 가지고 있다는 것을 알 수 있다. 그녀의 내사가 모두 부정적이지는 않다. 우울하고 사랑받지 못한다고 느끼는데도 불구하고, 그녀는 자신이 너무 취약하다고 느끼는 데서 자신을 보호하는 강력한 방법을 가지고 있다. 만일 그녀가 문제거리가 되어야 한다면, 그녀는 가장 큰 문제가 될 수 있다. 그녀는 뚱뚱해짐으로써 다이어트 전문의사인 아버지를 이겼다. (그리고 그녀 자신이 되었다.) 만일 다른 사람들이 그녀를 고쳐야 할 프로젝트로만 본다면, 그녀는 고치는 것에 도전할 것이다. 그녀는 자신에 대한 견해에 의문을 던지는 것은 모두 위협으로 간주한다. 자신을 '문제'로 나타내지 않으면서도 자신에 대해 안전하게 느낄 수 있는 방법을 알지 못하는 것이다.

두 번째 회기의 끝부분에 이르러 닥터 엘리슨은 환자의 CMP가 치료 장면에서 어떻게 재연되는가를 분명하게 이해할 수 있었다. 그녀의 역전이는 크게 바뀌지 않았으나(그녀는 여전히 다른 환자를 선호하지만), 환자에게 압도당하고 좌절되는 느낌이 CMP의 끌어당김의 일부라는 것을 이해했다. 그래서 닥터 엘리슨은 환자를 TLDP에 받아들였다.

chapter

06 _ 치료 과정의 활용과 역전이 개방

전통적인 정신역동적 견해와는 대조적으로, TLDP는 치료 초기의 치료자 행동이 환자와 치료자 사이의 역기능적 상호작용을 유지하는 데 상당한 기여를 한다고 본다. 치료자는 무의식적으로 환자의 초대를 받아 역기능적인 역동적 상호작용에 들어가게 될 뿐만 아니라, 부지중에 역기능적 시나리오에 말려들어서 환자의 자기 패배적인 행동을 더욱 조장한다.

그러면 이러한 상호작용의 쳇바퀴에서 어떻게 빠져나올 수 있을까? 치료자가 우선 역기능적 상호작용에 자신이 기여하고 있다는 사실을 깨닫고, 행동을 바꾸고, 치료 과정에 대해 언급해야 한다. 이 장에서는 치료자가 환자의 CMP에 참여하고 있다는 것을 깨달았을 때, 어떻게 그 상호작용에 관해 소통하여 새로운 경험과 새로운 이해를 촉진하는가를 탐색한다. 9장에서는 치료자가 치료 맥락 안에서 상호교류의 순환에 자신이 기여하고 있음을 어떻게 깨닫게 되는가를 다룰 것이다.

치료자들은 환자가 치료 과정에 기여하는 바를 알아내어 지적하고 여기에서 치료의 진행 정도를 알아내는 데는 상당히 능숙하다. 그러나 치료 작업을 진전시키기 위해 치료자 자신의 정서적, 인지적, 행동적 반응을 이용하는 능력은 대개 덜 발달되어 있다. TLDP에서는 치료자의 행동과 환자의 행동이 맞물리는 지점에서의 작업이 매우 중요하기 때문에, TLDP 치료자들은 언제, 어디서, 어떻게 자신의 내적 과정을 이해할 수 있는지를 잘 알아야 하며 또 언제, 어디서, 어떻게 자신이 지각한 바를 환자와 나누어야 하는지를 잘 알아야 한다. 닥터 엘리슨이 루들로우 부인을 치료하면서 경험한 딜레마를 보면 자기개방의 적절한 사용의 어려움을 잘 알 수 있다.

신경증 환자에 대한 전통적인 정신역동적 작업에서 치료자의 '자기개방'은 환자가 인식하는 치료자의 실내장식, 책, 의상 등에 국한되어 있었다. 그러나 Sallye Wilkinson과 Glen Gabbard(1993)는 혼란이 심한 환자와 작업할 때에는 자기개방에 대한 다른 기준이 필요함을 지적하였다.

> 치료자가 환자와 치료 동맹을 형성하고 유지하려면 지금-여기에서의 감정에 대해 솔직해야 한다. 우리는 치료자가 절제된 자기개방을 할 것을 제안한다. 이는 환자가 치료자를 대인관계적으로 그리고 심리내적으로 어떤 용도로 사용하고 있는지를 그 환자에게 알려 주려는 것이다. 이런 형태의 역전이 개방의 필요성을 좁게 정의하자면, 그것은 지금-여기에서의 순간에 환자가 치료자의 경험에 어떤 영향을 미치는가에 초점을 맞춘 임상적 솔직성이라고 할 수 있다(p. 282).

여기서 의도적인 자기개방과 의도하지 않은 자기개방을 구분하는 것이 유용하리라고 본다. 전자는 치료자가 자기를 노출하는 언급(보통 환자에 대한 감정)을 의식적으로 선택하는 것이다. 후자는 특정한 단어, 제스처, 얼굴 표정, 목소리 특성 등의 언어적, 비언어적 행동을 통해 치료자가 환자에게 간접적으로 단서를 제공함을 말한다. 대체로 자기개방이란 "선택할 수 있

는 것이 아니라, 불가피한 것이다." (Aron, 1991, p. 40)

루들로우 부인의 사례로 돌아가면, 2회기 후에 닥터 엘리슨은 환자의 오래된 부적응적 대인관계 스타일이 TLDP에 적합하다는 것을 분명하게 알게 되었다. 치료자는 18회기 동안 이루어졌던 치료 과정의 전반부에 루들로우 부인의 상호작용 스타일에 대해 더 많은 정보를 얻었다. 역동적 초점은 점점 더 분명해졌고, 이해하기 쉬워졌다.

닥터 엘리슨은 루들로우 부인의 표현을 구체화하려고 매우 열심히 노력하였으며, 환자의 부정적 태도와 모호함에 압도되지 않으려고 애를 썼지만 뜻대로 되지 않았다. 매주 열렸던 집단 사례지도에서 닥터 엘리슨은 자신의 치료 경험을 나누며 환자의 도전적인 태도를 다루는 게 얼마나 힘들었는가를 이야기하였다. 치료 과정을 매주 비디오로 지켜본 동료들은 닥터 엘리슨의 곤경에 동감하였다. 나는 닥터 엘리슨에게, 환자가 혼란스럽고 산만한 생각의 늪에 빠지지 않게 하려고 애쓰면서 치료자로서 경험하는 좌절감을 루들로우 부인에게 얘기해 보라고 몇 번이나 제안하였다.

그러나 닥터 엘리슨은 루들로우 부인과 관련해서 겪고 있는 대인관계적인 어려움을 털어놓는 일에 별로 열의가 없었다. 그래서 몇 회기 동안 그렇게 할 수 있는 기회를 활용하지 않았다. 왜 닥터 엘리슨은 자신의 감정을 루들로우 부인에게 드러내기를 꺼려했던 것일까?

[강의실]

수련생: 제일 먼저 떠오른 생각은, 치료자는 정중해야 하며 부정적인 걸 말해서는 안 된다는 거예요. 이걸 특별히 대학원 수련과정에서 배운 게 아니라 아마 가정교육을 그렇게 받았다는 생각이 듭니다.

저자: 우리 사회에는 일반적으로 '좋은 말을 할 수 없다면, 아예 아무 말도 하지 않는 게 좋다' 는 통념이 있지요. 그러니까 환자들로 인해 생긴 우리 내부의 부정적인 사고나 감정을 드러내지 못하게 하

는 사회적인 압력이 있을 수 있습니다.

수련생: 그 생각과 비슷한데요, 저는 치료자가 적어도 지지적이어야 한다고 훈련받았습니다.

저자: '지지적' 이라는 건 어떤 의미일까요?

수련생: 깊게 생각해 본 적은 없습니다만, 저는 지지적이라는 것이 불필요하게 환자의 일상적인 방어를 공격하지 않고, 환자를 기분 좋게 대하고 존중하는 것이라고 여겨 왔던 것 같습니다. 솔직하게 말해, 지지적이라는 것은 환자에게 친절하고 도움이 되는 걸 의미한다고 생각하고 행동해 왔던 것 같습니다.

수련생: 치료자가 환자에 대해 부정적인 생각이 든다고 말하면 정말로 환자에게 상처를 입힐 수도 있을 것 같은데요.

수련생: 저는 환자가 화를 낼까 봐 더 염려가 됩니다. 제가 정말로 어떻게 느끼는지 환자에게 얘기하고 싶어도, 그게 부정적인 느낌이라면 환자가 화가 날 수도 있을 테니까요. 상황이 통제불능의 상태에 빠지고 환자가 분노를 폭발시키는 건 참기 어려워요. 환자가 공격적으로 반응할 것이라는 생각이 든다면 저의 느낌을 드러내서 말하기가 아주 어려울 것 같습니다.

수련생: 그래요. 제가 말하려고 하는 것도 그런 겁니다. 매우 비판적인 환자에게 저 개인의 느낌을 말하는 게 망설여집니다. 치료를 그만둘까 봐 두렵기도 하고요.

수련생: 환자하고의 관계에서 어떤 일이 일어났는가를 더 잘 이해하기 위해서 내 역전이를 개인적으로 참고하는 것은 좋다고 생각해요. 그렇지만 저도 그것을 밖으로 표현하기는 꺼려집니다.

저자: 왜 그렇지요?

수련생: 왜냐하면 치료자가 자신에게 정말로 일어나고 있는 일을 개방한다면 치료적 중립성을 포기하는 거니까요.

수련생: 그래요. 그런 개방성은 전이를 오염시킵니다.

수련생: 저는 다른 이유 때문에 치료를 하면서 제 감정이나 반응을 별로 이야기하지 않는데요, 저는 그게 위험한 일이라고 생각해요. 어쩌면 치료자의 감정이 환자와 아무런 상관이 없을 수도 있잖아요. 치료자의 감정이 치료자 자신의 미해결 문제와 더 관계가 있을 수도 있지요.

수련생: 그게 치료 상황과 아무 관계가 없는 치료자 본인의 것이라는 걸 어떻게 알지요?

수련생: 저는 늘, 환자를 이해하고 싶으면 저보다 환자에게 더 초점을 맞추어야 한다고 생각해 왔습니다. 나 자신의 반응을 내놓으면 환자로부터 시간과 관심을 뺏는 일이 될 수 있지요. 치료자가 자기 자신의 심리적 과정에 그렇게 관심이 많다면 그건 상당히 자기애적인 것 같습니다. 만약 제가 환자라면 소홀하게 대접받는다고 느낄 것 같습니다.

수련생: 저는 제 문제와 환자 문제를 구분하기가 어려워서 나 자신의 감정을 많이 드러내지 못하게 됩니다. 게다가 그런 개방을 멈추어야 할 때는 어떻게 알 수 있을까요? 내가 계획했던 것보다 더 많은 걸 개방할지도 모르잖아요.

저자: 지금까지 여러분은 환자에게 상처를 입히거나, 환자로부터 적대적인 반응을 받거나, 치료자의 중립적 입장이 희석되고 변질될 수 있다거나, 여러분의 감정이 자신의 미해결 갈등과 관계가 있는지 구분하기가 어렵다는 염려를 이야기했습니다. 자신의 반응을 환자에게 개방하기 꺼리게 하는 또 다른 이유가 있을까요?

수련생: 치료 과정의 일부로서 역전이 개방을 이용한다면, 환자와 이제까지와는 전혀 다른 방식으로 상호작용하게 될 것 같습니다.

저자: 좀 더 자세히 이야기해 보겠어요?

수련생: 치료 과정에서 치료자 자신의 감정을 말한다는 것은 환자와 최전선에서 만난다는 걸 의미합니다. 관찰자의 역할은 안전하고 보호받는 위치이지만, 치료자가 자신의 느낌을 개방하는 것은 치료자 자신을 환자의 참조 틀 안에 밀어넣는 걸 의미하지요.

수련생: 이해가 됩니다. 그것은 내가 취약한 입장에 선다는 뜻입니다.

수련생: 또한 만일 내가 나 자신의 생각과 감정을 최전선에 세운다면 내 상호작용 능력도 함께 최전선에 세운다는 걸 의미합니다. 내가 과연 건강한 상호작용을 할 수 있을까요? 내가 환자를 진정으로 만나고, 또 나 자신의 마음을 잘 만날 수 있을까요?

수련생: 내가 역기능적 과정에 어떻게 기여하고 있는지 살펴보고 인정한다는 것은 정말 겁이 나는 일입니다. 자기개방을 하는 건 모험입니다. 환자에게 내 느낌을 이야기했을 때 어떤 일이 일어날지 모르니까요. 협력한다는 것이 이런 것일까요?

자신의 감정을 개방하지 않는 이유로서, 수련생들은 먼저 환자에게 상처를 입히고 싶지 않은 마음을 언급하였다. Henry 등(1993b)의 연구에 따르면, 치료자가 의도하지 않게 던진 몇 마디의 비난이 모든 긍정적 치료 성과를 무효화할 수 있다. 환자를 비난하는 내용의 피드백은(예: “당신 때문에 내가 어떻게 느끼는지 알겠어요?”) 치료 동맹에 돌이킬 수 없는 불화를 가져올 수 있다.

그 다음에 수련생들은 그 반대의 두려움, 즉 환자가 치료자에게 상처를 입힐지 모른다는 두려움을 이야기하였다. 여기서 수련생들은 환자가 치료자의 자기개방을 공격으로 지각하고, 적대적인 말로 보복할 것을 걱정하였다. 아마 거의 모든 치료자들이 자신의 치료적 개입에 대해 쏘는 듯이 빈정대거나 분노를 터뜨리는 환자(많은 경우 경계선적 성격장애로 진단된 환자)를 만난 적이 있을 것이다.

환자들 중에는 치료자가 언제 취약한지, 또는 언제 진실하지 않은지(예컨대, 역전이 반응을 숨기려고 하는지)를 잘 감지해 내는 사람들이 있다. 이것은 환자들이 신비한 지각 능력이 있어서가 아니고, 숨기기가 어렵고 눈에 잘 띄는 반응을 치료자들에게서 유발하기 때문이다. 환자들은 치료자가 화가 났거나, 지루해 하거나, 부정적으로 자신을 본다고 느낄 때, 특히 치료자 자신의 감정 상태를 인정하지 않는다고 느낄 때, 이런 숨겨진 메시지에 강하게 반응한다. 때로 환자들의 분노를 피하려는 치료자의 시도가 환자를 더욱 화나게 만든다.

어떤 환자에게는 치료자의 개방성, 즉 '임상적 솔직성' 이 도움이 되지 않는다는 것이 명백하다. 자기애적인 환자들은 치료자의 부정적인 반응에 쉽게 상처받는다. 쉽게 모욕감을 느끼는 환자나, 다른 사람에 대한 책임감이 지나친 환자는 치료자에게 고통과 불편을 가져온 것에 대해 수치스럽게 느낄 수 있다. 한편, 가학적이고 반사회적인 성격을 가진 환자에게 자신의 느낌을 솔직하게 드러내는 일은, 바로 치료자 자신을 향해 사용될 무기를 공급하는 일이나 다름없다.

그러나 일반적으로 임상가들은 역전이 개방에 대한 환자의 부정적인 반응을 과대평가하는 경향이 있다. 두 사람 사이의 상호작용 과정을 침착하게 검토할 수 있도록 치료자가 도와준다면, 환자는 대개 자신이 사람들에게 미치는 영향에 대해 기꺼이 솔직하게 이야기해 주는 것을 고마워한다. 역기능적 스타일을 가진 사람이 있으면, 주변 사람들은 그 사람과 비슷한 방식으로 (눈에는 눈, 이에는 이로) 반응하거나, 그 상황을 아예 떠나는 경향이 있다. 역기능적 스타일을 가진 사람들은 따뜻한 마음으로 정직한 피드백을 해 주는 사람을 별로 만나지 못한다. 그래서 이들은 두려움과 검증되지 않은 예측 위에 세워진 자신만의 텅 빈 공간에서 살아간다.

수련생들이 역전이 감정을 개방하지 않으려는 또 다른 이유는, 중립성 상실 또는 '전이의 오염' (Curtis, 1981; Palombo, 1987)과 관련이 있다. Freud

(1915/1957)는 정신분석가가 환자와 '실제' 관계를 갖는다면 객관성을 상실할 것이라고 주장하였다. 더구나 정신분석적 기법은 치료자가 '빈 스크린'을 제공하여 환자가 부모에게 보였던 감정, 생각, 행동을 투사할 수 있도록 만들어 줄 것을 요구한다. 따라서 스크린이 비어 있지 않은 만큼 전이와 전이의 해석이 방해받는다고 간주된다. 그러나 성격장애 환자에게 그러한 빈 스크린을 제공하는 것은 융통성 없고, 반성할 여지가 없는 모든 것을 포함하는 총체적 투사를 유도할 수 있다. 이는 치료 과정을 촉진하지 않고 오히려 심각하게 방해한다. 자기개방은 환자의 퇴행을 방지하고, 환자에게 치료자가 별개의 존재임을 상기시키고, 세상에 대한 자신의 견해가 반드시 현실적이지 않을 수 있음을 고려해 보도록 하는 데 특별한 도움이 된다.

치료자들이 회기 중 자신의 감정에 대해 많이 이야기하지 않는 이유로 가장 자주 언급하는 것은, 환자의 역동보다는 자신의 역동과 더 관계가 있지 않을까 하는 두려움이다. 물론 치료자가 환자의 필요에 집중하기 위해 자신의 요구를 미루는 것은 치료 관계의 불가결한 요건이다.

우리는 치료자 개방이 덜 개인적인 것에서 더 많이 개인적인 것, 즉 상호작용에 초점을 맞춘 것에서 자신에게 초점을 맞춘 것의 연속선 위에 놓여 있다고 생각한다. [그림 6-1]은 자기개방의 연속선을 도식적으로 나타낸 것이다. 왼쪽 끝에는 일반적으로 치료 과정에 초점을 맞춘 치료자의 언급이 위치한다("내가 뭔가 말하려고 하면 당신은 마치 내가 한 대 치기라도 할 것처럼 움츠러드는 것을 자주 보게 됩니다."). 흔히 이러한 개입은 자기개방이라고

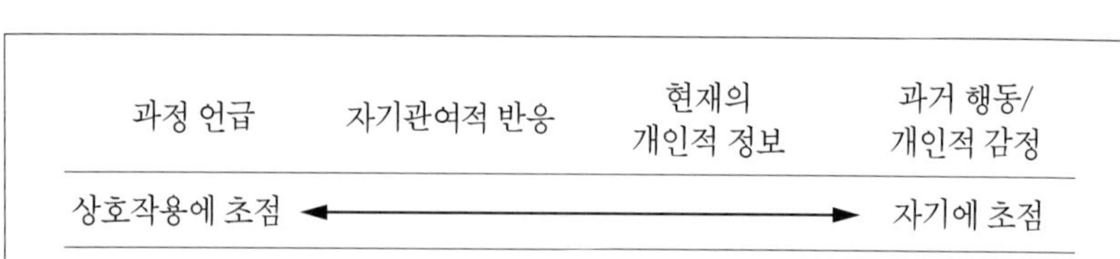

[그림 6-1] 치료자의 의도적 자기개방

하기보다는 과정에 대한 언급이라고 한다. 그러나 이 또한 치료자에게 일어나는 일의 어떤 측면을 드러낸다는 것은 분명하다.

자기개방의 연속선에서 과정에 대한 언급 바로 오른쪽에 역전이 개방이 자리 잡고 있다. Patricia McCarthy와 Nancy Betz(1978)는 이를 **자기관여적 개방**(self-involving disclosures)이라고 부르고, 환자의 말이나 행동에 대해 치료자가 자신의 감정이나 반응을 직접적으로 (보통 현재형으로) 표현하는 행동이라고 정의하였다. 여기에는 환자와의 상호작용 맥락에서 치료자가 느낀 감정의 상태를 전달하는 말이 포함된다("사람들이 당신에게 실망을 준 일들을 이야기할 때, 나는 모든 게 잘될 거라고 안심시켜 주고 싶은 마음이 들었어요.").

연속선의 그 오른쪽에는 치료자와 환자 사이의 교류에서 유발된 것은 아니지만, 치료 동맹을 유지하거나 환자의 퇴행적 환상을 방지하는 데 도움이 되도록 치료자가 자신의 현재 상태에 대해 이야기하는 것이 포함된다("아마 내가 오늘 좀 우스꽝스럽게 말하는 걸 눈치 챘을 텐데요, 사실은 막 치과에 갔다 왔거든요.").

마지막 범주는 치료자 자신의 개인사나 경험에 대해 (보통 과거형으로) 진술하는 말로 이루어지며, McCarthy와 Betz(1978)는 이를 **자기노출적 개방**(self-disclosing disclosures)이라고 불렀다("나도 술 때문에 인생을 거의 망칠 뻔했었지요."). 이런 유형의 자기개방을 지지하는 사람들은 이런 말이 라포를 증진시키고(Bradmiller, 1978), 신뢰를 촉진하고(Johnson & Noonan, 1972), 환자의 개방을 증가시킨다(Truax & Carkhuff, 1965)고 믿는다. 그러나 이들 치료자들과는 대조적으로 정신역동 치료자들은 이런 유형의 자기 노출이 전이를 방해한다고 믿기 때문에 별로 사용하지 않으려고 한다(Anderson & Mandell, 1989).

한편, 치료자 자신의 개인적 문제나 욕구에서 나온 자기개방("아내가 나를 이해해 주지 않아서 외롭다.")은 위의 표에서 제외되었다. 모든 심리치료

학파들이 이러한 종류의 자기개방이 치료의 틀과 계약을 심각하게 위반하며 환자에게 해를 끼친다고 본다.

TLDP와 특별한 관련이 있는 것은 자기관여적 언급, 즉 역전이 개방이다. TLDP 치료자들은 역전이 개방의 적절한 시기를 어떻게 아는가? 또 이것이 자신의 요구나 특이한 반응에서 나오지 않았다는 것을 어떻게 아는가? 자기개방이 터무니없이 사용되는 것을 방지하는 시금석은 바로 역동적 초점이다. 구체적으로 말해서, 치료자는 환자에 대한 자신의 반응이 환자의 CMP에 기술된 다른 사람들의 반응과 일치하는지를 평가해야 한다. 만일 비슷하다면, 치료자의 반응은 개인적인 역전이가 아니라 상호작용적인 역전이일 가능성이 높다. 치료자는 환자의 주변 사람들이 그랬던 것처럼 환자를 지나치게 보호하려고 했는지, 자신을 질책하던 무서운 교수와 비슷하게 보여서 환자에게 순응하고 있는지 등을 스스로에게 질문해야 할 것이다.

수련생들이 말한, 개방을 피하는 마지막 이유는 TLDP의 실제와 가장 관련이 많다. 이들은 저 위에서 내려다보는 전문가로서가 아니라, 한 인간으로서 환자와의 관계에 적극적으로 참여할 때 느낄 수 있는 취약성을 염려하는 것이다. 한 수련생은 "환자와 이제까지와는 전혀 다른 방식으로 상호작용하게 되며…… 환자와 최전선에서 만난다는 걸 의미한다."라고 하였다. 치료자도 안전을 바란다. 치료자가 정서적으로 관여하지 않은 채로 있으면 대인관계적으로나 심리적으로 더 안전하다. 그러나 치료자가 이렇게 환자와 분리되어 있으면 치료 과업에 기여하지 못하게 돼서 치료의 진전을 방해한다. 이렇게 되면 치료자와 환자는 새로운 (그리고 교정적인) 상호작용을 경험하지 못한다.

Clara Hill과 동료들(1988, 1989)의 연구는 환자와 가까워지는 것에 대한 두려움 때문에 치료자가 자기개방적 언급을 꺼린다는 사실을 경험적으로 확인하였다. 이들은 8개의 단기치료 사례에서 치료자의 자기개방을 연구하였는데, 환자들은 치료자의 이런 자기개방이 비록 자주 있는 일은 아니지만 가장 도움이 되는 반응 양식이었다고 평정하였다. 또한 치료자가 자기개방을 하면 치료에 대한 환자의 관여도 증가하였다. 반면 치료자는 자신의 개방을 가장 도움이 되지 않는 반응 양식이라고 평정하였다. "구체적인 개방의 예들을 검토한 뒤에 우리는 이렇게 추측하게 되었다. 치료자들은 자신의 일부를 환자와 나누는 데서 취약하다고 느끼기 때문에 이런 자기개방을 위협으로 보는 것 같다." (Hill, Mahalik, & Thompson, 1989, p. 294)

다시 루들로우 부인의 사례로 돌아가 보자. 닥터 엘리슨은 마침내 치료 회기 중에 느끼는 좌절감을 개방하기로 결정하였다. 자신의 심정을 언급하지 않는다면, 그녀와 환자 모두 계속되는 재연에서 헤어날 길이 없으리라는 것을 깨닫고 자신의 감정을 드러내 보이기로 한 것이다. 9회기 비디오테이프의 앞부분을 보면 닥터 엘리슨이 환자에게 증상을 물어보고, 환자는 자신의 여러 증상에 대해 이야기한다. 닥터 엘리슨은 이런 질문을 하면 생산적인 작업에서 멀어진다는 것을 인식하였다. 그녀는 용기를 끌어 모으면서 환자에게 들릴 만한 한숨 소리와 함께 심호흡을 하였다. 그리고 루들로우 부인과 상호작용하면서 느끼는 자신의 감정을 꺼내 놓았다.

[비디오테이프]

환자: 네, 나는 숨쉬기가 어렵고, 가슴도 아파요. 위장도 부대끼고요. 사실 나는 때로 속이 많이 부대껴요. 불안할 때 그렇더라구요, 그건 마치 생리통 같은데 한 1분 정도 지속돼요. 전에는 그게 배가 고픈 거라고 생각했었는데, 아니었나 봐요. 잘 모르겠어요.

치료자: 그런 적이 별로 없었는데, 최근에 새로 시작되었어요?

환자: 나는 내 몸을 여러 해 동안 무시하고 믿지 않았어요. 내 자신에게 거칠게 한 거죠. 나 자신을 함부로 다루어요. (잠시 침묵) 음, 어떻게 대답해야 할지 모르겠어요. (잠시 침묵) 더 잘 들으려고 애쓰고

있어요.

치료자: (깊은 한숨) 있잖아요. 여기에서 자주 일어나는 일이, 지금도 그런데, 음, 때때로 당신이 이 말 하다 저 말 하다 하면 내가 그걸 따라가기가 참 어렵고, 그래서 좌절감을 느껴요. 당신은 마치 내가 당신에게 가서 질서와 체계를 잡아 주기를 기다리는 것처럼 느껴지고요. 그런데 그럼에도 불구하고 만약 내가 그렇게 하면 마치 당신 부모처럼 하는 게 되지요. 그렇게 되면……

환자: (날카로운 비명과 함께 웃으며) 우우우!

치료자: ……그러면 당신은 어른이 아니라 구조를 기다리는 아이처럼 느끼게 되지요.

환자: 그리고 나는 선생님이 이 모든 것에서 의미를 찾고 이해할 수 있기를 바라고요. 나는 내가 가지고 있는 걸 선생님에게 주는데, 그건 그저 퍼즐 조각들이죠. (음, 음) 그리고 내가 상자에 대해 말했었잖아요. 나는 그 상자가 있는 데로 가요. 그리고 음, 말하자면 하늘 그림 세 조각을 찾아야 되는데, 상자에는 더 이상 하늘 그림 조각이 없어요. 그러니 도대체 어떻게 된 걸까? 선생님이 주머니 속에 가지고 있어요…… 잘 모르겠어요.

치료자: 내가 아까 그 말을 했을 때, 당신은 웃었어요. 아주 강하게 반응했어요.

환자: 네, 나는……

치료자: 왜 그랬을까요? 내가 그 말을 했을 때 어떤 생각을 했나요?

환자: 음, 선생님은 나에게 무엇인가를 주었어요. 선생님은 내 인생의 체계와 질서를 잡아 주지는 않았어요. 그렇지만 무엇인가를 내게 주었어요. 내게 보여 주었어요……. (잠시 침묵)

치료자: 그래요?

환자: 그래요.

치료자: 그 밖에 또 다른 것은 없나요? 내가 하는 이야기를 듣고 그렇게 웃었을 때 말이죠.

환자: 그건 멋진 생각이었어요. 선생님이 옳아요. (웃음)

치료자: 어떤…… (문장 중간에서 멈추고 다시 시작함) 내가 방금 한 말에 대해 어떻게 생각하세요?

환자: 음, 부모님 집에 가면 저녁에 나를 앉히고는 "우리는 너를 염려한다. 이것에 대해 말해 봐라, 저것에 대해 말해 봐라."라고 하는 거예요. 그리고 아버지는 심지어 "그래, 계속 얘기해라."라고 말하고는 했어요. 그러면 나는 "제기랄, 아버지가 말해요. 나는 더 이상 말할 게 없어요."라고 말하지요. 부모님 집에 가면 가만히 앉아서 듣기만 할 수가 없어요. 부모는 내 속에 있는 걸 다 털어놓기를 원했고, 그런 다음 뭐가 잘못되었는가를 나한테 얘기하고는 했지요. 그리고 나는, 내가 그걸 선생님한테 되풀이하고 있다는 사실을 몰랐어요. 나는 선생님이 친구이자 조력자 같아요. 내가 볼 수 있도록 도와주는…… 선생님은 내가 정말로 필요로 하는 걸 해 주었어요. (잠시 침묵) 나는 도움이 될 만한 것들은 다 생각해 내려고 애쓰고 있고요. 또 새로운 진실을 찾아내기 위해서도…… 음, 나는 내가 선생님이 우리 부모처럼 달려들 것으로 예측하고 있었다는 걸 깨닫지 못하고 있었어요. 그래요. 이게 내가 이해하고 있는 바예요.

치료자: 여기서 그런 일이 어떻게 일어났을까요? 어떻게 그런 일이 나하고 사이에서, 부모와 있었던 일과 비슷한 일이 다시 일어났을까요? 왜 그런 일이 여기에서 당신에게 일어났다고 생각하세요?

환자: 그게 내가 아는 유일한 존재 방법이에요. (잠시 침묵) 사실 누군가가 "리디아, 어떻게 지내니?"라고 말하면 나는 그들에게 여섯 가지나 여덟 또는 열 가지의 서로 관계없는 사실들을 늘어놓아요. 그것들을 가지런히 모아서 실로 묶고는 "좋아." 또는 "잘 지내."라고 말

하는 대신에 말이에요.

치료자: 그래서 사람들이, 말하자면 당신을 끌어 모아 이 여덟 가지나 열 가지 서로 관련 없는 사실에서 의미를 찾아내 주기를 기대하면서 또 그렇게 자신을 나타냈군요…….

환자: 네. (크게 웃으며 그렇다고 고개를 끄덕임)

치료자: 그러고 나면 어떤 일이 일어나나요? 관계를 안전하게 만들려고 그렇게 하나요?

환자: (고개를 끄덕이며) 네.

치료자: 만일 그런 일이 여기에서 일어나지 않는다면, 그러니까 내가 당신을 구조하도록 당신이 끌어당기지 않는다면 어떨 것 같아요? 어떤 일이 일어날 거라고 생각하나요?

환자: 잘 모르겠어요. 나는 지금 다른 방식으로도 말할 수 있다는 것을 깨닫고 있어요. 사실, 나는 다른 사람들이 대화하는 방식을 지켜보면서…… 그리고 온갖 일들을 (잠시 침묵) 지켜보면서 새로운 기쁨을 느끼고 있어요.

치료자: 이 문제는 2주 전에도 꺼냈었는데요, 만약 누가 나서서 체계를 잡아 주고 구조해 주어야 하는 사람으로 자신을 내보이지 않는다면, 당신이 어떻게 느낄까 다시 한 번 궁금하군요. 만약 그렇게 하지 않으면 다른 사람과 관계를 가질 수 없을까 봐 걱정이 되는지 궁금하네요.

환자: 네. 만일 선생님과 내가 그런 식으로 이야기하지 않았다면 도대체 어떤 식으로 이야기할까 상상이 안 돼요. 왜냐하면 문제를 중심으로 이야기하고 탐색하고, 무슨 연결점이라든지 새로운 통찰을 생각하는 것만이 내가 아는 유일한, 선생님과의 의사소통 방법이니까요.

[강의실]

저자: 여러분들의 반응은?

수련생: 닥터 엘리슨이 크게 한 방 터뜨렸어요!

저자: 무슨 뜻이지요?

수련생: 환자가 닥터 엘리슨이 말하고 싶어 하는 바를 정말로 이해했어요. 놀라워요. 선생님이 저희들에게 닥터 엘리슨이 자기개방을 할 것이라고 이야기했을 때, 저는 루들로우 부인이 온갖 부정적인 반응을 보일 것으로 예상했었습니다.

수련생: 매우 강력했어요. 그들은 과거를 이야기하지 않고, 둘 사이에 있었던 일을 이야기했습니다. 매우 활기차고 생생했어요.

수련생: 올바른 해석이었고 환자도 거기 부응했습니다.

수련생들은 닥터 엘리슨의 반응이 해석적 특성을 가지고 있음을 강조하였다. 즉, 환자가 치료자의 개입의 내용에 대해 반응하였다는 것이다. Leigh McCullough 등(1991)은 초점이 있는 시간제한적인 치료에서 일반적인 해석과 치료자 관련 해석(전이 해석)의 효과를 비교하고, 아울러 환자가 보이는 방어적 반응과 정서적 반응의 결과를 비교 분석하였다. 그 결과 전이 해석 후에 환자가 정서적 반응을 보이면 치료 성과가 긍정적이지만, 방어적 반응을 보인다면 치료 성과가 부정적이라는 것을 발견하였다. 그러므로 전이 해석(치료자와 환자 사이의 과정이 부모와의 상호작용을 생각나게 한다는 닥터 엘리슨의 언급) 후에 정서적 반응이 나타나면(루들로우 부인의 극적인 "우우우!"), 치료자는 치료가 제 방향으로 가고 있음을 확신할 수 있을 것이다.

이 사례에서 닥터 엘리슨의 (자기관여적 개방의 형식을 띤) 해석이 루들로우 부인에게 매우 강한 영향을 미쳤다는 것은 명백하다. 그녀는 정서적으로 반응하였으며, 부모가 그녀를 대했던 방식과 그녀가 치료자에게서 이끌어 낸 방식 간의 유사점을 볼 수 있게 되었다. 그러나 이러한 내용적 측면에 덧붙여, 환자에게 새로운 경험을 제공한 과정도 이 개입에서 매우 중요한 부분이다.

닥터 엘리슨은 역전이 감정을 나눔으로써, 즉 환자에게 임상적 솔직성을 보여 줌으로써 상호작용의 진정한 참여자로 루들로우 부인에게 좀 더 진실하게 다가갔다. 닥터 엘리슨은 치료 회기에서 서로 주고받는 역할을 하는 것에 대해 어떻게 느끼는지 공개하였고, 비로소 루들로우 부인은 치료자를 자식을 못마땅해하는 부모가 아닌, 상호작용하는 파트너로 보게 되었다.

한편으로 닥터 엘리슨이 자신의 어려움을 개방한 것은, 루들로우 부인이 자신과 좀 더 솔직하게 의사소통할 수 있는 능력이 있음을 인정하는 일이기도 하다. 닥터 엘리슨의 개입 방식은 루들로우 부인을 이제까지와는 다른 관계로 초대한다. 즉, 아이와 부모의 관계가 아니라 성인 대 성인의 관계에 합류하도록 요청하는 것이다. 핵심을 말하면, 닥터 엘리슨은 루들로우 부인에게 "이것이 당신과 만나려고 애쓰면서 부딪히는 나의 어려움과 딜레마입니다. 내가 당신을 도울 수 있는 보다 효과적인 방법을 함께 발견해 나갈 수 있을까요?"라고 말하고 있는 것이다. 수련생들은 이러한 경험적인 차원(새로운 경험)이 인지적인 차원(새로운 이해)을 뒷받침하고 있음을 보기 시작한다.

[강의실]

수련생: 환자는 자신이 어른으로 대우받는 것에 대해 매우 긍정적으로 반응한다는 생각이 듭니다. 루들로우 부인이 그것을 말로 명확하게 표현하지는 못했지만, 그런 생각을 하고 있는 것 같습니다.

저자: 그녀가 어떤 말을 했었지요?

수련생: 치료자가 그녀에게 무엇인가를 주었다고 말했습니다. 그녀 인생에 체계를 잡아 주거나 답을 주지는 않았지만……

수련생: 하늘 그림 세 조각도 주지 않았지만!

수련생: 그러나 그녀가 정말로 필요로 하는 걸 주었어요.

수련생: 아마도 존중받고 이해받는 것이겠지요.

수련생: 그리고 그들 둘이서 함께 무엇인가 알아낼 수 있다는 치료자의 기대도 함께 말이지요.

수련생: 그리고 그건 바로 우리가 이 단기치료의 목표라고 말했던 것, 닥터 엘리슨이 그녀를 돕겠다고 달려들지도 않고 포기하지도 않는 것을 뜻합니다.

수련생: 하지만 저는 그녀가 새로운 경험을 하거나 새로운 통찰을 얻었는지는 잘 모르겠습니다. 그녀는 아직 새로운 경험을 얻는 방법을 잘 모르는 것 같습니다. 그건 좀 더 시간이 걸리는 일이겠지요. 만일 우리가 자기 방식대로 지금까지 인생을 살아왔는데 누군가가 그 점을 지적한다면, 우리는 한순간 이해하는 마음으로 "아하, 그렇구나!"라고 말할 수는 있을 거예요. 그렇지만 그게 우리가 이전과 다르게 행동하는 걸 의미하지는 않습니다. 저는 루들로우 부인이 단지 치료자에게 고분고분한 태도를 보인 건 아니었는가 하는 생각도 듭니다.

저자: 만약 누군가가 고통을 피하거나, 정체성과 세계관을 보존하거나, 또는 연결감을 유지하기 위해서 습관적으로 특정 방식의 상호작용을 오랫동안 해 왔다면, 우리는 극적이고 돌연한 변화에 대해서 당연히 의문을 가져야 합니다. 그러나 지금 이 사례의 경우를 보면, 우리는 루들로우 부인의 주된 역기능적 태도가 고분고분하고 의존적이라고 개념화하지 않았습니다. 루들로우 부인의 행동이 새로운 경험과 이해를 반영하는 것인지, 또는 피상적으로 치료자의 말을 고분고분하게 따르는 것인지 자료를 중심으로 살펴보기로 합시다.

이 수련생의 의문은, 치료자는 자신이 부지불식간에 역기능적 상호작용에 공모하고 있지 않은지를 항상 유의해야 한다는 것을 우리에게 상기시켜 준다. 보기에는 치료적 진전을 이루어 나가는 것 같아도, 실제로는 아주 미묘한 형태로 저항을 하는 환자들도 많다. 그렇다면 루들로우 부인이 치료자의 해석에 동의한 것은 치료자의 의도를 방해하기 위한 수단은 아니었을까?

단기치료를 하는 치료자들은 전체 치료 과정에 걸쳐 있는 작은 성과들이 모여 치료적 진전을 이룬다는 사실을 항상 기억해야 한다. 쓸 수 있는 시간이 너무 짧기 때문에, 치료의 접근이나 초점이나 방식에 수정을 가해야 한다면 이를 천천히 할 수 없고 치료하는 도중에 해야 한다. 따라서 회기별 성과 평가("내가 이 회기를 최대한 활용하였는가?")와 개입별 성과 평가("내 말이나 행동이 도움이 되었는가?")를 하는 것이 필요하며, 이럴 때 치료자는 회기 내에서 어떤 것이 효과가 있었고 어떤 것이 효과가 없었는지를 알 수 있게 된다.

[강의실]

수련생: 닥터 엘리슨의 해석과, 그 해석이 행해진 맥락이 환자에게 새로운 경험을 준 것 같습니다. 루들로우 부인은 아주 강하게 반응했습니다.

수련생: 그녀는 날카로운 비명을 질렀는데, 그것은 뭔가 깨달았을 때 내는 소리였습니다. 닥터 엘리슨의 말이 그녀에게 큰 영향을 미친 게 분명해요.

수련생: 그 소리를 듣고 나는 루들로우 부인이 치료자의 말에 매료되기도 하고 안심하기도 했다고 생각했습니다.

수련생: 저도 그렇게 생각했어요. 그렇게 강하게 반응하고 나서, 루들로우 부인은 이전과 다른 태도를 보였어요. 좀 더 나이에 걸맞게

행동했고, 말과 일치하는 감정을 자발적으로 나타내 보였습니다.

수련생: 목소리의 음색도 바뀌었는데요, 예전의 투덜거리거나 아이 같은 목소리가 아니었고, 어른스러운 목소리였어요.

수련생: 또한 두 사람이 서로 연결되어 있다는 느낌이 들었습니다. 주거니 받거니 하는 대화였지요.

수련생: 루들로우 부인은 좀 더 어른스러웠어요. 분명히 더 협조적이었고, 고침을 받아야 할 아이 같지 않았습니다.

수련생: 루들로우 부인은 닥터 엘리슨의 말에 정말 공감한 것 같습니다. 그러고는 더 편안해지고 더 몰두하는 모습이었습니다.

수련생: 그녀는 둘 사이에 일어나는 일을 더 잘 알아차리고 있습니다. 이전에는 닥터 엘리슨이 부모처럼 행동하도록 자신이 잡아끈다는 걸 깨닫지 못했었습니다.

수련생: 사람들이 그녀에게 어떻게 지내느냐고 물었을 때, 여러 가지 관련 없는 사실들을 이야기하면서 혼란스럽게 대답한 장본인이 바로 자기 자신임을 받아들입니다. 전에는 그건 다른 사람들의 잘못이거나 어떤 운명의 장난이라고 하면서 외부로 투사했었어요.

수련생: 닥터 엘리슨이 개입하기 이전에 제가 환자에게 느꼈던 역전이는 지루함과 좌절감이었고, 환자가 하는 말을 이해하기가 참 힘들었습니다. 그렇지만 그 후로는 쉬워졌어요. 그녀는 좀 더 질서와 체계가 잡혀 보였습니다.

수련생: 저의 역전이 감정도 변했어요. 그녀에 대해 전보다 더 따뜻한 마음이 들고, 심지어 동정심도 들고요.

수련생: 그녀의 연상은 풍부했고, 많은 걸 보여 주었습니다. 일상생활에서 모호하고 혼란스러운 자신의 역동을 어떻게 재연하는지 그 예를 자발적으로 들고 있습니다. 그녀는 그저 닥터 엘리슨의 말에 동의만 하고 있는 게 아니라 자신의 예를 자신의 말로 표현하고 있

습니다. 이걸 보면 그녀가 그저 치료자의 권위에 순종하고 있는 건 아닌 것 같습니다.

수련생들은 환자의 행동이 변화했다는 증거로 환자의 정서적 색채와 목소리, 비언어적 행동, 인지적 흐름과 체계화, 협력, 연상 그리고 자신들의 역전이 반응의 변화를 지적했다. 수련생들은 이 회기에서 닥터 엘리슨의 자기관여적 개방이 중요한 변화를 가져왔다고 결론을 내렸다.

닥터 엘리슨이 이 앞의 회기에서도 이런 해석을 할 수 있었을까, 혹은 이런 해석을 해야 했을까, 만약 그랬다면 같은 효과를 얻었을까? 이 질문을 거의 항상 듣게 되지만, 그 대답은 환자와 치료자 관계의 성격에 대한 치료자의 판단에 달려 있다. 두 사람이 되풀이해서, 혹은 강렬하게 이 역기능적 상호작용을 경험하는가? 치료자가 되풀이해서 상보적으로 행동하도록 이끌리는가? 치료자가 일련의 해로운 상호작용에 꼼짝없이 빠져 들고 있다고 생각되는가? 환자가 치료자를 과거의 중요한 사람의 표상으로만 지각하는가? 만일 그렇다면, 자기관여적 개방이 적합할 것이다.

Jay Greenberg(1986)의 말을 부연하자면, 만약 치료자가 이전의 대상으로 경험될 수 없다면 분석은 결코 시작될 수 없고, 만약 치료자가 새로운 대상으로 경험될 수 없다면 분석은 결코 끝날 수 없다. 역전이 개방은 환자가 치료자를 새로운 대상으로 보고, 순환적 부적응 패턴을 지금 여기에서 탐색할 수 있도록 해 주는 다리를 놓는다.

수련생들은 이 임상 장면에 대해 계속 논의하면서, 두 가지 또 다른 관찰을 하였다. 먼저, 환자는 관계를 유지하기 위해서 자신을 혼란스러운 존재로 내보일 필요가 있었다는 이야기를 하면서 점차 더 슬퍼하는 것처럼 보였다. 자신의 행위가 그 자신의 불행에 어떻게 기여했는가를 깨달을 때 이러한 슬픔과 고뇌가 자연스럽게 나타난다. 환자들은 잃어버린 기회를 슬퍼하는 작은 애도 반응을 경험한다. 이때 환자가 지나치게 우울해하거나 병적으로 후회하는 것을 막기 위해서는 이러한 행동들이 과거에는 적응적인 본질을 가지고 있었음을 이해하는 것이 중요하다(3장 참조).

두 번째 관찰은 닥터 엘리슨이 많은 질문을 빠르게 퍼부은 사실에 대한 것이다. 그녀는 개념적으로 크게 비약하였고, 환자의 감정보다는 행동 패턴의 이유를 강조하였다. 루들로우 부인이 닥터 엘리슨에게 보조를 맞출 수는 있었지만, 여기서 닥터 엘리슨의 기법이 적절했는가를 점검해야 할 것이다. 과연 단기치료를 할 때는 이렇게 인지적인 면에 좀 더 초점을 맞추어서 빠르게 진행할 필요가 있을까?

닥터 엘리슨은 사례지도를 받으면서 이 회기에 대한 자신의 반응을 이야기했는데, 이를 알면 왜 치료자가 그렇게 했는지 더 잘 이해할 수 있을 것이다. 그녀는 자신의 자기개방에 대한 루들로우 부인의 긍정적인 반응을 보고 깜짝 놀랐다고 하였다. 여러분이 기억하는 바와 같이, 닥터 엘리슨은 치료 회기에서 자신을 그렇게 많이 내보이는 것을 매우 망설였고, 위험한 일이라고 생각했다. 그런데 그녀의 개입이 효과가 있고 환자에게 정서적, 인지적으로 영향을 미치자 매우 고무되었다. 그녀는 그때 처음으로, 자기 자신을 관찰할 수 있는 협조적인 어른과 이야기하고 있다는 생각이 들었다.

따라서 닥터 엘리슨은 올바른 방향으로 가고 있다고 느꼈다. 그녀의 속사포 같은 질문은, 쇠뿔도 단김에 빼라거나 쇠는 달구어졌을 때 두드리라는 속담을 생각나게 한다. 닥터 엘리슨은 이제, 그동안 궁금했지만 질문하기가 두려웠거나 또는 이전에 저항을 받았던 모든 질문들을 하고 싶어졌다. "왜 이렇게 했나요?" "만약 이렇게 했으면 어떤 일이 일어났을까요?" "그 일이 여기서 어떻게 일어나는지 아시겠어요?" 치료자는 이런 질문들을 확장하여 환자의 감정, 구체적인 예, 연상 등을 다양하게 검토할 수 있었을 것이다. 이전에는 치료자가 환자를 아이처럼 취급하도록 이끌렸으나, 이제 치료자는 루들로우 부인이 잘 반응하고 더 쉽게 접근할 수 있게 된 것에 고무되어 치료의 진행을 좀 더 빨리, 좀 더 깊게 하게 되었던 것이다.

나는 수련생들과 이 사례의 9회기를 함께 살펴본 뒤에, 닥터 엘리슨의 개입이 루들로우 부인에게 무슨 마술적인 변화를 가져오지는 않았다는 점을 알려 주었다. 이후의 진행도 그리 순조롭지는 않았다. 우리가 본 비디오의 바로 뒷부분에서 루들로우 부인은 다시 다소 산만하고 핵심에서 벗어났으며, 닥터 엘리슨은 다시 잠깐 동안 좌절하고 패배감을 느꼈다. 그러나 환자와 치료자 모두 서로를 보다 성숙한 방식으로 경험했다는 것을 알고 있었기 때문에, 그들은 더 넓은 맥락 안에서 그들의 관계를 제자리에 돌려놓을 때 이 경험을 사용할 수 있었다.

닥터 엘리슨과 루들로우 부인은 그 이후 9회기를 더 만나서 상담을 하였다. 그들은 되풀이해서, 사람들의 주의를 끌고 연결되기 위해 자신을 문제거리로 나타내 보일 때 느끼는 양가감정을 다루었다. 후퇴와 어려운 순간이 없는 것은 아니었지만, 점차 루들로우 부인은 치료자를 자신의 성인 동료로, 즉 그녀를 구원하거나 버리는 사람이 아니라, 그녀와 기꺼이 협력하고 서로 조금씩 양보하는 사람으로 경험하기 시작하였다. 그녀는 자신을 이전보다 더 유능하다고 느끼게 되었다. 또한 그녀 자신이 실망을 주는 관계 패턴에 어떻게 기여해 왔는가를 잘 이해하게 되었다.

후 기

단기 심리치료 프로그램의 효과를 확인하기 위해 다양한 자기보고식 도구들이 치료 전후에 사용될 수 있다. 루들로우 부인은 TLDP 후에 여러 증상(SCL-90R로 측정: Derogatis, 1983)과 대인관계 문제(대인관계 문제 척도로 측정: Horowitz, Rosenberg, Baer, Ureno, & Vallasenor, 1988)가 개선되었음을 보여 주었다. 예를 들면, 접수 시에 그녀는 우울해서 극도로 힘들다고 하였으나, 종결 때는 이 문제가 단지 약간만 힘들다고 보고하였다. 또

접수 때 그녀는 사람들과 잘 지내는 것이 극도로 힘들다고 했지만, 종결 때는 뚜렷하게 덜 힘들다며 자신의 전반적인 문제가 매우 좋아졌다고 평가하였다.

치료 전후의 자료 수집 이외에도, 나는 시간제한적 치료가 종결되고 6개월에서 1년이 지난 뒤 가능하면 해당 환자들을 면담하려고 한다. 여기에는 세 가지 이유가 있다. 첫째, 만성적으로 고통을 받았던 환자들이 TLDP의 도움을 받았는가의 여부를 평가하기 위해서다. 둘째, 수련생들에게 그들의 환자들이 어떻게 지내고 있는가를 피드백해 주기 위해서다. 이 자료는 단기치료가 끝나는 시점에 극적인 변화를 얻지 못한 치료자들에게 특히 가치가 있다. 나는 TLDP(또는 다른 단기치료)를 시도한 치료자들에게 가능하면 추수면담을 해서 그 성과를 평가해 보기를 권한다. 셋째, 환자가 추수면담을 하러 오게 한다는 것 자체가 때로 치료적 이득을 공고하게 하고 강화하기 때문이다. 또한 면담이 가진 협력적인 특성은 TLDP 치료자의 태도를 강화시키기도 한다.

내가 루들로우 부인에게 연락했을 때, 그녀는 치료 종결 1년 후의 추수면담에 오는 것을 거절하였다. 나는 그 이유를 묻지 않았고 그녀도 말하지 않았다. 그러나 6년 후에 장기 추수연구를 수행했을 때(Bein et al., 1994), 그녀는 기꺼이 참가하였다. 이러한 장기 추수연구는 어려운 환자들과 작업할 때 특히 중요하다. 왜냐하면 치료가 종료되고 몇 년이 지나서야 긍정적 효과가 나타나는 일이 종종 있기 때문이다(Lambert & Bergin, 1994).

장기 추수연구 과정의 일부로서, 환자들은 비디오로 촬영되는 반구조화 면담에 참여하였고, 몇 개의 심리측정 도구와 질문지에 응답하였다. 그들이 치료와 치료자를 어떻게 보는가를 측정하기 위해 고안된 질문지 문항은 치료를 전반적으로 평가하기 위한 것이었는데, 여기서 루들로우 부인은 단기치료가 자신의 문제를 효율적으로 다루는 데 '매우 큰 도움이 되었다(가장 높은 평가)' 고 응답하였다. 치료 시의 강조점에 관해서는, '다른 사람과 관계 맺는 나의 전형적인 패턴에 대한 이해' '과거 경험이 나의 현재 생활에 미치는 영향' '어렸을 때 다른 사람들과의 관계' 등의 문항에서 '매우 많이 강조되었다.' 고 응답하였다. '치료자에 대한 나의 태도와 감정' '치료 당시 내게 중요한 사람들과의 관계' '치료자와 새롭고 더 나은 방식으로 관계 맺는 기회 제공' 등의 항목에서는 '상당히 강조되었다.' 고 응답하였다. 루들로우 부인은 자신의 TLDP에서 증상, 치료자의 충고, 치료실 밖에서 해야 하는 구체적인 과제 등은 거의, 또는 전혀 강조되지 않았다고 보았다. 치료 종결 후 6년이 지난 시점에서 루들로우 부인이 지각하고 있는 바는 TLDP의 전략이나 기법과 분명히 일치하였다.

자기보고형 검사를 살펴보았을 때 루들로우 부인은 치료에서 성취했던 이득을 유지했을 뿐만 아니라, 증상과 대인관계 면에서 더욱 개선되었다는 것을 알 수 있었다.

루들로우 부인은 자유롭게 자신의 생각이나 감정을 적는 질문지에 다음과 같이 적었다.

> 치료는 너무 짧았고, 나는 치료가 행해지는 방식이 싫었다. 그러나 닥터 엘리슨은 내가 어떻게 가족의 희생양이 되었고, 내가 어떻게 문제거리로서 우리 부모를 결속하게 하였는지를 보여 주었고 깨닫게 하였다. 저녁 식사시간에 부모는 그들 자신의 일을 생각하기보다는 내 문제를 놓고 이야기하였다. 나 또한 완벽해지려고 애썼으며, 그것은 나에게 엄청난 긴장감을 주었다. 나는 이제 문제 목록을 보고하지 않으면서도 친구가 되는 방법을 배웠다. 우리 부모는 모두 양로원에 계시고, 더 이상 나에게 영향을 미치지 않지만 여동생은 가족 신탁기금을 운영하면서 아직도 나를 함부로 대하고 있다. 남편은 5년 전 끔찍한 수영 사고로 죽었다. 그러나 위에서 말한 기본적 지식들은, 평생 더 잘하고, 더 나은 사람이 되고, 오로지 문제가 됨으로써 사랑을 보여 주려고 애쓰다

가, 마흔 다섯에 이르러 얻게 된 대단히 귀중한 깨달음이었다.[1)]

루들로우 부인은 치료 후 재결합하였던 남편의 죽음을 포함한 끔찍한 일들을 겪었지만, 임상적으로 우울해지지 않을 수 있었다. 그녀는 사랑받고 인정받는다고 느끼도록 도와주는 지지 체계를 만들었기 때문에 긍정적인 태도를 유지할 수 있었다고 생각하였다. 그리고 자신의 TLDP 경험이 이러한 변화의 토대가 되었다고 보았다.

1) 흥미롭게도 환자는 치료 이전에 가지고 있던 가족 역동에 대한 이해("나는 가족의 희생양이었다.")를 버리지 않았다. 그보다는, 이를 치료에서 얻게 된 새로운 이해("문제거리가 됨으로써 사랑과 주목을 받고자 애썼다.")와 혼합하였다.

chapter

07 _ 치료자의 자세

TLDP에서 이상적인 치료자의 태도와 행동은 무엇인가? TLDP '기법'의 아주 많은 부분이 치료 관계와 관련이 있다. 따라서 치료자의 자세는 매우 중요하다. 치료를 촉진하는 치료자의 태도와 행동을 예시하기 위해서 폴렛 부인(Mrs. Follette)의 사례를 살펴보기로 하자.

폴렛 부인은 치료를 받을 당시 59세의 흑인 미망인으로, 장성한 세 자녀를 둔 직장 여성이었다. 그녀는 과거에 여러 번 개인치료와 집단치료를 받은 적이 있었다. 그녀의 치료자는 백인 남성이며 4년차 레지던트인 닥터 데이비드(Dr. David)였다. 폴렛 부인과 첫 회기를 가지는 동안 닥터 데이비드는 그녀를 어떻게 도울 수 있을지 확신이 서지 않았다. 그녀는 뚜렷한 문제를 말하지 않았고, 단지 약간의 기억 장애가 있다고만 하였다. 그녀는 기질적 문제에 대한 증거가 발견되지 않아서 신경과에서 의뢰된 환자였다. 닥터 데이비드가 몇 가지 심리검사를 실시했지만 역시 뚜렷한 기억 손상은 발견되지 않았다. 3회기에 폴렛 부인은 기억 문제가 없어졌으며 더 이상 자신을 괴롭히지 않는다고 말하였다.

폴렛 부인은 약속 시간은 잘 지켰지만, 치료에서 얻고자 하는 것이 무엇인지 불분명하였다. 3회기에 이르러서도 그녀는 자신의 목표가 무엇인지, 심지어 그 시간에 무슨 얘기를 하고 싶은지조차 말하지 않았다. 그 결과, 닥터 데이비드는 어찌할 바를 모르고, 무기력하고, 자신이 불필요하다고 느꼈다.

하지만 그와 상호작용하는 그녀의 방식, 그녀가 타인과의 관계에 대해 말한 것, 그녀에 대한 치료자 자신의 반응 등에 기초하여, 닥터 데이비드는 폴렛 부인의 관계 맺는 스타일에 문제가 있음을 알아낼 수 있었다. 닥터 데이비드가 본 환자의 순환적 부적응 패턴은 다음과 같았다.

- **자기의 행동**: 환자는 다른 사람이 있을 때 자기를 많이 의식한다. 특히 일을 하지 않는 상황에서 동료들과 함께 있을 때는 더 그렇다. 환자는 마치 딱딱한 외피를 두른 듯하고, 사람들과 일정 거리를 유지하려고 한다. 그녀는 가까워지고 받아들여지기를 바라지만, 친밀감을 두려워한다("나는 누구에게도 의존하고 싶지 않다."). 그 결과 그녀는 고립되어 혼자서 지내는 편이다. 환자는 자신이 다른 사람들을 필요로 하지 않는다고 믿는다("다른 사람들의 생각에는 신경 쓰지 않는다."). 그녀는 직업적 목표를 세우고 그것을 달성하는 일을 반복하지만, 그러고 나서도 늘 부족감을 느낀다("일단 목표를 달성하면, 나는 또 만족스럽지 않다.").
- **타인의 반응에 대한 예측**: 환자는 다른 사람들을 의지할 수 없다고 믿는다("만일 사람들을 의지한다면, 그게 깨질 때 상처를 받는다."). 그녀는 자신이 필요할 때 사람들이 기꺼이 친밀하게 배려해 주지 않을 것이라고 믿는다("누군가를 필요로 한다 해도, 그들은 내 곁에 있지 않을 것이다."). 다른 사람에게 의존하면 상처를 받을 것이라고 예측하며, 오히려 독립적일 때 사람들이 더 잘 대해 줄 것이라고 생각한다. 환자는 사람들이

그녀에게 정직하지 않을 때가 많다고 믿는다("예전에 지지를 받았다고 생각했던 것도 사실은 잘못 생각한 것이다."). 그녀는 또한 다른 사람들이 자신을 열등하게 볼 것이라고 추측한다("그들은 내가 대학을 나온 사람 같지 않다고 말했다.").

- **타인의 행동:** 환자는 자신의 일을 이야기함으로써 사람들이 자신과 가까워지거나 자기를 알게 될 것을 두려워하며, 이로 인해 사람들은 그녀로부터 소외되고 거리감을 느낀다(그녀는 혼자서도 충분하고 내 도움에 관심이 없어 보이기 때문에 나는 그녀가 나를 밀어낸다고 느낀다.). 사람들은 그녀를 강하고 독립적이며, 도움이나 우정에 관심이 없는 사람으로 본다. 또 어떤 사람들은 그녀를 열등한 사람처럼 대한다.
- **내사:** 환자는 자신을 열등하게 보며, 자신이 부적격자라고 느낀다("태어날 때 탯줄이 목에 감겨 있어서 지금 이 모양인가 보다."). 그녀는 자신이 사랑스럽지 않다고 여긴다. 환자는 죄책감을 느낀다. 그녀는 자신이 약하며, 따라서 늘 자신을 통제하고 강하게 보일 필요가 있다고 생각한다. 그녀는 자신의 안녕에 대해서 책임감이 높다.

닥터 데이비드는 이렇게 역동적 초점을 도출할 수 있었다. 그리고 폴렛 부인은 TLDP의 5가지 선별 준거에 부합하는 동시에 어떠한 배제 준거에도 해당되지 않았으므로, 단기 심리치료 프로그램에 받아들여졌다. 하지만 닥터 데이비드를 만나는 같은 시간에 격주로 한 번씩 컴퓨터 연수를 받아야 했기 때문에, 매주 치료를 받으러 올 수는 없었다. 그래서 스케줄을 수정하여 2주에 한 번씩 치료를 받으러 오게 되었다.[1] 그녀는 20주에 걸쳐

1) 나는 일반적으로 수련생들을 지도할 때 매주 한 번, 50분씩 치료하는 전통적인 절차를 사용하도록 한다. 이렇게 하면 모든 수련생들이 비슷한 속도로 치료를 진행하며 수련을 받을 수 있다. 하지만, 많은 단기치료자들은 환자나 기관의 요구를 고려하여 치료 빈도와 시간에 있어서 여러 가지 실험을 하고 있다. 흥미롭게도 몇몇 연구(Johnson & Gelso, 1980; Lorr, McNair, Michaux, & Raskin, 1962)는 치료 성과와 관계가 있는 것은 회기 수가 아니라 치료가 시작된 다음 경과한 시간임을 보여 준다.

총 10회기의 치료를 받기로 하였다.

닥터 데이비드가 보여 준 치료자로서의 자세가 이 환자에게 어떤 도움이 되었는지 알아보기 위해, 다섯 번째 회기의 처음 5분, 중간 10분, 마지막 5분을 살펴보기로 한다. 그 다음에 치료 종료 6개월 후에 폴렛 부인에게 실시했던 추수면담을 살펴보기로 하자.

처음 5분

[강의실]

저자: 이제 여러분들에게 5회기의 처음 5분을 보여 주겠습니다. 이 때는 치료가 반 정도 지난 시점이란 걸 기억하세요. 여러분은 몇 주 전에 닥터 데이비드가 구성한 역동적 초점이 그녀의 상호작용 스타일을 적절하게 파악했는지 알게 될 것입니다. 먼저 이 환자의 CMP를 요약해 보지요. 이 환자는 어느 누구의 도움도 필요하지 않다는 신호를 보내는데, 이것은 연약할 때 아무도 자신을 위해 곁에 있어 주지 않을 것을 두려워하기 때문입니다. 그녀는 상처를 받지 않기 위해 방어하고 있지만, 이렇게 거리를 두는 스타일(유사 독립성)이 다른 사람들을 밀어내고, 그녀가 가장 두려워하는 바로 그 반응을 가져옵니다.

[비디오테이프]

치료자: 생각나는 게 있으세요?

환자: 별로요. 아니요, 별로 생각나는 건 없어요. 그냥 이렇게 흘러가는 거지요…… 선생님은 뭐 생각나는 거 있어요? 무슨 생각하고 있어요? (웃음) 오, 맙소사!

치료자: 뭐에 대한 생각을 말씀하세요?

환자: 뭐에 대한 생각이라니, 내가 무슨 생각을 하냐고 물어봤을 때, 그게 뭐에 대한 생각이냐고요?

치료자: 네.

환자: 오, 나에 대한 선생님의 생각, 그리고 우리가 이때까지 해 오고 있는 거요. (잠시 침묵) 그게 선생님한테 도움이 되는지.

치료자: 나에게 도움이 되는지요?

환자: 네, 맞아요. 선생님의 목표를 이루는 데.

치료자: 음, 내 목표가 뭐라고 생각하세요?

환자: 글쎄요, 그 뭐야, 정신과 전문의가 되는 것? 그거 맞죠?

치료자: 으음.

환자: 그건 어떻게 되어 가요?

치료자: 뭐라고 하셨어요?

환자: 어떻게 되어 가냐고요.

치료자: 재미있네요. 이 치료가 내 목표를 이루도록 돕는 일이라는 거죠?

환자: ……아닌가요?

치료자: 내가 하는 모든 일이 내 목표를 이루는 데 도움이 됩니다. 하지만 우리가 만나는 게 부인보다는 나를 위한 것이라고 생각하시는 것 같군요. 그런 뜻으로 말씀하신 거죠?

환자: 음, 글쎄요. 두 사람 모두를 위한 거겠죠. 이건 두 가지 목적이 있는 상황이에요. 나는 여기에 오고, 그건 선생님이 자격증을 따는 데 도움이 되지요. 그러니까 선생님은 나를 돕고, 보기에 따라서는 나는 선생님을 돕고요.

치료자: 거기에 호의와 배려의 여지도 있을까요?

환자: 호의와 배려? 음, 그렇다고 생각해요. 수년 동안 인생의 여러 단

계에서 여러 치료자를 만났어요. 그리고 그들을 다르게 대해야 할 필요는 별로 없었다고 생각해요. 어, 그 치료 중에 다루지 않은 영역이 있을 수는 있는데, 그건 두 가지 이유에서일 거예요. 하나는 그 영역이 그 특정한 시기에 내가 관심을 가진 주제가 아니었을 수 있다는 것이고, 둘째는 사람들은 단지 다른 사람들이 알았으면 하는 것만을 알게 한다는 거지요. 하지만 다른 한편으로, 사람들은 추측하고 아는 게 있어도 그걸 말하지 않는 경우도 있어요.

치료자: 그러니까 부인에게는, 말할 필요가 없어서 말하지 않는 것이 있다는 뜻인가요?

환자: 으음, 네, 음, 네, 맞아요. 왜냐하면 우리는 지금 나에 대해 얘기하고 있으니까요. 네.

[강의실]

저자: 여기서 본 걸 나누어 봅시다.

수련생: 상당히 우습네요. 처음에는 누가 치료자고 누가 환자인지 알기 어려웠어요.

수련생: 네, 이걸 보니 두 정신과 레지던트가 서로를 면담하는 걸 찍은 테이프가 생각납니다. 거기서는 두 사람 모두, 상대방이 자신이 레지던트라는 망상을 가진 환자라는 말을 미리 듣고 면담을 하지요.

수련생: 정말 힘든 환자로군요. 자기 자신에 대해 말하고 싶지 않은 게 분명해요. 자신을 방어하는 것 같습니다.

수련생: 그들은 뭔가 깊게 들어가지 않는 것 같습니다. 거의 사업상의 만남 같아 보입니다. 그게 바로 그녀가 사람들을 만나는 방법이겠지요. '당신은 나에게 이걸 주고, 나는 당신에게 저걸 준다' 는 식으로요. 모임이 끝날 때는 아무도 빚진 게 없고, 서로 비기는 거지요. 이건 닥터 데이비드의 CMP와 상당히 잘 들어맞습니다.

수련생: 네. 그녀가 치료자의 자격증 취득을 돕는다고 말했을 때, 나는 닥터 데이비드가 '자기의 행동' 범주에 포함시켰던 게 생각났습니다. 그래서 사람들은 그녀를 강하고 독립적이며, 그래서 남의 도움이나 이해가 필요 없는 사람으로 봅니다.

저자: 닥터 데이비드는 이미 몇 주 전에 폴렛 부인의 부적응적인 상호작용 패턴을 기술했었는데, 지금 이 장면을 보니 그의 사례개념화에 더욱 믿음이 갑니다. 현재의 상호작용은 역동적 초점에 비추어 볼 때 더 잘 이해할 수 있습니다. 치료를 하면서 얻게 되는 현재의 자료와, 이전에 사례개념화를 하면서 세운 가설을 비교함으로써 지속적으로 CMP를 다듬어 나가게 됩니다.

수련생: 처음 5분은 저에게도 사업상의 관계 같은 느낌이 들었습니다. 마치 줄다리기 같았어요. 방어를 너무 잘 하고 있군요.

수련생: 그녀에게 너무 거리감이 들어서 집중해서 듣기가 힘들었습니다. 자꾸 딴 생각이 나고, 뭔가 따돌림을 당하는 것 같고, 몰입할 수가 없었어요.

저자: 아마 그녀의 방어에 대한 역전이 반응의 일부겠지요. 당신은 그녀에게 집중하지 않고, 그녀는 사람들이 자기 곁에 있어 주지 않는다는 걸 다시 경험합니다. 그것은 그녀의 최악의 두려움을 확인시켜줍니다. 그런데 여기서, 폴렛 부인의 거리두기에 대한 닥터 데이비드의 반응은 어떤가요? 치료를 거래하듯이 하자는 그녀의 초대를 어떻게 다루었나요?

수련생: 전반적으로 닥터 데이비드는 매우 침착하고 온화했어요. 그녀의 말을 존중했습니다.

수련생: 당황하지도, 방어적이지도 않았어요.

저자: 뭘 보고 그렇게 생각했어요? 그의 어떤 행동을 보고, 그녀를 존중하고 방어적이지 않다는 걸 알게 되었지요?

수련생: 글쎄요, 그녀가 어떤 면에서 치료자의 자격증 취득을 돕는다는 취지의 말을 했을 때, 그 말이 일리가 있다고 보고 무시하지 않았습니다.

수련생: 치료가 치료자에게 도움이 되느냐는 그녀의 직선적인 질문을 다루는 방식이 좋았습니다.

저자: 그가 뭐라고 말했지요?

수련생: 상황을 있는 그대로 인정했어요. 하지만 그러고 나서는 바로 환자에게 초점을 맞추었습니다.

저자: 그래요. 그가 뭐라고 말했는지 기억하는 사람 있어요?

수련생: 그가 하는 모든 것은 그 자신에게 도움이 된다고 말한 다음, 하지만 이 시간이 당신을 위하기보다는 나를 위한 것이라고 생각하는 것 같다고 바로 말했던 것 같아요.

수련생: 치료자의 반응 방식이 정말 좋았습니다. 환자에게만 초점을 맞추어 왜 그런 질문을 하냐고 말하지 않았습니다. 치료자도 치료회기들에서 무언가 얻는 게 있다고 본 것은 맞는 말이지요. 치료시간은 치료자를 훈련시키기도 합니다.

수련생: 그는 한 문장으로 사실적으로 대답하고 나서 그녀에게 다시 초점을 맞추었습니다. 그녀의 말이 사실이지만, 그 이상은 없는지 물었습니다.

수련생: 만약 환자가 나에게 그런 직선적인 질문을 한다면, 마음이 참 불편할 것 같습니다. 치료자인 나더러, 당신이 본질적으로는 환자를 이용하는 게 아니냐고 질문한다면 나는 참 난처했을 겁니다.

수련생들은 닥터 데이비드의 솔직함에 대해 언급하였다. 이것은 첫째, 환자에 대한 존중과, 둘째, 절제된 자기개방에서 볼 수 있는 임상적 정직성이라는 두 가지 중요한 치료적 태도를 보여 준다. 닥터 데이비드는 수련 중이라는 현실을 정직하게 인정하였으며, 주고받는 요소가 있는 그들의 관계에는 자신의 몫도 있음을 인정하였다. 즉, 그녀는 도움을 받기 위해 거기에 있고, 그는 수련을 받기 위해 거기에 있다는 것을 인정하였다.

닥터 데이비드가 치료 작업이 거시적으로 볼 때 치료자인 자신을 돕는다고 인정한 것은 그녀의 지각이 옳았음을 확인시켜 주었다. 이렇게 해서 그는 환자가 더욱 안전하게 느끼도록 하였다(새로운 경험). 나는 수련생들에게 닥터 데이비드의 치료적 자세에 대해 그 밖에 더 관찰한 것이 있는지 물어 보았다.

[강의실]

수련생: 나는 닥터 데이비드가 치료의 분위기를 사업상의 만남에서 정서적인 것으로 바꾸려고 한다는 인상을 받았습니다. 환자는 '네가 내 등을 긁어 주면, 나도 네 등을 긁어 줄게' 식의 상호작용을 편안하게 느끼는데, 별안간 닥터 데이비드가 "호의와 배려의 여지도 있을까요?"라는 개념을 도입했습니다. 이것은 환자가 설정한 관계 맺는 방식에 직접 도전한 것입니다.

저자: 훌륭한 관찰이군요. 방금 언급한 점은 이 모델의 또 다른 원칙이라고 볼 수 있습니다. 치료자-환자의 상호작용이 정서적 수준에서 일어나야 함을 강조하는 것이지요.

수련생: 저 같으면 그녀더러, '남의 도움을 받아야 하는 관계를 매우 힘들어하는 것 같다'고 말했을 것 같습니다. 그러니까 도움이 필요하거나 약한 입장에 서는 것을 어려워한다는 점을 해석했을 것 같습니다.

저자: 그녀의 CMP를 고려해 보면 그 해석은 타당한 것 같군요. 그런 해석에 대해 그녀가 어떻게 반응할 거라고 생각하세요?

수련생: 아마도 그 해석을 부정하거나, 닥터 데이비드가 이득을 얻는

다는 주장을 더욱 강하게 할 것 같아요.

수련생: 또 그 해석을 책망으로 들을 수도 있을 것 같습니다.

저자: 닥터 데이비드는 현재나 과거의 병리에만 초점을 맞추지 않았습니다. 그보다는 다른 가능성이 있는지 살펴보도록 하는, 변화를 촉진하는 질문을 하였습니다. "왜 좀 더 호의와 배려의 마음을 가지고 남들을 따뜻하게 대하지 않나요?"라고 말하면 비난하는 소리로 들리고, 또 과거의 부적절성에만 초점을 맞추게 되는데, 치료자는 대신 "호의와 배려의 여지도 있을까요?"라고 말했습니다. 이렇게 말하면 듣는 사람은 보다 정서적인(그리고 바라건대 생산적인) 수준으로 자리를 옮기게 되지요. 간단한 언급과 질문을 할 때도 언어의 선택은 매우 중요합니다. 다른 단기치료 모델인 해결중심 치료(예: O' Hanlon & Weiner-Davis, 1988; Walter & Peller, 1992)도 다른 관점을 촉진하는 언어 사용의 중요성을 강조합니다. 이것이 변화의 가능성을 높이기 때문입니다.

수련생들은 치료가 정서적인 분위기를 띠도록 하기 위해 치료자가 노력한 점을 올바르게 지적하였다. 환자는 닥터 데이비드가 주로 그 자신의 수련에 필요하기 때문에 그녀에게 관심을 갖는다고 말하였다. 그러나 치료자는 그들 사이의 관계에 또 다른 토대가 있을 수 있음을 지적하여 그들 사이의 연결을 심화시키려고 하였다. 환자의 CMP상의 '타인의 행동에 대한 예측' 을 보면, 그녀는 필요할 때 누군가가 그녀 곁에 가까이 있을 것이라고 믿지 않는다. 배려와 호의가 치료 관계의 중요한 구성 요소임을 말함으로써, 닥터 데이비드는 폴렛 부인의 예상과는 반대되는 또 하나의 작은 새로운 경험을 제공한다.

전반적으로 닥터 데이비드는 서두르지 않았다. 시간이 가장 중요한 단기치료에서조차, 회기가 서서히 전개되도록 하여 환자가 과도하게 압력을 받지 않도록 할 수 있다. 서두르지 않는 분위기의 조성과 더불어, 닥터 데이비드는 환자를 존중하는 적절한 거리를 유지한다. 그는 질문을 하지만 해석이나 의견 표명을 많이 하지는 않았다. 그는 직접적인 도전을 받았을 때조차도 방어적이지 않았다.

[강의실]

수련생: 하지만 치료자를 돕기 위해서 치료를 받는다는 그녀의 태도가, 혹시 자신은 흑인이고 치료자는 백인이라는 사실과 관계가 있는지 궁금합니다.

이 수련생은 환자의 부적응적 패턴과는 전혀 관계가 없지만, 치료자와 환자 사이의 상호작용의 본질에 영향을 미칠 수 있는 중요한 이슈를 제기한다. 폴렛 부인은 59세 된 흑인 여성이고, 닥터 데이비드는 그녀의 아들뻘인 백인 남성이다. 폴렛 부인은 만성적 상호작용 스타일과는 전혀 관계가 없는 인종, 나이, 성 등의 특성 때문에 치료자와 특정한 방식으로 관계를 맺지는 않았을까? 또한 닥터 데이비드는 그녀의 전이에 대한 역전이 때문이 아니라 그녀의 인종, 나이, 성별로 인해 그와 같은 관계를 형성한 것은 아니었을까?

치료자는 인종, 성, 나이 등의 요인들을 반드시 고려해야 한다. 역동적 초점이 전반적인 관계 패턴이 아닌 특정 관계의 세부 사항에서 도출되지 않도록 하기 위해서이다. 예를 들어, 만일 폴렛 부인의 행동과 정서(즉, 신뢰, 취약성, 주고받기 등)가 그녀의 일반적인 대인관계 패턴이 아니라 백인에 대한 태도와 더 관계가 있다면, 백인인 치료자와 관계 맺는 방식에 기초한 역동적 초점은 그녀의 일반적인 상호작용을 이해하는 것을 오히려 방해할 것이다. 또한, 만일 폴렛 부인이 아들과 독특한 상호작용 스타일을 가지고 있고 치료자를 자신의 아들처럼 여긴다면, 여기서 도출된 역동적 초점은 사례에 대한 정확한 개념화가 될 수 없다.

이런 잘못된 사례개념화를 방지하기 위한 최고의 안전장치는, 지금-여기에 나타나는 치료자-환자 상호작용을, 환자(자신과 인종, 성, 나이가 비슷한)가 다른 사람들에 대해 말하는 것이나 예측하는 것에 비추어 검토해 보는 것이다. 이 사례에서 치료자는 폴렛 부인이 여자 친척들을 신뢰하지 않는다는 것을 알고 있었다. 폴렛 부인은 거리두기를 통해 가족과 동료들로부터 자신을 보호할 필요가 있다고 느끼고 있었던 것이다. 그런 까닭에 폴렛 부인이 그와 일정한 거리를 유지할 때, 그는 이것이 그들 사이의 관계에서만 특이하게 나타나는 것이 아니라, 보다 큰 그림의 일부라는 것을 알 수 있었다.

이때까지 5회기의 첫 5분에 나타난 폴렛 부인의 스타일에 대해 논의하였는데, 이제 같은 회기의 중간 10분을 검토하기로 한다.

중간 10분

[비디오테이프]

치료자: 나는 아까 부인이 치료 종결에 대해 얘기를 꺼내셨던 것을 생각하고 있어요. 우리가 지난주에, 마지막 회기가 6월의 첫 주, 그러니까 6월 4일이 될 거라고 이야기했었는데, 부인이 종결에 대해 어떻게 느끼고, 또 종결이 어떤 영향을 미칠 거라고 보고 있는지 궁금합니다.

환자: 종결에 대해서는 아주 좋아요. 왜냐하면, 어, 지금 아무런 심각한 문제도 없고, 처음 왔을 때는 직장에서 상사와 문제가 있었고, 아, 그러니까 그 상황에 대해 좋게 느끼려고 애쓰고 있었고, 그래서 나는 문제가 있었고, 그러니까, 아, 그러니까, 그 문제를 논의했

고, 그러니까, 거기 관심이 많았었죠. 아, 오늘은 별로 심각한 문제도 없고, 그러니까, 알다시피, 그러니까 직장 상사 같은 거, 그런 문제나 처음에 가지고 왔던 나에게 무슨 일이 일어나고 있는지에 대해 생각하는 그런 문제들 말이에요. 그런데 기억력이 점점 나빠지고 있다고 생각한 게, 여기 와서, 선생님과 이야기하면서, 어, 더 이상 나빠진다고 느끼지 않게 되고, 그리고 아, 기억력은 그러니까 많이 좋아졌어요. 그리고 지금은, 전에는 되게 벅차게 여기던 일을 더 이상 그렇게 느끼지 않아요. 그래서 선생님의 도움이나, 혹은 다른 사람, 혹은 나 자신의 도움으로, 알다시피, 그런 종결이라는 상황에 대해 훨씬 편하게 느껴요. 그래서 6월 4일은 나로서는 종결하기에 좋은 시기인 것 같아요. 왜냐하면 내가 느끼기에, 앞으로 몇 주 동안 어떤 다른 문제가 나타나도 내가 처리할 수 있고, 그걸 다룰 수 있을 거예요. 선생님의 도움을 받아, 아, 뭐랄까, 어쨌든. 그러니까 나 자신에 대해 자신감을 많이 갖게 되었고, 세상을 검은 안경을 쓰고 보지 않게 됐어요.

치료자: 하지만 전에 이런 이야길 하신 적이 있지요. 부인은 이 시간에, 목요일 2시 30분에 의존하지 않는다는 걸 확인하고 싶다고…… 왜냐하면 치료가 끝날 때 부인은 치료 없이 지내야 하고 그리고 그건 매우 불편한 기분일 테니까요. 그래서 6월 4일에 종결하는 것에 대해 부인이 편안하게 느낀다는 건, 그 동안 치료에 너무 의존하지 않았고, 또 어느 정도 스스로를 잘 자제해 왔다는 걸 확인한다는 느낌 때문이 아닌가 싶습니다. 그렇다면 우리는 6월 4일에 끝낼 수 있을 거고, 그건 별 문제가 되지 않겠지요. 왜냐하면 무엇보다 자신이 치료에 의존하도록 내버려 두지 않을 테니까요.

환자: 어, 그건 일종의 보호예요. 만일 내가 나를 보호하지 않는다면 누가 해 주겠어요? 꼭 그렇다는 건 아니지만, 그럴 수 있다는 거예요.

얼마 전에 우리가 얘기했던 것처럼 아마 내가 벽을 쌓아 왔고, 벽은 정말 존재할 거예요. 그리고 이게 벽이 존재하는 타당한 이유일 거구요. 어, 모든 일에는 끝이 있기 때문에, 선생님은 결론에 도달해야 하고, 그래서 환자는 이 문을 걸어 나갈 때 혼란스럽지 않고 온전한 상태여야 돼요. 어, (잠시 침묵) 얼마 전 집단상담에 참가했었는데, 거기에서 이런 문제들에 대해서 이야기하곤 했었어요. 그리고 어, 때로 사람들은 어떤 문제에 대해 너무 혼란스러워서 회기가 끝나서 돌아갈 때 별로 좋지 않았어요. 그러니 상담자는 환자가 떠나기 전에 원래대로 돌아가게 해야 돼요. 그렇게 하지 않는다면 그들에겐 참 치명적인 타격이 될 거예요. 그리고 정말, 매 치료 회기에서 치료자는 꼭 결론은 아니더라도, 어떤 지점에 도달해서 환자가 문을 걸어 나갈 때, 수다를 떠는 멍청이처럼 느끼지 않도록 애써야 해요. 그랬을 때 사람들은 회기가 끝난 다음 다시 올 때까지 여전히 잘 지낼 수 있겠지요. (낄낄거림)

치료자: 그래서 만약 부인이 너무 깊게 들어가, 여기서 지난 일들을 너무 많이 이야기한다면, 회기가 끝나 나갈 때는 허튼 소리나 늘어놓는 실없는 사람처럼 될 거라는 말이군요.

환자: 그렇게 생각하지 않아요. 나, 나는 그렇게 생각하지 않아요, 그럴 거라고 생각하지 않아요, 어, 지금 내 인생의 이 시점에서 그런 일이 일어날 거라고 생각하지 않아요. 난 정말로, 정말로 그렇게 생각하지 않아요. 왜냐하면 내 생활에 다른 방출구가 있기 때문에, 그렇게 생각하지……

치료자: 그렇지만 전에 부인이 스스로를 보호하기 위해서, 저 문을 걸어 나갈 때 너덜거리지 않고 온전한 채로 있다는 걸 확인하고 싶다고 말했었지요.

환자: 네, 그래요. 그건 중요해요. 그러니까, 그러니까 그건 내게, 환자

인 내게 중요해요. 왜냐하면 치료가 끝나면 보통 다시 일하러 가거든요. 일하러 돌아가서 자리에 앉아서 허공을 바라보며 이 모든 일들을 이해하려고 애쓰고 싶지는 않거든요. 어, 그렇게 할 수는 없어요. 그리고 어, 그래서 나의 요점이 무엇인지 알아야 하고, 그리고 바라는 건 이 점에 있어서는 치료자와 환자로서, 우리는 같은 입장일 거예요. 그리고 선생님은 늘 다루어야 할 의제를 갖고 있다는 걸 나는 알고 있어요. 어, 그래서, (잠시 침묵) 그렇죠. 그래서, 그래서 우리는 여기 앉아 치료자와 환자 사이의 관계에 대해 이야기하지요. (웃음)

치료자: 그것에 대해 어떻게 생각하세요?

환자: 네?

치료자: 그것에 대해 어떻게 생각하세요?

환자: (웃음) 재미있어요. 정말 재미있어요.

치료자: 으음, 그 점에 대해 어떤 걸 알게 됐나요? 생각나는 게 있어요? 우리의 관계에 대해 말할 때 어떤 생각이 드세요?

환자: 글쎄, 여기 와서 선생님을 만나서 이야기하면 분명히, 어, 기분이 좋아져요. 우리가 그런 관계이기 때문에, 아, 그러니까 그건 늘 도움이 돼요. 어, 어, 도움이 돼요. 우리는 그게 선생님을 돕는지는 말하지 않지만, 하지만 어쨌든, 어떤 차원, 어, 그러니까, 어, 아마도 탁자 위에 꺼내 놓고, 아, 우리가 논의할 필요가 있을지 모를 어떤 것.

치료자: 마음속에 특별히 생각하는…… 부인이 방금 그 말을 했을 때 마음속에 특별히 생각난 게 있었나요?

환자: 으음, 네, 있어요.

치료자: 그게 뭐지요?

환자: (낄낄거리며) 저, 참 우스워요. 내가 받아 보았던 어떤 치료에서도

이 사실을 꺼내 놓지 않은 게. 그러니까 양부가, 어, (잠시 침묵) 강요했던 것, 내가 20살인가 21살 때였어요. 어, 엄마가, 아, 여름에 시카고에 갔을 때, 어, 우리는 집에 있었는데…… 아, 그러니까, 저기, 양부가 성관계를 하게 한 건 정말 말하기 힘들군요. 하지만 일이 그렇게 됐어요. 그리고 그 일 때문에 괴롭지 않았는데, 아마도 한 10년 전부터는, 어쨌든 그 일이 매우 생생하게 생각났어요. 그리고 어, 내가 만났던 어떤 치료자한테도 그 일은 전혀 이야기하지 않았어요. 그리고 나는, 어, 정말 궁금했어요. 내가 왜 전에는 그 일을 꺼내서 말하지 못했을까? 왜냐하면 정말로 그렇게 생각을, 정말로 그렇게 생각을 했어요. 충격적인 일이 일어났었다고, 아마도 그래서 그럴 거예요. 잘 모르겠어요. 하지만 어떤 이유에서인지 나에게 어떤 다른 일이 일어났다는 느낌이 있지만, 그게 뭔지 모르겠어요.

치료자: (부드럽게, 신중한 말투로) 참으로 힘든 일을 겪었었군요. 그는 단지 양부가 아니라 당신을 기를 때 마치……

환자: 네, 맞아요. 네. 나는 늘 그를 친아버지처럼 생각했어요, 맞아요. 그리고, 어, 어, 친아버지라고 생각하는 사람이 이런 일을 했을 때는, 음, 아주, 아주 거리감을, 아주 거리감을 느끼게 되지요.

치료자: 아주 거리감을 느낀다고요?

환자: 양부에게 거리감을 느껴요. 그 때 대학을 졸업했을 때인데, 그 일이 있고, 어, 곧바로 집을 떠났는데, 그건 결코 잊을 수 없지만 잊고 싶은 일이에요. 그러나 이런 일이 일어났다는 걸 결코 잊을 수는 없어요. 그리고 나는, 나는 그 도시에서 부모님과 함께 살지 않아요.

치료자: 그 후에 양부에게 더욱 거리감을 느끼시고요?

환자: 네, 맞아요.

치료자: 양부는 아직 살아 있나요?

환자: 네, 네.

치료자: 아직 어머니와 함께 살고 있어요?

치료자: 네, 네. 그리고 결코 엄마한테 말하지 않았어요. 하지만 어떤 이유에서인지 엄마가 알고 있는 것 같아요. 그렇게 느꼈어요. 엄마가 아마 알고 있을 거라고.

치료자: 으음, 으음. 정말 부인은, 무엇보다도, 그 일로 인해 누군가를 믿는다는 게 정말 어려웠을 것 같습니다. 다름 아닌 자신의 아버지가 그런 일을 했으니까요.

[강의실]

수련생: 대단한 장면이군요! 그녀가 별안간 그 이야기를 해서 깜짝 놀랐습니다. 정확하게 언제가 전환점이었는지 생각하는 중이에요.

수련생: 획기적인 진전이 이루어졌어요. 그녀는 폐쇄적이고 내성적이고, 심지어 모호했는데, 그런데 이제 양부에 의해 강제로 성관계를 갖게 된 것을 털어놓았어요.

수련생: 만일 테이프를 보기 전에 이 회기에서 이런 일이 일어날 거라는 말을 들었다면, 나는 믿지 않았을 거예요. 그런데 이 일이 왜 지금 일어났을까요?

저자: 좋은 질문입니다. 왜 지금일까요? 이 여성은 전에 개인치료와 집단치료, 심지어는 여성주의 집단치료를 받은 적도 있어요. 하지만 성폭력에 대해서는 결코 말하지 않았습니다. 그러던 그녀가 닥터 데이비드와의 5번째 회기에서 그 이야기를 했어요. 그런데 왜 지금일까요?

수련생: 먼저 생각나는 건, 이 일이 치료가 이제 곧 종결될 거라는 이야기를 하면서 시작됐다는 거예요. 치료자는 그녀에게 치료 종결에

대해 어떻게 생각하는지 물었는데, 아마 그녀는 이 비밀에 대해 작업할 수 있는 시간이 제한되어 있다는 걸 깨달은 것 같습니다. 지금 아니면 영영 못한다고 말이에요.

수련생: 나도 그 생각을 하고 있었어요. 어느 시점에선가, 처음 치료를 받으러 왔을 때처럼 심각한 문제는 없다고 말했어요. 하지만 그러고 나서 탁자에 내놓을 다른 무엇인가가 있을 수 있다는 암시를 했습니다. 저는 그녀가 몇 회기 밖에 남지 않았기 때문에 이 일들을 논의하고 싶어졌을 것 같다는 생각이 들었습니다. 시간이 끝나가니까 남은 시간을 정말로 잘 활용해야만 했던 거지요.

수련생: 나는 조금 다른 생각을 했습니다. 아마 시간제한적인 치료에는 어떤 뚜렷한 경계선이 있기 때문에, 치료가 끝없이 계속되어서 점점 치료에 빠져 들어 의존하게 될 염려가 없다는 걸 알게 되었겠지요. 그녀는 지나치게 의존하는 것에 대해 큰 두려움을 가지고 있습니다. 그러니 시간제한적인 치료는, 종결 시기가 정해지지 않는 치료에서 다루기에는 너무 위협적인 내용을 담을 수 있는 좋은 그릇이 될 수 있습니다.

이 세 수련생 모두 환자의 참여를 촉진하는 단기치료의 시간제한적인 성격을 지적하였다. 앞의 두 수련생은, 우리에게 주어진 시간이 무한하지 않다는 실존적 측면이 지닌 작업 촉진 효과를 강조한다. James Mann (1973)은 사람들이 인생을 잘 살기 위해서는 시간의 유한성, 개체성, 죽음 등의 개념과 연관된 실존적 문제를 이해할 필요가 있다는 관점에서 그 나름의 총체적 이론과 기법을 개발한 바 있다. 세 번째 수련생은 처음부터 종결 시점을 정해 놓는 치료가 환자들을 안심시키기도 한다는 점을 강조하고 있다. 실제로 한 경험적인 연구(Sledge et al., 1990)에 따르면, 시간제한을 두면 조기 종결이 줄어들고 환자가 정해진 모든 회기에 올 가능성이 더 높아진다.

[강의실]

수련생: 저도 시간제한이 한몫을 했다고 생각했습니다. 하지만 닥터 데이비드가 치료가 곧 끝날 거라고 말했을 때, 폴렛 부인은 종결하기가 싫어서, 시간을 벌기 위해 이런 폭탄 발언을 했을 수도 있지 않을까요? 이제 치료자가 어떻게 치료를 끝낼 수 있겠어요?

저자: 왜 단기치료가 끝날 때쯤 해서야 그 동안 말하지 않던 심란한 일을 드러내는가에 대한 대안적인 가설이로군요. 치료 시간이나 치료자의 관심을 더 얻기 위해서라는 말이지요. 그렇다면 이 대안들 중에서 어떤 것이 더 적합한지 어떻게 알 수 있을까요? 일반적으로, 역동적 초점과 더 잘 일치하는 가설에 비중을 두는 것이 좋습니다. 폴렛 부인의 핵심 문제가 의존과 취약성에 대한 두려움임을 기억하면, 치료의 시간제한적인 본질이 안전감을 주고, 치료자에게 지나치게 의존하지 않도록 보호해 주기 때문에 비밀을 말한 것이라고 보는 쪽이 더 적합할 것 같습니다. 시간을 벌기 위해서라는 가설은 보살핌에 대한 욕구가 핵심 문제를 이루는 환자에게 더욱 타당할 것 같습니다. 이런 추론에서 알 수 있는 바와 같이, 환자의 행동은 그의 CMP라는 배경에 비추어 평가되어야 합니다.

치료의 시간제한적인 특성에 덧붙여, 또 어떤 것이 폴렛 부인이 비밀을 말하도록 고무했을까요? 닥터 데이비드는 나중에, 치료 안팎을 통틀어 폴렛 부인이 성폭력에 대해 말하는 걸 들은 최초의 사람이 자신임을 알게 되었습니다.

수련생: 닥터 데이비드가 자신에게 많은 관심을 보였기 때문에, 그래서 그에게 비밀을 털어놓고 싶어진 건 아닐까 생각해 봤습니다.

수련생: 그녀가 주고받기를 계속하고 있다는 뜻인가요? 마치 빚을 갚

는 것처럼?

수련생: 맞아요. 닥터 데이비드가 원하는 대로, 친밀해지고 약해짐으로써 빚을 갚는 거죠.

저자: 이건 분명히 또 다른 대안적인 가설이군요. 그리고 매우 중요한 가설이기도 합니다. 왜냐하면 우리가 폴렛 부인의 CMP에 긍정적인 변화가 일어났다고 여겼던 것이 실제로는 단지 그녀의 부적응적 패턴의 한 변형에 지나지 않을 수도 있으니까요. 이런 미묘한 유사 변화는 잘 기능하는 환자에게 자주 일어납니다. 회기의 진행을 보면서 이 가설의 수용 여부를 알아보기로 하지요.

Stephen Mitchell(1994)이 아주 잘 지적한 것처럼, 치료자는 외견상 새로워 보이는 치료적 관계에서도 환자가 과거의 관계를 반복할 수 있다는 사실에 각별히 주의를 기울여야 한다. 그에 따르면, 이렇게 치료자가 주의를 기울일 때 두 가지 이점이 생긴다. 첫째, 옛 패턴이 얼마나 미묘하게 되살아나는가를 환자가 감지하도록 도와주고, 둘째, 치료자가 자신의 참여와 무의식적 공모에 대해 기꺼이 의문을 가지고 살펴보려고 한다는 것을 환자에게 알려 준다.

[강의실]

수련생: 두 사람은 폴렛 부인이 비밀을 말하기 직전에, 그들 사이의 관계에 대해 얘기했었습니다.

저자: 맞아요. 어떻게 그 얘기가 나오게 됐는지 기억이 나세요?

수련생: 환자가 그 얘기를 먼저 꺼냈어요. 그녀는 "그래서 우리는 치료자와 환자 사이의 관계에 대해 이야기하지요."라고 말했습니다.

저자: 예, 마치 TLDP에 관해 읽은 것처럼 말했는데, 사실 지난 몇 회기 동안 두 사람은 그들 사이의 상호작용에 대해 드러내 놓고 이야기

해 왔습니다. 그녀는 둘 사이의 관계를 놓고 그렇게 같이 이야기하는 데 대해 어떻게 느꼈을까요?

수련생: 닥터 데이비드가 물었을 때 그녀는 재미있다고 말했습니다.

수련생: 그리고 나서 웃었는데, 이 때까지 본 것 중에서 가장 자발적인 정서 표현이었어요. 진심에서 우러나온 것 같았습니다. 그리고 이런 식으로 이야기하는 게 어떻게 느껴지는지 자세히 이야기하면서, 기분이 좋아진다는 말을 했습니다.

수련생: 그녀는 좀 더 밝아 보였어요. 방어하지 않았습니다.

수련생: 그녀는 자신이 말하는 걸 스스로 들으면서, 아마 그들이 좋은 관계를 유지하고 있다는 걸 깨달은 것 같습니다. 그리고 그를 믿을 수 있다고 생각한 것 같고요.

저자: 그래요. 여기서 그녀는 다른 때처럼 거리를 두고, 조심하고, 주지화하면서 반응하지 않는 것 같습니다. 또한 그 순간에 몰입해서 닥터 데이비드와 정서적으로 연결되어 있는 것 같습니다. 그들 자신의 관계에 대해서 이야기하는 것은 아주 친밀한 행동입니다. 신뢰가 필요한 과정이지요. 이제, 관계에 대해 이야기하는 게 재미있고, 치료자와 만나서 이야기하면 기분이 좋아진다고 말하게 된 이유에 대해 가설을 한번 세워 보기로 합시다.

우리는 이 중간 부분의 전반부에 닥터 데이비드와 폴렛 부인 사이에 어떤 일이 일어났는지 토론하였다. 수련생들은 치료자가 종결 날짜를 언급했을 때 환자가 '괜찮다' 고 말한 것을 지적하였다. 하지만 닥터 데이비드는 그녀의 반응을 있는 그대로, 즉 그녀가 곧 치료가 종결되는 것에 대해 편안하게 느낀다고 보지는 않았다. 그렇다고 그녀의 말을 반박하지도 않았다. 다만 그는 이전에 그녀가 했던 다른 말을 언급함으로써 그녀의 무관심에 의문을 던졌다. 그녀가 치료에 의존하고 싶어 하지 않았다는 것을 상기시켰던 것이다("하지만 전에 이런 이야길 하신 적이 있지요. 부인은 이 시간에, 목요일 2시 30분에 의존하지 않는다는 걸 확인하고 싶다고……"). 그러고 나서 그는 의존을 두려워하기 때문에 종결을 편안하게 느끼는 것이 아닌지 물었다("그렇다면 우리는 6월 4일에 끝낼 수 있을 거고, 그건 별 문제가 되지 않겠지요. 왜냐하면 무엇보다 자신이 치료에 의존하도록 내버려 두지 않을 테니까요.").

닥터 데이비드의 직면을 통해 폴렛 부인은 전에 자신이 했던 말을 다시 생각하게 되었다. 그녀는 여기에 대해 '스스로를 잘 자제' 하는 것이 '수다를 떠는 멍청이' 가 되지 않도록 해 주는 일종의 '보호' 전략이라고 정당화하였다. 닥터 데이비드는 '허튼 소리나 늘어놓는 실없는 사람' 이 되지 않기 위해 그녀가 택하는 방어 전략을 다시 탐색하였다.

그러고 나서 환자는 '지난 일들' 을 너무 깊게 들어간다면 치명적인 타격을 받으리라는 두려움을 가지고 있다는 지적에 대해, 자신에게 다른 '방출구가 있다' 고 하면서 동의하지 않았다. 닥터 데이비드는 다시 치료의 앞부분에서 그녀가 한 말을 상기시켰다. 즉, 그는 부가적인 정보를 활용해 그녀를 직면하며, 회피적 스타일을 부인하는 것에 대해 이의를 제기하였다("그렇지만 전에 부인이 스스로를 보호하기 위해서, 저 문을 걸어 나갈 때 너덜거리지 않고 온전한 채로 있다는 걸 확인하고 싶다고 말했었지요.").

그러고 나서야 폴렛 부인은 닥터 데이비드의 말에 동의하였다. 그녀는 자신과 닥터 데이비드가 '같은 입장' 일 필요가 있으며, 그가 언제나 '의제' 를 가지고 있음을 알고 있다고 말했다. 그러고 나서 그녀는 그들 사이의 관계에 대해 이야기하는 것을 어떻게 인식하는지 말하기 시작하였다.

[강의실]

수련생: 닥터 데이비드는 그녀가 무슨 말을 하든지 간에 이를 역동적 초점으로 정말 잘 이끌고 갔어요.

수련생: 환자 자신이 이전에 한 말들을 언급하면서 그렇게 했습니다.

환자는 치료자가 자신의 말을 정말로 들었고 이해했다고 느꼈을 거예요.

수련생: 또 하나의 작은 새로운 경험이군요!

수련생: 그녀가 "좋아요. 6월 4일에 종결해도 괜찮아요. 나는 걱정하지 않아요."라고 말해도 그는 동의하지 않았습니다. 그러나 6월 4일에 종결하는 것이 그녀가 생각하는 것보다 큰일이라고 하거나, "당신이 틀렸다."라고도 말하지 않았습니다.

저자: 그렇습니다. 닥터 데이비드가 이 회기에서 그런 개입을 여러 번 했는데, 나는 그것을 '온화한 직면' 이라고 부릅니다. 그는 그녀가 제공하는 자료, 그녀의 심리적 위치를 보여 주는 그곳에 매우 가깝게 머물면서도, 이 정보를 이용하여 경직된 그녀의 자세를 공감적으로 직면합니다. 여기서 우리는 내용과 과정의 조합을 보게 됩니다. 방어적 패턴에 대해 무슨 말을 하는가도 중요하지만, 관계의 맥락 안에서 그것을 어떻게 말하는가 하는 것은 더욱 중요합니다. 그는 그녀에게 '누군가가 내 말을 듣고 거기에 반응하고 있다' 는 일련의 새로운 경험을 제공하고 있습니다. 그녀가 자신의 두려움에 맞서 싸우도록 돕고 있는 것입니다.

수련생: 저는 두 펜싱 선수가 연습하고 있는 이미지가 떠올랐습니다. 그녀는 경계하고 있지만 그는 공격하지 않고 단지 그녀와 함께 움직일 뿐입니다. 그녀를 막지만 다치게 하지 않습니다. 그래서 그녀는 넘어지지 않습니다. 그는 언제나 그녀 곁에 있지만 결코 그녀를 지나치게 밀어붙이지 않습니다.

수련생: 멋진 이미지군요. 그 이미지 덕분에, 닥터 데이비드의 행동이 왜 그렇게 도움이 되었는지 알 것 같습니다. 닥터 데이비드는, 아마도 그녀의 양부가 했던 것처럼 그녀를 밀어붙이지 않았습니다. 그녀를 함부로 대하지 않았습니다.

수련생: 그녀를 성폭행하지 않았습니다.

수련생: 또한 다른 사람들처럼 멀리 물러서거나 그녀를 내버리지도 않았습니다. 그녀 곁에 있었습니다. 적극적이고 곁에 있으면서도 밀어 붙이지 않는 자세를 취했으므로 그녀가 자신의 의지로 앞으로 나설 수 있게 된 것 같습니다.

수련생: 상대방을 매우 존중하는 태도입니다.

저자: 그러면서도 매우 끈질겼습니다. 그녀에게 직면할 때, 그녀가 평소의 방어 스타일을 쓰지 못하도록 했습니다.

수련생: 그녀는 만약 전심으로 치료에 몰입하고 닥터 데이비드를 믿으면 나쁜 일이 생기고 치명적인 타격을 입으리라고 두려워하였습니다. 그런데 이제 그 두려움을 함께 나누고 탐색합니다. 나는 또한, 만일 그녀가 다시 누군가를 믿는다면 다시 성폭행당할지 모른다는 두려움이 있다는 것도 알게 됐습니다. 그녀의 표현은 매우 완곡하고 모호하지만, 닥터 데이비드의 개입을 보면서 치료자가 자신의 두려움을 이해한다는 걸 알게 된 것 같습니다.

나는 수련생들에게 닥터 데이비드가 역동적 초점을 도출할 때는 성폭행 사실에 관해 몰랐다는 점을 상기시켰다. 그는 그 자신의 역전이와 상호작용의 특징, 그리고 그녀가 현재의 주변 사람들에 대해 말하는 것을 중심으로 치료적 초점을 구성하였다. 그리고 이 역동적 초점을 바탕으로 해서, 그녀가 보호막 속으로 깊게 들어가서 자신을 방어할 필요를 느끼지 않도록 하는 새로운 경험을 제공하고 싶어 하였다.

우리는 38년 동안의 비밀을 드러낸 폴렛 부인의 결정과 관련해서, "왜 지금인가?" 하는 질문에 답하려고 노력하였다. 여기에 도움이 되었던 치료자의 자세로는 공감적 경청, 온화한 직면, 존중하는 태도, 정서적인 유대에 대한 관심, 정직하지만 과도하지 않은 자기개방, 끈질기지만 강압적이지 않은 역동적 초점의 고수, 환자의 두려움과 소망에 대한 민감성, 그리고 환자와 기꺼이 일련의 새로운 경험을 하려는 자세 등을 들 수 있을 것이다. 임박한 치료 종결이나 환자의 최악의 두려움에 대한 탐색 또한 새로운 내용을 말하거나 실존적 모험을 하도록 자극했을 수 있다. 하지만 이것들이 치료자의 긍정적 자세 없이도 치유적일까 하는 점에서는 의문이 든다.

우리는 무엇이 환자로 하여금 평소와 달리 자신의 이야기를 하도록 이끌었는지 함께 살펴보았다. 이제 수련생들과 함께 그 후에 일어난 일들을 논의할 차례이다. 닥터 데이비드는 폴렛 부인의 비밀을 들은 후에 어떻게 반응하였는가? 우선 폴렛 부인은 양부에 의한 성폭행이라는 주제를 'TLDP-스럽게' 이야기하였다. 그녀는 왜 그동안의 모든 치료에서 자신의 성폭행 사실을 전혀 말하지 않았는지 궁금하다는 말로 시작하였다.

폴렛 부인의 말은 TLDP의 강조점과 일치하는 것으로 보인다. 왜냐하면 그녀는 치료 관계라는 맥락 안에서 치료자와 환자 사이의 상호작용을 언급하고, 치료실에서 그들 사이에 일어나는 일에 대해 관심을 보이고, 이 상호작용의 역동을 탐색하고 싶어 하기 때문이다. 그럴 때 닥터 데이비드도 외견상 'TLDP-스럽게' 보이는 방식으로 반응할 수도 있었다. 이를 테면, "정말로 이상하군요. 여기에서 무슨 일이 일어나서 부인이 지금 그 이야기를 하려고 결심했는지 궁금합니다. 함께 살펴보기로 할까요?" 라고 말할 수 있었다. 이러한 유형의 반응은 치료자가 TLDP 이론과 기법에 따라 작업하는 정도를 측정하는 VTSS(부록A 참조)에서 높은 점수를 받을 수 있다. 이러한 개입은 TLDP 전략의 좋은 예로 간주될 수 있는데, 왜냐하면 이것은 환자-치료자 관계 안에서의 교류를 구체적으로 다루며, 환자로 하여금 치료적 작업에 영향을 미치는 현재의 교류의 의미를 탐색하도록 격려하기 때문이다. 하지만 다음의 토론에서 드러나듯이, 이러한 개입은 표면적으로는 적절해 보여도 실제로는 전체적 목표를 향한 치료적 진전을 방해한다.

[강의실]

저자: 폴렛 부인이 성폭행 사실을 밝힌 다음에 닥터 데이비드가 어떻게 반응했는지 기억하십니까?

수련생: "그건 정말로 끔찍했을 거다." 그런 비슷한 말을 했어요.

저자: 정확하게는, "참으로 힘든 일을 겪었었군요."라고 말했습니다.

수련생: 아주 천천히, 힘주어 말했어요. 마치 그녀의 감정을 대신 느끼듯이 그렇게…… 정작 그녀는 마치 자기 일과는 상관없는 어떤 가상적인 상황을 이야기하는 것처럼 감정 없이 말했습니다.

저자: 닥터 데이비드가 그녀 대신 감정의 본을 보이려고 했는지는 잘 모르겠습니다. 하지만 그녀가 그렇게 표현하지는 않았지만, 그녀가 성폭행을 당한 사실을 알고 그가 크게 놀란 것은 분명합니다. 그래서 그가 보인 반응의 일부는 이 심란한 소식에 대한 자연스러운 반응일 것입니다. 그가 '힘든 일' 이라고 말했을 때 여러분은 그의 목소리에서 고뇌를 느낄 수 있을 것입니다. 그가 감정을 실어서 말한 또 다른 이유는 지난 수 회기 동안 이 환자와 정서적 수준에서 연결되려고 애써 왔다는 것과 관계가 있습니다. 그녀의 경험이 '힘든 일' 이었다는 언급은 그가 전에 '호의와 배려' 에 관해 얘기했던 것과 비슷하다고 봅니다. 그녀가 감정의 수준에서 그와 관계 맺을 수 있는지 여부를 알아보려고 한 것이지요. 이렇게 그의 반응은, 인간적인 자연스러운 반응이자 폴렛 부인과 정서적인 수준에서 만나기 위한 것이었습니다. 여기에 덧붙여 세 번째로, 그가 그렇게 그녀의 '힘든 일' 을 강조한 것은 그녀가 젊었을 때 그 고통스러운 외상적인 사건을 잘 견뎌 냈다는 것을 확인하고 인정하는 것이었습니다.

수련생: 그러니까 그가 본질적으로 말하고자 하는 것은 '당분간 우리의 상호작용을 검토하거나 왜 당신이 지금 이 얘기를 하는지 알아

내려고 하지 말자. 이 문제들이 아무리 흥미롭다 해도, 당신에게 일어났던 일에 비하면 대단하지 않다' 라는 것이군요.

저자: 맞습니다. 그녀가 제기한 문제들에 대한 대답을 찾으면 아마도 중요한 자료를 얻을 수는 있을 것입니다. 그녀는 "내가 전에는 말하지 않았는데 왜 지금 이 얘기를 선생님한테 할까요?" 라고 물었습니다. 다름 아닌 그녀 자신이 '왜 지금' 인지를 물은 거지요. 하지만 만약 그녀와 이 차원에서 대화를 나누었다면 그것은 매우 지적인 토론에 불과하였을 것입니다. 닥터 데이비드가 '힘든 일' 이었다고 반응한 것은 성폭행의 경험과, 성인 기간 내내 그 비밀을 간직하며 살아온 것에 대한 그녀의 정서적인 경험에 관심이 있다는 걸 전달하고 있습니다. 그가 정서적으로 반응한 것은 또한, 그녀에게 공감하고 있으며, 그렇게 비밀을 털어놓은 일의 중요성을 이해하고 있다는 걸 강조하는 것이기도 합니다.

수련생들과의 이런 논의에서 심리치료 매뉴얼 사용의 문제점 중의 하나가 잘 드러났다. 긍정적인 면을 보자면, 이런 매뉴얼은 치료를 수행하는 구체적인 지침과 방법을 제공함으로써 치료가 오랜 기간의 도제식 수련을 거친 후에야 겨우 할 수 있는 신비스러운 일이 아니라는 것을 보여 준다. 부정적인 면으로는, 아무리 훌륭한 매뉴얼도 특정한 시점에 이루어지는 '매뉴얼에 따른' 특정한 개입이 과연 그 상황에서 적절한가를 평가하는 데 있어 치료자의 임상적 판단을 대신할 수 없다는 점을 지적할 수 있다.

이 사례에서 만약 닥터 데이비드가 이 시점에 비밀을 말한 이유에 대해 그녀와 논의하는 쪽으로 나아갔다면, 위로받고 싶고 이해받고 싶은 욕구를 회피하는 그녀의 시도에 공모하게 되고, 그것은 그들이 정서적인 수준에서 연결되는 것을 막았을 것이다. 닥터 데이비드는 이를 잘 알아차렸다.

[강의실]

수련생: 제가 보기에는 그녀에게 일어난 일에 대해 그가 정서적으로 반응했는데, 여기에 대해 그녀는 그리 정서적으로 반응하지 않은 것 같습니다.

저자: 맞아요. 그렇지 않았습니다. 하지만 그녀는 기꺼이 그에게 동의했어요. 사실상 그가 말을 끝내기도 전에 말이죠.

때때로 수련생들은 카타르시스와 강렬한 정서적 반응이 정신역동적 치료의 궁극적인 목표라고 생각한다. 그러나 TLDP에서는 환자의 CMP와 새로운 경험에 늘 유념해야 함을 매우 강조한다. 이 사례에서의 환자는 속을 드러내는 것을 두려워하며 늘 통제할 필요성을 느끼고 있던 여성이다. 그녀는 이미 닥터 데이비드에게 치료 회기가 끝나서 돌아갈 때 수다를 떠는 멍청이가 되고 싶지 않다고 경고하였다. 사실상 성폭행과 관련해 너무나 오래 억제해 왔던 정서에 접촉했기 때문에, 안전하고 보호받는다는 느낌을 처음 느껴 본 이 연약한 새로운 경험이 손상될 수도 있었다.

카타르시스를 가져오려고 과욕을 부리지 않는지 검토하기 위해서는, '환자가 평상시 반응과 얼마나 다르게 반응하는가?' 를 자문해 볼 수 있어야 한다. 아울러 치료자는 환자에게 어떤 특정한 순간에 무엇을 경험하는지 직접 물어볼 수도 있을 것이다. 객관적으로 보기에는 반응의 크기가 작아 보여도, 환자는 주관적으로는 엄청난 위기로 느낄 수 있다. 폴렛 부인의 사례에서는 표면적으로는 그녀가 무슨 중요한 정서적 돌파구를 경험하지 않은 것처럼 보이지만, 그녀가 그날 밤 집에 돌아가서 그날의 치료에서 매우 중요한 일이 일어났다고 느꼈으리라는 것을 누가 의심할 수 있겠는가?

경험이 많은 치료자라면 비밀을 들은 후에 닥터 데이비드가 취할 수 있는 타당한 방식을 몇 가지 더 생각할 수 있을 것이다. 그러나 닥터 데이비드는 CMP의 틀 안에 머물면서 그녀의 취약성, 신뢰, 거리두기라는 주제에 계속 초점을 맞추는 쪽을 선택하였다. 흥미롭게도, 비밀을 드러낸 다음 환자 자신이 닥터 데이비드의 사례개념화(유사 독립성 대 친밀감)와 일치하게 그 사건의 여파를 다음과 같이 언급하였다. "아주, 아주 거리감을, 아주 거리감을 느끼게 되지요." 닥터 데이비드는 역동적 초점을 유지하면서 양부에게 더욱 거리감을 느꼈는지 물었다. 그러고 나서 그는 이 구체적인 행동을 다른 사람들과 거리를 두는 스타일에 확장시켰다. "정말 부인은, 무엇보다도, 그 일로 인해 누군가를 믿는다는 게 정말 어려웠을 것 같습니다. 다름 아닌 자신의 아버지가 그런 일을 했으니까요." 환자는 즉시 동의하였다.

폴렛 부인의 다섯 번째 회기의 중간 10분에 대해 논의하던 중에, 수련생 중의 한 사람이 환자는 모순적이게도 기억에 문제가 있어서 치료를 받게 되었다는 사실을 회상하였다. 환자는 처음에 자신의 문제가 잘 기억을 못하는 데 있다고 하였다. 그러나 그녀가 닥터 데이비드에게 '잊고 싶지만, 결코 잊을 수 없는 일' 을 겪은 것을 슬퍼하면서 비밀을 털어놓은 후에, 우리는 그녀의 진짜 기억 문제는 기억하지 못하는 것이 아니라 잊어버릴 수 없는 데 있음을 깨닫게 되었다.

이제 5회기의 마지막 5분에 초점을 맞추기로 한다.

마지막 5분

[비디오테이프]

치료자: 부인에게 말하고 싶은 게 있어요. 전에 제가 부인 주위를 둘러싼 막 같은 게 있다고, 어떤 거리감 같은 게 있는 것 같다고 말한 적이 있지요. 오늘 부인이 왔을 때도 역시 그런 느낌을 많이 받았었어요. 하지만 중간 어느 시점부터 바뀌는 것 같았습니다. 처음과 달리 지금은 내 마음이 부인에 대해 좀 더 열리고 따뜻하게 느껴져

요. 혹시 부인도 알아차리셨는지, 어떤 차이점 같은 것을 느낄 수 없었는지요?

환자: 음…… (잠시 침묵) 네, 그런 것 같아요. 그런 것 같아요. 아, 나 자신에 대해, 그리고 또 내가 어떻게 하고 싶은지에 대해 결정을 내렸어요. 사실 이 모든 것들을 붙잡고 있으면 앞으로 나아갈 수 없어요. 움직일 수 없어요. 내가 이 모든 것들을 가지고 있는 한 다른 사람과 함께 있으면서 편안하게 느낄 수는 없을 거예요. 그리고 내가 이것들을 없애 버린다면, 단 한 사람에게라도 말한다면 그것으로 끝날 수 있어요. 그것으로 끝. 저기 저 멀리 가 버리는 거지요. 만약 언젠가 사람들이 기계를 만들어서 우리가 2시 30분에서 3시 30분이나 25분까지 나누었던 대화를 그대로 담을 수 있다면 거기에 있겠죠. (잠시 침묵) 그러나 나는 훨씬 여유롭고, 훨씬 편해졌어요, 훨씬 더…… 붙잡고 있었던 이 일들을 떠나보내고 싶어요. 어떤 일을 37, 8년 동안이나 붙잡고 있다면, 그 일이 영향을 미치지 않을 수 없겠지요. 꼭 떠나보내야 해요.

치료자: 특히나 이 정도로 무거웠던 것이라면 더욱 그렇지요.

환자: 네, 떠나보낼 시간이 왔어요.

치료자: 그러니까, 달리 말하면, 이 일을 붙잡고 있어서 다른 사람과의 사이에 거리가 생겼다고 생각하는군요?

환자: 네. 그런 것 같아요. 그래요. 아하, 그래요. 바로 내가 그런 일을 겪었다는 걸 다른 사람한테 알리고 싶지는 않았어요. 그 일에 관해 읽고, 토론하고, 그랬는데 어떻게 그런 일이 나한테도 일어났었다고 말할 수 있겠어요? 그렇게 할 수 없어요. 그래서 그 일을 붙잡고 있었는데 이제 떠나보내고, 그 문제를 다룰 수 있게 돼서 좋아요. 이제 그건 끝난 일이에요. 어, 숙모에 대해서도 편안해졌어요. 토요일에는 베이커즈필드에 갈 예정이에요. 하지만 전시회를 보고

난 다음에 숙모네 집에 들러서 만날 거예요. 전에는 도착하자마자 숙모를 만나서 점심을 먹고, 쇼핑이나 다른 걸 했었어요. 하지만 이번에는 다른 일로 베이커즈필드에 가려고 해요. 그래서 하고 싶은 일들을 끝낸 다음에 숙모를 만날 거예요. (웃음) 정말 오래간만에 가는 거예요. 그렇게 하고 싶어요. 오번에 사는 엄마한테도 마찬가지였어요. 약간 짬이 생기면 엄마를 만나러 내려갔다가 (음) 한두 시간 있다가 되돌아오곤 했어요. (음) 무엇을 위해서 그랬을까요?

치료자: 부인이 얻은 건 별로 없어 보이는군요. (네) 어머니를 위해서였던 것 같군요.

환자: 네, 나는 먼 길을 온 것 같아요.

치료자: 좋아요. 그 말을 들으니 좋습니다. (부드럽게) 이제 시간이 다 되었어요.

환자: 다음 주에 연수가 있어요. 한번 시간이 있는지…… 점심시간에 시간을 낼 수 있을지 알아볼까 해요…… 연수는 파인가와 사우스가의 모퉁이에서 열려요. 시간을 내서 여기에 올 수 있을지 알아보려고 했는데, 정말 어려웠어요. 잘 모르겠어요.

[강의실]

수련생: 이 환자는 연수가 있어서 두 주에 한 번씩만 치료를 받으러 온다고 하지 않았어요?

저자: 맞습니다. 그들은 격주로 만나기로 약속했어요. 그래서 이것이 다섯 번째 회기이자 열 번째 주이기도 하지요.

수련생: 그러면, 이 회기가 끝날 무렵, 바로 다음 주에 그를 만나러 올 수 있는지 알아보려고 한 거네요? 한 주일을 건너뛰지 않고요?

수련생: 대단한데요! 그녀는 닥터 데이비드를 믿을 수 있다고 느끼고

더 빨리 만나고 싶어 하는군요.

수련생: 저는 그녀가 중요한 진전을 보였다고 생각합니다. 현실적으로 어려운 형편인데도 불구하고 치료자를 만나고 싶다는 걸 인정하였습니다. 회기 초에 보였던 사업상의 주고받는 자세와는 정말 다르네요.

저자: 그녀가 다음 주일에 그를 만날 가능성에 대해 언급한 것은 치료 회기 안에서 볼 수 있는 의미 있는 변화의 증거일 것입니다. 앞에서 우리는, 폴렛 부인이 닥터 데이비드가 관심을 보여 주었기 때문에 그 빚을 갚기 위해 또 다른 주고받기의 하나로 자신의 비밀을 말했을 수 있다는 가능성을 고려해 보았습니다. 양부에게 마지못해 굴복했던 것처럼 말이죠. 만약 그 가설이 맞다면, 즉 그녀가 '기대에 부응하도록' 미묘하게 강요당했다고 느낀다면, 그녀는 왜 닥터 데이비드를 좀 더 자주 만나고 싶어 할까요? 이 마지막 임상 자료를 고려하면, 그녀가 닥터 데이비드의 치료 자세와 구체적인 개입에 힘입어 그를 더욱 믿게 되고 안전하게 느끼게 되었다는 대안적 가설이 더 타당해 보입니다.

수련생: 그래서 어떻게 되었어요? 그녀가 시간을 내서 그를 만날 수 있었나요?

저자: 그래요, 그렇게 했어요. 비록 자주 그럴 수는 없었지만.

수련생: 엄마와 숙모에 대해서 전과는 다르게 대하려고 한다는 말을 한 다음에 그 말을 했다는 게 흥미롭군요.

수련생: 네. 자기 자신의 요구를 먼저 충족시키려고 했어요.

수련생: 닥터 데이비드와의 만남에서도 자신이 무엇인가를 얻기 때문에 다음 주일에 그를 만나고 싶어 했는데, 이 또한 비슷한 일이군요.

저자: 다음 주일에 가족들을 만나면 어떻게 하겠다는 말을 했는데, 이것은 치료 상황 밖에서의 변화에 관한 것입니다. 이러한 변화를 보

고 치료자는 치료가 잘 진행되고 있음을 알 수 있습니다. 다음 주 치료시간에 폴렛 부인이 자신을 먼저 고려하겠다는 계획을 잘 수행했는지 여부를 보는 건 흥미로운 일이 될 것입니다. 치료 상황에서의 변화와 더불어 치료 상황 밖에서의 변화에 관한 자료를 갖게 된다면 닥터 데이비드는 충분한 과정-성과 자료를 갖게 되는 것이고, 따라서 계획대로 종결하는 것에 대해 더욱 편안하게 느낄 것입니다.

흔히 단기치료에서는 치료자가 의도했던 바가 행동으로 나타나 열매를 맺는 것을 볼 시간이 없다. 보통은 치료자가 노고의 결실을 볼 기회를 갖기도 전에 치료가 끝난다. 하지만 치료 도중에도 치료가 제대로 되고 있는지를 알려 주는 작은 변화들이 일어난다. 연구자가 실험 성공의 여부를 알려 주는 자료들에 주의를 기울이는 것처럼, 치료자는 치료의 성공 여부를 예고하는 회기 중의 단서들에 주의를 기울일 필요가 있다.

[강의실]

수련생: 앞부분에서 닥터 데이비드가, 폴렛 부인에게서 관찰한 긍정적인 변화를 말해 준 건 참 잘 한 것 같습니다.

저자: 훌륭한 관찰이군요. 특히 단기치료에서 치료자들은 환자들이 잘하고 있다는 걸 인식하게 하려고 애씁니다. 우리는 환자들의 장점을 강화하고, 긍정적으로 변화하고 있다는 걸 깨닫게 해 주어야 합니다. 환자들이 긍정적인 방식으로 관계를 맺기 시작하면서도 그걸 전혀 인식하지 못할 때가 많습니다. 우리는 이러한 행동상의 변화를 지적함으로써 환자들에게 도움을 줄 수 있습니다. 불행하게도 우리는 의학적 모델의 영향을 받아 역기능과 결함을 지적하는 데 매우 익숙합니다. 그런데 닥터 데이비드는 폴렛 부인이 이전과

다르게 행동하고 있음을 언급할 때, 그 달라진 행동이 치료자에게 어떤 영향을 미쳤는지 말해 주는 방식을 사용했습니다. 닥터 데이비드가 폴렛 부인에게 뭐라고 말했는지 기억하세요?

수련생: 그녀가 비밀을 말한 후에 그녀에 대해 마음이 더 열리고 따뜻하게 느꼈다고 말했어요.

저자: 그는 회기가 시작될 때는 그녀 주위에 어떤 막이 있는 것 같았는데, 중간 어느 시점부터 자신의 마음이 좀 더 열리고 따뜻하게 느껴졌다고 말했습니다. 그리고는 폴렛 부인 스스로, 마음이 편안한 것과 위험을 무릅쓰는 행동 사이를 연결하였습니다.

수련생: 그런데 상당히 혼란스러운 부분이 있는데요, 그녀가 2시 30분에서 3시 30분 사이의 대화를 기록할 수 있는 기계에 대해 언급했는데, 이해가 잘 안 갔습니다.

수련생: 오, 그래요. 저도 그 부분을 이해하지 못했어요. 그녀의 말을 이해하기 힘들었어요.

저자: 평소에 분명하게 말하는 환자가 불분명하게 말한다면 그것은 불편, 불안, 혹은 갈등의 등장을 보여 주는 것일 수 있습니다. 여기에서 폴렛 부인에게 어떤 일이 일어났다고 생각하세요?

수련생: 그녀가 정확하게 뭐라고 말했는지 다시 알려 주시겠어요? 비디오테이프에서는 알아듣기가 어려웠어요.

저자: "만약 언젠가 사람들이 기계를 만들어서 우리가 2시 30분에서 3시 30분이나 25분까지 나누었던 대화를 그대로 담을 수 있다면 거기에 있겠죠. 그러나 나는 훨씬 여유롭고, 훨씬 편해졌어요."

수련생: 저는 무의식적인 수준에서, 그녀가 닥터 데이비드에게 비밀을 말할 때 녹화가 되는 것도 의식한 게 아닐까 생각합니다.

수련생: 동의합니다. 그녀가 여유롭다고 말했을 때, 저는 인지적으로 느슨해진다는 의미라고 생각했습니다.

저자: 분명히 대화를 녹화하는 기계인 비디오카메라가 있었지요.

수련생: 그녀는 어떤 의미에서 공적 기록을 남긴 거예요. 마치 케네디 대통령의 암살이 기록된 재프루더(Zapruder) 필름처럼.

저자: 그리고 의식적으로는 어떤 염려도 표현하지 않았지만, 자신의 비밀을 다수의 얼굴 모르는 사람들에게 말하는 것이 불안했겠지요. 또 어떻게 보면 여러 사람에게 말하는 데서 안도감을 느낄 수도 있었을 거구요. 이 사례에서 그녀는 녹화되는 것과 관련된 강한 감정을 가지고 있었고, 이것이 비논리적으로, 문법에 맞지 않게 표현되었다는 가설을 세울 수 있겠습니다.

수련생: 그녀가 비밀을 한 사람에게라도 말하면 "그것으로 끝난다."라고 했는데, 이건 어떤 의미일까요?

수련생: 저는 그녀의 소망이라고 생각해요. 그녀는 이것을 다시 이야기할 필요가 없기를 바라지요. 그녀는 일을 최소화하는 경향이 있고, 이것은 그녀의 스타일과 일치합니다.

수련생: 폴렛 부인의 경우, 그동안 이 비밀을 말하지 않은 것이 그녀를 매우 외롭게 만든 것 같습니다. 비밀을 닥터 데이비드와 치료 팀에게 말했다는 건 그녀의 매우 은밀한 부분을 함께 나누었다는 걸 의미합니다. 이건 다른 사람들과 가까워지기 위해 필요했던 중요한 단계였습니다.

수련생: 저는 그녀가 자신에게 일어난 일에서 수치심과 죄책감을 많이 느꼈을 거라고 생각했습니다. 이 외상적인 경험을 다른 사람에게 이야기했을 때 그 사람이 충격을 받거나 비난하지 않고 침착하게 받아들인 것은 참으로 큰 안도감을 주었을 것입니다.

저자: 여기에서 일어난 일을 대인관계적 관점에서 보는 것이지요. 대인관계적 관점에서 볼 때 환자에게 도움이 되는 것은 어떤 경험에 수반되는 정서의 표현, 즉 카타르시스 그 자체가 아니라, 자신에게

일어난 일을 다른 사람과 함께 나누는 것, 그리고 그 사람의 반응도 함께 나누는 것입니다. 카타르시스는 심리내적 견해와 부합하고, 함께 나누기는 대인관계적 관점과 일치합니다.

수련생: 환자의 행동은 어찌 보면 고해를 하는 것 같습니다. 다른 사람에게 말하고 사죄를 받는 것이지요.

저자: 하지만 닥터 데이비드는 그녀를 사죄한 것이 아닙니다. 실제로 그는 그녀가 잘못을 저지른 것이 아니라 고통을 당했다고 말합니다.

수련생: '일단 말하면, 그것이 끝난다' 는 부분에 대해서입니다. 저는 여러 근친상간 생존자와 작업을 했었는데요, 그들에게서 배운 것 중의 하나는 일단 비밀을 한 사람에게라도 말하고 나면 그건 더 이상 비밀이 안 된다는 것입니다. 그렇게 누군가 한 사람에게 말하는 것이 많은 생존자들에게 중요한 전환점이 됩니다. 저는 그녀가 "그것이 끝난다."라고 한 말이 그녀에게 일어난 일이 결코 다시는 비밀일 수 없음을 의미한다고 해석했습니다.

수련생: 나머지 치료 시간에 어느 정도나 성폭행 문제를 다루었나요?

수련생: 그 문제를 충분히 작업할 기회가 있었나요?

수련생: 저라면 그녀를 근친상간 생존자 그룹에 의뢰할 것 같습니다. 성폭행의 외상을 충분히 다룰 필요가 있을 텐데, 이 단기치료는 5회기 밖에 남지 않아서 시간이 충분하지 않은 것 같습니다.

이 환자의 경우처럼 예상하지 않았던 외상적인 문제가 드러날 때 치료자들은 보통 환자가 '훈습' 이 더 필요하고, 치료를 더 많이 (대개 '장기치료'를) 받아야 한다고 제안하거나, 단기치료가 충분하지 않다는 두려움을 갖기 쉽다. 하지만 그렇게 치료 기간의 연장에 대해 염려하기보다는, 새로운 경험을 제공함으로써 환자들의 요구에 부응하는 것이 더 중요하다는 것을 잊어서는 안 된다.

폴렛 부인은 생존자들을 위한 치료 집단을 잘 알고 있다. 실제로 그녀는 여성을 위한 집단상담에도 참가했었는데, 그곳에서 어떤 집단원들이 근친상간의 문제를 꺼내 놓은 적이 있었다. 그 당시에 그녀는 도저히 그 이야기에 끼어들어 자신의 경험을 나눌 수 없다고 느꼈다. 치료의 특정 시점에서 무엇이 적절한지 결정내리기 위해서, 치료자는 각 환자의 역동적 초점을 고려하여 여러 개입들의 상대적 효율성을 평가해야 할 것이다.

이 사례에서 치료자가 환자에게 치료를 더 받도록 (혹은 다른 치료를 받도록) 의뢰를 한다면 도움이 될까? 아니면 치료자가 지나친 기대를 한다고 환자가 화를 낼까? 치료자의 제안을 간곡한 권유라고 느낄까? 혹은 치료를 더 받지 않으면 괜찮지 않다는 뜻으로 생각할까? 이 제안이 치료자의 '호의와 배려' 로 보일까, 혹은 부모인 척하면서 '너에게 가장 좋은 것은 내가 더 잘 안다' 는 태도로 보일까? 폴렛 부인은 이미 열등감을 가지고 있는데, 치료를 더 받으라고 권한다면 이러한 내사가 강화되지 않을까? 분명히 이런 질문에 대한 바른 해답을 다 알 수는 없다. 하지만 치료자들은 자신의 지식과 이해를 바탕으로 충분히 숙고하고 최선의 추측을 하여야 할 것이다.

폴렛 부인이 38년 전의 성폭행 사건을 밝힌 후 치료자가 선택할 수 있는 몇 가지 타당한 치료적 방안들이 있을 것이다. 하지만 단기치료의 견지에서 볼 때, 나는 가능한 한 초점 유지 및 시간제한이라고 하는 이 두 가지 틀 안에 머무는 것이 바람직하다고 생각한다.

여기서 명심하여야 할 요점은 TLDP에서는 과정을 강조한다는 점이다. 치료자들은 보통 특정한 대인관계 스타일을 유발한 구체적인 사안을 알지 못한다. 대부분의 상호작용 패턴은 다른 패턴들, 그리고 다른 사람들의 패턴들과 복잡하게 얽혀 있다. 그래서 최초의 원인을 찾아낸다는 것은 사실상 비현실적인 시도라고 할 수 있다. TLDP 치료자들은 구체적인 내용보다는 치료 중에 나타나는 주제에 관심을 갖는다. 이러한 주제는 보통 어떤 하나의 특정한 상황에 국한되는 것이 아니라, 여러 시간, 사람, 장소에 걸쳐 나타난다. 폴렛 부인의 경우에, 거리를 두는 대인관계 스타일과 관련된 내용을 우리가 부분적으로 살펴보긴 하였지만, 아마도 성폭행 사건은 단지 빙산의 일각에 불과할 것이다.

일반적으로 미리 정한 시간 틀과 역동적 초점을 고수하는 것이 바람직하지만, 그것이 불가능하거나 바람직하지 않을 때도 있다. 예를 들면, TLDP 치료를 받던 어떤 환자는 두 회기를 남겨 두고 있었는데 부인이 그만 사고로 죽게 되었다. 이러한 예상하지 못했던 외상을 겪을 때, 특히 치료에서 작업을 해 오던 주제와 연관이 있을 때(그는 결혼 생활을 지속할지 여부를 놓고 고심해 왔었다.) 그 시점에서 치료를 종결하는 것은 현명하지 못한 일이다. 그 환자는 10회기 동안 더 치료를 받은 후, 사별집단에 참가하기로 하였다.

[강의실]

수련생: 지금은 폴렛 부인이 양부와의 일 때문에 정서적으로 힘들어하는 것 같지는 않습니다. 그래서 그녀를 성폭력 집단상담에 의뢰하자는 제안에는 동의하지 않습니다. 하지만 만일 환자 자신이 치료를 더 받고 싶다고 하면 어떻게 해야 할까요?

저자: 환자의 특별한 요청에 대해 어떻게 반응할지 결정하기 위한 길잡이로서 CMP를 사용할 수 있겠습니다. 폴렛 부인이 소원하게 거리를 두는 스타일이라는 점을 고려해 볼 때, 만일 그녀가 치료를 더 받고 싶다고 요청한다면, 이는 그녀가 또 다른 모험을 시도하는 것으로 볼 수 있습니다. 닥터 데이비드가 여러 주일 동안 이 여성이 왜 치료를 받으러 왔는지 확신하지 못했던 것을 상기해 보십시오. 그녀는 자신을 위해 어떤 것을 요청하기를 매우 어려워합니다. 5회기 앞부분에서도 치료자를 도울 때가 도움을 받을 때보다 더 편해 보였습니다. 그래서 치료를 더 받을 수 있게 요청한다는 것은, 그녀가 자신이 필요로 하는 것이 있고, 그것을 얻을 수 있다는 걸 깨

달았음을 의미합니다. 즉, 폴렛 부인은 그녀 자신을 위해 새로운 경험을 하려는 것입니다.

여러분은 치료를 더 받고 싶다는 그녀의 요청이 의존적인 환자가 그렇게 하는 것과 얼마나 극적으로 다른지 알 것입니다. 나는 치료 연장을 바라는 폴렛 부인의 요청을 더 많은 성장을 이루도록 하는 모험으로 해석하는 것이 좋다고 봅니다. 만일 그녀를 계속 만날 수 있다면, 나는 그렇게 할 것입니다.

물론 어떤 치료적 방향을 고려할 때, 치료자는 환자가 얼마나 힘들어하는가를 염두에 두어야 합니다. 만일 성폭행에 대한 논의가 그와 연관된 기억과 감정을 일깨워서 다시 그녀를 크게 고통스럽게 한다면, 닥터 데이비드는 환자가 사용할 수 있는 다른 방법들, 즉 친구, 지지 집단, 근친상간 생존자들을 위한 치료 등을 그녀와 함께 탐색하는 적극적인 자세를 취해야 할 것입니다.

촉진적인 치료 자세를 취한다는 것은 환자들이 원하는 것을 반드시 들어주어 새로운 경험을 얻게 해야 한다는 뜻이 아니다. 만일 그래야 한다면 그것은 치료자들에게 과도하고 비현실적인 짐을 지우는 일이 될 것이다. 촉진적인 치료 자세를 가진 치료자란 무엇이든 다 들어주는 사람이 아니라, 환자의 대인관계 도식을 지속적으로 도전하는 사람이다.

후 기

치료가 끝났을 때 환자와 치료자는 모두 치료가 매우 도움이 되었다고 생각하였다. 폴렛 부인과 닥터 데이비드는 TLDP의 성과를 측정하기 위한 몇 가지 자기보고 검사에 응답하였다. 치료 결과에 대한 전반적인 평가는

7점 척도로 측정되었다. 종결할 때 폴렛 부인은 자신의 문제가 훨씬 나아졌다고 진술하였고(7점), 이와 비슷하게 닥터 데이비드도 그녀가 상당히 좋아졌다고(6점) 생각하였다.

폴렛 부인은 여기에 더하여 두 개의 자기보고 질문지에 응답하였는데, 하나는 증상 감소를 측정하기 위한 것이었고, 다른 하나는 대인관계 변화를 측정하기 위한 것이었다. 증상과 관련된 고통은 초기 면접 때의 1/4 수준으로 떨어졌다. 예를 들면, 초기 면접 때 그녀는 성적 관심과 쾌감의 상실이 중간 정도의 고통을 가져온다고 말했으나, 종결할 때는 더 이상 문제되지 않는다고 보고하였다. 대인관계와 관련된 고통 수준은 절반 수준으로 떨어졌다. 예를 들어 초기 면접 때 그녀는 다른 사람들을 너무 믿으면 많은 고통을 당할 것이라고 생각했으나, 종결할 때는 더 이상 문제되지 않는다고 반응하였다.

단기치료가 끝난 지 6개월 후, 나는 수련생들의 환자들에 대한 추수연구의 일환으로 그녀를 만났다. 반구조화된 면담에서 나는 닥터 데이비드와의 치료에 관한 몇 가지 일반적인 질문을 하였다. 내가 그녀의 치료에 대해서 알고 있다는 것과 치료 회기의 일부를 보았다는 것을 일부러 말하지는 않았다. 하지만 만일 물어보았다면 이야기해 주었을 것이다. 그녀와의 추수면담에서 발췌한 것을 수련생들과 함께 보기로 하자. 이 면담에서 폴렛 부인은 성폭행에 대해 언급하지 않았고, 나 또한 그랬다.

[비디오테이프]

환자: 그래서 그건 나한테는 정말 뜻 깊은 치료 회기였고, 내가 여러 해 동안 해 왔던 일들과 내가 왜 '공부벌레' 였던가를 더 잘 이해할 수 있었어요. 공부벌레라는 건 자격증을 따려고 쫓아다녔던 걸 말해요. 나는 부동산 중개인 자격증도 땄어요. 이런 일을 하는 게 쉽지는 않았어요. 정말로 열심히 애써야 했지요. 그리고 이 모든 것이

친척들이 나를 어떻게 보느냐와 연관돼 있었어요. 이게 내가 애써 자격증을 따려고 했던 이유 중 하나였죠. 왜냐하면 자격증을 딴 후에도 그게 별다른 의미가 없었으니까요. 실제로 나가서 부동산을 팔려고 한 건 아니었거든요.

저자: 그러니 그건 자신을 증명하려고 했던 것이었군요.

환자: 맞아요. 정말. 나 자신을 증명하려고 했었어요. 이 모든 것이 그와의 치료에서 밖으로 드러났어요. 그리고 내 자신이 누구인가를 더 잘 받아들일 수 있게 됐어요. 그건 정말 인상적이었어요.

저자: 그런 것 같군요. 그런데 치료에서 경험하고 배운 것을 그 이후에 실생활에서 사용할 수 있었나요? 이전과 어떤 차이가 있던가요?

환자: 오, 네. 오, 네. 오, 네. 그게 참 놀라운 일이, 내가 내 길을 가니까 친척들이 나를 다르게 대한다는 거예요…… 음. (잠시 침묵) 어떻게 표현해야 할 지 모르겠는데, 그건 마치 그들이 내 안에서 어떤 새로운 걸 알아보는 것 같았어요. 그래서 그들은 전처럼 말하거나 행동하지 않았어요. 아마도 그 사람들도 그렇게 느꼈겠지요. 나도 반항적으로 대하지 않고, 그저 나 자신이 되었으니까요.

저자: 그러니까 그걸 그 사람들한테 행동으로 보여 주었군요.

환자: 맞아요, 맞아. 말로 한 게 아닌데. 그래요.

저자: 부인은 그들이 알아차린 게 뭐라고 생각하세요?

환자: 모르겠어요. 아마 그건, 어, (침묵) 모르겠어요. 생각이 안 나요. 아마 그 비디오를 본다면, 나 자신을 볼 수 있겠지요. 하지만 내가 나 자신을 다 볼 수도 없으니, 그들이 보는 게 뭔지, 내가 보여 주는 게 뭔지 잘 모르겠어요. 어쩌면 새로운 조앤 폴렛을 보는 거겠죠. 이전의 조앤 폴렛이 아니고…… 오랫동안 만나지 않았던 사람들조차 나더러 뭔가 달라졌다고 말해요.

저자: 그래요?

환자: 더 예뻐졌다거나 뭐 그런 거. 그들은 그게 뭔지 몰라요. 그렇지만 나는 그게 뭔지 알아요. 왜냐하면 내가, 어, 자신감이 훨씬 많아졌어요. 그게 밖으로 드러나서 그들이 보게 되는 게 아닌가 싶어요. (잠시 침묵) 그건 진정한 성장 과정이었어요. 이제 나이에 걸맞게 된 거지요.

[강의실]

수련생: 그녀가 얼마나 달라 보이는지, 정말 놀랍습니다. 젊어 보이고, 부드러워 보이고, 신체 언어도 더 개방적이고요.

수련생: 그리고 전에 서로 만난 적이 없었는데도 선생님을 대하는 모습이 놀라웠어요. 선생님과 같이 있으면서 편안해 보였어요.

수련생: 정말 다른 인상을 주네요. 당당함과 자신감을 느낄 수 있습니다.

수련생: 또한 말하는 것도 전처럼 애매하지도 않고, '사람들' 이라는 표현보다는 '나' 라는 표현을 훨씬 많이 쓰는군요. 자신을 훨씬 더 잘 드러냅니다.

나는 추수면접 테이프의 바로 이 부분을 보여 주고 싶었다. 왜냐하면 이 부분이 TLDP가 추구하는 핵심 원리를 잘 설명하기 때문이다. 이상적으로 말하자면, 단기치료에서의 치료 경험은 뿌리 깊은 역기능적 대인관계 예측이 잘못되었다는 것을 증명하고, 그럼으로써 환자가 다른 사람들에게 아직은 불안정하더라도 새로운 행동을 시도해 보도록 북돋워 준다. 이 사례에서 폴렛 부인은 닥터 데이비드가 보인 긍정적인 치료적 자세(비침투성, 공감적 이해, 온화한 직면 등)와 대인관계 주제에 대한 끈기 있는 초점 유지에 힘입어 약한 모습도 더 많이 보일 수 있고, 사람들을 더 많이 신뢰하고, 자신을 더 잘 드러낼 수 있게(즉, 그녀를 둘러싸고 있던 '막' 을 제거할 수 있게) 되었다.

위의 추수면접 자료에서 폴렛 부인은 치료 안에서의 변화를 어떻게 치료 밖의 이득으로 전환시켰는지를 보여 주었다. 그녀는 치료 효과를 명백하게 대인관계를 중심으로 평가하였다. 그녀는 자신을 전보다 호의적으로 보기 시작하는 친척들에게 더 열린 자세로 대하려고 노력하였다. 그리고 이런 노력과 친척들이 자신을 다르게 대하는 것을 연결하여 생각하였다. 그녀는 무엇이 그들로 하여금 다르게 반응하도록 만드는지, 자신이 그들에게 전달하는 것이 무엇인지 정확하게 알지 못했지만, 그들이 그녀가 '뭔가 달라졌다' 고 느끼는 것을 알고 있었다. 또 그녀는 자신의 행동이 다른 사람들에게 영향을 미쳤고, 마찬가지로 다른 사람들의 행동이 자신에게 영향을 미쳤다는 것을 인정하였다.

흥미롭게도 폴렛 부인은 자신의 변화 중에 자신감의 고양이 포함된다고 보았다. 이는 CMP에 진술된 닥터 데이비드의 개념화와는 조금 다르다. 그는 폴렛 부인이 사람을 신뢰하기 어려워하기 때문에 친척들도 거리감을 느끼게 되었고, 이것은 다시 폴렛 부인이 무시당하고 관심받지 못한다고 느끼게 했다고 가설을 세웠다. 여기서 중요한 것은 환자가 자신의 CMP의 어떤 추상적인 측면을 정확하게 이해하는 것이 아니다. 정말 중요한 것은 닥터 데이비드와 새로운 경험(이해받는다는 느낌, 최악의 두려움이 틀렸음을 알게 됨)을 나눈 것과, 이 경험을 자신의 인생의 또 다른 사람들에게 일반화시킨 것이다.

또한 환자와 상호작용하는 중요한 타인들에게도, 어떤 추상적인 원칙에 대한 이해보다는, 이제 폴렛 부인이 이전보다 더 다가가기 쉽고 수용적임을 알게 되는 것이 훨씬 중요하다. 우리는 순환적 적응 패턴이 시작되었음을 본다. 치료는 끝났지만, 폴렛 부인은 자신의 치료적 작업을 계속하였다.

chapter
08 _ 기법: 치료의 청사진인 사례개념화

이 장에서는 치료를 위한 청사진으로서 역동적 초점을 어떻게 사용할 수 있는지 살펴보려고 한다. 이를 위해 나는 TLDP의 사례개념화와 개입 책략을 사용하기로 마음먹었던 당시에 내가 처음 만났던 환자와의 첫 회기를 수련생들에게 보여 줄 것이다. 여느 수련생들처럼, 나도 매 회기를 녹화하였고 다음 회기 전에 그 비디오를 다시 보았다. 나는 이 '시험 사례'를 위해 특별히 치료에 잘 반응할 만한 환자를 고르려고 하지 않았으므로, 병원에 있는 사회복지사에게 다음 순서로 의뢰되는 환자는 누구라도 만나겠다고 이야기해 두었었다.

존슨(Johnson) 씨는 74세로, 정신과 병동에서 곧 퇴원하기로 되어 있었다. 그는 우울과 폭음으로 입원했는데, 알코올 입원 병동과 정신과 입원 병동을 번갈아 다니고 있었다. 정신과 입원 병동의 치료자는 존슨 씨의 퇴원 계획의 일환으로 외래 치료 예약을 하고자 하였다.

나는 첫 회기 이전에 존슨 씨에 대해서 알고 있는 게 거의 없었다. 그가 부인과 사별하였고, 직장에서 은퇴하였으며, 장성한 자녀가 네 명 있다고만 들었다. 알코올 입원 병동에 근무하는 직원은 그가 입원하기 직전에 우울과 외로움 때문에 다시 폭음을 시작했다고 하였다. 그는 자신의 고통을 신체적으로 (예컨대, 위통, 근육통 등으로) 경험하는 경향이 있었다. 존슨 씨는 한 달 간의 입원 치료 기간 동안 정신과 의사와 하는 개인치료, 항우울 약물치료, 알코올 교육집단, 환경치료 등에 협조적이었다.

[강의실]

저자: 나는 존슨 씨와의 첫 회기 중 처음 5분을 여러분에게 보여 줄 것입니다. 여러분은 테이프를 보는 동안 여러분 자신이 치료자의 입장이 되어 다음과 같은 질문들을 생각해 보길 바랍니다.

첫째, 존슨 씨는 TLDP에 적합한 사람인가?

둘째, 여러분의 역전이적인 생각과 느낌은 무엇인가? 존슨 씨는 여러분이 어떻게 느끼고 생각하도록 만드는가? 여러분은 어떻게 행동하도록 이끌리거나 혹은 물러나게 되는가?

셋째, 존슨 씨의 역기능적인 대인관계 문제가 무엇인지 생각해 보십시오. 그의 순환적 부적응 패턴(CMP)은 무엇인가? 즉, 그가 행동하는 방식, 타인의 반응을 예측하는 방식, 타인의 행동을 보고 해석하는 방식, 자기 자신을 대하는 습관적인 태도와 견해는 무엇인가?

넷째, 이 사람의 역기능적인 패턴을 고려할 때 적절한 치료적 목표는 무엇인가? 특히 단기 치료에서 여러분은 그가 어떤 새로운 경험을 하기 바라는가? 어떤 새로운 이해를 갖기 원하는가?

그리고 마지막으로, 치료적 관계 안에서 그의 부적응적 패턴이 어떻게 재연될지 생각해 보십시오. 내가 이 사람을 돕는 과정에서 어떤 문제에 부딪힐 것인가? 이 사례를 시작할 때 만약 여러분이 조언을 준다면, 치료적 과정을 진행하는 데 있어서 무엇을 주의하라고 말해 주고 싶은가? 치료가 잘못되어 가고 있다는 신호로서 내가 사용할 수 있는 전이-역전이 상호작용은 무엇이겠는가 등입니다.

나는 수련생들이 그 자리에서 바로 사례개념화를 하도록 하였다. 첫 회기 중 단 5분만을 보여 준 후, 나는 그들에게 치료 여부를 결정하고, 역전이 반응을 기술하고, CMP의 윤곽을 그려 보고, 목표를 설정하며, 치료에서 생길 수 있는 어려움을 예상해 보도록 요구하였다. 다시 말해 나는 수련생들에게 치료 전체에 대한 청사진을 구상하도록 요구한 것이다.

[비디오테이프]

치료자: 제가 존슨 씨를 잘 알 수 있도록, 병원에 무엇 때문에 오게 되었는지, 무슨 일이 있었는지, 또 제가 어떻게 도울 수 있을지 말씀해 주시겠어요?

환자: (감정 표현 없이 단조롭게) 글쎄, 6월에 시작된 일인데…… 딸과 나는 상카를로스에 살고 있었어요. 저는 자녀가 넷인데, 막내인 수잔과 가장 오래 살았고요. 어느 날 집주인이 우리가 살던 아파트에서 자기가 살겠다고, 이사를 올 거라고 말하더군요. 그래서 나가서 살 집을 알아봐야 하니까, 다른 집을 찾아보기 시작했지요. 우리는 고양이도 키우고 있었죠. 나는 상카를로스 전 지역을 둘러보기 시작했습니다. 내 딸이 거기서 일했고, 아, 그런데 동물을 데리고 있을 수 있는 곳을 전혀 찾을 수 없었어요. 친척한테 우리 고양이를 돌봐 달라고 부탁하기로 결정했습니다만, 여전히 700달러나 800달러 이하로 침실 두 개가 있는 아파트를 찾을 수 없었습니다. 정말 끔찍했지요. 아, 나는 매일 나가서 부동산 목록을 자세히 살펴보고 직접 보러 갔어요. 그러다가 지치고, 우울해지고, 그래서 술을 좀

많이 마시기 시작했어요. 정말 찾을 수가 없더라니까요.

치료자: 그게 언제였죠?

환자: 글쎄, 7월까지 나가라는 통보를 6월에 받긴 했는데…… 그러나 그 땐……

치료자: 그럼 지난달이군요?

환자: 아뇨, 아뇨, 아니요, 일 년 전이요.

치료자: 일 년 전 얘기군요? 알겠어요.

존슨: 무슨 일이 일어났냐면, 내가 우울해지고 예민해지기 시작했고, 지쳤고, 술을 마시기 시작했답니다. 우리는 마침내 우리 사정에 맞는 700달러짜리를 찾긴 찾았는데, 거긴 틸톤에서도 벗어난 곳이었고, 높은 지대에서도 더 높은 막다른 길 끝에 있었어요. 매우 고립된 곳이었죠. 어쨌든 나는 뭔가가 잘못되었다는 걸 알았어요…… 진짜로 이상하게 행동을 하다가, 그래서 여기 병원에 오게 되었고 사람들이 나를 낮 병동에 데려갔어요. 날마다 낮 병동에 갔어요. 그게 10월이고…… 진정제와 수면제를 복용했지만 (잠시 침묵) 여전히 술은 마셨어요. 그리고 난…… 그래서 내 딸은 간호사인 베티에게 계속 불평했고, 베티는 나를 정신과 입원 병동에 들어가게 했어요. 그래서 이 주일 동안 거기에 있었죠. 그런데 그 쪽 사람들이 나한테 알코올 입원 병동에 가야 한다고 그러더라고요. 그래서 난 또 거기서 한 달을 보냈고, 술은 끊었어요. 아, 하지만 난 여전히 우울했어요. 그래서 이 우울증으로 어느 날 다시 왔고, 또 입원했죠.

치료자: 알코올 병동에 다시 왔어요?

존슨: 아니요. 정신과에요, 그리고 거기서 6월 내내 있었어요. 뭐, 이게 지금까지 얘기입니다만.

수련생들과 나는 존슨 씨가 TLDP에 적합한지 먼저 논의했다. 우리는 이 사례에 적용될 다섯 가지의 기본적이고 포괄적인 선별 기준에 대해 생각해 보았다. 첫째, 그는 정서적으로 불편한 상태인가? 그는 고통스러워하고 있는 것 같았다. 그는 우울하고, 고립되는 것에 대해 불안해했다. 둘째, 그는 치료에 오면 도움을 얻을 수 있다는 기본적인 믿음을 가지고 있는가? 비록 그가 이 점에서 특별히 기대를 갖고 있는 것처럼 보이지는 않았지만, 입원 환자로 있으면서 그는 치료를 고분고분 받아들였었다. 나는 그가 회기에 와서 이야기를 할 거라고 느꼈고, 그것은 바로 치료에 꼭 필요한 믿음의 최소한의 지표였다. 셋째, 그는 대인관계적 관점에서 자신의 갈등을 생각해 볼 만한 의지를 보였나? 그는 상호작용의 관점에서 자신의 문제를 볼 수 있다는 몇 가지 증거를 보여 주었다. 하지만 그는 분명히 외부 사건들을 더 중요시하는 것 같았다. 그는, 만약 집주인이 나가라고 하지 않았더라면, 집이 그렇게 비싸지 않았더라면, 이라고 말하고 있다. 넷째, 그는 기꺼이 자신의 감정을 살펴보려고 하였는가? 존슨 씨는 감정, 특히 우울에 대해 이야기하고자 했다. 그러나 그가 자신의 감정과 대인관계 문제 사이의 관련성을 살펴볼 때 얼마나 열린 마음으로 그렇게 할 수 있을지는 확신할 수 없었다. 다섯째, 관계 형성의 능력이라는 측면에서 볼 때 그는 나와 상호작용을 할 수 있을 것 같았다. 그는 기본적인 상호작용을 할 수 있었고, 그와 내가 분리된 존재라는 것을 분명히 알고 있었다. 그러나 존슨 씨의 역기능적 스타일이 워낙 광범위하게 영향을 미치고, 또 경직되고 극단적이었기 때문에, 내가 최선의 노력을 다한다 해도 제대로 성과를 볼 수 있을지는 확실치 않았다. 우리는 존슨 씨가 다섯 가지 기본적이고 포괄적인 선별 준거에 간신히 도달한다고 결론을 내렸다. 그러나 그의 알코올중독에 관한 부분은 여전히 배제 기준으로서 문제가 되었다.

5장에 소개된 배제 준거는 임상적으로 적절하고 도움이 되는 지침을 제공한다. 그러나 나는 이러한 기준을 치료를 아예 시작하지 못하게 하는 적색 신호로서 무조건 따르기보다는, 환자를 선택할 때 주의를 기울이도록 경고하는 황색 신호로 이용하는 쪽을 선호한다.

존슨 씨는 두 달 전까지만 해도 술을 마셨다. 그의 이력을 보면 그는 스트레스에 처할 때, 특히 잠재적인 상실의 위협이 있을 때 가끔씩 (몇 년에 한 번씩) 폭음을 하였다. 그는 사람들이 그를 거부하거나 떠날 것이 두려울 때 갑자기 불안하고 우울해지며 이렇게 기분이 매우 안 좋을 때 이를 다루는 (자가 치료의) 한 방법으로 알코올을 사용한다. TLDP는 자기, 타인, 상호작용에 대한 개인의 기본적 도식에 변화를 가져오려고 시도하기 때문에 어느 정도 불안을 유발하게 된다. 존슨 씨가 다름 아닌 치료에서 생기는 불안을 다루려고 다시 술을 마실지도 모른다는 점에서, 우리가 존슨 씨를 치료에 받아들이는 것은 일종의 모험이 될 수도 있었다.

나는 만약 존슨 씨가 집중적인 알코올중독 입원 치료를 받지 않았고, 치료를 위한 사전 조건으로 금주에 동의하지 않았다면, 그를 TLDP 치료에 받아들이지 않았을 것이다. 그는 또한 단주동맹(AA)에 참여하고 있었으며 이를 지속할 계획이었다. 그렇지만 (이 첫 면접의 후반부와 입원 기록으로부터) 존슨 씨의 알코올 남용에 관한 부가적인 정보를 모으는 것은 여전히 중요한 일이었다. 존슨 씨의 음주 문제는 삶의 후반부에 시작되었고, 그 대부분은 대인관계 문제가 야기하는 불안에 대처하기 위한 반응으로 나타났다. 반사회성이나 품행장애의 증거는 없었다. 알코올중독 유형과 치료 유형을 일치시키려고 한 최근의 연구(예: Kadden, Cooney, Getter, & Litt, 1989; Litt, Barbor, Delboca, Kadden, & Cooney, 1992)에 따르면, 충동적이고 사회적 기대에 무감각한 알코올중독자들은 구조화되고 과제중심적인 대처기술 훈련이 더 잘 맞는 반면, 덜 심각한 알코올중독자들은 대인관계적 치료가 더 잘 맞고 재발률도 낮았다.

치료자는 이렇게 환자와 치료의 여러 특성을 고려해야 한다. 하지만 TLDP에서는 이 접근의 유용성 여부를 판단하기 위해 회기 중에 일어나는 일들을 평가해야 한다는 점을 특히 강조한다. 증상에 대한 자가 치료의 한 방법으로 약물, 음식, 알코올, 쇼핑 등에 의존하는 환자들은 치료 회기 중의 상호작용을 고려하여 TLDP라는 적극적인 접근이 과연 적절한지 여부를 계속해서 (이상적으로는, 환자의 협조를 얻어서) 검토해야 한다. 나는 이 부분을 치료 회기 중이나 일상생활에서 환자가 자신의 불안을 얼마나 잘 다루는지를 보고 판단한다. 예를 들어, 만약 존슨 씨가 치료 회기에 오기 전에 '자신을 진정시키기' 위해 술이 필요하다고 느낀다면, 나는 치료 접근을 좀 더 지지적인 방향으로 수정하거나 그를 알코올중독 치료를 전문으로 하는 곳에 의뢰하였을 것이다.

존슨 씨는 알코올 문제와 우울로 입원했던 이력을 고려할 때 TLDP 선별 준거의 하한선에 겨우 해당된다고 볼 수 있었다. 어쨌든 나는 존슨 씨가 TLDP 선별 준거에 부합된다고 결론을 내렸다. 그리고 존슨 씨를 치료에 받아들이면서 그가 입원 치료의 한 부분으로 시작했던 AA에 지속적으로 참여하는 것이 중요하다고 강조하였다.[1] 존슨 씨는 불안에 대처하기 위해 반복해서 알코올에 의지하였다. 그런 과거사가 있는 만큼, TLDP를 통해 대인관계의 두려움을 감소시키면 자동적으로 그의 중독 행동이 없어지리라고 가정하는 것은 경솔한 기대일 것이다(Khatzian, 1988; La Salvia, 1993). Joan Zweben(1993)이 지적했듯이, 치료자들이 배운 것과는 다르게 '기저의' 정신역동적 문제들을 다루어 주면 중독을 효과적으로 치료할 수 있다는 생각을 지지해 주는 경험적인 증거는 거의 없다.

치료 회기의 첫 부분을 함께 본 뒤, 나는 수련생들에게 이 사례의 핵심 문제를 개념화하는 출발점으로서 존슨 씨에 대한 역전이 반응을 떠올려 보라고 하였다.

---

1) Stephanie Brown(1985)은 환자와 치료자와 (AA의) 12단계 프로그램 사이의 삼각관계에서 생길 수 있는 어려움에 대해 논의한 바 있다. 그녀는 중독 전문가가 아닌 치료자를 위해 알코올중독에서 회복 중인 심리치료 환자들과 상담할 때 필요한 지침들을 제시하였다.

[강의실]

수련생: (조심스럽게) 그는 정말 자신을 피해자로 봅니다.

저자: 자신을 피해자로 나타내는 이 사람과 함께 있다면 어떤 느낌이 들까요?

수련생: 별로 안 좋을 것 같습니다. 그는 우는 소리를 하며 푸념을 늘어놓습니다. 어느 정도는 책임감을 가졌으면 좋겠어요. 그래서 별로 그가 맘에 들지 않아요. 동정심도 안 생기고요.

저자: 좋아요. 솔직해서 좋군요. 다른 반응은?

수련생: 이 사람을 아주 작은 한 걸음이라도 움직이게 하려면 엄청난 에너지가 필요할 거라고 생각했습니다.

저자: 그런 생각을 할 때 어떤 느낌이 들던가요?

수련생: 밑 빠진 독에 물 붓기라고나 할까요. 이 사람과 작업할 때 얼마나 소진될지 생각해 보면……

수련생: 거대한 나무늘보 같아요. 밀어 보려고 애쓰지만 꿈쩍도 않을 것 같습니다.

수련생: 저는 '참, 야단났군! 낮 병동이 필요하고, 열심히 돌봐 줘야 할 사람이란 말이지.' 라고 생각했어요. 부담스럽고 압도되는 느낌입니다.

수련생: 저 또한 피곤한 느낌이 듭니다. 다른 사람들이 자신을 돌봐 주길 바라고, 아마도 치료자 또한 그렇게 해 주길 기대하겠지요. '매 회기가 이처럼 진행된다면? 아, 안 돼!' 라는 말이 절로 나옵니다.

수련생: 기다려지는 시간이 결코 아니겠죠.

수련생: 그 사람 말에 집중을 못하겠어요. 그래서 지루했어요. 사람들에게 그저 이리저리 끌려 다닌다는 말로 들리더군요.

수련생: 저는 좀 끼어들어 무언가 해 줬으면 했습니다. 자신이 무기력하다고 표현하고 있었거든요.

수련생: 선생님이 언제 그런 일이 생겼냐고 물었을 때, 살던 집에서 나가게 된 건 일 년 전의 일인데 방금 일어난 것처럼 말했잖아요. 이것은 자신이 피해자라는 사실에 집착하는 정도를 보여 주는 거죠.

수련생: 저는 그에게 안타까운 마음이 들지 않는 것에 대해서 죄책감이 들었습니다. 아파트를 얻기 위해 정말 열심히 노력했고, 또 정말 실망했는데도 말이죠.

수련생: 저의 첫 느낌은 그에 대한 안타까움이었어요. 그의 설명에 빨려 들어갔죠. 이런 모든 두려운 일들이 그에게 일어났고, 그는 그것을 감당할 수 없었어요. 그런데 비디오테이프가 끝날 때쯤 되니, 한없이 외재화를 하고 책임을 회피하는 것에 대해 실망감이 들기 시작했습니다.

저자: 자, 여기서 한번 요약해 봅시다. 여러분들의 반응을 보자면, 그가 우는 소리나 늘어놓으니 좋아하는 마음이 생기지 않고, 화도 나고, 실망스럽고, 마음이 집중되지 않고, 지루하고, 피곤하고, 어떤 연민을 느끼기도 하고, 그렇지만 좀 더 좋은 마음이 안 들어 죄책감도 드는군요. 존슨 씨가 말하는 내용과 말하는 방식의 어떤 점이 우리에게 이런 반응을 불러일으키는지 검토해 봅시다.

수련생: 그는 무력해서 사람들이 자기에게 뭔가 말해 주길 바랍니다. 이런 말도 하던데요. "그 쪽 사람들이 나한테 알코올 입원 병동에 가야 한다고 그러더라."

저자: 존슨 씨의 언어 사용 방식에 영향을 받았다는 뜻이군요.

수련생: 그는 매우 수동적입니다. 사람들이 항상 그에게 뭔가를 해요.

수련생: 맞아요. 간호사가 그를 입원 병동에 받아 주었고, 집주인이 그를 내쫓았죠.

수련생: 그가 무언가를 하려할 때는 문자 그대로 막다른 골목에 다다르게 됩니다.

수련생: 그냥 막다른 길이 아니라, 막다른 길의 끝에 서게 된다고 했어요.

저자: 그는 그렇게 무력하고 수동적인 모습을 보이고, 다른 사람들은 그가 무언가를 하도록 설득하거나, 그에게 뭔가를 해 주게 됩니다. 그 밖에 또 어떤 것이 있나요?

수련생: 아무것도 소용이 없어요.

저자: '아무것도 소용이 없다.'는 말이 무슨 의미죠?

수련생: 그는 도움을 받아도 그게 도움이 된다고 느끼지 않아요.

저자: 도움이 된다고 느끼지 않는다면, 그러면 그런 느낌은 또 어떤 감정을 남기게 될까요?

수련생: 우울과 무력감이겠지요. 더 절망하게 되고 더 수동적으로 됩니다.

수련생: 처음으로 되돌아가는군요.

저자: 그렇습니다. 시나리오의 처음으로 되돌아갔습니다. 그렇게 해서 우리는 순환적이고 부적응적인 내용을 담고 있는 기본 이야기를 만들었습니다. 이 패턴은 여러 다양한 상황에서 나타나는 것 같습니다. 이제 우리는 순환적 부적응 패턴의 대체적인 모습을 보게 되었습니다. 그 밖에 또 어떤 것이 있지요?

수련생: 네, 제가 생각하기로는 그는 자기 자신의 주체가 될 수 없습니다. 그가 자신의 문제를 아무리 열심히 풀려고 해도 그건 효과가 없고 결국엔 외부 세계에 의존하게 됩니다.

수련생: 그는 효율적으로 행동하는 사람이 아닙니다.

수련생: 그를 움직이는 것은 그 자신이 아니라 다른 사람의 행동입니다.

수련생: 아무리 노력을 해도 효과가 없고, 그래서 타인이 개입하게 됩니다.

저자: 그러면 그 타인들은 결국 어떻게 느끼게 되나요?

수련생: 책임감 없는 그로 인해 아마도 상당히 좌절감을 느끼겠지요.

수련생: 아마도 지쳐 버릴 겁니다.

저자: 좋습니다. 이제 그렇게 된다면, 사람들은 결국 무엇을 하게 될까요?

수련생: 그를 안쓰럽게 생각하면서도 포기할 거예요.

수련생: 아마도 그를 도와주고 싶지 않은 마음 때문에 죄책감을 더 느낄 테고, 그러면 그를 더욱 피하게 되겠지요.

저자: 그러면 존슨 씨는 또 어떻게 느낄까요?

수련생: 더욱 무능력해지고 더욱 고립되겠지요.

수련생: 그리고 정말 어느 누구에게도 의존할 수 없습니다.

수련생: 우울해집니다.

수련생: 술도 마시고요.

저자: CMP의 관점에서 지금까지 우리가 이야기했던 것들을 살펴봅시다. 우리가 만난 사람은 매우 고립되고 우울하고 의존적인 사람인데, 이 사람은 그가 해야 하는 것을 다른 사람들이 더 잘 알고 있다고 여기는 사람입니다. 그는 자기 인생을 책임져 줄 타인을 기다립니다. 사람들은 그에게 관여하여 지시하게 되는데, 그건 아마도 그들이 그를 안타깝게 여기거나, 그가 우는 소리를 하며 수동적인 태도를 보이는 것에 지쳤거나, 혹은 더 이상 뭔가를 하고 싶지 않은 데서 오는 죄책감 때문일 수 있겠습니다. 그러나 결국 그들은 그의 불운한 상태와 패배적인 태도 때문에 좌절하고 짜증나게 됩니다. 화가 나거나 그를 거부하게 됩니다. 존슨 씨는 처음에는 타인의 지시와 요구를 따르지만 결국 도움 받는다고 느끼는 게 아니라 오히려 거부되고, 사랑받지 못하고, 자신이 가치 없는 존재라고 느끼게 됩니다. 자신이 능력이 있다거나 보살핌을 받는다고 느낄 수 없기 때문에 그는 무력감과 좌절감을 느끼는데, 이런 느낌은 그의 음주,

고립감, 우울을 증가시키고, 결국 이것들은 어떤 순환을 이루게 됩니다. 이것이 어떻게 도식화되는지 살펴봅시다([그림 8-1 참조]). 자, 이것을 가설적인 5분 사례개념화라고 합시다. 다음 단계는 그의 역동에 대한 이러한 이해를 바탕으로 목표를 세우는 것입니다. 여러분은 이 단기치료에서 그가 무엇을 얻기를 바랍니까? 어떤 새로운 경험, 어떤 새로운 이해를 얻어야 할까요? 우선 새로운 경험에 대해서 살펴봅시다.

수련생: 나는 우는 소리하기, 푸념 늘어놓기, 혹은 뭐라고 이름 붙이든지 간에 이런 태도가 다른 사람의 행동에 어떤 영향을 미치는지 보도록 도와야 할 것 같습니다.

저자: 그것은 경험의 측면일까요, 이해의 측면일까요?

수련생: 음, 이해의 측면인 것 같군요.

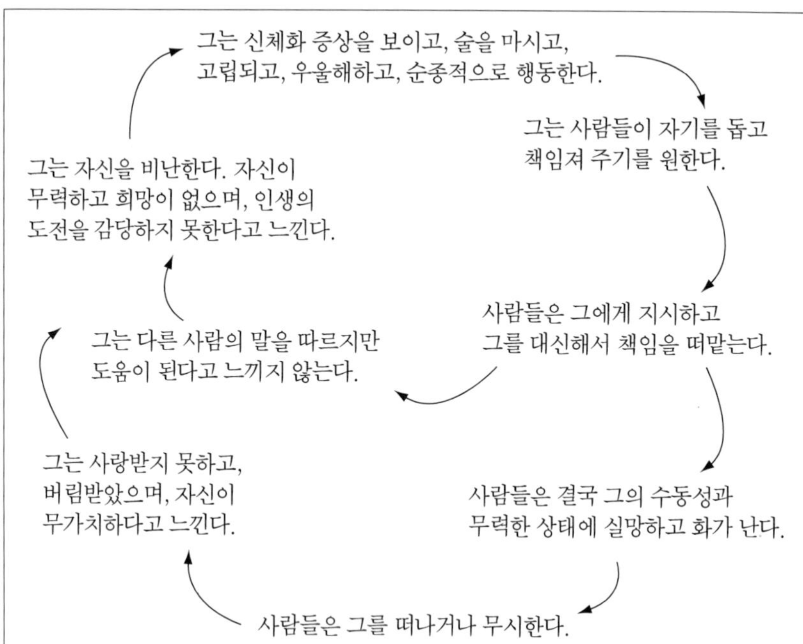

[그림 8-1] 존슨 씨의 순환적 부적응 패턴

정신분석적 훈련을 받은 치료자들은 새로운 이해와는 별개로 새로운 긍정적인 경험을 촉진하는 것이 중요한 치료 목표가 되어야 한다는 관점을 가지기가 상당히 어려울 수 있다. 기존의 역동적 훈련은 대개 환자들이 무의식적 갈등의 특성을 깨닫고 이해하도록 돕는 것을 강조해 왔다. 이 목표를 이루기 위한 가장 중요한 정신분석적 기법이 바로 해석이다. 이 해석은 '치료 원리의 위계에서 가장 높은 자리에 있는 기법' (Bibring, 1954, p. 763)이다. 그러나 경험이 배재된 상태의 이해란, 제대로 된 골프 스윙이 어떤 것인지 체험적으로 이해하지 못하고서는 결코 멋진 스윙을 할 수 없는 것과 같다. 이 주제는 10장에서 좀 더 깊이 있게 다루려고 한다.

[강의실]

저자: 그럼 여러분들은 그가 자신의 부적응적 패턴을 끊을 수 있도록 치료 회기 내에서 어떤 경험을 하길 원하나요? 새로운 경험에 두 가지 측면이 있다는 것을 생각하면 답을 찾는 데 도움이 될 것입니다. 첫째, 환자가 상호교류의 상황에서 자신을 어떤 사람으로 경험하기를 바라는가? 둘째, 상호작용의 대상인 여러분을 어떤 사람으로 경험하기를 바라는가?

수련생: 자기 자신에 관해서는, 자신이 힘이 있다는 것을 느끼길 바랍니다.

수련생: 효능감입니다. 자신에게 선택할 수 있는 능력이 있음을 깨닫기를 바랍니다. 사람들이 그를 위해 무슨 일을 해 줄 필요가 없으며, 그 자신이 선택하고 행동할 수 있다는 것을 느낄 수 있기를 바랍니다. 내가 그를 위해 무슨 일을 대신 하는 게 아니라는 것이지요.

저자: 즉, 그가 어떤 행동을 실제로 취하거나, 그렇게 할 수 있는 능력이 자신에게 있음을 깨닫기 바란다는 뜻이군요.

수련생: 자신이 원하는 게 뭔지, 왜 그 자리에 있는지 이해할 수 있었으

면 합니다.

저자: 치료 회기 내에서 어떤 행동을 주도적으로 하고, 그것을 남이 아닌 그 자신이 했다는 것을 알았으면 하는 것이지요.

수련생: 네, 다른 사람의 목표가 아니라 자기 자신의 목표를 가지는 것입니다.

수련생: 더 적극적으로 참여하길 바랍니다.

수련생: 자발적으로 어떤 주제를 가져와서 작업할 수 있으면 좋겠습니다.

수련생: 씩씩하게 살고, 좀 제대로 살았으면 좋겠습니다.

저자: 감정이 점점 많이 실리는 걸 보니 여러분의 역전이가 작용하는 것 같습니다. 여러분의 마음 한 부분이 환자의 끌어당김에 반응하는 듯합니다. 그래서 권위적인 치료자로서 더욱 지시적인 태도를 보이고, 심지어는 야단을 치게 되는 것이지요.

수련생: 우리의 반응이 어느 때에 치료적 목표가 되고, 또 어느 때에 단순한 역전이 반응이 되는지 어떻게 알 수 있을까요?

저자: 우리가 환자의 스타일에 대한 자연스러운 반응으로서 역전이를 느끼고 그것을 사용하는 과정에서 그 두 가지는 상호배타적이지 않습니다. 역전이는 환자의 자기표현이 어떻게 바뀌어야 여러분의 반응이 바뀌게 될지를 알려 줍니다. 이 사례에서 여러분은 그를 꾸짖고, 통제하려 하고, 고집이 센 아이처럼 다루고 있습니다. 이러한 역전이 행동이 변화되기 위해서는, 그는 투정부리는 아이가 아니라 더욱 어른답게 행동해야 할 것입니다. 그가 자신의 인생을 더 잘 통제한다면, 그리고 결정을 더 잘 하게 된다면, "좀 제대로 사세요!"라는 명령조 문장으로 표현되는 여러분의 역전이는 바뀌게 되고, 덜 나무라고, 덜 지시적이며, 덜 모질게 그를 대하게 될 것입니다.

수련생: 이해가 됩니다.

저자: 우리가 지금 어디쯤 왔는지 봅시다. 자신과 관련된 새로운 경험에 있어서, 여러분은 존슨 씨가 스스로 뭔가를 할 수 있다고 느끼고, 자신의 인생에서 더욱 통제감을 갖기를 원합니다. 우리는 그가 결단력 있고, 적극적으로 참여하기를 원합니다. 그는 행동을 할 수 있습니다. 그는 볼모가 아닙니다. 그러면 새로운 경험의 두 번째 부분은 어떤가요? 그가 당신을 어떻게 경험하길 바라나요?

수련생: 구원자는 아니에요. 그렇게 된다면 그의 패턴에 빠지는 게 되겠죠. 그의 딸이나 간호사가 그를 보살피는 데 책임을 맡았던 것처럼요.

수련생: 그렇다고 그를 거부한다고 느껴서도 안 되지요. 왜냐하면 그것 또한 그의 패턴의 일부분이니까요. 집주인이 그를 내쫓았던 것처럼.

저자: 그를 구원하거나 거부하는 것은 그의 새로운 경험의 일부가 될 수 없다는 것을 알았습니다. 이것은 그의 수동적인 태도, 희생자로서의 자세와 결탁하여, 그의 역기능적 관계 패턴을 지속시킬 비옥한 토양을 제공할 뿐입니다. 그러면 여러분은 그가 치료자를 어떻게 경험했으면 좋겠습니까?

수련생: 악마도 성자도 아닌, 같이 작업을 해 나가는 사람, 파트너로 느낄 수 있으면 좋겠습니다.

수련생: 그가 화를 내거나 무기력한 상태에 있더라도 여전히 함께 있어 줄 사람으로 치료자를 경험하면 좋겠습니다.

저자: 좋습니다. 그러면 이제 두 번째 목표인 새로운 이해에 대해 살펴볼까요? 이 단기치료가 끝날 때쯤에 존슨 씨가 무엇을 새롭게 이해하면 좋을까요?

수련생: 진부하지만, '알코올은 해결책이 아니다!' 와 같은 말이 계속 생각납니다.

저자: 정확한 슬로건이군요. 하지만 내가 보기에는 너무 내용 중심적인 것 같습니다. 알코올에만 초점을 두고 있으니까요. 그에 비해 TLDP 모델은 과정에 초점을 두지요. 방금 이야기한 그 충고의 근거를 한번 살펴봅시다. 존슨 씨가 알코올을 사용한 것은 그가 불안이나 분노 같은 감정을 경험하는 데 어려움을 겪는다는 단서가 됩니다. 또한 우리는 입원 기록에서 존슨 씨가 상당한 정도의 신체화를 보인다고 한 것을 기억해야 합니다. 신체적 증상에 초점을 맞추는 것은 감정을 다루지 않고 회피하는 한 방법이 될 수 있습니다. 그러므로 우리는 존슨 씨가 그의 감정을 다루는 데 어려움을 겪는 이유 중 하나는, 그런 감정들이 무엇을 향한 것인지 이해하고, 또 그런 감정의 결과가 어떨지를 살펴볼 수 있게끔 충분히 시간을 두고 음미해 보려고 하지 않기 때문이라는 가설을 세워 볼 수 있겠습니다. 그래서 알코올이 해결책이 아님을 깨달아야 한다는 말은, 그가 자신의 다양한 감정의 의미와 그 중요성을 이해했으면 하는 여러분의 바람을 담고 있다고 할 수 있겠지요.

수련생: 나는 그가 다른 사람이 아니라 그 자신에게 의지할 수 있다는 걸 이해했으면 좋겠어요.

수련생: 네, 그에게는 장점도 있고 장애를 극복할 수 있는 능력도 있다는 것도요.

수련생: 어떤 지역 정신건강 클리닉의 벽에 붙어있던 포스터가 기억납니다. 거기 이렇게 적혀 있었습니다. "나는 내 인생이 절반이 지난 다음에야 그 인생을 나 스스로 살아야 함을 깨달았다."

수련생: 그리고 우는 소리를 하고 투정을 부리는 것 같은 행동이 그를 도우려는 사람들에게 어떤 영향을 끼치는지 볼 수 있으면 좋겠습니다.

저자: 자신의 행동이 타인에게 미치는 영향을 이해하길 바라는군요.

수련생: 난 그가 이미 어떤 식으로든 결정을 내리고 있음을 알았으면 좋겠습니다. 그는 이미 행동을 하고 있어요. 그러면서도 그러고 있다는 걸 못 보고 있는 거지요. 그는 자신이 무력하고, 또 다른 사람의 요구에 그저 순종한다고만 생각합니다.

저자: 단기치료가 종결될 즈음 존슨 씨가 성취했으면 하는 이 두 번째 목표, 즉 새로운 이해에 이런 것들이 포함되겠군요. 나는 이미 뭔가를 하고 있고, 결정을 하고 있고, 사람들에게 영향을 주는 행동을 취하고 있다. 나는 능력이 있는 사람이고, 내 인생의 방관자가 아니라 주인이다. 내 감정은 중요하고, 음주 등을 통해 그것을 피하려고 하는 것은 장기적으로 아무런 소용이 없다…… 우리는 존슨 씨가 이런 것들을 깨닫기를 바랍니다. 시작이 좋은데요. 그러면 이제 이 치료에서 나타날 수 있는 전이-역전이의 재연을 살펴봅시다. 이 사례와 관련해서 나에게 조언을 주세요. 여러분은 이 치료가 어떻게 진행될 거라고 생각하세요?

수련생: 그는 분명 선생님이 어떤 지시를 하도록 유도할 거예요. 그러나 정작 그렇게 한다면 어떻게든 그걸 평가절하하리라고 생각합니다. "난 너무 약해요."라고 하면서.

수련생: 선생님이 그를 치료에 받아들이고 그와 협력하려고 할 때, 그가 얼마나 수동공격적인 태도를 보일까 싶어 무척 호기심이 생깁니다.

저자: 중요한 점을 잘 지적했습니다. 치료자가 어떤 새롭고 건강한 경험을 제공하려고 할 때, 환자들이 이 새로운 기회를 그저 좋게 반기지만은 않습니다. 치료자가 예상치 못한 태도나 행동을 보일 때, 이것이 환자가 오래전부터 바라던 것을 충족시키는 일이라 할지라도, 의심과 불안을 갖고 바라봅니다. 이런 일은 정말 흔히 일어납니다.

수련생: 변화를 두려워하기 때문에 일의 진행을 방해할 수 있겠군요. 환자는 자신을 어른으로 대우하는 사람을 어떻게 대해야 하는지 잘 모를 테고, 그래서 수동적인 자세에 머무르려고 할 것 같습니다.

저자: 그렇습니다. 이것이 그가 지난 긴 세월을 살아온 방법입니다. 사람들과 상호작용하던 기존의 방식이 자신에게 도움이 되지 않았다 할지라도, 그것은 그가 가장 잘 알고 있고 잘 이해할 수 있는 방식입니다. 그러므로 사람들에 대한 지각을 변화시키려는 시도에 대해 그가 기존의 습관을 더욱 완고하게 고수하는 모습을 보이는 것은 충분히 이해할 수 있는 반응입니다. 따라서 그의 행동을 고의적으로 치료를 방해하는 것으로 해석하거나, 그를 '수동공격적' 이라고 비난해서는 안 되겠습니다. 그것은 우리의 일방적인 관점일 뿐입니다. 자, 존슨 씨와 내가 보일 수 있는 또 다른 전이-역전이 패턴이 있을까요?

수련생: 아마도 초기에는 치료자가 긍정적인 태도로 환자를 대하겠지만, 환자 편에서 점점 더 무기력한 모습을 보임에 따라 치료자 또한 무기력해지고 뒤로 물러나게 될 것 같습니다. 어떤 변화도 안 생기니까요.

수련생: 너무나 쉽게 압도당할 것 같아요.

수련생: 치료자가 끼어들어서 뭔가 변화를 추구하다 보면 매우 적극적인 태도를 보이기 쉬운데, 그래도 아무 일도 안 일어나면 자꾸 조급한 마음이 들고 좌절감을 느낄 수 있을 것 같습니다.

수련생: 그러면 선생님은 그런 좌절감이 담겨 있는 말을 할 위험이 있고, 그러면 그는 자신을 다시 실패자로 느끼겠지요.

저자: 내 좌절감은 그를 비난한다는 인상을 주고, 그는 그것에 반응을 하겠군요.

수련생: 저는 선생님이 그에게 뭘 주더라도 충분하지 않을 거라고 생각

됩니다.

저자: 그래서 어떻게 될까요?

수련생: 그는 도움을 받는다고 느끼지 못할 것이고, 더욱 우울하고 수동적인 모습을 보이겠지요. 선생님은 지치고 자신이 아무 쓸모없다는 느낌에 시달리다가 포기할지도 모르겠습니다.

저자: 그러면 여러분은 어떤 조언을 줄 건가요? 내가 여러분에게 조언을 구하러 와서 이 테이프를 보여 준다면 뭐라고 이야기해 줄 건가요?

수련생: 너무 열심히 노력하지는 말라고 말씀드리고 싶어요. 선생님이 노력을 하면 할수록 그는 더욱 단단히 방어를 할 테니까요.

수련생: 그리고 분노를 경계해야 하겠지요.

수련생: 그가 뭔가를 할 수 있다는 걸 기억하시고, 그에게 기대를 가져야 합니다. 그렇게 하지 않는다면 그의 무력감을 확인시켜 줄 뿐입니다.

저자: 우리는 그가 알코올 프로그램에 참가한 후 음주를 중단했다는 것을 주목해야 합니다. 비록 그가 그 프로그램에 수동적으로 가게 되었다 하더라도, 그는 지금까지 두 달 동안 금주하며 지낼 수 있었고, 자신의 감정도 더 잘 참을 수 있게 되었습니다. 그러니 그에게 뭔가를 기대하라는 여러분의 지적은 현명한 것이라 생각합니다.

단기치료에서는 환자의 장점을 인식하고 이를 활용하는 것이 중요하다. 회기 수가 제한되어 있으므로 치료에서 충분한 추진력을 얻기 위해서는 환자의 건강한 능력을 이용할 줄 알아야 한다.

[강의실]

수련생: 제가 조언을 한다면, 선생님이 그에게 새로운 경험을 촉진할 때, 그는 불안감이 생겨서 약을 더 많이 먹거나 술을 더 많이 마실

수도 있다는 점을 지적하고 싶습니다.

저자: 맞습니다. 불안감을 줄이려고 약을 더 복용하거나, 우리가 전에 언급했듯이 다시 술을 마실 수도 있겠습니다.

TLDP를 할 때, 우리는 환자가 적당하고 촉진적인 수준의 불안을 느끼기를 바란다. 우리의 개입이 전혀 불안을 가져오지 않는다면, 우리가 너무 현상유지에 급급한 것은 아닌지 의심을 해 봐야 한다. 수련생들은 존슨 씨와 내가 그의 역기능적 스타일의 재연에 매몰될 수 있음을 지적하였다. 내가 조급해지고, 화를 내며, 좌절감을 느낄 수 있고, 그래서 너무 지시적이고 비판적인 태도를 보이거나 혹은 뒤로 물러날 가능성이 있다고 보았다. 그리고 존슨씨는 나의 이런 행동과 태도를 지각하여 더욱 우울해지고 나와 함께 치료실에 있는 동안 피해자가 된 느낌에 더욱 시달릴 수 있다고 지적하였다. 수련생들의 조언은 내가 그를 압박하거나 거리를 두고 싶은 마음이 드는지 잘 살펴보고, 그가 힘이 없고 무력한 사람이 아니라는 것을 반드시 기억하라는 것이었다.

수련생들은 작업의 초점을 끌어내고, 두 가지 목표를 서술하고, 치료 시간에 발생할 수 있는 전이-역전이 문제를 예상할 수 있었다. 그의 병력과 생활사를 더 요구한 수련생은 아무도 없었다. 어느 누구도 존슨 씨에 대해 충분히 모르기 때문에 사례개념화를 할 수 없다고 말하지 않았다. 나는 사례개념화가 이처럼 쉽다고 여길 만큼 경박하지는 않다. 다만 나는 수련생들에게 그들 자신의 반응에 초점을 맞추고, 회기 중에 환자가 어떻게 행동하고 무슨 말을 하는지를 관찰하게 하였다. 그리고 CMP의 구조에 맞추어 자신의 반응과 관찰을 요약하게 하였다. 이것은 수련생들에게 매우 귀중한 자료를 제공하였다.

이 5분 사례개념화는 그 이후에 얻는 정보들을 바탕으로 그 치료 시간이 끝날 때까지 수정되고, 확장되고, 폐기되고, 보강된다. 그렇게 하여 첫 회기가 끝날 때쯤에 치료자는 기본적인 사례개념화에 이르게 된다. 그리고 이것은 이후 치료 과정에서 알게 되는 정보에 따라 더욱 정교하게 다듬어진다. 이렇게 만든 사례개념화는 언제라도 전체 치료를 위한 청사진을 제공해 줄 수 있다.

우리의 목표는 5분 동안 얻은 정보를 바탕으로 신속하게 사례개념화를 하는 특별한 방법을 배우는 것이 아니다. 그보다는 치료적 초점을 구성하는 데 도움이 되는 자료들을 최대한 활용하는 방법을 배우려고 한다. 임상가들은 종종 첫 면접 시간에 임상 면접 질문지를 채우거나 외부에서 부과한 표준화 질문지에 답을 써 넣느라고 환자에게 온전히 집중하기가 어렵다. 전형적인 정신과 면접의 항목들(주호소 문제, 정신과적 치료 이력, 발달사 등)이나 관리의료 회사의 진단-치료 접근의 가치를 폄하할 수는 없다. 그런 영역의 내용들이 상당히 중요하기는 하지만, 그것에 지나치게 초점을 두게 되면 환자와 치료자 사이의 자연스러운 대화의 흐름이 방해를 받는다. 환자의 대인관계 스타일을 보여 주는 매우 중요한 정보를 우리는 바로 이러한 대화와 이야기 전개를 통해 얻을 수 있다. 결국 이 대화의 경험은 환자가 사람들과 어떻게 상호작용하는지를 보여 주는 생생한 실례가 되는 것이다.

이 '5분 사례개념화' 연습은 임상가들이 초기 상호작용의 흐름 안에서 자신과 환자를 정교하게 관찰할 필요성이 있음을 강조한다. 또한 이 연습은 전이와 외부 세계에서 나타나는 환자의 대인관계 패턴을 가능한 한 빨리 식별하는 것이 중요하다는 점을 강조한다. 바로 이 대인관계 패턴이 치료 작업의 중심이 된다. 그것을 빨리 인식할수록 효과적으로 작업할 수 있는 가능성이 커진다. 치료자는 중요한 임상적 자료들과 덜 중요한 것들, 때로 매혹적이지만 핵심 문제와 연관성이 덜한 장광설을 구분할 줄 알아야 한다. 이렇게 치료적 초점은 적절한 임상적 자료를 걸러 주는 일종의 필터가 된다.

치료적 초점은 또한 앞으로 생길 수 있는 잠재적인 문제들에 대해 치료자가 주의를 기울이게끔 하는 안내 표지로 사용된다. 이후의 회기에 문제를 야기할 수 있는 전이-역전이 패턴들을 예측해 보는 것은 치료자에게 아주 중요한 일이다. 환자의 저항, 치료 동맹의 손상, 역전이적 행동화를 예상해 봄으로써 적절한 치료 계획을 세울 수 있다. 따라서 치료자는 치료적 난국에 처할 때 방심한 채로 있다가 당황하지 말고, 오히려 그 상황을 활용하여 임상적 영향력을 극대화시킬 수 있도록 준비하고 있어야 한다.

예컨대 존슨 씨의 사례에서, 수련생들은 내가 존슨 씨를 아이처럼 조심스레 돌보지 않고 어른으로 대우한다면, 그는 더욱 수동적으로, 혹은 수동공격적으로 반응할 것이라고 예상하였다. 그러므로 치료가 진행됨에 따라 존슨 씨가 더욱 무력하고 절망적인 모습을 보인다 하더라도 나의 개입이 부적절하다고 생각하거나, 그가 자신을 가누지 못한다고 해서 결국 입원치료가 필요하겠다는 생각부터 해서는 안 되는 것이다. 오히려 내가 제대로 하고 있음을 알려 주는 증거로 보고 반가워해야 할 것이다. 존슨 씨의 반응은 그의 CMP를 고려할 때 충분히 예상할 수 있는 일이기 때문에, 나는 치료적 초점에 부합하는 개입(예컨대, 존슨 씨의 능력을 과소평가하지 않는 것)을 계속해서 해 나갈 수 있다. 이렇게 해서 치료자는 치료의 항로를 진행하는 동안 자신의 지식과 기술을 충분히 이용할 수 있게 된다. 물길은 이미 파악하였다. 치료자는 이미 그 흔들림을 알고 있기 때문에, 환자와의 상호작용이 평탄하지 않아도 너무 심하게 비틀거리지 않는다.

나는 수련생이 자신이 새로 맡은 환자의 가족력, 사회력, 발달력, 정신과 병력 등을 자세히 발표하는 집담회나 사례회의에 수도 없이 참석했다. 이렇게 발표하는 데 보통 40분 정도 걸린다. 여기에 간략한 역동적 사례개념화를 포함시켜 DSM-IV 진단을 내리는 데 추가로 10분 정도가 더 든다. 그리고 사람들이 그 방을 줄지어 나갈 때, 절망한 수련생은 애처로운 목소리로 묻는다. "그런데 이제 어떻게 해야 하나요?" 그는 사례개념화로부터 치료 목표를 도출하거나 치료 과정의 전개를 예측할 줄 모른다. 그가 제시한 사례개념화는 그저 형식적 절차에 불과하고 치료 결과를 성공적으로 이끌기 위해서 무엇이 필요한지를 파악하는 데는 아무 도움도 주지 못한다. 이에 비해 TLDP의 사례개념화는 치료자에게 목표 설정과 치료 전개의 양상에 관한 정보를 주도록 구성되어 있다. TLDP의 사례개념화는 이렇게 치료 과정과 아주 밀접하게 결합되어 있다.

이 장에 제시된 5분 사례개념화 연습은 환자의 이야기 속에서 대인관계 패턴을 빨리 찾아내려는 노력이 중요함을 강조하였다. 그러나 너무 빨리 초점을 구성하려고 할 때 큰 위험이 따른다는 사실도 주목해야 한다. 그럴 때 사례를 정확하게 이해하는 데 결정적으로 중요한 자료들마저 빠뜨릴 위험이 있는 것이다.

이것이 단기치료자의 딜레마이다. 만약 빨리 사례개념화를 하지 못하면 적절한 개입 방법을 찾기도 전에 치료 기간의 절반이 지나가 버릴 것이다. 그러나 만약 너무 일찍 사례개념화를 한다면 치료는 엉뚱한 길로 갈 수도 있다(이것은 마치 비행기 조종사가 지금 길을 잃어서 어디로 가고 있는지 모른다는 나쁜 소식과, 또 어쨌든 지금 엄청난 속도로 세계 기록을 갱신했다는 좋은 소식을 동시에 방송했다는 이야기와 흡사하다.).

사례개념화를 할 수 있을 만큼 충분한 자료를 가졌는지 결정해야 하는 이런 딜레마 상황을 해결하는 한 가지 방법은, 환자의 대인관계 특성의 지속성과 보편성을 평가해 보는 것이다. 대인관계 패턴이 다양한 시간과 상황에 걸쳐서 반복해서 나타난다면, 치료자는 좀 더 확신을 가지고 최소한의 자료에서도 순환적 부적응 패턴을 평가할 수 있다.

내 경험으로는 성격장애를 가진 환자의 CMP를 구성하는 것은 비교적 쉽다. 그들의 행동은 너무 판에 박히고 경직되어서 역기능적인 주제들을 그들의 이야기 속에서 쉽게 구분할 수 있고, 전이 패턴은 치료 회기 중에 금방 드러나게 된다. 그러나 좀 더 미묘하게 표현되거나 특정 상황에서만 드러나는 역기능적 대인관계 패턴은 파악하기가 더 어렵다. 이런 사례에서는 자료를 모으는 데 더 많은 시간이 걸린다. 마음의 상태를 논한 Horowitz (1987)의 이론적 개념은 다중 역할-관계 특성을 가진 환자들을 이해하는 데 유용한 틀을 제공해 준다.

사례개념화의 시기와 관련해서 나는 치료자들이 열린 마음과 융통성을 가져야 한다는 점을 강조하고 싶다. 만약 중요한 새 자료가 나오면 사례 이해의 방향을 기꺼이 틀어야 한다. 예를 들어, 존슨 씨가 은퇴 전에 큰 회사의 CEO였고, 힘이 넘치는 정열적인 사람이었다는 것을 그 다음 5분 동안에 알게 되었다면 어떻게 할 것인가? CMP는 확정된 것으로 보기보다는 '진행 중인 작업' 으로 보아야 한다. 그럼으로써 우리는 그가 평생 동안 수동적인 태도로 살았다고 본 우리의 사례개념화를 더 쉽게 바꿀 수 있는 것이다.

이 점과 관련해서, Larry Thompson과 동료들(1988)의 연구를 보면, 나이가 많고 우울한 환자들은 마치 성격장애를 가지고 있는 것처럼 보이는 증상들을 호소한다. 연구자들은 노인들의 임상적 우울 상태에서 종종 관찰할 수 있는 의존적이고 회피적인 특성이 어떤 특정한 성격장애보다는 우울의 과정을 반영한 것일 수 있다고 결론지었다. 즉, 이 연구는 역기능적 스타일이 존재한다고 결론 내리기 전에, 현재와 과거의 다양한 상황에서 표현된 성격 기능에 관한 자료를 얻는 것이 상당히 중요함을 보여 준다.

[강의실]

저자: 나는 지금까지 여러분들에게 역전이, 역동적 초점, 치료 목표, 치료에서 전개될 전이-역전이 패턴 등을 포함하여 존슨 씨의 핵심 문제를 개념화해 보라고 하였습니다. 이제 여러분에게 한 가지 항목을 더 생각해 보라고 요청하고 싶습니다. 존슨 씨의 원가족은 어떤 특징을 가지고 있었을까요?

수련생: 그의 어머니와 아버지를 말씀하시는 거지요?

저자: 네. 어떤 가족 조건이 자신과 타인을 보는 그의 시각을 만들었을까요? TLDP 모델에 의하면 환자는 아마도 인생의 초기에 부모로부터 역기능적인 상호작용 방식을 배웠을 것입니다.

수련생: 아마 제 추측에는 존슨 씨의 부모는 매우 비판적이었을 것 같습니다. 그들에겐 어떤 것도 충분하지 않았고, 아들이 아무리 열심히 해도 결코 만족하지 않았을지 모릅니다. 그래서 아들에게, 자신이 뭘 해도 아무 소용이 없다는 느낌을 남겨 주었겠지요.

수련생: 어쩌면 알코올중독이나 우울증 병력이 있는 부모였을지 모르지요. 그를 지켜 주거나 곁에 있다는 느낌을 못 주었을 것입니다.

수련생: 그의 아버지는 알코올중독에 폭력적인 사람이었을지 모르겠어요.

수련생: 그리고 그의 어머니는 그를 과잉보호했겠지요.

나는 수련생들에게 존슨 씨의 대인관계 특징의 원인이 될 만한 초기 관계를 추측해 보도록 요구하였다. 환자의 과거사를 지금-여기에서의 역동적 초점을 이해하는 데 도움을 주는 일종의 확인 자료로 사용해 보는 것이다. 존슨 씨의 어린 시절에 대해 충분히 가설을 세워 보도록 한 후에 나는 수련생들에게 존슨 씨의 발달사를 알려 주었다. 존슨 씨의 치료를 시작할 무렵에 나는 그의 과거에 대해 별로 알지 못했지만, 회기가 진행되면서 상당히 많이 알게 되었다.

존슨 씨는 미국 오레곤 주와 워싱턴 주에서 4형제 중의 둘째로 자랐다. 그의 아버지는 알코올중독이었고, 어머니는 '성인'으로 묘사되었다. 그는 열 살 무렵 아버지가 어머니를 때리는 것을 보기 전까지는 아버지에게 애정을 느꼈다고 하였다. 성인기 초기를 외톨이로 지낸 그는 공학 계열의 대학 학위를 받았고 그 후 결혼을 하였다. 그의 아내는 나중에 그의 입원 기록에 '강압적인 알코올중독자' 로 묘사되었다. 결혼 생활은 늘 스트레스가 많았고, 한때는 이혼 직전까지 갔었다. 그 직후에 존슨 씨는 정신과 병원에 입원을 하였다. 아내가 암으로 갑자기 죽은 뒤에는 혼자서 네 명의 자녀를 돌보아야 했는데, 그중 막내가 당시 열 살이었던 수잔이었다. 그의 큰딸은 결혼을 해서 집을 떠났고, 두 아들은 고기잡이 배를 탄다며 집을 떠났다.

존슨 씨는 살던 집에서 쫓겨날 때까지 12년 동안 막내 딸 수잔과 함께 살면서 서로 의존적인 관계로 지냈다. 새 아파트를 구하는 것은 힘들었으며, 그때 수잔은 그를 떠나 자신의 거처를 마련하였다. 그는 작은아들과 아들의 여자 친구와 함께 새 아파트로 들어갔다. 그리고 약 1년 뒤에 다시 입원하였고 그 후 나에게 외래 환자로 의뢰되었다.

나는 입원환자 기록을 통해 그의 과거사 일부를 알고 있었다. 그러나 그의 아버지가 어머니를 구타한 것과 같은 중요한 부분들은 치료가 반쯤 진행될 때까지는 알지 못했다. 많은 치료자들이 환자의 발달사를 충분히 아는 것이 치료의 선행조건이라고 믿지만, 단기치료를 하는 임상가들은 모든 '사실들' 을 다 알지 못하는 상황에서도 사례개념화를 시도하고 치료를 시작하는 것을 배운다. 중요한 초기 자료들을 치료적 진전과 작업 동맹의 선행조건이 아니라 그 결과물로 얻게 되는 경우가 많이 있다.

나는 수련생들에게 존슨 씨와의 치료 작업을 몇 회기 더 보면서 그들의 초기 사례개념화가 얼마나 정확했는지 한번 살펴보자고 하였다.

chapter

09 _ 기법: 환자-치료자 상호작용

이 장에서 우리는 존슨 씨의 순환적 부적응 패턴(CMP)이 어떻게 치료자와 환자 사이의 역동적 상호작용에 드러나는지 2회기 초반의 자료를 바탕으로 살펴볼 것이다.

[강의실]

저자: 첫 회기 후에 우리가 구성했던 역동적 초점에서는 존슨 씨가 자신의 느낌과 바람을 표현하지 않고 주어진 프로그램을 그저 따라가는 수동적인 사람이라는 가설을 세웠습니다. 우리는 그가 어떤 새로운 경험을 하기를 바랐었지요? 이 단기치료에서 우리가 이루고자 한 것은 무엇이었나요?

수련생: 그가 새로운 것에 도전하고, 좀 더 적극적인 태도를 취하고, 힘을 얻기를 바랐습니다.

저자: 그리고 여러분들은 치료자인 내가 빠질 수 있는 문제들도 예상해 보았습니다. 기억하세요?

수련생: 선생님은 좌절감을 느끼고 화가 날 거예요.

수련생: 환자가 너무나 소극적이니까요.

수련생: 선생님이 하시는 건 어떤 것도 충분하지 않을 거예요.

저자: 좋습니다. 치료 기법에 관한 토론을 이어가기 위해서, 이제 2회기 앞부분을 보여 주겠습니다. 그런 다음 여기서 무슨 일이 일어나고 있는지 여러분이 관찰한 것을 함께 나눕시다.

[비디오테이프]

환자: 나를 정말로 괴롭히는 두 가지를 선생님한테 말하기로 했습니다. 전에는 왜 이렇게 안 했는지 모르겠어요. 하긴, 내 문제와 어려움을 잘 참고 다른 사람한테 말하지 않는 게 나로서는 자랑거리였지요.

치료자: 그래서 이게 존슨 씨를 괴롭혀 왔군요? 수잔이 떠난 것이며, 당시 존슨 씨의 역할이며, 이런 것들이 말이지요?

환자: 예. 그리고 당시에 부동산 업자들에게 여러 번 이용당한 것도 그렇고요. 우리는 이사를 해야 했어요. 뭐, 여러 번 한 건 아니지만, 아무튼 이사를 가야 했지요. 거기서 궁지에 몰린 거예요. 지금 수잔은 봉급에서 임대료를 너무 많이 내요. 그러니 남는 게 없죠. 그리고…… 잘 모르겠어요. 우린 돈도 충분했고 꽤 행복했어요. 그렇지만 느닷없이 거지처럼 궁핍해졌어요.

치료자: 수잔이 이사를 가서 미안해 하는 것 같아요?

환자: 잘 모르겠어요. (애처로운 목소리로) 그 애는 아직도 나를 아빠라고 불러요. 하지만 당시에 그 애가 떠날 때 다른 친구들하고 같이 지낸다고 했어요. 그래서 내 생각에, 걔는 날 잊은 거 같고 그게 참 가슴이 아파요. (강조하며) 가슴이 아파요. 그 아이를 요즘 못 만나

요. 그 애는 “아빠, 난 할 일이 있어요.” 라고 그러죠. 좀 들르라고, “만나서 오후 시간을 같이 보내자.” 그래도, (딸을 흉내 내며) “꼭 해야 할 일이 있어요.”라고 한답니다. 딸애 친구 하나가 컬리지뷰에 보트를 갖고 있는데, 그리로들 가요. (경멸하는 투로) 보트나 타러. 난 혼자 남겨진 기분이 들어요.

치료자: (다소 사무적으로) 그렇군요.

환자: 그래요. (슬픈 목소리로) 네, 정말 혼자가 된 거지요. 그런데 잘 모르겠어요…… (체념한 듯한 어조로, 목소리가 슬퍼지면서 약해진다.)

치료자: 존슨 씨가 그녀를 기르고 뭔가 해 주느라 온갖 고생을 했으니, 그녀는 최소한 존슨 씨의 남은 생애 동안 옆에 꼭 붙어 있어야 하는 거 아니겠어요?

환자: 어쨌든, 이게 그런 거 같아요, 두려움……

치료자: (말을 막으며) 내가 방금 한 말에 대해 어떤 기분이 들어요?

환자: 뭐라고 하셨죠? (잠시 침묵) 최소한 그 애가 내 곁에 붙어 있어야 한다구요? (잠시 침묵) 난 그렇게 소유욕이 강하지는 않아요. 정말, 내 곁에 꼼짝 않고 있기를 바랄 만큼 그렇게 소유욕이 강하지는 않아요. 난 그저 그 애와 한 가족으로 살고 싶은 것뿐이고, 그게 내가 진짜 바라는 거예요.

치료자: (끄덕이며) 그렇군요. 내가, 최소한 따님이 이사를 가지 말았어야 한다고 말한 것에 대해서 어떤 기분이 드세요?

환자: 모르겠어요. 만약 그렇다고 대답한다면 이기적인 답이 되겠지요. 만약 내가 내 딸이 잘못하고 있다거나 부당하다고 말한다면, 그건 내 입장에서만 하는 이기적인 대답이 되겠지요. 아이들은 자라서 자기 길을 가야만 하니까.

치료자: 머리로는 그걸 아시겠지만, 정말 속으로는 어떤 심정인지 묻고 싶군요.

환자: (울기 시작하며) 그 애가 안 갔으면 좋겠어요! 함께 있고 싶어요. 그 애는 내 어린 꼬마니까. (잠시 침묵) 오, 세상에. 알다시피, 아내와 난 자주 싸웠고 항상 아내가 이겼어요. 그 여자는 나를 완전히 휘두르곤 했어요. 결국 우린 서로 신경을 끊고 살았죠. 그래서 그 여자가 죽었을 때, 아내에게 쏟을 사랑을 날 떠나지 않은 그 아이한테 다 주었어요. 아들들은 떠나고 큰딸도 떠났어요. 만약 그 애들 모두 함께 살았다면 난 집을 절대 팔지 않았을 겁니다. 하지만 그 애들은 나한테 온갖 고통을 주기 시작했고…… 그 이야긴 이미 했죠. 내 생각에 이 모든 좌절감은 아내한테 가졌던 건데, 아내가 늘 보스처럼 굴었으니까. 정말 나를 괴롭혔어요. 난 속으로 항상 그 여자에게 화가 나 있었어요. 난 모든 감정을 어린 딸에게로 돌려 버렸죠. 그러니 결론은 난 수잔을 사랑한다는 거예요. 난 그 애가 가까이 있었으면 해요. 이건 부성애이기도 하면서 정말 긴밀한 애착이기도 해요. 그게 깨지지 않았으면 좋겠어요. (잠시 침묵) 만약 수잔이 가 버리면, 내겐 정말 아무도 없어요. (잠시 침묵) 그래요, 나 스스로 불쌍해 하는 거죠. 하지만 그게 진실이니까요. (한숨) 나한테 화가 납니다. 일을 그렇게 (잠시 침묵) 우리가 다 함께 살 수 있었던 집을 처분한 나 자신에게.

[강의실]

저자: 어떤 점이 눈에 띄던가요? 무슨 일이 일어났죠?

수련생: 무척이나 약한 모습이었습니다. 처음엔 자랑스러운 점을 이야기하며 회기를 시작했어요. 이게 혼란을 주는데, 아마도 그는 좀 부끄러움을 느꼈던 것 같습니다.

수련생: 처음에 그는 자신의 감정에 접촉할 수 없었는데, 선생님은 계속해서 그 이야기를 하시더군요. 그에게 어떤 심정이냐고 계속 물

으셨어요. 두세 번쯤 어떤 기분이냐고 질문하셨어요.

수련생: 그런데, 선생님은 왜 그렇게 강하게 이야기를 하셨어요?

수련생: 맞아요. "그녀는 최소한 존슨 씨의 남은 생애 동안 옆에 꼭 붙어 있어야 하는 거 아니겠어요?" 라고 말하신 이유가 뭐지요?

저자: 왜 내가 그렇게 말한 것 같아요?

수련생: 그를 테스트한 게 아닌가요? 그는 너무나 수동적입니다. 그래서 그를 일부러 자극해서 뭔가 끌어낼 수 있을지 보신 건 아닐까 합니다.

수련생: 예, 다 큰 딸이 곁에 남아 주기를 바라는 건 어리석은 기대라는 걸 알게 하려고 그러신 것 같습니다. 그가 하는 말을 과장함으로써, 관점을 바꿔 자신의 딸이 독립을 원한다는 것을 보게 하신 게 아닐까요? 그게 효과가 있었던 것 같은데, 왜냐하면 그 다음에 한 말이, 아이들은 자라서 자신의 길을 가야 한다는 거였거든요.

이 수련생은 '역설적 의도' 를 말하고 있는 것 같다. 이것은 전략적 가족치료자들이 많이 사용하는 기법으로서, 환자가 자신의 증상을 유지하거나 강화하고 있다는 점을 언급함으로써 그 증상을 제거하고 문제를 해결하려고 하는 방법이다(Brown & Slee, 1986; Watzlawick, 1967). 혹은, 이 수련생은 환자가 치료자의 통제에 저항하여 치료자의 언급과 정반대되는 행동을 하려 한다는 '저항 이론' 의 활용을 지적했을 수도 있다(Brehm, 1966). 이 경우 치료자의 의도는, 외견상 치료적 개입이 지시하는 것과 반대되는 방향으로 환자의 행동을 바꾸려고 하는 것이다. 그러나 사실 나는 그런 의도가 아니었다. 어떤 방법을 사용하든지 간에 원하는 결과만 얻으면 된다는 관점은 TLDP가 강조하는 치료자의 자세에 부합되지 않는다. TLDP는 신뢰가 있는 관계의 발전을 중요하게 여긴다.

[강의실]

수련생: 제 생각에 선생님은 환자의 진정한 느낌을 말로 표현한 것 같습니다. 그 느낌을 크고 분명한 목소리로 공개한 게 아닌가요? 그래서 그건 매우 공감적이었다고 생각합니다. 그가 딸한테 보내는 무언의 메시지는 "나를 떠나지 마!" 였을 겁니다. 그러니 선생님의 반응은 그 내면의 소리를 아주 선명하게 드러낸 것이죠. 제 생각은 그렇습니다.

수련생: 하지만 선생님의 반응은 좀 빈정거리는 듯이 들렸습니다.

저자: 맞아요. 정말 빈정거리는 것 같았지요?

수련생: (안심하며) 예.

수련생: 저도 그렇게 들었거든요.

수련생: 좀 거칠기도 하고.

저자: 내 말의 어떤 면이 그런 느낌을 주었나요?

수련생: 음, 어조가 좀 그랬어요.

수련생: 제가 생각하기엔 선생님의 언어 선택과 내용 자체가 경멸조로 들렸어요. "그녀는 최소한 그래야 하는 것 아니었어요?"라고 하실 때.

수련생: 그걸 좀 달리 표현할 수 있었을 텐데요. 예컨대 "따님이 나가서 친구들과 함께 지낸다는 게 좀 부당하다는 느낌이 들지 않는지 궁금하군요."라고 부드럽게 표현할 수 있지 않을까요?

수련생: 아니면, "따님이 당신을 잊어버린 것 같다고 느끼셨어요?"라고 할 수도 있지요.

수련생: 아니면 이런 건 어떨까요, "존슨 씨는 혼자 있는데, 딸이 친구들과 어울리는 것에 대해서 어떤 기분이 드세요?"

저자: 모두 훌륭한 반응입니다. 그러니까 여러분들이 말하고 싶은 것은 내 말투나 어휘가 빈정거리는 투로 들렸다는 뜻이지요?

수련생: 어쩌면 그가 너무 애처롭고 무기력하게 보여서 좀 짜증이 난 게 아니었나 싶은데요.

수련생: 예, 선생님 마음속에서 무슨 일이 일어나고 있었는지 궁금하군요. 그에게 화가 난 듯이 말했거든요. 어떻게 느끼셨어요? 무엇 때문에 그렇게 말을 하셨나요?

저자: 내가 존슨 씨의 딸이 그와 함께 사는 게 당연하지 않은가 라고 언급한 것은, 아까 누군가가 지적했듯이, 그게 존슨 씨가 진짜로 느끼고 있는 것이라고 생각했기 때문이었습니다. 그러니 내 의도는 공감하려는 것이었습니다. 그의 입장에서 보고 느낀다는 의미에서의 공감이었지요. 그건 내 직감이긴 했지만, 그가 말한 내용과 방식에 바탕을 둔 직감이었습니다. 그는 혼자라는 느낌이고, 수잔은 '다른' 친구들과 함께 나갔으며, 그게 가슴이 아프다고 했습니다. 그가 보기에 그녀는 밖에서 좋은 시간을 보내고 있는데, 그는 늙은 나이에 딸을 그리워하며 여기 홀로 있습니다. 내가 그 말을 하고 몇 초 지나지 않아 나는 내 직감이 옳았다는 걸 느꼈습니다. 그가 수잔이 곁에 붙어 있기를 원할 만큼 소유욕이 강하지는 않고, "그저 그 애와 한 가족으로 살고 싶은 것일 뿐"이라고 했을 때 말이지요. 그러나 내가 어떤 의도를 가졌건, 내 말이 빈정거리거나 심지어 괴롭힌다는 인상을 준 것은 내가 볼 때도 사실입니다.

수련생: 존슨 씨에게 실망했기 때문에 그렇게 비꼬신 건가요?

저자: 한번 자세히 살펴봅시다. 이번 회기에 존슨 씨는 나에게서 어떤 반응을 이끌어 내고 있습니까?

수련생: 우선 그는 선생님이 자기한테 화를 내거나 실망할 것을 예상했던 것 같습니다. 그는 선생님이 자신을 지지해 주기를 바랐겠지만, 그의 역동적 초점을 보면, 치료자가 자신을 거절하고 자신에게 실망하리라고 기대했을 것 같습니다.

수련생: 너무 수동적이고 불평을 많이 하니, 결과적으로 그는 사람들에게서 좌절감을 이끌어 냅니다.

저자: 두 사람 생각이 다 맞는 것 같군요. 여러분들이 환자와 치료자 사이에 진행되는 과정을 이해하기 위해서 역동적 초점을 이용하는 것을 보니 기분이 좋습니다. 아무튼 존슨 씨의 CMP를 검토해 보면, 그는 다른 사람들이 자신에게 지치고, 실망하고, 짜증을 낼 것이라고 예측하고 있음을 알 수 있습니다.

수련생: 그러면, 선생님이 빈정거리는 어조로 존슨 씨에게 반응했을 때, 사실은 그렇게 말하려고 했던 게 아니라는 뜻인가요?

저자: 환자의 마음속에 있는 것 같은 환상, 소망, 검열된 느낌, 무의식적 과정 등을 내가 느낀 그대로 환자에게 이야기하는 것은 나에게는 드문 일이 아닙니다. 다만, 나는 그런 느낌을 '진실' 이 아니라 나의 주관적 지각일 뿐이라는 것을 분명하게 하려고 노력을 합니다. 또한 그런 이야기를 할 때에도, 나의 어조가 진심으로 환자들의 관점에서 사태를 이해하고자 하는 내 소망을 전달할 수 있기를 바랍니다. 내 말투가 사람을 조롱하는 것으로 들리지 않기를 바랍니다. 그래서 여러분의 질문에 답을 하자면, 보통 때에도 나는 원래 했던 말과 아주 비슷한 내용의 말을 하려고 했을 것입니다. 다만, 나의 어휘 선택과 어투는 매우 달랐을 것입니다. 다시 조금 전의 질문으로 돌아가 봅시다. 내가 그런 자극적인 말을 했을 때, 치료자인 나에게 무슨 일이 일어났던 것일까요?

수련생: 선생님은 존슨 씨에게 휘말려서 역전이적으로 반응한 것이었군요.

저자: 맞아요. 내 생각도 그렇습니다.

TLDP는 치료자들이 환자와 협력적 관계를 맺으려고 하면, 부득이하게 환자의 상호작용 패턴과 일치하는 방향으로 움직이게 된다고 가정한다. 수련생들은 경험이 많은 치료자인 내가 역전이적 감정을 극복할 (혹은 그런 감정을 전혀 안 느낄) 수 없었다는 사실이 상당히 놀라웠던 것 같다. 그러나 TLDP의 전제에 따르면, 무능하거나 덜 숙련된 치료자만이 역전이적 감정과 행동을 표출하는 것은 아니다.

TLDP에 따르면, 모든 치료자들이 치료 초기에 환자의 순환적 부적응 패턴에 빠져 들게 된다. "만약 (치료자가) 조만간 원래 의도하지 않았던 방식으로 정서적인 관여를 하게 되지 않는다면, 분석은 성공적인 방향으로 나아가지 못할 것이다." (Boesky, 1990, p. 573) 그러나 유능한 치료자와 무능한 치료자의 차이점은 그들이 역전이적 감정과 행동을 어느 정도나 알아차릴 수 있는지, 또한 그것을 알아차리는 데 얼마나 시간이 걸리는지, 그리고 그 역전이 역할에서 얼마나 잘 빠져나오는지 하는 데서 드러난다. 그러므로 치료자의 목표는 환자의 상호작용의 함정에 빠지는 것을 피하는 데 있는 것이 아니라, 치료 과정을 촉진하는 일에 이러한 얽힘을 어떻게 사용해야 하는가를 배우는 데 있다. 심지어 어떤 상호작용 이론가들은 역전이에 대한 자각은 '의식하지 못한 채로 먼저 재연을 한다는 뜻에서' (Renik, 1993, p. 141) 항상 사후에 일어날 수밖에 없다고 말한다.

치료자의 자각과 관련하여, 때때로 치료자들은 이런 자각을 억제하는 치료자가 좋은 치료자란 이상을 가지기도 한다. 특히 초보 치료자들은 훌륭한 치료자에 대한 이상화된 일차원적인 모델을 갖고 있는데, 좋은 치료자란 모든 환자들을 받아 주고 좋아할 수 있어야 하고, 기꺼운 마음으로 항상 준비되어 있어야 하며, 조건 없는 긍정적인 관심과 이해심을 보여 줄 수 있어야 한다고 본다. 그러나 이런 이미지는 사실 치료자들에게 쓸모없는 것이다. 그것은 치료자들이 달성할 수 없는 기준을 제시해서 자신에 대해 실망하게 하고, 환자에게 느끼는 여러 감정들을 온전히—악의, 질투, 욕망, 혹은 두려움까지도—자각할 수 없도록 차단하기 때문이다. 치료자들은 이런 감정들에 '부정적' 이라는 명칭을 붙이고, 자신이 부적합한 치료자임을 보여 주는 신호로 해석한다. 상호작용 과정에 대한 매우 유용한 정보가 담겨 있는데도 이것의 가치를 보지 못하는 것이다.

때로 치료자들은 이런 부정적인 감정을 느껴도 환자에게는 숨겨야 하고, 또 숨길 수 있다고 믿는다. 이것은 어찌 보면 참 재미있는 관점이다. 치료자란 더 많은 자각이 생기도록 돕는 사람이 아닌가. 더군다나 통제된 상황에서 엄격한 연구를 수행하는 연구자들조차도 실험결과에 대한 기대를 피험자에게 전달할 수 있음을 보여 주는 '실험자 기대 효과' 연구가 쌓여 있다(Rosenthal, 1976). 이런 기대는 어조, 얼굴 표정의 미세한 변화, 비언어적 행동 단서 등에 의해 매우 미묘하게 전달된다. 그러므로 우리 마음속에서 실제 일어나는 일과는 관계없이 항상 환자들을 수용하고 돌봐 줄 수 있다고 가정하는 것은 아마 우리의 소망적 사고에 불과할 것이다.

[강의실]

수련생: 저는 선생님과 아버지의 관계가 어땠었는지 궁금하군요.

수련생의 이 질문은 치료자의 훈습되지 않은 갈등이 부지불식간에, 그리고 부적절하게 치료를 방해할 수 있다는, 고전적 관점의 역전이 문제를 제기한다. 예를 들어, 만약 내가 존슨 씨에게서 아버지의 이미지를 보는 한편 너무 통제가 심한 나의 아버지에 대한 분노로 갈등하고 있다면, 나는 존슨 씨가 자신의 딸이나 나를 너무 통제하려고 한다고 잘못 추론하고 내 분노를 부적절하게 '행동화' 할 수 있을 것이다. 즉, 나의 지각과 행동은 존슨 씨와의 실제 관계와는 무관하고, 아버지상에 대한 나의 개인적인 역동과 더 큰 관련이 있을 것이다. 이런 유형의 역전이에 대처하기 위해서는 슈퍼비전에서 나의 반응을 검토하고 논의하거나, 나의 오지각과 부적절한 행동을 다루기 위해 개인분석을 받아야 할 것이다.

여기서 전통적인 역전이와 상호관계적인 역전이라는 두 종류의 역전이를 어떻게 구분하는가 하는 질문이 불가피하게 제기된다. 어떤 종류의 역전이가 작용하는가에 따라 치료자가 달리 접근을 해야 하므로 이것은 아주 중요한 문제가 된다. 몇 가지 지침이 도움이 될 것이다.

첫째, 나는 역동적 사례개념화로 다시 돌아가서 이 문제를 다룬다. 환자는 다른 사람들이 어떤 반응을 보이리라고 예측하는가? 환자는 다른 사람들이 자신을 어떻게 대한다고 말하고 있는가? 치료자는 이런 CMP 자료를 이용하여 어떤 역기능적 상호작용이 자신과 환자 간의 전이 속에서 전개될지를 예측할 수 있다. 앞서 논의한 바와 같이, 사례개념화는 치료자와 환자가 함께 다루어야 할 치료 영역을 표시한 대략적인 지도를 제공한다. 실제로 존슨 씨의 첫 회기 첫 부분을 관찰한 수련생들은 그의 수동적 자세에 대해 내가 짜증과 화를 내게 될 것이라고 예상하였다. 그러니까 이것은 일종의 리트머스 검사라고 할 수 있다. 역동적 사례개념화의 관점에서 볼 때 내 반응이 이해가 되는가? 만약 그렇다면, 환자와 나는 나의 스타일보다는 그의 스타일과 더 관련된 역기능적인 상호작용을 재생하고 있을 것이다.

그러나 만약 치료자의 반응이 환자의 CMP에 비추어 설명이 안 된다면, 치료자는 환자의 CMP를 수정하거나, 자신의 반응을 분석해서 고전적 의미의 역전이와 더 관련되는지 알아보아야 한다. 이때 치료자 자신의 고유한 관계 패턴을 생각해 보는 것이 도움이 된다. 당신은 다른 사람들이 당신을 어떻게 대하리라고 예측하는가? 다른 사람으로부터 특정한 유형의 반응을 이끌어 내지는 않는가? 환자들에게서는 어떠한가? 당신의 내사는 무엇인가? 당신은 가장 좋은 상황에서는 자신을 보통 어떻게 대하는가? 최악의 상황에서는 어떤가? 이렇게 자기 자신의 대인관계 시나리오를 파악해서 알고 있다면 개인적인 문제가 치료 과정을 방해하는 순간을 감지하는 데 아주 큰 도움이 될 것이다.

어떤 유형의 역전이가 일어나고 있는가를 파악하는 데 도움이 되는 두 번째 방법은 환자의 피드백을 이용하는 것이다. 환자에 대한 나의 느낌, 생각, 행동 등이 환자의 표현보다 나의 개인적 문제와 더 연관이 있는 건 아닌지 확실하지 않을 때, 나는 환자에게 나의 표현 방식이 혹시 익숙하게 느껴지지 않는지 물어본다. 환자는 이전에 이런 유형의 반응을 경험해 본 적이 있는가? 나의 태도와 상호작용 방식에서 특정한 누군가를 떠올리지는 않는가?

[강의실]

저자: 여러분이 집단 슈퍼비전 시간에 동료들에게 자신의 작업을 보여준다고 합시다. 동료들은 비디오테이프를 통해 여러분이 환자에게 어떤 반응을 하는지 보게 됩니다. 그 테이프를 보는 사람들 대부분이 여러분과 비슷한 반응을 한다면, 이는 환자가 어떤 특정한 신호를 보내고 있다는 강력한 증거가 될 것입니다. 이 신호를 Safran (1984, 1990)은 '대인관계적 표지(interpersonal markers)'라고 불렀는데, 환자의 이런 특징적 신호는 대부분의 사람들에게 비슷한 상보적 반응을 일으킵니다.

수련생: 그러면 집단 지도를 받지 않는 사례들은 어떻게 해야 할까요?

수련생: 슈퍼비전 없이 개인치료를 하는 상황에서는 어떻게 하나요?

저자: 치료자가 혼란을 느낄 때는 다른 치료자의 자문을 받는 것이 큰 도움이 됩니다. 고전적인 역전이든 상호작용적인 역전이든 여기에는 무의식적인, 혹은 접근하기 어려운 요소들이 있습니다. 그래서 독립적인 다른 임상가의 평가는 상호작용의 시스템 내에 있는 사람들이 놓치기 쉬운 점을 볼 수 있게 해 줍니다.

때로 환자들은 우리에게 미묘하게 간접적으로 이야기를 합니다. 예를 들어, 내가 자극적인 언급을 하고 난 뒤에 존슨 씨는 그를 대하는 나의 태도가 그의 전반적인 패턴에 포함된다는 암시를 한 바 있습니다. 혹시 눈치 챈 사람 있나요?

수련생: 자기 아내에 대한 이야기를 했었는데요, 저는 그때 존슨 씨가 아마 선생님과 자기 아내가 비슷하다고 느끼는 게 아닐까 하고 생각했습니다.

수련생: 제 기억에는 아내가 자기를 휘둘렀다고 말했습니다.

저자: 맞습니다. 그는 "아내와 난 자주 싸웠고 항상 아내가 이겼어요."라고 말했습니다. 나는 존슨 씨가 아내와의 일을 이야기하는 그 순간, 아마도 그가 아내와 맺었던 바로 그 패턴에 나 자신도 빠져 있을지 모른다고 생각했습니다. 나 역시도 그의 아내처럼 지배적인 방식으로 행동한 것 같습니다. 그런 나에게 존슨 씨는, 당신은 오만하고 지배적이라고 직접 말하기보다는 아내와의 싸움에서 늘 졌다는 사실을 무의식적으로 떠올려 이야기했던 것입니다. Gill(1982)과 같은 상호작용적 정신분석 이론가들은 이런 행동을 '전이 암시(allusion to the transference)' 라고 합니다. 이런 식으로, 환자는 치료적 상호작용에 대한 자신의 시각을 무의식적으로 전달합니다. 동시에 그는 나를 비판해서 생길지도 모를 불안을 피할 수 있게 됩니다. 한편, 아내와의 관계에 대한 묘사는, 그가 아내에 대한 분노를 어떻게 다루었는지에 관한 중요한 정보를 우리에게 줍니다. 혹시 생각나는 사람 있나요?

수련생: 그는 속에 분노를 담아 둔다고 했어요.

수련생: "난 속으로 항상 그 여자에게 화가 나 있었어요."라고 말했습니다.

저자: 네. 그가 분노를 다루는 방식은 우리가 첫 회기에 주목했던 수동적인 표현과 일치하는 것입니다. 다시 비디오테이프로 돌아가서, 분노를 다루는 그의 특징적인 방식과, 그가 치료 회기 중에 나에게 했던 것 사이에 유사점이 있는지 살펴봅시다. 수잔이 '당신의 남은

생애 동안 곁에 꼭 붙어 있어야' 하지 않겠느냐고 언급한 나의 말에 대해 존슨 씨는 어떻게 반응했지요?

수련생: 자신은 그렇게 소유욕이 강하지 않다고 주장했습니다.

저자: 그건 좀 나중이었고, 그 전에 뭐라고 말했는지 기억하세요?

수련생: 선생님의 말에 반응하지 않았어요. 그냥 이야기 주제를 바꿨습니다.

저자: 맞아요. 그래서 내가 뭐라고 했지요?

수련생: 선생님이 말한 것에 대해 기분이 어떠냐고 물어보았습니다.

환자들은 다양한 이유로 치료 중에 주제를 바꾼다. 환자들은 어떤 생각이나 감정을 치료자에게 표현하는 것을 두려워할 때가 많다. 불안을 일으킬 만한 개입을 한 뒤에 환자가 주제를 바꾼다면, 치료자는 이를 자세히 탐색해 보아야 한다.

존슨 씨가 나의 자극적인 말을 무시하고 주제를 바꾸었을 때, 나는 그가 어떤 내적인 반응을 보였다고 생각하였다. 그가 주제를 바꾸려고 하는 동안 나는 내가 무엇을 어떻게 말했는지 되돌아보았고, 궁금해지기 시작했다. '오 이런, 존슨 씨는 방금 내가 한 말을 어떻게 들었을까?' 그리고 '내가 방금 무슨 말을 어떻게 했는지' 를 좀 더 생각했다. 그러고 나서 나는 그의 내적 상태를 더 잘 이해하기 위해 방금 내가 한 말에 대해 어떻게 느끼는지 묻기로 하였다.

존슨 씨가 주제를 너무나 극적으로 바꾸었기 때문에, 그것은 내가 한 말을 되돌아봐야 한다는 강력한 단서가 되었다. 아마도 내 말이 빈정거리는 것처럼 들렸음이 분명했다. 나는 존슨 씨에 대한 실망을 어느 정도나 역전이적으로 표현했는지 생각해 보았다.

[강의실]

저자: 만약 여러분이 환자라면, 두 번째 회기를 시작할 무렵에 치료자가 여러분이 매우 중요하게 여기는 문제에 대해서 빈정대는 듯이 말을 한다면, 여러분은 어떤 기분이 들 것 같습니까? 무슨 말을 하고 싶을까요?

수련생: 진짜로 화가 날 것 같아요.

수련생: 아마 치료자에게 이제 앞으로 오지 않겠다고 말할 것 같습니다.

수련생: 나는 뒤로 물러서서 아무 말도 안 할 것 같지만, 크게 속이 상했을 거예요.

저자: 왜 아무 말도 안 하게 될까요?

수련생: 치료자를 화나게 하는 게 두려우니까요. 나는 도움을 받으려고 찾아간 사람이잖아요.

수련생: 맞아요. 수술 전에 의사를 화나게 하면 안 되잖아요.

저자: 우리 문화에서는 누군가 빈정거리며 대할 때, 적절하게 화를 내는 게 아마 건강한 반응일 것입니다. 그러나 존슨 씨는 화를 내지 않았습니다. 그 대신 대화의 주제를 바꾸었지요.

수련생: 그는 선생님 앞에서 화를 내는 걸 두려워했을 거예요.

저자: 분노를 표현하지 않는 것이 존슨 씨의 전형적인 행동일까요?

수련생: 부인에게 대한 걸 보면, 그는 화가 나도 속에 담아 두고 있어요.

저자: 맞습니다. 그러나 그 사실은 좀 더 뒷부분에서 알게 되지요. 내가 '그녀는 최소한 옆에 꼭 붙어 있어야 하는 게 아니냐' 고 말하고, 그가 대화 주제를 바꾼 그 시점에서는 어땠었나요?

수련생: 역동적 초점에 따르면 그는 갈등이나 스트레스에 직면할 때 소극적으로 반응합니다.

수련생: 그는 다른 사람에게 의존합니다.

수련생: 그는 화를 내는 대신에 더 우울해집니다.

수련생들은 역동적 초점을 적절하고 유용하게 활용하고 있다. 존슨 씨의 대인관계 스타일에 대한 초기의 사례개념화로부터, 그가 적개심이나 불쾌감을 느낄 때 소극적이고 수동적인 반응, 즉 움츠리며 뒤로 물러나기, 주제 바꾸기, 안 듣기, 비위 맞추기 등등의 반응을 보이리라고 예측하는 것은 타당해 보인다.

존슨 씨의 CMP에 대해 생각하면서 나는 내가 그처럼 주제넘게 말한 것에 대해 그가 화가 났는지 궁금했다. 만약 그랬다면, 그때 우리 두 사람은 존슨 씨의 중요한 역동을 재연하고 있었다고 할 수 있다. 그가 처음에 보인 무기력과 간접적인 분노는 다른 사람들을 짜증 나게 하고 무신경하게 반응하도록 하는데, 이런 타인의 반응은 존슨 씨로 하여금 비난받고 있다는 느낌을 갖게 하여 움츠리며 뒤로 물러나게 하고, 또 이런 존슨 씨의 반응은 다시 다른 사람들로 하여금 무시당한다는 느낌을 갖게 한다.

그래서 나는 존슨 씨에게 내가 말한 것에 대해서 어떻게 느꼈는지를 물어보았다. 우리 둘 사이에 형성된 패턴에 대해 그와 이야기를 나누고 싶었던 것이다. 이것은 우리의 관계를 놓고 대화(메타커뮤니케이션)하자는 초대였다. 그리고 이것은, 내가 바라기로는, 우리의 상호작용에 대한 이야기를 나눔으로써 지금 주고받고 있는 역기능적 패턴을 잠깐 중단하도록 하는 질문이었다. 나는 그에게 새로운 상호작용의 기회를 주길 원했다. 특히 그가 자신의 부정적인 감정을 표현하는 일에 좀 더 적극적이기를 바랐다.

그가 나를 향한, 또는 자신의 딸을 향한 분노를 표현할 수 있는 기회를 이용할 수 있을까? 그리고 그렇게 표현한 뒤 과연 끔찍한 결과가 생기는지 관찰할 수 있는 기회를 이용할 수 있을까? 혹시 치료자가 자신을 치료에서 쫓아내고 도리어 화를 내지는 않을지, 혹시 치료자에게 치명적인 상처를 주지는 않을지, 혹시 치료자가 자신을 이기적인 사람이라고 생각하지는 않을지, 그는 이런 여러 가지 두려움들을 극복해야 했다. 그래서 나는 존슨 씨가 이 치료의 목표 중 하나인 새로운 경험을 할 기회를 얻을 수 있도록 작은 시도를 한 것이었다.

이렇게 그에게 새로운 경험을 주려고 노력하는 한편, 나는 빈정대고 도발적이었던 내 말이 우리 사이에 막 형성되고 있는 작업 관계, 즉 Elizabeth Zetzel(1956)이 원래 치료적 동맹이라고 불렀던 관계를 저해할지도 모른다는 염려를 하였다. 치료적 동맹의 손상을 회복하는 한 가지 방법은, 치료자에 대한 불쾌한 감정을 적극적으로 다루는 것이다. Steven Foreman과 Charles Marmar(1985)는 치료자가 환자-치료자 관계와 관련된 부정적 상호작용과 방어적 책략을 적극적으로 다루면 치료 동맹이 개선된다는 것을 발견하였다. 나는 존슨 씨에게 내 말에 대해서 어떻게 느꼈는지 물어봄으로써, 이미 금이 갔을지도 모를 신뢰를 다시 회복시키려고 하였다. 특히 단기치료에서는, 부정적 전이에 영향을 주는 것들을 지금-여기의 치료 장면에서 적극적으로 논의하는 것이 매우 중요하다.

[강의실]

수련생: 그러니까 그에게 선생님에 대한 느낌을 물어본 것은, 부정적인 감정을 표현할 수 있는 기회와 치료 관계에 믿음을 쌓을 수 있는 기회를 주고자 한 것이었나요?

저자: 정확한 지적입니다. 그에 덧붙여, 치료적 동맹의 손상은 Jeremy Safran과 Zindel Segal(1990)이 말한 "환자의 주관적 세계를 볼 수 있는 유용한 창"(p. 89)을 제공해 줍니다. 이것은 환자의 CMP를 더 온전히 이해하고, 환자에게 새로운 작은 경험들을 어떻게 제공할 수 있을지 생각하고 배울 수 있는 기회를 줍니다. 자, 그래서 그는 이 질문에 어떻게 반응했죠?

수련생: 아이들은 자라서 자기 길을 가야 한다고 했습니다.

저자: 그 전에는 뭐라고 말했죠?

수련생: 이기적인 사람? 뭐 그런 이야기를 했었는데요.

수련생: 내 생각엔, 만약 솔직하게 대답한다면 이기적인 사람으로 보일 거라고 한 것 같습니다.

수련생: 자기 딸이 부당하다는 말을 했어요.

저자: 드러내 놓고 그렇게 직접적으로 얘기한 것은 아닙니다. 다만, 그럴 수도 있다는 것을 넌지시 비추었을 뿐입니다. 아직 자신이 어떻게 느끼고 있는지 분명하게 말하지 않는 것이죠. 그의 말과 행동은 그가 자기 생각과 감정을 스스로 검열하고 있음을 보여 주고 있습니다. 그는 자신의 대인관계 도식이 어떻게 작동하고 있는지, 이 치료 장면에서 왜 자기 감정을 안으로만 감추어야 하는지를 간접적으로 알려 주고 있는 것입니다. 그는 아마도 그런 생각과 감정을 이야기하면 치료자가 자신을 이기적인 사람으로 볼 거라고 생각하는 것 같습니다. 그리고 그렇게 치료자가 부정적으로 보면 자신에게 더욱 안 좋게 대하리라고 걱정하는 것 같습니다. 이런 유용한 정보를 바탕으로 나는 그의 CMP를 더욱 정교하게 이해할 수 있었습니다.

존슨 씨는 자신이 '이기적인' 소망을 가졌다고 인정해야 할지도 모르는 상황에 처했습니다. 이러한 자기 지각은 타인과의 관계에 대한 기존의 관점을 위협할 수 있기 때문에 존슨 씨에게 상당한 불안을 가져올 수 있습니다. "내가 이런 이기적인 생각과 감정을 가진다면, 누가 나를 존중할 것이며, 나 스스로도 어떻게 나를 존중할 것인가?" 따라서 존슨 씨의 자기검열은 자신이 가치 없다는 결론에 우리 두 사람이 도달하지 않도록 하려는 욕구에서 비롯되었다고 할 수 있습니다.

수련생: 선생님은 그에게 속으로는 어떤 심정인지를 물었습니다. 이것은 그 자신을 검열하지 않도록 도우려는 시도인가요?

이 수련생은 나의 개입 의도를 정확하게 추측하였다. 나는 존슨 씨에게 그의 억압된 생각과 감정들을 표현할 기회를 주려고 했다. 물론 그는 마음 한 편에서는 아이들은 성장해서 자신의 길을 가야만 한다는 것을 알고 있었다. 그러나 나는 그의 속마음이 어떤지를 물었다. 머리로 아는 것과 감정의 세계가 다를 수 있음을 지적한 것이다. 이런 감정을 가질 수 있음을 이야기함으로써, 나는 그의 진심이 검열로 삭제되지 않고 있는 그대로 드러나기를 바랐다. 한 사람 속의 여러 다른 측면들을 배치시키는 이러한 기법은, 피하고 싶은 감정을 좀 더 인식하고 표현하게 하는 데 도움이 된다. 그것은 많은 감정들이, 서로 모순되는 것들까지도, 한 사람 안에 동시에 존재할 수 있음을 환자에게 알려 준다.

나는 존슨 씨의 속마음을 물어보는 쪽으로 방향을 돌리면서, 나에 대한 느낌을 물어보던 것을 멈추었다. 나는 대개 지금-여기에서의 둘 사이의 관계를 살펴보는 일을 쉽게 그만두지 않는다. 무엇보다도 이렇게 치료자-환자 관계를 탐색하는 것은 환자에게 이전과 다른 행동을 시도할 수 있는 기회를 준다. 대인관계 도식을 현장에서 시험하고 무슨 일이 일어나는지 보게 하는 것이다. 두 번째로, 실제 치료 관계에서 자신의 역기능적인 상호작용 신념을 검증해 보는 일은 정서적으로 생생하게 살아 있는 학습을 가능하게 한다. 이럴 때 환자는 몇 년 전에 일어난 일을 지적으로 토론하는 대신에 살아 있는 현재를 만나게 된다. 세 번째로, 그것은 두 사람이 경험한 것을 함께 나누는 과정이기 때문에 환자에게 실생활에서 거의 얻기 힘든 정직한 피드백을 제공해 준다.

하지만 이번 경우에는 존슨 씨에게 나의 빈정거리는 말투에 대한 느낌을 물어보지 않았다. 우리 두 사람 사이에서 일어난 과정을 검토하지 않은 것이다. 수련생들에게 그 이유를 추측하게 하였다.

[강의실. 긴 침묵이 흐른 후]

수련생: (망설이며) 존슨 씨가 정말 중요한 것을 이야기하기 시작한 것 같은데요. 딸에 대한 사랑이나 아내에 대한 분노 같은 것 말이에요.

저자: 정말 그랬지요. 그러나 때때로 타인과의 관계나 일, 심지어 꽤 중요한 과거사를 이야기하는 것이 그 순간의 감정과 열기를 회피하는 수단으로 이용되기도 합니다. 여기서는 존슨 씨가 나에 대한 분노를 교묘하게 회피하는 방법으로 아내에 대한 분노를 이야기할 수 있었다는 뜻입니다. 이럴 때 전이-역전이 상호작용을 검토하지 않고 포기한다면, 그것은 역기능적인 대인관계 각본을 체험적으로 반증할 수 있는 기회를 박탈하는 셈이 됩니다.

그러면 여러분은 언제 환자를 따라가야 할까요? 혹시 환자가 치료자의 시선을 딴 데로 돌려 정말 중요한 자료를 못 보게 하는 것은 아닐까요? 이것을 어떻게 구분할 수 있을까요?

수련생: 뭘 말해야 할지 모른다면 그냥 환자가 얘기하도록 둬야 하지 않을까요?

저자: 그러나 무슨 말을 해야 할지 모르는 경우라고 하더라도, 지금 환자가 치료적 작업을 촉진할 만한 이야기를 하는지, 아니면 그저 달리 할 말이 없거나 방어적인 목적으로 딴 이야기를 하는지 추측할 수 있는 단서가 아마 있을 것입니다.

수련생: 맞아요. 환자들이 한 주 동안 무슨 일이 있었는지 이야기할 때, 그저 시간을 때우고 있구나, 싶을 때가 있어요.

수련생: 그렇게 시간을 때울 땐, 그 말에 정서적 실체가 없습니다.

수련생: 정서적으로 무미건조해 보이지요.

수련생: 그럴 때는 대개 지루해지니까 구분이 가능해요.

저자: 좋습니다. 그래서 여러분은 환자와 자신의 정서를 이용해서 길을 찾아 나갑니다. 의미 있는 자료는 보통 감정이 실려 있고 정서

적으로 생생합니다. 존슨 씨가 수잔에게 애착을 갖고 있고 또 아내를 피했노라고 이야기할 때는 어땠습니까? 이 자료를 정서적 현재형으로 표현하였습니까?

수련생: 그랬어요. 정말로 허물어진 듯이 고통스러워 보였어요.

수련생: 이전에 그는 그저 우는 소리만 하고 자기 연민에 가득 찬 듯이 보였습니다. 그러나 선생님이 그에게 속 깊은 심정을 말해 보라고 한 뒤에 울기 시작했는데, 진실하다는 느낌이 들었습니다.

수련생: 그렇습니다. 저는 이 부분에서 처음으로 그가 참 가엾다고 느꼈습니다. 특히나 행복한 결혼 생활을 누리지 못했다면 아이들이 다 성장해 떠날 때 얼마나 고독할까 생각하게 되었습니다.

저자: 그렇습니다. 존슨 씨의 행동이, 아마 처음으로 우리의 마음을 움직였습니다. 말과 정서가 어긋남이 없었습니다. 그는 이 자료를 감정을 많이 담아서 전달했고, 그래서 우리는 그를 더 공감할 수 있게 되었습니다. 바로 그래서 나는 우리 관계에 대해 이야기하는 것으로 되돌아가지 않았습니다. 딸을 잃어버린 것에 대해 그가 여기서 진정으로 슬퍼하고 있다고 느꼈습니다. 매우 진실되게 느껴졌지요. 그의 슬픔이 내 마음에 와 닿았습니다. 그리고 수잔이 떠나간 이후에 그의 세계가 어땠을지 이제 내가 진정으로 이해하기 시작하는구나 하고 느꼈습니다. 그래서 만약 이 시점에, 그의 인생에 유일하게 중요한 사람을 잃어버린 일은 이제 그만 이야기하고, 대신 나에 대해서 어떻게 느끼는지 얘기해 보라고 한다면, 이것은 우리 둘 다에게 분명 어처구니 없는 일이었을 것입니다.

수련생: 만약 그가 선생님의 언급이 빈정거리는 것처럼 들려서 화가 난다고 대답했다면 선생님은 어떻게 하셨을까요?

저자: 아주 좋은 질문입니다. 무엇보다도, 그가 그렇게 말했다면, 그에 대한 평가를 재검토했을 것입니다. 이것은 그가 자신의 감정을 인

식할 수 있음을 보여 주기 때문입니다. 대인관계 시각에서 보면, 그의 대답은 자신의 느낌을 직접 분명하게 표현할 수 있다는 증거가 됩니다.

우리는 그가 자신의 욕구를 간접적으로 표시하는 매우 수동적인 사람이라고 개념화한 것에 바탕을 두고 작업을 해 왔습니다. 우리는 그가 화났다고는 결코 말하지 않을 거라고 예상했습니다. 만약 그가 두 번째 회기에서 나에게 화났다는 걸 말할 수 있었다면, 나는 그의 CMP에 대한 견해를 바꾸었을 것입니다. 나는 존슨 씨가 자신의 삶에서 수동적인 자세를 취하는 것처럼 보이지만, 무례한 대접을 받을 때 자기 감정을 알고 그 감정을 적극적으로 표현한다는 사실을 그의 CMP에 반영했을 것입니다.

이제 그가 나에게 화를 냈다면 뭐라고 말했겠느냐, 라는 여러분의 질문에 대답하려고 합니다. 아마도 나는 그에게, 당신은 신경질적이며 그런 태도라면 당신을 만날 수 없을 거라고 말했겠지요. (수련생들의 웃음소리) 농담이에요. 여러분들이 집중하고 있나 보려고 해 본 농담입니다.

나는 우선, 내가 했던 말을 되돌아보고 검토하면서 그 말이 정말 빈정대는 것처럼 들렸는지를 알아보고자 했을 것입니다. 이렇게 그의 대답을 숙고하는 자세는 그의 말을 진지하게 받아들인다는 사실을 전달할 것이고, 우리의 치료적 동맹의 손상을 회복하는 데 도움이 될 것입니다. 내 말이 빈정대는 것으로 들렸다는 그의 의견을 시간을 내서 숙고하는 것은 치료 과정을 검토하는 방식의 본을 보여 주는 것이 됩니다. 즉, 내가 그의 피드백을 비난으로 보고 방어적으로 반응하지 않을 것이며, 오히려 우리의 관계에 대한 정보로서 받아들인다는 것을 보여 줍니다.

그리고 나 자신이 생각해도 그 말이 어느 정도 빈정대는 말로 들린다는 사실을 인정하는 것이 중요합니다. '한 걸음 물러서서 내가 한 말을 생각해 보니, 그 말이 정말 빈정거리는 소리로 들렸고, 그래서 당신이 왜 화가 났는지를 이해할 수 있다.' 라고 담백하게 인정할 수 있어야 합니다. 내가 이런 상호작용적 역전이를 인정하는 것은 존슨 씨에게 두 가지 새로운 경험을 제공합니다. '그의 지각은 타당하다. 그리고 화를 내도 벌 받지 않는다!' 사실 나는 내 말에 대해 존슨 씨가 어떻게 느꼈는지를 알려 준 것이 우리가 함께하는 작업에 매우 유익했다고 그에게 말할 것입니다.

다음으로 나는, 내가 빈정대는 태도로 말을 한 이유를 혼자서만 생각하지 않고 환자와 함께 찾아볼 것입니다. 왜 내가 그렇게 꾸짖는 듯이 말을 했는지 함께 생각하고, 함께 그 이유를 찾아보자고 존슨 씨를 초대할 것입니다. 이렇게 함으로써 나는 행동과 감정은 상호작용의 부산물이며, 그 원인과 결과는 서로 주고받는 이야기들을 냉정하게 검토함으로써 알아낼 수 있음을 존슨 씨에게 알려 주게 됩니다. 또한 우리가 이와 같은 과정을 배우기 위해 함께 노력할 수 있음을 알려 주게 됩니다. 그리고 이렇게 반응함으로써, 내가 그의 병리를 멀리서 지켜보는 중립적인 관찰자가 아니라, 관계에 적극적으로 참여하여 영향을 주고받는 사람이라는 사실을 더욱 분명하게 보여 주게 됩니다.

마지막으로, 우리 사이에 있었던 일을 더 큰 상호작용 패턴의 한 가지 구체적인 예로 볼 수 있도록 하기 위해서, 다른 사람이 그에게 빈정대거나 불손하게 대한다고 느낀 적이 있는가를 물어보고 그런 일이 어떤 상황에서 일어났는지 생각해 보도록 요구할 것입니다. 그러나 이렇게 다른 사람들과의 상호작용을 조사하는 것은, 그와 나 사이의 상호작용을 철저하게 탐색한 후에 할 일입니다.

chapter
10 _ 기법: 새로운 경험 제공하기

치료 맥락에서 환자가 자신과 타인을 새롭게 경험하도록 돕는 것은 말처럼 쉬운 일이 아니다. Vanderbilt II 연구(Strupp, 1993)에서도 볼 수 있듯이, 강도 높은 훈련을 받은 치료자라 하더라도 부정적 전이 반응과 역전이적 재연에 여전히 취약하다.

비록 무의식적으로 이루어지는 일이지만, 치료자는 거듭하여 환자가 추는 능숙한 부적응적인 춤의 파트너가 되어 달라는 초대를 받는다. 치료자는 환자가 덜 해롭고 더 융통성 있는 새로운 춤을 배우기를 바라지만, 환자의 스타일은 매우 강력한 힘을 발휘하여 종종 선의의 치료자를 본의 아닌 추종자가 되도록 한다. 만약 치료자가 춤추기를 거부하면 환자는 거절당하고 모욕당한다고 느낄 것이다. 만약 치료자가 춤을 어떻게 추어야 하는지 가르치려 들거나 환자가 무도장에서 얼마나 바보처럼 춤추고 있는지 지적한다면 환자는 더 사근사근한 파트너를 새로 찾거나 아예 춤추기를 그만둘 것이다.

부적응적 관계 방식을 벗어나는 데 기반이 되어 줄 새로운 경험을 어떻게 제공할 수 있을까? 나는 이 매우 난처하고도 쉽지 않은 문제를 살펴보는 일에 존슨 씨의 사례를 사용하고자 한다. 나는 존슨 씨의 세 번째 회기를 녹화한 비디오테이프를 수련생들에게 보여 주었다. 존슨 씨는 아침을 안 먹었다는 이야기로 회기를 시작하였다.

[비디오테이프]

환자: 기운이 없어요.

치료자: 아침 안 드신 것 외에 또 다른 이유도 있나요?

환자: 글쎄, 당뇨병이 좀 있어요. 뭘 좀 먹었으면 좋았을텐데……

치료자: 아침은 왜 못 드셨죠?

환자: 여기에 오느라 서둘렀거든요. 좀 예민해진 것 같아요.

치료자: 예민하다구요? 왜죠?

환자: 아침을 좀 먹었어야 되는데…… 이번 주는 내내 기분이 예민했어요. (잠시 침묵) 난 변연화제를 먹고 배변을 조절하는데 작은 실수가 있었어요. 집에 가면 깨끗하게 치워야 돼요.

치료자: 그 일로 마음이 불편하세요?

환자: (한숨을 쉬며) 네, 그래요. 그런 일은 전에도 있었어요.

치료자: 그런데 그 일 때문에 한 주 내내 기분이 예민했던 건 아닌 것 같은데요?

환자: 맞아요. 그 여자애와 사이가 안 좋아서 그런 거예요.

치료자: 아들의 여자 친구?

환자: 아들이 나한테 화내고, 그래서 그래요.

치료자: 아들이 왜 화가 났어요?

환자: 네?

치료자: 왜 아들이 화가 났어요?

환자: 잘 안 들리거든요, 선생님.

치료자: 그래요. 왜 아들이 화가 났어요?

환자: 자기 여자 친구한테 다정하게 대하지 않는다고……

치료자: 그렇게 아들이 화내면 어떤 기분이 드세요?

환자: 아주 슬프죠. 우리는 꽤 사이가 좋았으니까.

치료자: 그래서 아들이 화를 내면 슬프시군요.

환자: 네. (침묵)

치료자: 보통 그런 편이신가요? 누군가가 화를 내면 슬퍼지고 그러나요? 아니면 단지 아들의 경우에만 그런가요?

환자: 누군가 나에게 화를 내면 슬퍼져요. 우리 애들은 내가 치료받아도 소용없다고 화를 내요. 아무것도 안 하고, 그냥 빈둥거리기만 한다 이거죠. 그래서 좀 많이 슬퍼요.

치료자: 치료받아도 소용없다는 게 무슨 뜻일까요?

환자: 애들은 내가 스스로를 도와야 한다고 말하는데, 그게 맞는 말이죠.

치료자: 이렇게 치료를 받으러 오시잖아요.

환자: (깊은 한숨) 하…… 지금 정말 기운이 없어요.

[강의실]

저자: 자, 이 부분에서 본 걸 좀 이야기해 주세요.

수련생: 그는 당뇨병이 있다고 하는데, 언제라도 의식을 잃을 수 있다는 생각이 들었습니다. 이 정보를 어떻게 다루어야 할지 모르겠어요.

저자: 그의 당뇨병과 관련해서 중요한 점을 지적했네요. 존슨 씨가 아침을 안 먹은 것이 생리적으로 나쁜 영향을 미쳐서 치료 시간을 견디는 게 무리가 될 수도 있으니 이를 확인해 봐야 하겠습니다. 특

> 히 각성상태 유지, 판단력, 주의력, 이해력 등에 손상은 없는가 하는 점을 포함해서, 생리적 조건과 상태를 평가하는 것은 치료자가 계속 주의를 기울여야 하는 부분입니다.
>
> 나는 존슨 씨가 인슐린 주사를 맞지 않고 식이요법으로 혈당을 조절하고 있다는 것을 이미 확인한 바 있습니다. 만약 존슨 씨가 내 질문을 이해하지 못하거나, 몸을 가누지 못하거나, 비언어적인 신호로 고통을 표시하거나, 혹은 어떤 식으로든 신체적으로 위험해 보였다면 나는 치료 회기를 중단하고 위기 개입 모드로 전환했을 것입니다. 더 직접적이고 적극적인 관리 역할을 하면서 존슨 씨의 상태를 돌보는 데 필요한 모든 조취를 취했을 것입니다. 예컨대, 먹을 것을 주거나 식당에 같이 가자고 할 수도 있겠지요.
>
> 그러나 나는 그때 존슨 씨가 이야기를 주고받을 수 있다는 임상적 판단을 내렸습니다. 그는 내 질문에 대답할 수 있었고, 그 날 아침만이 아니라 한 주 내내 기분이 예민했다고 말하였습니다. 그리고 아들이 화를 낸 일처럼, 나와 함께 의논하는 게 정서적으로 힘들 수도 있는 몇 가지 일을 언급하였습니다.

환자가 효과적인 심리치료를 할 수 없는 상태에 있지 않은지 판단하는 데 필요한 지침을 마련해 두는 것은 중요한 일이다. 환자가 생리적으로 고통스럽거나 위험한 상태는 아닌가? 혹시 중독 상태는 아닌가? 수년 전에 나는 Vanderbilt II의 연구 및 훈련 팀을 위해, 따로 두 번에 걸쳐서 존슨 씨의 세 번째 회기의 이 부분을 역할연기를 통해 제시한 바 있다. 고참 심리학자 중 한 명은 내가 역할연기를 한 '존슨 씨' 가 치료를 계속 받을 수 없다고 평가하고, 너무도 분명하게 '존슨 씨' 에게 식당에 함께 가자고 하였다. 치료자는 때로 환자, 스태프, 치료자 자신의 안전을 지키기 위해 바로 이렇게 직접적이고 지시적인 자세를 취할 필요가 있다.

[강의실]

저자: 또 어떤 게 있나요?

수련생: 좀 정나미가 떨어지는데요.

저자: 왜요?

수련생: 변연화제 때문에 더러워졌다는 말인 것 같은데요, 깨끗하게 치워야 된다고 그랬습니다. 그러면 그가 앉았던 의자는 어떻게 되었을까요?

수련생: 정말 난장판을 만드는군요.

수련생: 두 살 때로 퇴행한다 싶어요. 전이라는 측면에서 그는 "엄마 나 왔어, 나 엉망이야, 돌봐 줘." 라고 말하고 있습니다.

수련생: 그는 선생님이 자신을 변화시켜 주길 원할 뿐만 아니라 아예 먹여 주길 원해요!

수련생: 너무나 궁핍하고 무력해 보입니다. 기본적인 필요조차 스스로 돌보지 못합니다.

저자: 그러니까, 그 방에 아기가 있다는 뜻이군요…… 존슨 씨가 "나 스스로를 도와야 한다."라고 했을 때, 내가 "이렇게 치료를 받으러 오시잖아요."라고 반응한 것은 그를 어른으로 존중하려고 한 것이었습니다만, 내 말에 대해 그가 어떻게 반응하던가요?

수련생: 퇴행하더군요.

수련생: 나아지기 위해서는 어느 정도 스스로 책임을 져야 한다는 사실을 직면시키니까, 그는 즉각적으로 자신이 기운이 없고 약하다고 말했습니다.

수련생: 그리고 불쌍하게 한숨을 쉬었죠.

저자: 네, 그는 한숨을 쉬고 기운이 없다고 말했습니다. 특히 내가 그의 기운을 북돋우려 하고, 그를 어른으로, 도움을 얻기 위해 적절한 행동을 취할 수 있는 능력이 있는 사람으로 그를 대하려고 했을 때

그랬었지요. 존슨 씨의 역동적 초점에 따르면, 그는 자신을 수동적이고 혼자서는 아무것도 못하는 존재로 봅니다. 그렇기 때문에 그런 자기 지각과 맞지 않고, 그래서 안전감과 자기 통합을 위협할 수 있다면 어떤 것이라도 저항하게 되는 것입니다.

치료자가 지지적인 발언을 했는데도 환자가 별 관심을 보이지 않거나 심지어 적대적인 반응을 보인다면 치료자의 입장에서는 놀랍고 실망스럽기 마련이다. 하지만 환자가 만족스러운 관계 방식을 배우기를 원하며 치료에 왔다고 하더라도, 역기능적인 방식(이 사례에서 보면 존슨 씨의 부적절감과, 자신이 무력할 경우 다른 사람이 돌봐 줄 거라는 기대)이 과잉 학습되어 있고 매우 친숙하다는 것을 기억한다면, 이런 외견상의 부정적인 반응을 쉽게 이해할 수 있을 것이다. 이것이 존슨 씨가 아는 유일한 '현실'이며, 오직 이것에 따라 세상을 해석하는 것이다. 이미 알고 있는 방식으로 행동하면 불안은 감소하지만, 더 이상 성장을 못한다. 존슨 씨는 자신의 욕구를 돌려서 말하고 수동적인 태도를 취하는 것이, 비록 이것이 아이 같고 힘이 없다는 느낌을 준다 하더라도, 자신의 욕구와 분노 등의 감정을 적극적으로 표현하는 데 따르는 위험을 감수하는 것보다 낫다는 무의식적인 결정을 내리고 있었다. 적극적인 표현은 신체적, 정서적 유기를 가져올 수 있기 때문이다. 친숙하지만 해를 주는 것과, 낯설지만 잠재적으로 더 도움이 되는 것 사이에 다리를 놓는 것이 바로 치료자가 할 일이다.

[강의실]

수련생: 그는 잘못되어 가는 일들에 대해 이야기는 하지만, 행동을 하지는 않습니다.

저자: 그래요. 이 세 번째 회기에서 존슨 씨는 자신을 거의 희화화하고 있습니다. "먹여 줘, 씻겨 줘, 돌봐 줘."라고 말하는 듯합니다. 이

미 논의했듯이, 심한 성격적 병리를 가진 환자의 자기표현은 이 경우에서처럼 매우 두드러지게 드러납니다. 한편 역기능적 행동이 덜 심각할 때는 순환적 부적응 패턴의 표현이 더 미묘하고 다양하게 드러납니다.

다시 자료로 돌아가서, 치료가 어떻게 진행되는지 살펴봅시다. 비디오테이프를 몇 분 더 본 다음에, 여러분이 치료자라면 그 다음 순간에 무슨 말을 할지 혹은 무슨 행동을 할지 한번 생각해 보십시오.

[비디오테이프]

환자: 먹을 게 좀 필요해요.

치료자: 오늘은 상담하는 게 좀 힘들 것 같아요?

환자: 네, 그런 것 같아요. 아무래도 뭘 좀 먹을 때까지는……

치료자: 기운이 없을 때는 기분이 어떤가요?

환자: 지금 너무 기운이 없어요.

치료자: 특히 어디가…… 기운이 없으시죠?

환자: 위장, 팔, 손이 다 기운이 딸려요.

치료자: 그래서 나하고 이야기하는 게 너무 어려운가요? 아니면 기운은 없어도 이 시간을 계속 지속할 수가 있을까요?

환자: 그렇긴 한데, 집중이 잘 안 되는군요.

치료자: 단지 아침을 걸렀기 때문이라고 생각하세요?

환자: 여러 가지로 힘들어서 그렇지요. 모든 게 잘못 돌아가고 있어요. 난 설거지도 안 하고 집안일도 못 도와요. 그리고 아들 여자 친구가 기르는 고양이가 내 방에 들어와 오줌을 싸기에, 그냥 내쫓았더니 그 놈이 나한테 화를 내더군요.

치료자: 그래서 슬프시군요. 고양이가 화를 내서.

환자: (헛웃음) 네.

치료자: (못 믿겠다는 어조로) 그래서 슬프시다고요. 고양이가……

환자: 네, 그 고양이를 정말 좋아해요.

치료자: 그 고양이를 좋아하시는군요. 그래서 고양이가 화를 내면, 존슨 씨의 반응은 슬퍼지는 거군요. 고양이가 화를 내니까.

환자: 뭐, 그런 것 같아요. 그래요.

치료자: 그래서 만일 누군가 존슨 씨를 슬프게 만들고 싶으면, 그저 화를 내기만 하면 되겠군요.

환자: 네. (침묵)

치료자: 정말 간단하군요.

환자: (헛웃음) (잠시 침묵) 여기 토마토 주스 같은 거 살 만한 데가 없나요?

치료자: 예, 여긴 없어요.

환자: (고통스럽게) 오, 이런……

치료자: 존슨 씨는 지금 두 가지 다른 이야기를 하고 있으신데요, 하나는 여기 앉아서 이 시간을 계속 보내는 게 힘든 이유가 아침을 안 먹었기 때문이라고 하시고, 한편으로는 그 이상의 무엇이 있다고 하시는군요. 그러니까, 여기 앉아서 말을 하는 게 어려운 이유가 이번 주에 있었던 일들로 힘들었고 그래서 이 시간이 특히 힘들다고 말씀하시는군요.

환자: 글쎄, 그 애들은 밴쿠버로 누구를 만나러 간다고 얼마 전에 갔어요. 나는 집에서 사흘을 혼자 지냈고 한 번도 밖에 나가지 않았답니다.

치료자: 그렇지만 바로 여기, 지금 여기 앉아서 저하고 이야기하기가 어려운 게, 우리가 뭔가 힘든 일들을 이야기해야 하기 때문인지, 아니면 여기서 저하고 이야기하기가 어려운 게, 아침을 안 먹어서 그런 건지 그 점이 궁금하군요.

환자: 아침을 안 먹어서 그런 것 같아요.

치료자의 개입

[강의실]

저자: 이제 여러분이 존슨 씨의 치료자라고 생각해 보세요. 그는 아침을 안 먹었기 때문에 치료 시간에 말하기가 힘들다고 방금 이야기했습니다. 이때 존슨 씨에게 무슨 말을 하고 싶으세요? 여러분의 반응을 칠판에 적겠습니다.

수련생1: "여기 내 도시락이라도 좀 드세요." (웃음) 그는 치료자의 손을 묶어 버리고 있습니다. 치료자가 무력감을 느끼도록 하고 있죠. (잠시 침묵) 사실, 무슨 말을 해야 할지 모르겠습니다. 아마 아무 말도 못할 거예요.

저자: 좋습니다. (그 반응을 칠판에 적으며) 또 누가 존슨 씨에게 반응해 볼래요?

수련생2: "아침을 안 먹었기 때문이 아니라, 가족들과 겪는 일 때문에 정말 힘들어서 그런 게 아닌지 궁금합니다."

수련생3: "이번 주에 힘들었던 일들을 여기서 그냥 계속 이야기한다면, 무슨 일이 생길까요?"

수련생4: "우리 사이의 일이 자녀들과의 상호작용과 비슷한 면이 있나요?"

수련생5: "치료에 집중하기가 어려운 것 같군요."

수련생6: "존슨 씨, 우리는 존슨 씨가 이 방에서 떠나기를 원하는 문제에 대해 꽤 오래 이야기했어요. 존슨 씨는 아침을 먹어야 한다고 느끼고, 나는 그냥 머물러 있어야 한다고 생각합니다. 이럴 때 내

기분이 어떨 것 같으세요?"

수련생7: "그래서 뭘 하고 싶으세요?"

저자: 이제 여러분이 말한 것들을 다시 생각해 보고, 그 개입에서 얻고자 했던 것을 말해 주세요. 여러분의 의도를 개입 반응의 옆 칸에 적도록 하겠습니다.

어떤 종류의 치료에서든지 치료자는 자신의 개입의 목적과 그것이 어떻게 받아들여질지를 생각해야 하지만, 단기치료에서는 특히 더 그렇다. 단기치료에서는 치료자가 특정 개입에서 얻고자 하는 것이 무엇인지 늘 평가해야 하고, 각각의 언어적, 비언어적 메시지가 환자에게 어떤 영향을 주는지 생각해 보아야 한다.

수련생들의 반응 이유를 살펴보자. 첫 번째 수련생은 자신의 점심을 존슨 씨에게 기꺼이 제공하려고 하였다.

〈표 10-1〉 수련생의 발언과 이유

개 입	의 도
"여기 내 도시락이라도 좀 드세요!", 침묵.	의도 없음. 당혹스럽고 무슨 말을 해야 할지 모름.
"가족들과 겪는 일 때문에 정말 힘드신가 봅니다."	가족에 대한 감정에 다시 초점을 맞추어서, 가족들에게 화가 났음을 알도록 함.
"여기서 그냥 계속 이야기하면, 무슨 일이 생길까요?"	자신의 두려움과, 주의를 딴 데로 돌릴 필요에 대해서 이야기할 수 있도록 말문을 열어 줌.
"우리 사이의 일이 자녀들과의 상호작용과 비슷한 면이 있나요?"	동일한 패턴이 다른 사람들과는 어떻게 일어나는지 보도록 함.
"치료에 집중하기가 어려운 것 같군요"	회피하는 패턴을 보도록 함.
"내 기분이 어떨 것 같으세요?"	다른 사람에게 어떤 영향을 주는지 지적함.
"그래서 뭘 하고 싶으세요?"	결정에 대한 책임을 지도록 함.

수련생 1: "여기 내 도시락이라도 좀 드세요."라고는 정말 말하고 싶지 않았지만, 그를 돌보게 되어 버렸습니다. 그는 너무 도움이 필요해 보이고, 자신을 돌볼 수 없기 때문에, 선택의 여지가 별로 없는 것 같습니다. 정말 뭘 말해야 할지 모르겠어요. 아마 아무 말 없이 그냥 기다리지 않을까 생각됩니다.

이 수련생의 반응은 존슨 씨의 자기표현이 치료자에게 무력감이라는 역전이 반응을 어떻게 불러일으키는지를 보여 주는 좋은 예가 된다. 수련생은 그의 퇴행적이며 징징거리는 태도에 이끌려 그가 원하는 것을 해 주고 있다. 이것은 부분적으로는 환자가 정말로 자신을 돌볼 수 없다는 걱정 때문이고, 한편으로는 그의 수동적이며 난처한 행동 앞에서 도무지 뭘 해야 할지 모르겠다는 좌절감 때문이다.

여기서 우리는 이 수련생이 환자의 불쌍하게 간청하는 행동에 대해 그의 자녀들이 하게 되는 것과 매우 비슷한 방식으로 반응하고 있음을 알 수 있다. 수련생은 양육자 역할을 떠맡아서 그를 달래려고 시도하는데, 심지어 먹여 주려고까지 한다. 비록 이 수련생이 자신의 점심을 그에게 주는 것보다 '더 나은 게 있음을 안다' 하더라도, 또 다른 더 미묘한 방식으로 그를 돌보게 될 수 있다. 이런 역전이적 휘말림에 대한 자각은 환자를 돌보려는 경향을 억제시키며, 환자의 역기능적인 대인관계 시나리오의 재연에 참여하는 것을 줄여 준다.

한편 이 수련생은 뭘 말해야 할지 모르기 때문에 그냥 침묵하겠다고도 하였다. 그러나 시간제한적 치료에서 과도한 침묵은 치료의 진행을 방해한다. 치료 회기에 초점을 맞추거나 역기능적 행동을 검토하는 등의 필요한 개입을 하지 못하면 목표를 향한 진전은 더딜 수밖에 없다. 또한 환자를 과도하게 불안하게 하거나 치료 작업의 진행을 어렵게 할 정도로 지나치게 침묵을 하면, 작업 동맹에 회복할 수 없는 균열이 생길 수 있다. 침묵도 일종의 개입이므로, 만만하게 습관적으로 꺼내 쓰는 종류가 되어서는 안 된다.

단기치료의 치료자는 적극적이어야 하며 때로 직선적일 필요도 있다. 그렇지만 치료자의 활동이 증가하면 위험도 그만큼 증가한다. Vanderbilt II 연구의 결과를 보면, 치료자의 부정적 행동(예: 비난)의 등장은 수련 후에 치료자의 언어적 개입이 증가한 것에도 일부 원인이 있었다(Henry et al., 1993b). 개입이 많아짐에 따라 실수할 기회도 많아졌던 것이다. 요약하자면, 침묵과 적극적인 개입은 둘 다 긍정적인 결과와 부정적인 결과를 낳을 수 있다. 침묵의 사용이 가장 치료적일 때도 있다. 그러나 치료자는 다른 개입과 마찬가지로 침묵을 어떻게, 언제, 왜 사용할지를 알아야 한다.

다시 강의실로 돌아가 보자. 존슨 씨의 고통은 아침을 먹지 않아서가 아니라 가족과 겪고 있는 문제 때문일 수 있다고 말한 두 번째 수련생은 다음과 같이 그 의도를 밝혔다.

[강의실]

수련생 2: 그는 아침 식사를 못해 불편하다고 말하지만, 제 생각에는 가족들에게 영향을 받은 사실을 부인하고 있는 것 같습니다. 그래서 고통을 주는 대인관계 요인을 탐색해 보도록 하기 위해서 그런 이야기를 한 것입니다. 가족에 대해서 어떻게 느끼는지 잘 보도록 돕는, 그런 해석을 하고 싶었습니다.

저자: 그러니까 배고픔보다는 가족에 대한 감정에 초점을 맞추는 것이 더 치료적일 거라고 본다는 뜻이지요?

수련생 2: 네. 그는 가족에게 화난 걸 말하고 싶어 하지 않습니다. 배고프다는 데 매달리는 것은, 자신의 갈등을 살펴보지 않고 딴 데로 주의를 돌리는 일종의 저항이라고 생각합니다.

저자: 그가 가장 바람직한 반응을 보인다고 하면, 어떻게 반응할까요?

수련생 2: 아마 “무슨 말인지 알겠어요. 맞는 말이에요. 가족이 날 버려서 화가 난 거예요." 라고 하겠지요.

저자: 존슨 씨가 자신의 행동을 더 잘 이해하고 어떻게 화나는 감정을 회피하는지 이해할 수 있도록 통찰을 주고 싶었군요.

수련생 2: 그렇습니다.

이 수련생의 개입은 환자로 하여금 자신이 가족에게 화가 났고, 식사를 못한 것에 집착하는 것은 치료 작업에 대한 저항임을 이해시키려는 시도에서 이루어졌다. 전통적인 관점에서 보면, 저항이란 무의식을 계속 무의식으로 남아 있게 하려는 노력이다. 보통 초보 치료자들이 경험할 때는, 중요한 자료를 다루지 않으려고 환자가 거의 고의적으로 완고하게 거절하는 것처럼 느껴진다. 때때로 갈등적 자료를 드러내려는 치료자의 열정으로 인해 일종의 의지 싸움이 일어나고, 치료자는 환자의 저항을 깨뜨리고 앞으로 나아가려고 한다. 이때까지의 나의 경험에 비추어 보면, 이럴 경우 환자들은 훨씬 더 강하게 저항을 하고, 혼란과 위협을 느끼고, 오해받는다고 생각하기 쉽다. 초심자들은 위의 수련생의 예처럼 환자의 방어적 자세를 헤치고 앞으로 나아가려고만 하는 경우가 자주 있다. 환자가 마치 페리 메이슨의 법정에 선 범죄자처럼 '자신의 오류'를 깨닫고 '광명'을 찾은 뒤, 어떤 파괴적이거나 리비도적인 숨겨진 소망을 고백하기를 바라는 것이다.

TLDP 관점에서 볼 때 저항은 대인관계 영역에서 일어나는 일이다. 저항은 치료자와 환자 사이에 펼쳐지는 수많은 상호작용 중의 하나이다. 환자는 자신의 통합성과 뿌리 깊은 자기 지각 및 타인 지각을 유지하려고 한다. 그래서 환자의 지각은, 통합성을 유지하고 대인관계 연결을 유지하려면 무엇이 필요한지 환자 나름대로 이해하고 있는 바를 보호하고 지탱하는 역할을 한다. 이런 관점에서 볼 때 저항은 환자 자신의 입장에서 세상을 해석하고 이해하려는 최선의 노력이라고 할 수 있다(Kelly, 1955).

그 다음 수련생의 개입은 환자의 저항을 직면하기보다는 이해하려는 시도에서 이루어졌다.

수련생 3: 저는 존슨 씨가 자신을 괴롭히는 것에 대해 여기서 이야기를 하면 어떤 일이 생길까 봐 걱정하는지 물었습니다. 존슨 씨 자신의 두려움을 이야기할 수 있는 기회를 주어서, 그가 자신의 감정을 이야기하는 것이 왜 힘든지 이해하도록 돕고 싶었어요.

이 수련생의 의도는 고전적 정신분석 기법에 부합한다. 환자가 갈등을 줄이기 위해 사용하는 방어적 태도를 검토하려는 것이다. 존슨 씨는 아마도 분노가 걷잡을 수 없이 일어나서 그 결과 끔찍한 행동을 하게 될 수 있고, 또 이렇게 분노를 표현하면 사랑하는 사람들이 자신을 버릴지 모른다는 두려움을 느끼는 것 같다. 그래서 존슨 씨는 수동적이고 애원하는 태도를 취하여, 사람들로 하여금 그의 욕구를 충족시켜 주거나 그에게 미안한 마음을 갖게 하여 불안을 줄인다.

다음은, 존슨 씨에게 치료자와의 상호작용 방식이 자녀와의 상호작용을 생각나게 하는지를 물었던 수련생의 개입을 살펴보자.

수련생 4: 내가 그렇게 말한 것은 존슨 씨에게 같은 패턴이 어떻게 반복되고 있는지 보게 하려고 한 것입니다.

이 개입의 의도는 TLDP 접근과 일치한다. 치료자에 대한 행동과 반응이 다른 중요한 사람들과의 상호작용의 축소판임을 보게 하는 것이다. 그래서 궁극적으로는 존슨 씨 자신이 다른 사람들로부터 특정 행동을 유발하는 데 책임이 있음을 깨닫게 하려고 한다.

전이 행동과 중요한 다른 사람들에게 하는 행동 사이의 유사점을 이끌어 내는 이런 개입은 큰 가치가 있다. 이것은 정신역동 치료자들의 핵심적 기법이다. 그러나 치료 초기의 이런 해석은 환자를 혼란스럽게 하여 환자의 거부를 불러오는데, 이는 환자가 경험하는 것과 이 해석이 너무 동떨어져 있기 때문이다. 존슨 씨는 단지 아침을 먹지 못했기 때문에 치료 시간에 말하는 것이 힘들다고 하였을 뿐이다. 이럴 때, 사람들과의 관계 등 다른 더 중요한 이유가 있다고 말하는 것은 환자의 말을 진지하게 받아들이지 않는 것이 된다. 이 사례의 환자는 중요한 사람에게서 버림받는 것을 두려워한다. 그런 환자를 '지금 있는 곳' 에서 만나지 않는 것 또한 그를 버리는 일이 될 수 있다.

그러나 환자를 진지하게 대한다는 것이 반드시 그의 말을 다 믿는 것을 의미하지는 않는다. 나 또한 존슨 씨가 식사를 못한 것에 계속 집착하는 것이, 사흘 동안이나 가족들에게 버림받은 일에서 느끼는 감정을 포함해서 많은 갈등을 일으키는 내용을 피하기 위한 방어적 노력인 동시에, 타인에게 의존하고 싶은 감정, 예컨대 누가 음식을 먹여 주기를 바라는 심정에서 나온 파생물이라고 생각한다. 그러나 만약 음식이 필요하다는 그의 말에 내가 공감적으로 주의를 기울이지 않는다면, 나는 결국 존슨 씨가 그의 특징적인 의존적 방식으로 내게 복종하도록 만들거나, 아니면 점점 더 무력해져서 아무것도 할 수 없는 상태가 되도록 만드는 위험에 빠지게 된다.

내 동료 중의 어떤 사람이 말하길, 사회복지 실습시간에 배운 첫 번째 규칙이 '환자가 있는 곳에서 시작하라.' 였는데, 전문가로서 30년의 세월을 보낸 후에 이제 깨닫게 된 두 번째 규칙이 '환자가 있는 곳에 함께 머물라.' 라는 것이라고 하였다. 내가 여기서 말하고 싶은 경험상의 법칙도 그렇다. **"환자를 진지하게 대하라."**

다음으로, 존슨 씨에게 치료에 집중하기 어려워 보인다는 말을 하려고 했던 다섯 번째 수련생은, 추론을 삼가하고 좀 더 기술(記述)적인 수준에서 개입을 하려 했던 것으로 보인다. 이런 개입은 존슨 씨처럼 저항이 심한 환자와 치료를 시작하는 좋은 출발점이 된다. 이 수련생의 반응은 환자를 병리적으로 다루지 않으면서도 무엇이 진행되고 있는지를 묘사해 준다. 만약 이때 존슨 씨가 치료자의 언급에 동의하고 치료자가 자기 말을 듣고 있다는 느낌을 가지게 된다면, 향후 좀 더 불안을 유발하는 개입을 시도할 수 있는 토대가 만들어지는 것이다.

여섯 번째 수련생의 개입은 치료자 자신의 감정을 드러낸다.

> 수련생 6: 저는 존슨 씨에게 우리가 다소간 줄다리기를 하고 있다고 말하고, 치료자인 내가 어떻게 느낄 것 같은지 물어보았습니다. 나는 그때 사람들이 존슨 씨를 대할 때 좌절감을 느낀다는 사실을 염두에 두고 있었어요. 그래서 치료자가 어떻게 느낄지 물어봄으로써, 그가 타인에게 어떤 영향을 주는지 보게 할 수 있으리라고 생각했습니다. 저는 존슨 씨가 자신이 얼마나 다른 사람을 자극하고 화나게 하는지 깨달았으면 했습니다.

이 수련생은 순환적 부적응 패턴의 주요 측면인 '타인에게 주는 영향'을 검토하고자 하였다. 또 이 개입은 지금-여기에서의 치료적 관계에 초점을 맞추고, 치료자와 환자의 상호작용을 대화의 주제로 꺼내 놓는 것이었다.

TLDP의 관점에서 보자면, 치료자는 주제를 적절하게 설정하였다. 치료자와 환자의 상호작용을 함께 논의하는 일은 매우 중요하다. 이런 논의에는 치료자가 환자에게서 어떤 인상을 받는지, 환자는 치료자를 어떻게 느끼는지, 환자는 치료자가 어떻게 반응하리라고 예측하는지 등의 주제가 포함된다. 또한 치료자가 자기관여적인 개방을 하여 자신이 환자로부터 어떤 영향을 받고 있는지 먼저 드러낼 수 있을 것이다.

이 치료자는 환자가 치료자의 느낌을 어떻게 추측하고 있는지 살펴보고자 하는 의도를 가지고 있었다. 그러나 내가 여기서 한 가지 우려하는 것은, 치료자가 "당신 생각에 내가 어떻게 느끼고 있을 것 같아요?"라고 할 때, 존슨 씨가 이를 자기를 비난하는 것으로, 다시 말해 '당신이 내가 어떻게 느끼도록 만드는지 좀 봐라!' 하는 책망으로 들을 수 있다는 점이다. 존슨 씨는 안 그래도 자기 비난을 많이 하는 사람이다. 그러므로 자신이 치료에서 제대로 못하고 있고, 그래서 치료자가 실망하고 화난 것은 당연하다고 서둘러 결론을 내릴 가능성이 아주 높다.

그런만큼 치료자는 존슨 씨에 대한 치료자의 부정적 견해를 존슨 씨가 어떻게 느끼는지 논의하자고 하기보다는, 아니 존슨 씨에 대한 부정적 느낌을 공개하기보다는, 우선 두 사람이 어떻게 해서 서로 말만 하면 결국 줄다리기를 하는 것으로 끝나게 되는지를 궁금해하며, 그것을 대화의 주제로 삼는 편이 더 바람직하다. 치료를 어느 방향으로 진행시킬지를 결정하는 근거는 TLDP 기법 자체에 있지 않다. 특정한 순환적 부적응 패턴을 가지고 있고, 특정한 치료적 시점에 서 있는 그 환자에게 무엇이 가장 도움이 될지 고민한 뒤 이를 그 다음 개입의 근거로 삼아야 한다.

마지막으로, 일곱 번째 수련생은 존슨 씨에게 "뭘 하고 싶으세요?"라는 아주 중요한 질문을 하였다. 다음은 그의 설명이다.

수련생 7: 저는 존슨 씨에게 무엇을 하고 싶은지 물었습니다. 왜냐하면 이 질문은 행동의 결정권을 그의 손에 맡기기 때문입니다. 그는 머무를 수도 있고 나갈 수도 있습니다. 그러나 나의 요구를 추측해서 거기에 맞추지 않고 스스로 결정을 해야만 합니다.

저자: 그런데 만약 존슨 씨가 먹을 게 필요하다며 치료 시간을 다 안 채우고 떠나기로 결정했다면요?

수련생 7: 그것도 괜찮을 것 같습니다.

수련생: 그래도 그냥 떠나도록 하는 것은 바람직하지 않는 것 같아요. 왜냐하면 그렇게 하면 자신의 감정을 이야기할 기회가 없어지니까요. 감정을 회피하는 데 치료자가 공모하는 셈이 될 수도 있습니

다. 저는 그가 혼자 남겨져서 우울해졌고, 가족들의 태도에 화가 났다고 생각합니다. 그러니 그가 상담실에 머물러서 계속 이야기하도록 하는 것이 그런 감정에 도달하게 하는 길인 것 같습니다.

저자: (전체 수련생을 향하여) 좋습니다. 나는 지금까지 칠판에 여러분의 치료적 개입을 적었고, 또 여러분은 각각의 개입의 배경에 대해서 이야기했습니다. 정말 다양하지요? 이제 이 중에서 무엇이 가장 적절한 개입인지 여러분이 선택해 보기 바랍니다.

수련생들은 나의 제안에 당황하였다. 치료자로서 수련을 받으면서 자신들의 개입을 투표에 부친 적이 한 번도 없었던 것이다. 이 훈련의 목적은 모든 치료적 개입이 똑같지 않다는 것을 보여 주려는 것이었다. 특히 단기 치료에서는 치료자가 말하고 행하는 모든 것에 반드시 어떤 이유가 있어야 한다는 것을 보여 주고자 하였다. 나는 수련생들에게 어떤 개입이 적절해 보이는지, 그리고 그 이유는 무엇인지 생각하도록 하였다.

저자: 가장 마음에 드는 걸 골랐어요?

수련생: 3번이 마음에 듭니다.

저자: 왜죠?

수련생: 환자의 회피 행동 이면에 있는 두려움, 그러니까 자신의 감정 대신 음식에 집착하는 이유를 언급하고 있기 때문입니다. 이 개입은 환자가 자신의 욕구를 이해하는 데 도움이 될 것 같습니다.

수련생: 저는 5번이 더 마음에 드는데요, 왜냐하면 그 개입은 환자가 자신의 회피 패턴을 이해하는 데 도움이 될 것이기 때문입니다.

수련생: 저는 4번이 좋은데, 치료자와의 관계 패턴뿐만 아니라 다른 사람들과의 대인관계 패턴도 검토할 수 있기 때문입니다.

수련생: 저는 7번이 가장 좋다고 생각해요. 그 반응은 자신의 삶에 대

해 자신이 책임을 져야 함을 강조합니다.

저자: 의견들이 서로 다르지요? 그러면, 어떤 개입이 가장 좋을지 어떻게 결정내릴 수 있을까요?

수련생: 새로운 경험이라는 목표에 좀 더 접근하게 하는 개입이 어떤 것인지 살펴보면 되지 않을까요?

수련생: 그렇다면 7번이 그로 하여금 뭔가를 할 수 있도록 한다는 점에서 가장 좋은 것 같습니다.

수련생: 맞아요. 저도 7번으로 바꾸겠습니다. 7번은 자기를 조절하고 통제하는 힘을 그에게 되돌려 줄 수 있습니다.

저자: 우리는 존슨 씨의 사례개념화에서 그의 주된 문제를 수동성과 의존성의 문제로 이해했습니다. 초점이 이것임을 생각한다면, 그가 좀 더 능동적인 사람이 되도록 돕는 것, 즉 자신의 인생에 대해 좀 더 책임감을 갖도록 돕는 일이 우리의 첫 번째 목표가 될 것입니다. 물론, 그가 자신의 역동을 이해하고, 또 그가 다른 사람들과 불만족스러운 관계를 어떻게 반복해서 만드는지를 새롭게 이해하도록 하는 두 번째 목표가 있습니다. 그러나 무엇보다도 우리는 그가 새로운 경험을 하길 바랍니다. 그러므로 우리가 그에게 전달하는 것은 어떤 것이라도 그가 좀 더 책임감 있고, 적극적이고, 힘이 있다는 그런 느낌에 한 걸음 더 다가갈 수 있도록 도와주는 것이어야 합니다. 여러분의 개입 중에서 어떤 개입이 이런 한 걸음을 내딛도록 도울 수 있을까요?

수련생 6: 그렇게 보면, 존슨 씨에게 내가 어떻게 느낄지를 물었던 저의 개입은 그를 더 힘들게 만들 것 같습니다. '당신한테 안 좋은 느낌이 든다' 고 알려 주는 셈이니까요.

수련생 2: 그리고 제 반응을 들으면 존슨 씨는 '내 말을 안 듣는구나.' 라고 생각할 것 같습니다. 그가 배고프다고 하는 말을 들었지만,

전 그걸 일종의 핑계로 평가절하했습니다. 아마도 존슨 씨는 제 말을 듣고 무시당하거나 조종당한다고 느낄지도 모르겠습니다.

수련생 1: 저의 침묵은 제가 그의 말을 인정할 수 없다거나 별로 도와주려는 마음이 없다는 뜻으로 해석될 수 있겠지요. 만약 내가 화가 났다고 생각한다면 그는 아마 더 우울해질 것입니다. 제 생각에도, "뭘 하고 싶으신가요?"라는 질문이 가장 좋은 것 같습니다.

수련생: 예, 필요하다면 먹을 것을 가지고 와도 괜찮다고 말해 주는 게 좋을 것 같습니다.

수련생: 제 생각에는 그렇게 말하는 건 좀 위험합니다. "먹고 싶은 것을 가져와도 좋다."라고 말해서는 안 될 것 같은데, 왜냐하면 그렇게 말하면 그를 어린아이로 취급하면서 마치 허락이라도 해 주는 것처럼 들리거든요. 만약 치료자가 뭔가 '허락'을 한다면, 늘 지배하고 감독하는 아내의 역할을 재연하는 셈이 되고, 통제를 일삼는 다른 사람과 같은 사람이 될 것입니다.

저자: 여러분도 잘 알듯이, 환자에게 휘말려 그의 시나리오에 참여하지 않는다는 것은, 즉 그의 역기능적인 춤의 파트너가 되지 않는다는 것은 참으로 어려운 일입니다. 그러나 우리가 역동적 초점을 잘 활용하면 역전이적인 휘말림을 알아차릴 수 있습니다. 존슨 씨의 경우에 주변 사람들의 행동은 존슨 씨를 보살피고 그를 대신해 결정을 내리는 것으로 묘사됩니다. 이러한 지식은 치료 시간 중에 치료자의 자각을 촉진시켜서, 그런 행동이 재연될 때 더 쉽게 알아차리도록 해 줍니다. 존슨 씨에게 음식을 가져와도 좋다고 허락하는 것은 그의 CMP를 반복하는 일일 뿐만 아니라, 그가 스스로 자신을 위해서 결정을 내리는 새로운 경험의 효과를 희석시키는 일이 됩니다. 치료자의 허락을 받았다는 인식하에서 뭔가 좀 먹겠다고 결정을 내리는 것은 치료자가 화를 내거나 허락하지 않을지도 모르

는 상황에서 결정을 내리는 일보다 더 쉬운 일입니다. 전자는 별로 위험하지 않은 결정입니다. 일상적이고 습관화된 방식에서 벗어날 것을 덜 요구하기 때문이지요. 그리고 전자의 경우는 그가 명시적인 허가를 받았다는 뜻이거나 심지어 치료자가 재촉해서 그렇게 한다는 뜻이 될 수도 있습니다.

수련생: 그런데 저는 아직도 존슨 씨가 치료를 중단하고 나가겠다는 결정을 내린다면 어떤 일이 생길지 걱정이 됩니다. 만약 그가 그렇게 물러서려고 하는데, 바로 이것이 그가 가진 문제라면 이를 반복하는 것이 도움이 될 리가 없습니다. 특히나 현재 벌어지고 있는 상황을 검토할 시간을 가지지 못한다면 더욱 그렇습니다.

저자: 우리가 파악한 존슨 씨의 핵심 문제 중에 '갈등 상황을 피해서 도망친다' 라는 게 있었나요?

수련생: 신체적으로는 아닙니다. 하지만 정서적으로는 타인과의 갈등을 회피합니다.

저자: 그 문제를 한번 살펴보지요. 만약 그가 그 치료 회기를 떠난다면 어떻게 될까요?

수련생: 아마도 그는 치료 시간에 자신의 불편한 마음을 다루지 못하게 도망을 가고, 우리는 그가 벗어나도록 허용하는 상황이 되겠지요.

수련생: 하지만 그것은 무슨 이야기를 하고 또 무슨 이야기를 안 할지를 그 자신이 주도하는 게 됩니다. 다른 사람이 대신 해 주지 않습니다.

저자: 바로 그렇습니다. 우리의 목표는 그가 적극적으로 힘을 발휘하는 것입니다. 이런 생각을 한번 해 봅시다. 만약 그의 결정이 나의 명석한 해석을 피하기 위한 것이었다면? 만약 그가 능동적으로 그날 아침의 정서적 불편함을 피하겠다고 결정하였다면?

수련생: 아마도 그는 매우 주장이 강한 사람이고, 아마도 치료를 완전

히 그만둘 수도 있겠지요.

저자: 그런데 우리는 이번 사례를 어떻게 개념화했나요? 관계를 피하고 떠나는 것은 존슨 씨의 주요 역기능이 아닙니다. 사실 그는 대인관계가 끝날 것을 두려워하는 사람입니다. 사람과 가까워지는 데 문제가 있는 사람이라면 다른 CMP를 가질 것입니다. 그런 환자가 치료 장면을 떠나는 것은 역기능적 패턴을 재연하는 일이므로, 바람직한 것이 될 수 없습니다. 그러나 존슨 씨에게는 관계의 단절이 결코 쉬운 일이 아닙니다.

만약 여러분이 존슨 씨의 핵심 문제가 책임지는 것을 포기하고, 자신이 원하는 것을 말하지 않은 채 다른 사람에게 결정권을 맡기는 것이라고 본다면, 여러분의 목표와 개입을 그에 맞게 선택하십시오. 여러분들이 일단 역동적 초점을 가지게 되면, 치료 과정에서 나오는 새로운 정보에 비추어 그 초점을 반복해서 재평가해야 합니다. 역동적 초점은 문서화해서 영구적으로 보관하는 것이 아닙니다. 역동적 초점의 유용성은 새로운 사실을 발견하는 데 있습니다. 그러나 초점을 새롭게 바꾸려면(또한 그에 따라 목표를 새롭게 바꾸려면), 여러분은 환자의 대인관계 내용이나 혹은 치료자와의 관계에서 발생한 역기능적 상호작용에 기존에 생각했던 것과는 다른 유형의 자료가 있다는 상당한 증거를 먼저 확보해야 할 것입니다. 단기치료에서 적절한 초점을 유지하는 일은 매우 어려운 일이지만, 성공적인 결과를 얻는 데 꼭 필요한 중요한 조건 중의 하나입니다.

수련생: 존슨 씨가 치료 장면을 떠나는 것이 치료적일 수 있다는 뜻인가요?

저자: 그렇습니다. 무엇보다도 나는, 존슨 씨가 가족에게 많이 의존했던 것처럼 치료자인 나에게 상당히 의존하고 있다는 것을 알고 있

습니다. 그러므로 지금의 상태에서 치료를 완전히 그만두지 않을 가능성이 더 높습니다. 그는 다음 주 치료 시간에 돌아올 것입니다. 두 번째로 그는 자기 자신을 위해 스스로 결정을 내리는 경험을 할 것입니다. 그리고 여기에는 위험을 무릅쓴다는 자각과 불안이 동반될 것입니다. 세 번째로, 그는 치료자가 자신의 결정을 기꺼이 수용하는 경험을 할 것입니다. 처벌하지도 방치하지도 않으며, 또한 머물러서 계속 이야기하라고 압력을 가하지도 않는 치료자를 경험하게 됩니다.

수련생: 만약 치료자가 그를 치료 장면에 머무르게 하려고 애쓰거나, 반대로 이 장면을 떠나 먹을 것을 좀 가져오라고 제안한다면, 치료자는 존슨 씨가 져야 할 책임을 대신 떠맡게 되고, 그의 순환적인 부적응 패턴에 자신도 모르게 결탁하게 되겠군요.

저자: 맞습니다. 만약 우리가 "존슨 씨, 당신은 먹을 게 좀 필요한 것 같은데 뭘 좀 먹으러 가는 게 어때요."라고 말한다면, 우리는 그의 의사결정을 대신해 주는 것이 됩니다. 반대로 "뭔가 드신 게 없어서 힘들다고 하는 건 잘 알겠습니다. 하지만 내 생각에는 뭔가 다른 더 중요한 상황이 전개되고 있으니 그 점에 대해서 좀 더 이야기해 봅시다."라고 한다면, 이는 최선의 선택이 뭔지 본인보다 치료자가 더 잘 안다는 뜻이 되며, 배가 고프다는 것을 믿지 않거나, 그러거나 말거나 상관없다는 메시지를 전달하게 됩니다. 그러나 만약 치료자가 "뭘 하고 싶으세요?"라고 묻는다면, 존슨 씨 스스로 결정내릴 수 있는 힘이 있음을 인정하는 것이 됩니다.

수련생: 그런데 선생님은 존슨 씨가 정말로 먹을 것이 필요하다고는 믿지 않는다고 하셨어요. 배고프다는 주장은 감정 표현을 회피하는 방법이라고 보시죠?

저자: 맞습니다. 가족들이 떠나버려 화가 났다고 말하는 것은 그에게

는 너무나 어려운 일이라고 생각합니다. 그러나 만약 존슨 씨가 정말로 배가 고픈지 아닌지에 대해 논쟁하기 시작한다면, 나는 결국 힘 겨루기 하는 일에 말려들게 될 것입니다. 다시 말하지만, 치료의 핵심 목표는 새로운 경험을 제공하는 것인데, 그가 자신을 아이가 아닌 어른으로 느끼는 데 유익한 경험을 제공하는 것이 우리의 주된 목표입니다.

우리는 보통 '좋은 치료' 라고 하면, 환자가 치료 시간 중에 자리를 뜨는 일을 포함시키지는 않습니다. 하지만 안 될 일이 뭐가 있습니까? 여러분의 역동적 초점에 명확하게 정의된 새로운 경험이 포함되어 있나요? 그렇다면 여러분은 어떤 개입이 그 목표를 성취하는 데 도움이 될지 판단할 수 있을 것입니다.

수련생: 그러니까 선생님은 순간적으로 지금 이 시간에 무슨 일이 일어나고 있는가를 생각하면 치료의 초점을 마음에 떠올릴 수 있고, 그를 통해 치료의 방향을 잡는다는 말씀이시죠?

저자: 그렇습니다.

수련생: 테이프의 나머지 부분도 좀 볼 수 있을까요?

저자: 물론이지요.

[비디오테이프]

환자: 뭔가 좀 배를 채우면 기분이 나아질 것 같아요.

치료자: 그렇군요. 그런데 지금 그렇게 배를 채우는 데 방해가 되는 게 뭘까요?

환자: 저기 건너편에 있는 식당이나 카페에 가야 되겠군요. (근처 빌딩을 가리킨다.)

치료자: 맞아요.

환자: (한숨)

치료자: 그런데 그렇게 결정하는 데 뭐가 방해가 되죠?

환자: (한숨) 글쎄요, 사실 우린 지금 치료 중이고, 나는 무례하게 굴고 싶지 않아요.

치료자: 그래서 무례하게 구느니, 그냥 거기 앉아서 남은 시간 동안 불편하게 계시겠다는 뜻이군요.

환자: 글쎄, 잘 모르겠지만, 그런 것 같아요. 가는 걸 허락하지 않으신다면……

치료자: 제가 존슨 씨가 가는 걸 허락하지 않는다고요?

환자: (당황하며) 여기 와서 선생님을 만나야 한다는 의무감 같은 걸 느끼거든요. 나를 도와주시니……

치료자: (잠시 침묵) 존슨 씨는 아마도 딜레마에 처한 것 같군요. 바로 여기, 바로 지금, 바로 이 방에 나하고 있으면서 말이에요. 그 딜레마는, 집중해서 이 시간을 잘 활용할 수 있는가 하는 것과, 그러기 위해서는 음식을 먼저 좀 먹을 필요가 있는가 하는 것이군요. 다시 말해, 존슨 씨 자신을 위할 것인가 아니면 나를 위할 것인가 하는 딜레마에 처해 있으시군요.

[강의실]

저자: 이것이 진짜 그의 딜레마라고는 생각하지 않았지만, 이렇게 두 가지를 나란히 배열함으로써 그의 갈등을 뚜렷하게 조명해 보여줄 수 있다고 생각했습니다. 사실 나는 그의 내적 싸움은 다른 사람을 돌보는 것만이 자신을 돌보는 유일한 길이라고 생각하는 데 있다고 보았습니다. 충분히 순종적으로 행동하면, 사람들은 그를 관대히 대하면서 그의 욕구를 어느 정도 충족시켜 주리라고 보는 것이죠. 그는 자신의 순종은 관계를 유지하기 위해 치러야만 하는 대가라고 이해하고 있습니다.

수련생: 그가 치료 시간 중간에 자리를 뜰 수 없는 이유는 치료자가 자신을 무례하다고 생각할까 봐 두려워서겠지요.

수련생: 만일 무례하다고 생각하면 치료자가 화를 낼 테고요.

수련생: 만일 화를 내면 그는 슬퍼지겠지요.

저자: 아마도 내가 화를 내면, 그건 존슨 씨의 욕구가 충족되지 않으리라는 신호인 동시에, 내가 그를 버릴 수도 있다는 신호가 되기 때문일 것입니다.

수련생: 예측 불가능한 알코올중독 아버지와 한집에 사는 소년의 심정이 어떠했을까를 계속 생각하게 됩니다.

수련생: 누구나 마찬가지겠지요. 술 취한 난폭한 아버지가 자기한테 화 내지 않기를 간절히 바라는 마음은요.

저자: 이제 우리는 존슨 씨의 수동적이고 남의 비위를 맞추는 행동과, 우울하고 무기력한 삶의 태도가 치료 시간 중에 어떻게 드러나는지 이해할 수 있게 되었습니다. 그리고 이런 바탕 위에 그를 위한 새로운 경험의 여지를 만들면서 치료자인 내가 겪는 어려움도 잘 이해할 수 있게 되었습니다.

수련생: 저는 선생님이 이 시간에도 몇 차례 다소 비꼬는 듯한 느낌을 받았습니다. 여전히 그에게 좌절감을 느끼시는 건가요?

저자: 맞습니다. 나는 여전히 나의 역전이를 재연하는 데서 다 빠져나오지는 못했습니다. 그러나 그 사실을 더 많이 자각하고 있고, 우리 두 사람을 새로운 경험의 자리로 이끌어 가려는 노력을 더 열심히 하려고 했습니다.

수련생: 그 다음은 어떻게 되었어요? 존슨 씨는 떠나지 않고 계속 머물러 있었나요?

저자: 방금 보여 준 장면 이후에도 존슨 씨는 그냥 말을 계속 이어 갔습니다. 그렇게 계속 말을 함으로써 어떤 적극적인 의사결정을 회피

하려고 한 것이지요. 몇 분간 그의 이야기를 더 들은 후에 나는 그의 말을 중단시키고, 어떤 결정을 내리셨는지 분명하지가 않다, 그냥 머물러 있기로 하셨는지 아니면 나가서 먹을 걸 사기로 하셨는지 잘 모르겠다고 말했습니다. 그 말에 대해 존슨 씨는 이제 좀 나아졌고 그냥 이야기를 할 수 있다고 했습니다. 그래서 우리는 그 회기를 끝까지 진행하였습니다.

만약 존슨 씨가 내가 싫어할 수도 있다는 위험을 무릅쓰고 치료를 중단하고 그 자리를 떠났다면, 나는 그가 진정으로 새로운 경험을 하고 있다고 더 확실하게 느낄 수 있었을 것입니다. 이것은 분명히 더 위험한 선택이었을 것이며, 그의 익숙한 패턴과 결별하는 중요한 분기점이 되었을 것입니다. 비록 그가 그렇게까지는 하지 못했지만, 그는 자신의 결정을 표현했고, 아침 식사를 둘러싼 우리의 상호작용은 다른 사람이 원할 것이라고 생각하는 바에 따라 자신의 욕구를 부인하는, 그의 습관적인 대인관계 방식의 특징을 아주 분명하게 보여 주었습니다.

chapter

11 _ 기법: 치료 회기의 미시적 분석

우리는 앞장에서 역동적 초점을 찾고 그것을 새로운 경험과 새로운 이해에 이르게 하는 길잡이로 사용하는 TLDP의 주요 기법을 살펴보았다. 이번 장에서는 이런 초점 중심의 시간제한적 접근법을 매 치료 회기의 진행에 어떻게 구체적으로 통합시킬 수 있는지 살펴보려고 한다. TLDP를 이렇게 사용하는 구체적인 예로서 나는 존슨 씨와의 네 번째 회기의 도입부를 수련생들에게 보여 주려고 한다. 이 부분을 자세하게 분석하면서, 사례개념화와 구체적 개입을 통해 치료 목표를 구현하는 방법을 설명할 것이다. 이런 미시적 분석은 연구자들이 치료 과정에서 일어나는 일을 알아내기 위해 치료자와 환자가 나눈 대화를 문장 단위와 구절 단위로 미세하게 나누어 살펴볼 때 주로 사용하는데 이 방법은 임상 기술을 연마하는 데도 아주 큰 도움이 된다.

[비디오테이프]

환자: 수잔이 며칠 전에, 자기가 야간 근무를 하던 식당이 문을 닫았다고 그래요. 그 식당은 장사를 안 한대요. 그러면서 당장 필요한 돈을 좀 빌려 줄 수 있는지 묻더라고요. 나는 그러겠다고 했지요. 그러겠다고 했고, 돈을 빌려 줄 거예요. 그 애가 경제적으로 궁지에 몰렸다는 뜻이니까요. 상당히 비싼 집세를 자기 몫으로 285달러나 지불해야 돼요. 나는 그 애가 돈이 없어 쩔쩔매는 게 싫거든요.

치료자: 따님에게 돈을 빌려 주는 것에 대해 어떻게 느끼세요?

이 질문 이후에도 나는 그의 느낌을 여러 번 물어보았다. 우리는 존슨 씨가 화나는 감정을 표현하는 데 상당한 어려움이 있음을 이미 확인하였다. 그리고 이런 감정의 억압이 그의 우울의 한 가지 원인이 된다고 가정하였다. 그래서 환자의 감정을 물어보는 것은 모든 역동적 치료에서 중요하지만, 존슨 씨의 경우에는 특히 더 그랬다. 나는 수련생들에게 존슨 씨가 어떻게 대답할 것 같은지 예측해 보게 하였다.

환자가 어떻게 말하고 행동할지 예측해 보면, 치료자의 개입이 적절했는지(즉, 그것이 제대로 '먹혔는지'), 또 환자를 제대로 이해했는지(즉, 환자의 행동을 예상할 수 있었는지) 평가할 수 있다. 환자의 반응을 대체로 예측할 수 있다면, 치료자는 자신이 추론했던 역동적 초점이 정확했음을 확신할 수 있다. 치료자가 CMP를 잘 이해하고 있으면, 다음 단계의 개입을 미리 생각할 수 있다. 이렇게 계획하고 예측할 수 있을 때 치료가 더 효율적이고 체계적으로 진행된다.

[강의실]

저자: 여기서 수잔에게 돈을 빌려 주는 것에 대해 어떻게 느끼는지 물었습니다만, 그가 뭐라고 답할지 한번 추측해 보세요.

수련생: 아마 그 질문에 답하지 않을 것 같은데요. 어떤 식으로 피할지는 잘 모르겠지만, 아무튼 답을 피할 거예요.

저자: 훌륭한 추측입니다. 이제까지 우리가 보아 온 바로는 그럴 가능성이 많지요?

수련생: 저는 "그 애는 정말 돈이 필요해요."라고 말할 것 같습니다. 자기 필요가 아닌 딸의 필요에 초점을 맞출 겁니다.

저자: 주위 사람의 욕구를 만족시킴으로써 자신의 욕구를 충족시키려 한다는 역동적 초점에 잘 부합하는군요.

수련생: "그렇게 해야만 할 것 같아서요." 라고 말할 것 같습니다. 그러나 내심 화가 많이 나겠지요. 왜냐하면 두 회기 전에 그는 딸이 자신과 함께 살았으면 좋겠다고 했거든요. 딸은 아버지로부터 돈을 빌릴 뿐만 아니라, 그 돈을 아버지가 아닌 다른 사람과 같이 사는 데 사용하려고 합니다. 아버지의 돈을 빌려서 자신이 독립하는 데 쓰려는 거지요.

이 수련생은 뛰어난 관찰을 하였다. 그는 존슨 씨의 말뿐만 아니라 그의 감정도 예측하고 설명할 수 있었다. 이 수련생은, 존슨 씨는 아버지와 같이 살지 않기 위해 아버지의 돈을 빌리려는 딸에게 화가 나겠지만 그 감정을 치료자와 나누지는 않을 것이라고 보았다.

[비디오테이프]

환자: 돈 빌려 주는 건 괜찮아요.

치료자: 그렇군요. 그런데 어떻게 느끼세요?

[강의실]

저자: 그는 '괜찮다' 고 했습니다. 여러분의 예상이 대략 맞았지요? 그

는 어떻게 느끼는지 직접적으로 말하지 않았고, 다만 어떻게 느끼지 않는지를 말하고 있습니다. 여러분들은 그동안 그의 치료에서 아주 적은 부분만 보았는데도, 네 번째 회기에 와서는 환자가 보일 반응의 범위를 대체로 정확하게 예상하게 되었습니다. 아무튼, 나는 여전히 그의 감정이 어떤지 알 수 없어서 다시 물어보았습니다.

[비디오테이프]

환자: 그냥 그렇게 할 뿐이지요. 그러니까, 기꺼이 그렇게 할 거예요.

치료자: 기꺼이 그렇게 하시겠다는 건 잘 알겠습니다. 그런데 그 일에 대해 어떻게 느끼시는지는 잘 모르겠군요.

환자: 그 애가 돈이 궁한 처지에 놓이는 게 싫거든요.

[강의실]

저자: 자, 이렇게 해서 나는 그의 감정을 알아내기 위한 세 번째 시도를 하였습니다. "어떻게 느끼세요, 그런데 어떻게 느끼세요, 그런데 어떻게 느끼시는지 잘 모르겠군요." 라고 그에게 말한 것입니다. 치료적 개입을 할 때 내가 대체로 지키는 원칙은 '세 번 시도한 후에 다른 것을 시도한다.' 는 것입니다. 나는 존슨 씨의 감정을 알아내는 데는 전혀 진척이 없었지만, 그가 다른 사람과 의사소통을 할 때 무엇을 전달하려 하고 또 무엇을 전달할 수 있는가에 관해서는 상당한 정보를 얻었습니다. 이제 치료자로서 내가 할 수 있는 것은, 그의 감정을 이해하기 위하여 노력하던 그 시점에 우리 사이에 전개되었던 과정에 대하여 살펴보는 것입니다.

수련생: 세 번 물어본 다음에는 과정에 대해 언급한다는 지침을 따른다는 말씀이신데요, 그런 원칙은 어떻게 가지게 되셨죠?

야구는 물론이고 신화나 종교에 숫자 3이 자주 등장하기는 하지만, 여기에 무슨 마술적인 힘이 있는 것은 아니다. 다만 환자가 반응할 수 있는 기회를 충분히 준다는 뜻일 뿐이다. 만약 세 번을 물었는데도 반응이 없다면 아마도 네 번째로 질문하고 싶은 마음이 없어질 것이다. 위의 경우에는 매번 같은 질문을 했는데, 만약 말을 좀 바꾸는 것이 더 도움이 되겠다 싶으면 그렇게 하는 것이 좋다.

나는 여전히 존슨 씨의 감정에 관심이 있지만, 이제는 존슨 씨의 상호작용 방식에 더 많은 관심을 가지게 되었다. 여기서의 관심사는, 왜 그는 자신의 감정을 표현하지 않는가 하는 점이다.[1] TLDP에서는 저항이 표현을 회피하는 내용 그 자체보다는 사람들과 상호작용하는 방식에 더 많은 시사점을 준다고 본다. 저항의 방식은 성격 스타일을 결정한다. 두려워하는 것을 직면하지 않고 피하는 방식이 그 사람의 전형적인 관계 양상을 결정하고 이로부터 역기능적 대인관계가 초래된다.

나는 수련생들에게 우선 수차례 감정에 접촉하기 위한 직접적인 시도를 한 다음에는 과정에 대해 언급하라고 제안하였다. 이 절차는 TLDP의 원칙에 부합한다. 만약 환자에게 어떻게 느끼는지 여러 번 물었는데도 여전히 어떤 감정인지 알 수 없다면, 치료자는 자신이 관찰한 바를 환자와 나누는 게 좋다. 그리고 환자와 협력하여, 환자가 치료자와 상호작용하면서 어떤 심리적 과정을 경험했는지 함께 이해할 수 있도록 노력해야 한다.

---

1) 여기서 나는 이전에 존슨 씨와 상호작용을 한 경험을 근거로, 존슨 씨는 자신의 감정을 이야기할 수 있는 능력이 있지만 원하지 않는 결과가 생길까 봐 두려워서 감정의 표현을 피한다는 가정을 하고 있다. 그러나 환자에 따라서는 정서적 표현과 상징적 표현을 할 수 있는 기능이 결여된 사람도 있으므로 이 점에 유의해야 한다. 이러한 상태를 감정부전증 또는 감정표현불능증(alexithymia)이라고 한다(Sifneos, 1973). "비록 이들 환자가 감정을 자각하고 또 생각할 수 있다 하더라도, 생각과 감정을 연결시킬 수는 없는 것 같다. 그러므로 이들은 감정을 표현하는 능력이 없다고 봐야 한다. 여기서 감정이란 '생물학적 정서와 이에 수반하는 생각이 결합된 것' 으로 정의된다" (Sifneos, 1987, p. 38). 이 환자들은 감정 상태를 인식하는 능력에 손상이 있기 때문에, 무의식적 갈등을 드러내거나 불안을 유발하는 심리치료는 일반적으로 금기시된다(Krystal, 1988; Taylor, Bagby, & Parker, 1991).

[비디오테이프]

치료자: 어떻게 느끼는지 제가 물어보면, 존슨 씨는 그걸 대답하기 참 힘들어하는 것 같아요. 왜 그러는지 매우 궁금하군요.

여기서 나는 아주 간단하게 과정에 대한 언급을 하였다. "내가 당신이 어떻게 느끼는지 물으면, 당신은 대답하기 힘들어한다." 이제 나는 더 이상 그가 어떻게 느끼는지 묻지 않았다. 그 대신 우리 사이의 과정, 즉 치료자와 환자 사이에 펼쳐지고 있는 상호작용을 대화의 주제로 테이블 위에 올려놓았다.

[비디오테이프]

환자: 예, 왜냐하면 제가 제 감정을 거의 잘 모르거든요. 감정을 가려낼 수가 없어요. 온통 뒤죽박죽 섞여 있어요.

[강의실]

저자: 여기서 여러분이라면 어떻게 하겠어요?

수련생: 좀 기다려 주면 감정을 이야기할 수도 있지 않을까요?

저자: 그러면 기다려 보겠어요? 그렇게 해도 한숨을 쉬고 안경을 벗으면서 처량한 표정을 짓고만 있다면? [수련생들은 그가 이렇게 행동하리라고 인정한다.]

수련생: 어떤 느낌인지 조금만 들여다보라고 하면 어떨까요?

저자: 그렇게 해도 "그래도 잘 모르겠는데요."라고 한다면요?

수련생: "우리가 그 감정을 한번 가려내 보려면 어떻게 하는 게 좋을까요?"라고 말해 볼 수 있을 것 같은데요. 함께 협력하자는 것이지요.

저자: 그가 사용한 '가려내다' 라는 단어와, '우리' 라는 말을 치료자가 쓴 것은 아주 좋은 시도입니다. 또한 그에게 어떻게 하면 좋겠느냐

고 물어본 것은 좀 더 적극성을 띠도록 그를 격려하는 것이며, 최종 목표로 나아가게 하는 반응이라고 할 수 있습니다. 이런 개입은 존슨 씨가 새로운 경험을 하도록 격려합니다. 또 내가 이 반응이 정말 마음에 드는 다른 이유는 치료자가 환자의 표현을 진지하게 받아들인다는 사실 때문입니다.

이처럼 환자의 말을 액면 그대로 받아들이는 것은 환자를 진지하게 대하는 좋은 예가 된다. 존슨 씨는 감정을 가려낼 수 없다고 말했다. 그에 대해 이 수련생은 "우리가 그 감정을 가려내려면 어떻게 하는 게 좋을까요?"라고 반응하겠다고 하였다. 치료자의 질문은 환자의 언어를 가감 없이 사용함으로써 환자가 정말 감정을 가려내는 데 어려움을 겪는다는 사실을 치료자가 믿고 있음을 전달한다.

때때로 치료자들은 환자를 진지하게 받아들이는 것을 불편해한다. 환자에게 암묵적으로 동의하는 것으로 비칠 것 같기 때문이다. 그러나 루들로우 부인(5장)을 치료한 닥터 엘리슨의 경우를 보면 치료자는 환자의 아주 비판적이고 공격적인 말("때때로 선생님의 질문은, 선생님이 그 정도로 우둔하다는 걸 믿을 수가 없어요!")에 대해 간결하게, 어떤 점이 그렇게 우둔해 보였냐고 질문하였다. 이때 닥터 엘리슨은 환자의 말을 진지하게 받아들여서 자신의 '우둔함'을 검토하려고 하였다. 환자의 지각이 옳다고 동의하는 것과, 환자의 현실, 적어도 환자가 그 시점에 내놓고 싶어 하는 수준의 현실을 기꺼이 진지하게 검토하려는 마음을 전달하는 것은 크게 다르다.

[비디오테이프를 약간 되돌림]

환자: 예, 왜냐하면 내가 내 감정을 거의 잘 모르거든요. 감정을 가려낼 수가 없어요. 온통 뒤죽박죽 섞여 있어요.

치료자: 그러면 조금 여유를 가지고 감정들을 가려내고 정리해 보는 건

어떨까요?

[강의실]

수련생: 펌프에 한 바가지 마중물을 붓는 건 어떨까요? “사람들은 돈을 빌려 줄 때 속상해하거나 화를 내기도 하죠.” 라고 하면요? 그러면 자신의 감정에 대해 말하기가 편하지 않을까요?

저자: 어떤 환자들에게는 그렇게 자리를 깔아 주는 게 필요할 때가 있습니다. 특히 자신의 감정을 사람들 앞에서 적절하게 표현하는 방법을 잘 몰라 그렇게 해 본 적이 없는 환자에게는 도움이 될 것입니다. 그러나 그렇게 직접적으로 감정의 종류를 제시하는 것은 위험할 수도 있습니다. 존슨 씨처럼 수동적인 환자에게는 더욱 그렇지요. 그런데 이 회기의 뒷부분에 가면 나도 방금 이야기한 것과 매우 비슷한 시도를 하게 됩니다. 개방적 접근이 별로 성공을 거두지 못해서 그렇게 했던 것이죠.

아무튼 여기서는 감정을 살펴볼 약간의 여유가 필요하지 않겠느냐고 존슨 씨에게 제안했습니다. 치료 목표를 염두에 두면서, 그의 몫의 책임을 그에게 돌려주려는 노력을 계속한 것이죠. 치료자가 감정을 대신 읽어 주기보다는 ‘시간을 좀 갖고 자신이 어떤 감정을 느끼는지 살펴보라.’ 고 제안하였습니다. 나는 그가 자신의 분노 감정을 의식하고 있다고 생각합니다. 즉, 무의식적으로 감정을 억압한다기보다는 우리 상호작용에서 드러나지 않도록 검열을 하고 있는 쪽이라고 생각합니다. 그러나 어떤 경우든지 그 나름의 이유가 있을 것이므로, 나는 자신의 느낌을 모른다는 그의 표현을 앞으로도 진지하게 받아들일 것입니다.

이 네 번째 회기에서 나는 치료자들이 익히 잘 아는 상황을 맞아 분투하고 있다. 그 상황이란, 외적으로 논의되고 있는 것 이상의 어떤 일이 진행되고 있다는 느낌을 갖게 되는 경우를 말한다. 의식적 수준에서 인정되는 것과, 무의식적 역동 또는 검열된 자료 사이의 이런 간격은 흔히 치료 작업의 초점이 된다. 이럴 때 환자는 어떻게 새로운 경험을 하며, 또 어떻게 자신의 행동의 동기를 깨닫게 될까? TLDP의 관점에서 보자면, 존슨 씨는 그런 일이 불가능할 정도로 비협조적이거나 까다로운 사람이 아니다. 그가 보이는 반응의 스타일은 치료 작업의 방해물이 아니라, 오히려 치료 작업의 초점이 된다.

지금 이 상황에서 나는 그의 감정이 '뒤죽박죽 섞여 있다.' 는 말을 진지하게 받아들였다. 그리고 그 뒤섞인 감정을 '정리' 하는 데 시간과 노력을 기울일 준비가 되어 있다는 내 뜻을 전달할 수 있기를 바랐다. 나는 그가 사용한 단어들을 사용했다. 또한 그가 하는 말을 이해하려고 애썼고 기꺼이 그와 함께 그것을 다루고자 하였다.

이제 존슨 씨는 나의 이런 제안에 대해 두 갈래로 반응할 수 있을 것이다. 뒤섞인 자신의 감정에 호기심을 가지고 그것을 함께 깊이 탐색하는 데 시간을 내려고 할 수 있을 것이다. 그러나 정말 두려움이 크다면, 감정을 가려내고 정리해 보자는 나의 말에 오히려 더 큰 불안을 느낄 수 있을 것이다.

[비디오테이프]

치료자: 마음이 급하신 듯한데, 시간을 좀 갖고 감정을 살펴보는 게 좋을 것 같군요. 가능하시겠어요?

환자: 정말 잘 모르겠거든요. (한숨) 아는 거라곤 내가 온통 뒤죽박죽이라는 것뿐이에요.

[강의실]

저자: '여유를 갖고 천천히 하자.' 는 말에 존슨 씨는 어떻게 반응하나요?

수련생: "잘 모르겠어요, 뒤죽박죽이에요."

수련생: 여유를 갖는 건 불가능해 보입니다.

저자: 목소리는 어땠어요?

수련생: 억눌리고 움츠린 느낌입니다.

수련생: 우는 소리가 더 심해졌어요.

저자: 그렇지요? 그의 음성은 더 가늘어지고, 더 힘들어하고 있습니다. 다른 환자들이라면 지지적이라고 느꼈을 수도 있는, '여유를 갖고 천천히 하자.' 는 말을 했는데, 그는 더 측은한 모습으로 방어적으로 반응합니다. 그래서 나는, 그가 자신의 감정에 주파수를 맞출 수 있도록 하기 위해서 신체 감각에 주목해 보라고 요청합니다. 그는 정서적 고통을 신체화하는 경우가 많습니다. 그래서 자신에게 익숙한 방식으로 의사소통을 해 보라고 요청한 것이지요.

[비디오테이프]

치료자: 존슨 씨, 그러면 생각과 마음을 잠시 내려놓고, 존슨 씨의 몸이 어떻게 느끼는지 살펴볼 수 있을까요? 수잔에게 돈을 빌려 주는 데 대해 어떻게 느끼세요?

환자: 오, 정말 모르겠어요. 난 그저 그 애가 제대로 된 직장을 얻었으면 해요. 그 애는 너무 긴 시간을, 밤낮 없이 일을 해요. 어떻게 그렇게 하는지 모르겠어요. (오랜 침묵) 지금 변비 증상을 느껴요.

[강의실]

수련생: (웃으면서) 느낌이 나왔네요.

저자: 그래요. 느낌이지요.

수련생: 놀라운데요. 너무나 상징적이에요. 꽉 막혀 있잖아요! 감정을 배출할 수가 없는 거죠.

수련생: 맞아요. 정서적인 변비에요. 아주 제대로 된 연상입니다!

수련생: 지난주와는 180도 반대인데요. 그땐 변연화제 때문에 좀 설사를 한 후에 왔었잖아요.

수련생: 그의 경우에 신체적 감각은 감정으로 통하는 간접 경로인 듯해요.

수련생: 선생님은 그에게 몸이 어떻게 느끼는지 보라고 했고, 그는 신체의 느낌을 얘기했습니다.

저자: 그래요. 지난 회기에 그는 배가 고프니 먹여 주기를 바란다는 뉘앙스의 이야기를 했습니다. 우리는 이미 그때부터 그의 신체적 느낌이 심리적 상태를 뚜렷하게 상징적으로 보여 준다는 것을 알고 있었습니다. 그래서 "나는 변비가 있다."라고 한 말이 두 가지 수준에서 이해가 되었습니다. 그는 신체적으로 변비이다. 그리고 심리적으로도 역시 막혀 있다.

[비디오테이프]

환자: 늘 변비가 있어서 변연화제를 먹어야 해요.

치료자: 그러니까 존슨 씨는 신체적인 느낌에 대해 이야기하는 게 더 쉽군요? 정서적인 느낌에 대해 이야기하는 것보다……

여기서 나는 존슨 씨가 자신의 느낌을 나에게 알려 준 것을 인정하였다. 나는 그가 정서적 느낌보다 신체적 느낌을 이야기하는 것을 더 편안해한다는 해석을 하였고, 그는 맞다고 시인하였다.

환자: 맞아요. 정서적인 느낌을 잘 모르니까요.

치료자: 왜 그렇다고 생각하세요?

나는 존슨 씨가 딸에게 어떻게 느끼는가 하는 주제에서 좀 벗어나 보았다. 여기서 그가 정서적 느낌을 잘 모른다고 했을 때, 나는 왜 그렇다고 생각하는지를 물었다. 행동의 '이유' 에 대해 호기심을 표현한 것이다. 이렇게 하여 그의 심리내적 과정과 대인관계적 과정에 대한 탐색을 시작하였다. 왜 그는 자기 감정을 모르는가? 만약 자신의 감정을 안다면, 왜 나에게 말하지 않는가?

방어되고 있는 내용을 알고자 할 때는 방어 자체에 대한 탐색을 해야 한다. 이 비디오 자료의 첫 부분에서 나는 그가 어떻게 느끼는지 세 번 물음으로써 그의 방어를 직면하였다. 이런 시도가 좌절되면 치료자들은 보통 단단한 벽을 치고 있다는 좌절감을 느낀다. 그런데 이 벽은 환자의 방어적 책략의 형태를 보여 준다. 이 방어는 환자의 순환적 부적응 패턴의 핵심을 이루는 매우 중요한 부분이다.

이때 벽을 부수기 위해 계속 치기보다는, 뒤로 물러서서 그 벽을 살펴본 뒤에 환자에게 벽을 함께 보자고 초대하는 것이 좋다. 이렇게 되면 많은 경우에 이제까지와는 다른 치료적 시나리오가 만들어진다. 환자와 치료자가 같은 쪽에 함께 서서 벽을 관찰하고, 이런 구조물이 존재하는 이유를 함께 궁금해하는 것이다. 이와 같은 치료적 개입은 두 사람이 힘 겨루기를 하거나 환자가 수동공격적 행동을 하는 것을 막아 주며, 둘 사이의 공감과 협력을 촉진한다.

다른 이점도 있다. 치료자가 환자의 방어를 공격하지 않고 탐색하면 환자의 불안이 줄어드는 경우가 많다. 불안은 자각과 융통성의 발휘에 해를 입힌다. 그런 까닭에 불안이 감소하면 이전에는 의식할 수 없었던 감정에 더 쉽게 접촉할 수 있다.

[비디오테이프를 약간 되돌림]

환자: 맞아요. 정서적인 느낌을 잘 모르니까요.

치료자: 왜 그렇다고 생각하세요?

환자: 너무 오랫동안 감추어져 와서, 너무 깊은 곳에 있거든요.

[강의실]

수련생: 참 흥미로운데요.

수련생: 그는 알고 있어요!

수련생: "잘 모른다."라는 말로 시작했는데, 모르는 이유에 대해 답을 줬습니다. 왜 모르는가? 그 이유는 감정이 꽉 막혀 저 밑에 가라앉아 있었기 때문이었습니다.

저자: 어떤 전환이 이루어졌습니다. 상황이 좀 더 분명해진 거죠. 그는 '감추다' 라는 단어를 썼는데 그것은 감정을 신비스러운 안개로 둘러싸인 장소에서 꺼내어 밝게 조명할 수 있는 장소로 옮겼다는 것을 의미합니다. 그러나 아직은 미공개의 사유지에 있는 것이죠. 자, 그러면 여러분들은 이제 어떻게 하겠습니까? 그는 자신의 감정이 감추어져 있다고 말합니다.

수련생: 왜 감추어져 있는지 물어보고 싶어요.

수련생: 저도 그렇습니다. 감정이 감추어져 있다면 그만한 이유가 있겠지요.

수련생: 어째서 그러냐고 물어볼 수도 있고, 아니면 어떤 감정이 감추어져 있냐고 물어볼 수도 있을 것 같습니다.

[비디오테이프]

치료자: 저 밑에 있긴 하지만 감추어져 있군요. 심지어 본인도 모르게요. 그런데 그렇게 감정을 감추어야 하는 그럴 만한 이유가 있겠지요? 존슨 씨의 입장에서요.

나는 '그럴 만한 이유'를 강조하기로 하였다. 왜냐하면 환자들도 어떤 것을 감추거나 의식을 못하는 일은 나쁘고 비협조적인 행동이라고 믿기 때문이다. 환자들은 치료자가 불쾌해하거나 환자를 비난하거나 자극을 받아서 더 깊이 파고들까 봐 두려워한다.

치료자는 행동의 '이유'에 대해 호기심을 가져야 하며, 감정과 행동을 정말 이해하고 싶다는 태도를 보여야 한다. "우리가 그것을 바꾸려고 시도하기 전에, 왜 당신이 그렇게 해야 했는지 우선 알아봅시다." "당신의 입장에서 볼 때, 감정을 묻어둔 데는 합당한 이유가 있었으리라고 봅니다." "경험에 비추어 보면, 사람들은 이치에 어긋나게 행동하지 않습니다."라고 말할 수 있을 것이다.

환자의 행동에 대해 그럴 만한 이유가 있지 않느냐고 물어보는 것은 치료자의 지지적 자세를 보여 준다. "당신이 이유 없이 그렇게 하지는 않았을 것입니다." "아마도 당신의 행동은 과거의 어느 시점에서 볼 때는 매우 합리적이었을 것입니다."라고 하는 말에 그런 태도가 드러난다. 보통 환자들은 자신이 생각해도 부정적이고 어리석은 자신의 행동이나 태도에 적응에 도움이 되는 이유가 있을 것이라는 말을 듣고는 무척 놀란다. 환자들은 치료자가 자신의 복잡한 동기를 이해하려고 애쓰는 걸 보면서 치료자가 자신을 지지해 준다고 느낀다. 존슨 씨는 자신의 잘못을 비난하는 일에 재빠른 사람이다. 그래서 그의 내적 지혜를 존중하는 이러한 접근은 자기비판적인 태도를 완화하는 데 도움이 되리라고 생각하였다.

[강의실]

수련생: 그 반응은 선택과 통제라는 중요한 요소를 그의 삶 속으로 되돌려 놓는 것이기도 합니다. 제 환자 중에는 시험공부를 하지 않아서 낙제를 한 대학생이 있었는데, 그런 이유로 해서 그는 자신을 자기 파괴적인 사람으로 보고 있었습니다. 치료 중에 우리는 시험

에 낙제한 경험으로부터 무엇을 얻었는가를 함께 찾아보았는데, 이를 통해 자신감을 상당히 회복하게 되었습니다. 그가 말하기를, 다른 치료자들은 꾸물거리는 습관을 고치는 기법을 가르쳐 주려고만 하고, 그것의 심리적 기능을 이해하려는 노력은 하지 않았다고 하더군요.

수련생: 이렇게 행동을 다른 각도에서 보도록 하는 반응은, 존슨 씨로 하여금 자신을 더 이해하고 공감할 수 있도록 돕는 방법인 것 같습니다.

저자: 방금 이야기한 것들은 모두 매우 중요한 포인트라고 생각합니다. 이전에 말했듯이, 단기치료에서는 환자의 장점을 지지하는 것이 아주 중요합니다. 자, 다시 비디오로 돌아가 봅시다. 나는 그에게 감정을 감추어야 하는 그럴 만한 이유가 있는지 물었습니다. 이 질문이 환자에게 긍정적이고 지지적인 것으로 받아들여지기를 바라면서요.

수련생: 그래도 그는 여전히 소극적으로 반응할 것 같습니다.

[비디오테이프]

환자: (재빨리, 애절한 목소리로) 난 모르겠어요.

[강의실]

저자: 목소리를 들어 보세요. 이전보다 더 구슬픈 느낌이 들지요? "난 모르겠어요."라고 말하는데, 그 목소리가 매우 약하고, 하소연하는 듯이 들립니다. 나 또한 기운이 빠지는 느낌이 들었습니다. 그는 거의 울기 직전의 목소리였습니다.

수련생: 그는 선생님의 질문에 즉각 대답했는데요, 선생님이 말한 것을 생각해 볼 시간조차 갖지 않는군요.

저자: 좋은 지적이에요. 환자들이 반사적으로, 거의 자동적으로 말을 할 때가 종종 있습니다. 이렇게 치료자의 말에 대해 잠깐 생각해 볼 시간조차 갖지 않는다면 이는 방어가 작동하고 있다는 단서가 됩니다.

나는 이제 존슨 씨와의 상호작용을 다시 보기 시작하였다. 나는 그에게 이끌려, 그의 약한 자존감을 강화할 의도로 뭔가 지지적인 말을 해 주었다. 그러나 내가 그렇게 하면, 그는 이전보다 더 무력해지고 더 애처로운 소리를 한다는 것을 알게 되었다. 그렇다고 하더라도, 좀 더 자기주장을 잘 하라고 그를 재촉하거나 야단을 치는 정반대의 방향으로 이끌리고 싶지는 않았다. 사람들은 그의 소극적인 태도에 실망한 나머지 결국 그렇게 반응하고 만다. 그래서 나는 진퇴양난의 처지가 되었다. 지금까지의 나의 개입은 존슨 씨에게 새로운 경험이나 새로운 이해를 제공해 주지 못하였다. 그 사실을 깨닫고 나서 나는 그가 한 걸음 내딛도록 하기 위한 방법으로 뭔가 교육적인 것을 해 보기로 하였다.

[비디오테이프]

치료자: 때로 사람들은 자기 자신에게조차도 감정을 숨깁니다. 왜냐하면 그 감정이 자신을 혼란스럽게 하고, 두렵게 하고, 불안을 느끼게 할 수 있기 때문이지요. 존슨 씨가 보시기에는 어떤가요? 수잔에게 돈을 빌려 주는 것에 대해서 어떤 감정이 있는데, 만약 그 감정을 맞닥뜨리면 상당히 불편할 수도 있지 않겠습니까?

[강의실]

저자: 나는 존슨 씨에게 일종의 심리교육을 하면서 감정을 살펴보도록 요청하였습니다. 그가 느낄 가능성이 있는 감정의 범위도 제시했

지요.

수련생: 그렇지만 그렇게 하는 것은 감정을 제공해 달라는 그의 요구를 들어주는 게 아닐까요?

저자: 잘 모르겠지만 그럴 위험이 있습니다. 돌보는 사람이 되어 달라는 그의 부적응적 압력에 공모하여 그를 대신해서 빈 공간을 채워 넣을 수 있지요. 이제 이런 교육적인 개입에 대하여 그가 어떻게 반응하는지 한번 봅시다.

[비디오테이프]

환자: (고개를 떨어뜨린 채, 겨우 들릴 만한 소리로) 나는 모르겠어요.

[강의실]

[다들 예상한대로 존슨 씨가 풀 죽은 모습으로 반응하자 수련생들은 고개를 끄덕였다. 그리고 치료자로서 내가 느낄 좌절감을 공감하였다.]

저자: 이번에는 심리교육적인 방식의 또 다른 지지적인 개입을 했는데, 그는 오히려 더 비참하고 불쌍한 모습을 보이는군요.

수련생: 딸이 돈을 원하니 어떤 감정이 생길 수도 있지 않느냐, 는 치료자의 말이 다 끝나기도 전에 그는 머리를 숙이고 거의 중얼거리는 소리로 "나는 모르겠어요."라고 말했어요.

수련생: 뭔가 그를 붙잡고 있는 게 있어요. 선생님은 그가 감정을 보여 주길 원하는데, 그는 그렇게 하지 않으려고 합니다.

수련생: 그가 말할 수 없다는 감정은 누군가에게 어떤 걸 줄 때 느끼는 감정인데, 선생님은 그에게 "나한테 주세요. 작업할 뭔가를 주세요."라고 말하고 있으시네요.

저자: 흥미로운 지적인데요. 그러니까 딸이 요구한 것을 주고 싶어 하

지 않은 것처럼 내가 요구하는 것도 주고 싶어 하지 않는다는 뜻이고, 어떤 유사한 과정이 진행될 수 있다고 보는군요. 만약 그가 솔직하게 "그것에 대해서는 말하고 싶지 않습니다."라고 한다면, 나는 이를 치료의 진전으로 볼 것입니다. 그리고 그런 솔직한 자기주장을 인정하는 반응을 했을 것입니다. 매우 이상한 치료로 보이겠지요? 왜냐하면 환자가 갈등에 대해 이야기하고 싶지 않다는 걸 강화하는 셈이니까요. 그러나 우리의 목표는 그가 자신이 필요한 것을 말할 수 있도록 하는 것이고, 다른 사람이 그런 말을 좋아하지 않을 수 있다는 위험을 기꺼이 무릅쓰도록 돕는 것입니다. 그러므로 이것은 아주 중요한 치료적 진전이 됩니다.

수련생: 또 다른 새로운 경험을 주고 싶으시군요.

저자: 맞습니다. 자, 이때까지 나는 그에게 새로운 경험을 주려고 계속 노력해 왔습니다. 그러나 이제 할 수 있는 게 거의 다 떨어져 갑니다. 여러분이 치료자라면 뭘 하시겠어요?

수련생: 이때까지는 주로 선생님이 주도권을 잡고 그의 감정 확인에 도움이 될 만한 의제를 제안해 왔습니다. 저라면 그에게 좀 더 주도권을 주고 싶습니다.

수련생: 과정에 대해서 언급할 수 있지 않을까요? 두 사람이 이 주제에 대해 얘기할수록 그는 점점 더 나약해진다는 점을 지적하는 거지요.

저자: 그래요, 치료 과정으로 되돌아가 검토하라는 그 제안이 마음에 드는군요. 길이 막혀도 그 과정을 되돌아보며 환자와 나눌 수는 있습니다.

해석에 다양한 수준이 있듯이, 과정에 대해 이야기를 나누는 데도 여러 가지 방법이 있다. 치료 진행의 과정을 언급할 때는 매우 기술(記述)적인 것에서부터 매우 추론적인 것까지 그 범위가 다양하다.

이 시점에서 나는 가장 표면적인 수준에서 과정에 대해 언급하려고 한다. 왜냐하면 나약하다든지 무기력하다는 단어를 사용해 과정을 언급하면, 그 자체가 그의 부정적인 자기평가를 강화하게 될 것이기 때문이다. 그런 언어를 사용하면 그는 내가 비웃거나 잘못을 지적하는 것으로 들을 가능성이 많다. 그래서 과정에 대한 나의 언급은 외적으로 내가 관찰한 것만을 언급하는 기술적인 수준에 머무를 것이다. 이렇게 하여 비난에 대한 그의 과민함을 우회하려고 하였다.

[비디오 자료]

치료자: 존슨 씨, 내가 이런 질문을 할 때 존슨 씨에게 눈물이 맺히고 목소리가 좀 떨리는 걸 느꼈는데요, 존슨 씨도 느끼셨어요?

환자: 음. 음.

[강의실]

저자: 여기서 나는 그에게 감정의 언어를 제공하지 않았습니다. 대신에 감정을 암시하는 그의 행동만을 묘사하였습니다. "눈물이 맺히고 목소리가 좀 떨리는군요."라고만 한 거지요. 그 말에 어떤 해석도 붙이지 않았습니다. 그 행동을 방어적이다, 회피적이다, 수동공격적이다, 라고 하지 않았습니다. 그의 행동의 이면에 있는 의미는 언급하지 않고, 단지 내가 본 것만을 말했습니다. 여기서 나는 비난으로 해석될 수 있는 말을 하지 않으려고 비상한 노력을 기울였는데, 왜냐하면 그렇게 할 가능성이 아주 많다는 것을 잘 인식하고 있었기 때문입니다.

나는 매우 명백한 어떤 것을 말하면 존슨 씨가 거기에 동의를 하고, 그러면 함께 치료의 진전을 위한 기초를 마련할 수 있으리라고 기대하였다. 그래서 존슨 씨에게 이런 미세한 행동들을 인식했는지 물어보았다. 그는 그렇다고 중얼거렸고, 이것은 우리가 이후에 작은 진전을 이루는 데 도움이 되었다. 그런데 만약 그가 자신이 어떻게 반응하고 있는지 자각하지 못한다면, 나는 현재의 치료 목표에서 후퇴하여 그가 자신의 행동을 더 잘 관찰할 수 있도록 하는 작업을 먼저 해야만 한다. 행동을 다른 어떤 것과 연결하기 전에 우선 행동 자체를 자각해야 하기 때문이다.

TLDP 기법을 사용하려는 치료자들이 흔히 저지르는 실수 중의 하나는 충분한 기초 작업이 이루어지기 전에 전이 관계에 대한 해석을 하는 것이다. 기초 작업에는 환자와 치료자의 상호작용의 구체적인 특징을 자세하게 검토하고 조명하는 것이 포함된다. 내가 나의 지지적인 개입과 존슨 씨의 슬픔에 잠긴 행동 사이를 연결지어 언급한 것도 그 예가 될 수 있다.

[비디오테이프]

치료자: 그런 순간에는 어떤 느낌이세요? 제가 질문할 때 그렇게 목소리가 떨리고 눈물이 맺힌 그 순간에요.

[강의실]

저자: 내가 다시 느낌에 대해 묻고 있긴 하지만, 이 부분에서는 지금-여기에서 보인 그의 특정한 행동과 관련된 느낌을 묻고 있습니다. 구체적으로 말해, 나는 그가 저항하는 행동을 할 때 어떤 걸 느끼는지 묻고 있습니다. 다만, '저항'에 대해서는 언급하지 않고 오로지 그의 '행동'과 관련해서만 질문을 합니다. 나는 그가 자신의 행동에 더 호기심을 가지고 더 궁금해하면 좋겠습니다. 이 행동을 자신의 감정을 이해하고, 또 자신이 다른 사람에게 미치는 영향을 이해하는 일에 유용한 표지판으로 사용할 수 있기를 바랍니다.

[비디오테이프]

환자: 정말 설명할 수가 없어요. 난 다만 그걸, 가–가–감추길 원하고, 그걸 말하고 싶지가 않아요.

[강의실]

저자: 존슨 씨가 뭐라고 말하죠?

수련생: 자신의 감정이 감추어져 있다고 말합니다.

저자: 그걸 말할 때 어떤 행동을 보였나요?

수련생: 말을 좀 더듬거렸어요.

저자: 맞아요. 나도 치료 중에 그 점을 느꼈습니다. 그는 평소에 말을 더듬지 않는 사람인데 그 짧은 순간에 말을 더듬었어요. 이 부분을 한 번 더 보도록 하죠. 그의 대답 속에 아주 중요한 단어가 있습니다. 그게 뭘까요?

[비디오테이프의 해당 부분을 다시 반복함]

환자: 정말 설명할 수가 없어요. 난 다만 그걸, 가–가–감추길 원하고, 그걸 말하고 싶지가 않아요.

[강의실]

수련생: 원한다?

수련생: 아주 작은 소리로 그 말을 했어요.

수련생: 그렇지만 분명히 그 말을 했습니다.

수련생: 뭔가 능동적인 표현을 하는군요. 자신이 원하는 걸 이야기한 건 처음이에요.

저자: 예. '원한다' 라는 단어를 사용한 사실을 알아차리는 건 치료자로서 아주 중요한 일입니다. 그는 그런 말을 사용하지 않는 사람이

니까요. 여러분이 아까 그가 한 말을 회상할 때, 평소에 그가 하듯이 수동태로 "감정이 감추어져 있다."라고 말한 걸로 들었지요? 그러나 사실은 "나는 감정을 감추길 원하고, 그걸 말하고 싶지가 않아요."라고 능동태로 말했답니다. 다소 머뭇거리기는 했지만, 그렇게 이야기를 했어요. 자, 이제 여러분들은 어떻게 반응할 건가요?

수련생: 그 사실을 인정하면서, "그래요. 당신은 그 감정들을 감추고 싶다고 말하며, 나는 그 감정들이 뭐냐고 묻고 있네요. 그래서 당신은 이 점에 대해서 좀 복잡한 심정이 들지 않을까 합니다만" 이라고 말하고 싶습니다.

저자: 존슨 씨가 한 말을 지금-여기에서의 대인관계적인 대화로 가져오자는 거군요. 좋은 의견입니다.

수련생: 나는 내가 혼란을 느낀다는 사실을 인정하려고 합니다. "당신이 방금 한 이야기는 잘 이해를 못하겠어요. 좀 혼란스럽군요. 한 걸음 물러서서 한 번 더 이야기해 보면 무슨 말을 하고 싶으셨는지 좀 분명해지지 않을까요?"

저자: 나는 좀 반대입니다. 새로운 경험이라는 관점에서 나는 그의 말이 참 반가웠거든요. 그는 자기주장을 하고 있고, 나는 그 점을 활용하고 싶습니다. 그 말을 빨리 거두어들일 기회를 주고 싶지 않습니다.

나는 항상 치료 목표를 염두에 두고 현재 치료가 진행되는 방향을 평가한다. 존슨 씨는 어떤 새로운 경험을 해야 할까? 존슨 씨의 CMP를 구성할 때 그에게 적합한 새로운 경험이란 이전보다 더 적극적이고, 단호하고, 자기주장을 하며, 사람들에게 자신의 바람과 욕구를 알려 주는 위험을 무릅쓰는 것이 되어야 한다고 개념화하였다. 존슨 씨의 CMP는 치료의 초점으로서 기능하여, 내가 그런 자기주장적인 표현에 민감할 수 있도록 해 주었다. 그래서 나는 그의 말을 금방 알아듣고 그것을 활용할 준비를 할 수 있었다.

네 번째 회기에서 그는 감정을 감추기를 원한다는 사실을 치료자인 나에게 알게 하였다. 환자가 그 말을 할 때는 망설이듯 머뭇거렸고, 확실하지도 강하지도 않았다. 그러나 치료자는 그런 변화를 환자의 기저선에 비추어 판단해야 한다. 그의 표현은 바른 방향으로 중요한 한 걸음을 옮기는 것이었다. TLDP에서 우리가 추구하는 목표물은 어떤 완성된 결과가 아니라 이런 작은 발걸음들이다. 이제 강의실로 돌아가서, 수련생들이 이 기록의 나머지 부분을 어떻게 다루는지 보도록 하자.

[강의실]

수련생: 나는 뭔가 공감적인 반응을 하여 그를 그 시점에 머무르게 하고 싶어요. 이전보다 감정에 더 많이 접촉하고 있는 중이니까요.

저자: 나 역시 그를 이 자리에 더 붙잡아 두기를 바랍니다. 다른 장소로 피해 자신이 말한 걸 잊어버려서는 안 되지요. 이 자리에 머물러야 자신이 했던 말을 다시 생각할 수 있고, 또한 자신의 소망과 두려움 사이의 갈등을 직면할 수 있습니다. 그의 소망은 그 자신이 되고자 하는 것이고, 그의 두려움은 그렇게 하려고 할 때 처벌받을 수 있다는 것이겠지요.

수련생: 조금 더 들어갈 수 있다면, 그 말을 하는데 왜 그렇게 괴로우냐고 물어볼 수도 있을 것 같습니다.

저자: 나는 훨씬 더 단순하게 반응했어요. 하지만 결국 그 지점에 도달하게 되겠지요.

[비디오테이프]

환자: 정말 설명할 수가 없어요. 난 다만 그걸, 가-가-감추길 원하고, 그걸 말하고 싶지가 않아요. (잠시 침묵) 내 감정을 잘 몰라요.

치료자: 전 지금 존슨 씨가 매우 중요한 걸 말하고 있다고 생각합니다. 존슨 씨는 그런 감정을 감추기를 원한다고 말씀하시는군요.

[강의실]

저자: 여기서 내가 한 것은, 그가 적극적으로 자기표현을 한 부분에 밑줄을 긋는 일이었습니다.

이때까지 살펴본 부분에서 우리는 존슨 씨가 처음에는 "내 감정을 잘 모른다."라고 했다가, 그 다음엔 "감추어져 있다."라고 하고, 마지막엔 "감추기를 원한다."라고 말하는 것을 들었다. 이 마지막 언급은 그에게는 매우 특별한 것이었다. 자신이 원하는 것을 표명했기 때문이다. 나는 그가 자신이 한 말을 분명하게 인식하기를 바랐다. 그는 원한 것이다. 모호하고 이해할 수 없는 상황에 처한 무력한 희생자가 아니라, 자신의 감정을 감추어 두기를 원한 사람이다.

그런데 자신이 한 말을 인식하는 것보다 더 중요한 것은, 그런 직접적인 표현이 다른 사람에게 어떤 영향을 미치는지 체험하는 일이다. 그는 자신의 감정을 이야기하고 싶어 하지 않는다고 하였다. 그러니 내가 그를 비난하지 않을까? 치료에 왔으면 어쨌든 감정을 이야기해야 하는 것 아닌가? 내가 그에게 당신은 비협조적이라고 선언하고 치료를 종결하지는 않을까? 치료자인 내가 상처받지 않을까?

시간제한적인 치료에서 치료적 영향력을 극대화하는 방법을 배우고 싶다면, 치료 회기를 구절별로 분석하는 게 큰 도움이 된다. 비디오를 사용하기 어려우면 녹음기를 사용해서 회기를 녹음하면 된다. 또 다른 좋은 방법은 다른 치료자들의 테이프를 세밀하게 분석하는 것이다. 여러 학술지와 책에 수록된 실제 축어록도 아주 좋은 자료가 된다. 다행히도, 엄격한 연습을 하다 보면 치료 시간의 교류를 미세하게 감지하는 능력이 자동적으로 발휘된다. 치료자는 전체적인 안목을 가지게 되고, 자신과 환자의 현재 위치와 앞으로 나아가야 할 방향을 짐작할 수 있게 된다.

네 번째 회기의 끝 무렵에 이르러 존슨 씨는 또다시 자신이 변비에 걸린 것을 불평했다. 그는 변연화제를 자동차에 두고 왔으며 그 약을 복용하기 위해 그 시간을 빨리 끝내고 싶다는 이야기를 하였다. 객관적으로 말하자면, 바로 연화제를 복용하거나 혹은 15분 뒤에 치료를 끝내고 복용하거나 존슨 씨의 몸 상태에는 별다른 영향이 없었을 것이다. 하지만 주관적으로는 이 일은 존슨 씨에게 큰 진전이었다. 치료 시간을 다 채우는 것, 즉 그가 볼 때 나의 바람이라고 여겨지는 것보다 자신의 필요를 우선시하겠다는 태도를 보인 것이다.

10장에서 보았듯이, 존슨 씨는 세 번째 회기에서는 치료 시간을 일찍 끝내고 음식을 먹으러 가지 않았다. 그러나 이 네 번째 회기에서는 변연화제를 복용하기 위해 회기를 빨리 끝내고 싶다고 하였다. 내가 정말 그가 일찍 가는 것을 허락하는지 보기 위한 테스트였을 것이다. 나는 존슨 씨가 자신이 원하는 것을 직접 말로 표현한 것에 고무되었다. 한편 존슨 씨는 다른 사람, 즉 치료자의 소망과 욕구에 반하는 결정을 내려 보는 기회를 가질 수 있었다. 나는 존슨 씨에게, 좀 일찍 끝내기로 결정하셨으니 다음 주 같은 시간에 뵙지요, 라고 말하였다. 아래에는 이때까지 자세하게 살펴본 자료의 전체 흐름을 보고자 하는 독자를 위하여 전문을 덧붙인다.

[비디오테이프]

환자: 수잔이 며칠 전에, 자기가 야간 근무를 하던 식당이 문을 닫았다고 그래요. 그 식당은 장사를 안 한대요. 그러면서 당장 필요한 돈을 좀 빌려 줄 수 있는지 묻더라고요. 저는 그러겠다고 했지요. 그러겠다고 했고, 돈을 빌려 줄 거예요. 그 애가 경제적으로 궁지에 몰렸다는 뜻이니까요. 상당히 비싼 집세를 자기 몫으로 285달러나

지불해야 돼요. 저는 그 애가 돈이 없어 쩔쩔매는 게 싫거든요.

치료자: 따님에게 돈을 빌려 주는 것에 대해 어떻게 느끼세요?

환자: 돈 빌려 주는 건 괜찮아요.

치료자: 그렇군요. 그런데 어떻게 느끼세요?

환자: 그냥 그렇게 할 뿐이지요. 그러니까, 기꺼이 그렇게 할 거예요.

치료자: 기꺼이 그렇게 하시겠다는 건 잘 알겠습니다. 그런데 그 일에 대해 어떻게 느끼시는지는 잘 모르겠군요.

환자: 그 애가 돈이 궁한 처지에 놓이는 게 싫거든요.

치료자: 어떻게 느끼시는지 내가 물어보면, 존슨 씨는 그걸 대답하기 참 힘들어하시는 것 같아요. 왜 그러시는지 매우 궁금하군요.

환자: 예, 왜냐하면 내가 내 감정을 거의 잘 모르거든요. 감정을 가려낼 수가 없어요. 온통 뒤죽박죽 섞여 있어요.

치료자: 그러면 조금 여유를 가지고 감정들을 가려내고 정리해 보는 건 어떨까요? 마음이 급하신 듯한데, 시간을 좀 갖고 감정을 살펴보는 게 좋을 것 같군요. 가능하시겠어요?

환자: 정말 잘 모르겠거든요. (한숨) 아는 거라곤 내가 온통 뒤죽박죽이라는 것뿐이에요.

치료자: 존슨 씨, 그러면 생각과 마음을 잠시 내려놓고, 존슨 씨의 몸이 어떻게 느끼는지 살펴볼 수 있을까요? 수잔에게 돈을 빌려 주는 데 대해 어떻게 느끼세요?

환자: 오, 정말 모르겠어요. 전 그저 그 애가 제대로 된 직장을 얻었으면 해요. 그 애는 너무 긴 시간을, 밤낮 없이 일을 해요. 어떻게 그렇게 하는지 모르겠어요. (오랜 침묵) 지금 변비 증상을 느껴요. 늘 변비가 있어서 변연화제를 먹어야 해요.

치료자: 그러니까 존슨 씨는 신체적인 느낌에 대해 이야기하는 게 더 쉽군요? 정서적인 느낌에 대해 이야기하는 것보다……

환자: 맞아요. 정서적인 느낌을 잘 모르니까요.

치료자: 왜 그렇다고 생각하세요?

환자: 너무 오랫동안 감추어져 와서, 너무 깊은 곳에 있거든요.

치료자: 저 밑에 있긴 하지만, 감추어져 있군요. 심지어 본인도 모르게요. 그런데 그렇게 감정을 감추어야 하는, 그럴 만한 이유가 있겠지요? 존슨 씨의 입장에서요.

환자: (재빨리, 애절한 목소리로) 전 모르겠어요.

치료자: 때로 사람들은 자기 자신에게조차도 감정을 숨깁니다. 왜냐하면 그 감정이 자신을 혼란스럽게 하고, 두렵게 하고, 불안을 느끼게 할 수 있기 때문이지요. 존슨 씨가 보시기에는 어떤가요? 수잔에게 돈을 빌려 주는 것에 대해서 어떤 감정이 있는데, 만약 그 감정을 맞닥뜨리면 상당히 불편할 수도 있지 않겠습니까?

환자: (고개를 떨어뜨린 채, 겨우 들릴 만한 소리로) 저는 모르겠어요.

치료자: 존슨 씨, 제가 이런 질문을 할 때 존슨 씨에게 눈물이 맺히고 목소리가 좀 떨리는 걸 느꼈는데요, 존슨 씨도 느끼셨어요?

환자: 음. 음.

치료자: 그런 순간에는 어떤 느낌이세요? 제가 질문할 때 그렇게 목소리가 떨리고 눈물이 맺힌 그 순간에요?

환자: 정말 설명할 수가 없어요. 전 다만 그걸, 가-가-감추길 원하고, 그걸 말하고 싶지가 않아요. (잠시 침묵) 제 감정을 잘 몰라요.

치료자: 전 지금 존슨 씨가 매우 중요한 걸 말하고 있다고 생각합니다. 존슨 씨는 그런 감정을 감추기를 원한다고 말씀하시는군요.

chapter
12 _ 종결기의 문제들

단기치료에서 종결은 환자와 치료자 모두에게 특별히 힘든 시간이 될 수 있다. 종결의 문제를 잘 다루지 않으면 지금까지의 치료 작업이 수포로 돌아가기도 한다. 그러므로 수련생들이 종결 문제를 인식하고 잘 다룰 수 있도록 도와야 하는데, 걱정스럽게도 이 부분은 매우 소홀히 취급된다. 접수면접, 평가, 분류 등의 초기 회기의 문제를 다루는 수련 기회는 많이 있다. 그러나 나는 병원에 종결 회기를 논의하는 정규적인 팀 미팅이 있다는 말을 아직 들어 본 적이 없다. 나는 또한 수련생들이 (심지어는 교육과정이 거의 끝나가는 수련생들조차) 한 사례를 초기, 중기, 계획된 종결기의 전체 과정을 통해 살펴본 경험이 없다는 말을 해도 더 이상 놀라지 않는다. 이와 관련해서 몇몇 저자들은 치료의 종결기를 주제로 하는 임상적 문헌과 경험적 연구의 부족을 지적하고 있다(Levinson, 1977; Waddington & Cavenar, 1979).

TLDP는 애착이론과 대상관계 이론에 뿌리를 둔 대인관계 모델에 바탕을 두고 있기 때문에, 애착 대상의 상실과 관련된 주제는 종결기에만 나타나는 것이 아니라 치료의 전 과정에 스며들어 있다고 본다. 우리는 종결이 다가올 때 환자가 자신의 불안을 순환적 부적응 패턴(CMP)의 특성에 맞는 방식으로 다루리라는 것을 예측할 수 있다. 그래서 나는 종결기를 맞는 TLDP 치료자들에게 역동적 초점과 치료 목표를 일관성 있게 유지하면서, 상실과 분리 문제가 가장 두드러지는 이 시기에 환자의 대인관계 패턴이 어떻게 표현되는지 검토하라는 조언을 주고 싶다.

존슨 씨는 20회기 동안 치료를 받았다. 회기 수는 미리 정해졌으며, 그는 2회기에 종결 날짜에 대해서 들었다. 이 장에서 나는 단기치료의 종결기에 나타나는 몇 가지 문제를 설명하기 위해 존슨 씨와의 마지막 회기를 보여줄 것이다.

나는 존슨 씨가 매우 수동적인 사람이며, 이것은 부분적으로는 감정, 특히 분노 감정을 억제하기 때문이라고 사례개념화를 하였었다. 존슨 씨의 CMP에 따르면(8장 참조), 그는 사람들에게 화를 내면 그들이 자신을 거부하거나 상처를 줄까 봐 두려워하였다. 거부는 그에게 참을 수 없이 끔찍한 것이었으므로, 그는 화를 표현하는 대신에 감춰 버리는 방법을 배웠다. 나는 존슨 씨가 보다 적극적인 표현을 하고 자신의 삶을 자신이 통제한다는 새로운 경험을 하도록 돕는 것을 치료의 목표로 삼았다. 나는 존슨 씨가 자기 삶을 통제하는 힘이 있음을 느끼도록 하려면 그의 감정, 특히 분노의 표현을 잘 받아 주어야 한다고 판단하였다.

마지막 회기의 전후 맥락을 이해하기 위해서는 6회기와 종결 2주 전에 어떤 일이 있었는지 알 필요가 있다. 6회기를 시작할 때 존슨 씨는 변비 문제를 다시 꺼냈다. 그는 자신의 변비가 복용 중인 항우울제 때문이라고 추측하였는데, 이것은 이치에 맞는 생각이었다. 왜냐하면 변비는 삼환계 항우울제로 인해 흔히 겪는 부작용이기 때문이다. 그는 이 문제를 해결하기 위해서 매일 변연화제를 복용해야 한다는 말을 들은 적이 없다고 하였다. 약 문제는 그의 담당 정신과 의사가 책임을 지고 있었으므로, 나는 그냥 "그런데 나는 존슨 씨의 약물 복용은 담당하지 않으니, 존슨 씨가 정신과 의사한테 말해 주는 게 좋겠어요."라고 말하고 지나갈 수도 있었다.

하지만 나는 그렇게 하지 않았다. 왜냐하면 나는 존슨 씨가 변비 유발 약물을 계속 복용해야 하는 것에 대해 다소 짜증이 났음을 알아차렸기 때문이었다. 그의 짜증난 목소리를 들었을 때 나는 그의 화가 수그러들지 않게 하기 위해 가능한 모든 일을 하였다. 이것은 치료 목표와 부합되는 것이었다. 존슨 씨가 화를 내더라도 내가 보복하거나 상처 입지 않는다는 것을 경험할 수 있을까? 그는 중요한 타인들이 보복하거나 상처 입을 것이라고 두려워해 왔었다.

그래서 존슨 씨가 변비를 일으키는 항우울제를 계속 복용하는 문제에 대해 불평을 할 때, 나는 그에게 "나에 대해서는 어떤가요? 존슨 씨의 치료를 맡고 있으면서도 불편한 걸 그냥 놔두고 있었는데요?"라고 물었다. 몇 번 더 질문하자, 존슨 씨는 나에게 약간 화를 냈다. 많이 화를 내지는 않았지만 거의 그 시간 내내 짜증스러워했다. 그가 누군가에게 약간이라도 직접적으로 화를 내는 것을 어려워했던 사람임을 고려하면, 나에게 이렇게 짜증 섞인 감정을 드러내 놓고 표현한 것은 그에게 아주 의미 있는 진전이라고 생각되었다.

어떤 환자에게 무엇이 적절한 새로운 경험인가를 평가할 때는 그 환자의 반응의 기저 수준과 치료 상황의 맥락을 고려해야 한다. 존슨 씨처럼 자신을 억압하고 수동적이고 의존적인 환자의 경우에 이렇게 불편한 감정을 표현하는 것은 중요한 진전이라고 할 수 있다. 그 이후의 시간에 존슨 씨와 나는 그 6회기를 놓고 같이 이야기를 나눈 적이 있었다. 존슨 씨는 그 당시 내가 화가 나서 자신을 더 이상 만나지 않을 거라고 생각했다고 털어놓았다. 그는 나에게 매우 의존하게 되는 느낌을 가지고 있었다. 왜냐하면 자녀들이 그에게 아주 실망하는 바람에 이해하고 관심을 가져 주는 사람이 필요하였기 때문이었다. 점점 의지하게 되는 사람에게 화를 낸다는 생각은 그에게 매우 무서운 것이었다. 그런데 나에게 화를 낼 수 있었고, 그렇게 해도 내가 그를 치료에서 쫓아내지 않았다는 사실이 그에게는 진실로 새로운 경험을 제공하였다.

하지만 나는 TLDP에서 치료자가 환자의 정서 및 인지적 세계를 전체적으로 재구성할 만큼 커다란 경험을 만들어 내려고 애쓴다는 인상을 주지 않기를 바란다. 새로운 경험은 치료의 전회기에 걸쳐 분포되어야 한다. 때로는 관계 속에 알아차리기 힘들 정도로 미묘하게 섞여 있기도 하는 것이다. TLDP를 받았던 환자들을 대상으로 한 장기 추수연구(Bein et al., 1994)에서, 많은 환자들이 치료자와 새롭고 건강한 방식으로 관계를 맺을 수 있는 기회를 가졌다고 보고하였다. 그러나 한 가지 주요한 경험만을 언급한 경우는 거의 없었다. 환자가 치료에서 많은 도움을 받았다고 느낄수록 치료자가 환자를 위해 그러한 기회를 더 많이 제공했다는 사실을 주목해야 할 것이다.

내가 존슨 씨를 만나는 기간 동안 그는 주로 아들인 워드와 그의 여자 친구 진, 그리고 침실에 오줌을 뿌려대는 고양이와 함께 살았다. 그는 그곳에서 사는 것이 힘들다는 것을 깨달았다. 그래서 입원환자 배치 서비스의 도움을 받아 새로운 거처를 찾았고, 그 결과 나이 든 부인 두 명이 살고 있는 집으로 이사를 가게 되었다. 그들은 운전, 장보기, 잔디 깎기, 그리고 그 밖의 여러 일을 할 수 있는 남자와 같이 살게 된 것을 좋아하였다. 그래서 마지막 회기 2주 전에 존슨 씨는 새 거처로 이사를 갔다.

종결 직전에 예기치 않게 치료 회기 사이의 간격이 길어졌다. 존슨 씨가 일주일 동안 휴가를 갔고, 그 다음 주에는 내가 휴가를 갔던 것이다. 나는 네 가지 의제를 가지고 마지막 회기에 임했다. 첫째, 만나지 못한 기간 동안에 있었던 일, 특히 새로 이사 가서 어떻게 살고 있는지 알고자 했다. 둘째, 우리는 작별 인사를 하고 종결에 대한 정서적 반응을 다루어야 했다. 셋째, 치료의 매 회기를, 심지어 이 마지막 회기까지도 의미 있게 만들기 위해 계속해서 함께 작업을 하고자 하였다. 넷째, 이 사례가 TLDP 모델에 근거한 나의 첫 사례였기 때문에 무엇이 도움이 되었고 무엇이 도움이 되지 않았는지, 치료에서 그가 얻은 것은 무엇이고 그것이 그에게 의미하는 바가 무엇인지에 대한 피드백을 듣고 싶었다.

[비디오테이프]

환자: 잘 지내고 있어요. 계속 거기 머물게 될 것 같습니다.

치료자: 그렇군요.

환자: 확실하지는 않지만요.

치료자: 이번에는 집 같이 느껴지는군요.

환자: 예, 그래요. 정말 그래요. 수잔이 얼마 전에 저를 보러 왔었는데, 마침 제가 잔디를 깎고 있었는데 그 애가 한다고 하더군요. 그래서 한동안 잔디 깎는 기계를 밀고 다녔지요, 그 애가.

치료자: 따님은 어떻게 지내나요?

환자: 잘 지내요. 직장에 다니고 있고, 또 봉급이 올랐어요. 그래서 계속 다니려고 하더군요. 연금에 가입은 안 되지만, 뭐 당장은 별로 걱정하지 않던데요. 보수가 올랐으니까.

치료자: 그래요. 연금 걱정하기에는 좀 젊지요.

환자: 맞아요. 그래도 조금 걱정을 하기는 해요. 그리고 줄리아(큰 딸)도 잘 지내요. 그 아이는 경보 장치 설치하는 일을 하는데, 요새는 다른 회사에서 일하고 있답니다.

치료자: 그렇군요.

환자: 전에 다니던 웨스턴 알람에서보다 더 잘 하고 있다고 말하던 걸요.

치료자: 으흠.

환자: 잘 하고 있는 거지요. 워드는 세인트클레어로 이사했는데, 직장하고 가까워요.

치료자: 으흠.

환자: 그리고 진은 별로 볼 일이 없어요.

치료자: 그렇군요.

환자: 왜냐하면…… (잠시 침묵) 선생님도 아시잖아요. 괜찮아질 거예요.

치료자: 헨리(작은아들)는요?

환자: 그 애도 잘 지내요. 그 아이는 이스턴에 있는 대학에 차를 운전해서 다닙니다. 요즘은 손자들도 만나요. 일전엔 헨리, 돈, 손자들하고 마게이트 근처로 여행도 갔었답니다.

치료자: 으흠.

환자: 헨리하고 그 애 친구가 사냥을 가는데 같이 간 거지요. 거긴 사냥 구역인데 정말 멋진 캠프장이 있어요. 수영장 주변에 앉아 손자들과 며느리인 돈과 함께 놀고, 애들하고 풀 안에서도 놀고…… 그 애들은 사냥도 가고. 그러니 제 인생이 참 너무 많이 좋아진 거죠.

이 부분은 시스템 안의 한 사람(존슨)이 바뀔 때 다른 사람들(자녀들)이 어떻게 바뀌는지를 간결하게 잘 보여 준다. 존슨 씨가 덜 우울하고 덜 불안해하니까, 자녀들이 그에게 더 가까이 다가왔다. 그리고 자녀들의 이런 호의와 관심은 존슨 씨의 긍정적인 변화를 더욱 강화하였다. 단기치료가 성공하기 위해서는 이런 파급 효과가 필요하다. 치료적 작업은 치료가 끝난 후에도 이렇게 계속되어야 한다.

[비디오테이프]

치료자: 네. 아주 잘 지내시고 있다니 저도 참 기쁘군요.

환자: 그냥 그런 느낌이 들어서…… (고개를 숙이고 눈물을 참는다.)

치료자: 눈물을 글썽이시네요.

환자: (울먹이며) 나는…… (심호흡) 아이들과 다시 잘 지내게 됐고, 모든 게 다 좋아요. (잠시 침묵)

치료자: 그리고?

환자: (침을 꿀꺽 삼키며, 침묵)

치료자: (부드럽게) 편안하게, 천천히 말씀하세요.

환자: (심호흡을 하고 나서 흐느끼며) 나는 그저…… 선생님한테 참 고마워요.

치료자: 잘 있으라고 작별 인사하는 것도 어려운 일이죠?

환자: 네?

치료자: 작별 인사하는 것도 힘든 일이죠?

환자: (환해지며) 맞아요. 저를 참 많이 도와주셨습니다.

치료자: 존슨 씨 스스로도 대단히 노력을 하셨어요. 여기서 많은 모험을 감수하셨지요.

환자: (미소 지으며) 예, 그도 그런 것 같아요. 아무튼 줄리아한테도 같은 얘기를 했답니다. 잘 도와줘서 참 고맙다고.

치료자: 으음.

환자: 그 애도 방금 선생님이 말씀하신 것과 같은 얘기를 했어요. 제가 아주 노력을 많이 했다고.

치료자: 맞아요. 만일 존슨 씨가 마음을 열고 저를 받아들이지 않았다면, 제가 아무 도움도 될 수 없었겠지요.

환자: 네.

치료자: 그렇죠. 저를 믿어 주지 않으셨다면…… 그리고 자신의 감정을 믿고 모험을 감수하지 않았다면요. 기억해 보세요. 저한테 화가 났었는데, (으음) 여기서 그걸 표현하셨지요.

환자: 예, 정말……. 그리고 입원 병동의 간호사들에게도 감사해요. 남

자 간호사 월리는 정말 멋진 친구예요. 아주 참을성 있게 대해 줬어요. 그리고 의사들도 그랬고.

치료자: 으음.

환자: 모두에게 감사하답니다. 이제 혼자서도 해 나갈 수 있는 힘이 있어요.

치료자: (고개를 끄덕이며) 저도 그렇게 믿어요.

환자: 선생님도 그렇게 느끼시는 거죠?

치료자: 그럼요. 아시지요?

환자: 예.

[잠시 후 같은 회기에서]

치료자: 우리 두 사람이 여기서 한 일 중에 어떤 게 도움이 되었을까요?

환자: 저를 많이 이해해 주셨죠. 많은 인내심을 보여 주셨고. 정말 인내심이 많으세요. 전 치료 시간이 끝나면 한두 시간쯤 우리가 정확하게 무슨 이야기를 했는지 생각해 보곤 했었어요.

치료자: 으음.

환자: 그래서 깨달았지요. 선생님은 언제나 제가 제 주장을 하도록 애쓴다는 걸.

치료자: 그랬군요.

환자: 물러서지 말고 자기표현을 하라고. 왜냐하면 그게 치료에서 내가 할 정직한 일이고, 나는 그렇게 할 권리가 있으니까요.

치료자: 으음.

환자: 그렇지만 나는 언제나 그 권리를 피했지요. 그렇게 위축되고 소심한 태도를 취해 왔지만, 이제는 그걸 극복하고 있어요. (밝게 미소 지으며) 그게 선생님이 저한테 주신 거지요. 선생님은 잘 보시는 분이에요. 저도 모르던 제 결점을 보셨으니까. 병원에 있을 때는

닥터 사무엘슨이나 모든 이들이 언제나 너무나 바빴어요. 그들도 마찬가지로 일주일에 한 번씩 만났지만, 선생님을 만난 것 하고는 달랐지요.

치료자: 그래서 제 인내심이 도움이 되었군요?

환자: 예. 그것도 있고, 또 선생님은 제 문제가 뭔지 아셨다는 것도 그래요. 그걸 저도 알게 된 거죠.

치료자: 그렇군요. 그래도 존슨 씨도 어느 정도 알고 있는 상태에서 저한테 오셨어요.

환자: 그게, 저는 그게 화였는지는 정말 몰랐어요. 그저 자기연민이라고 생각했었지요. 전에 문제가 있을 때는 말이죠.

치료자: 그렇군요.

환자: 그저 자기연민에 빠져 있다고만 생각했었는데, 그런데 선생님은 제가 오랫동안 아버지에게 화가 나 있었다는 걸 알게 해 주셨어요. 특히나 주말에 아버지가 종일 취한 채로 있을 때 그랬지요. 저녁식사 시간에 식탁에 앉을 때면, 아버지가 술에 취해 있는 걸 애써 무시하려고 노력해야 했답니다. 이제는 알지요. 속으로는 아주 화가 나지만 그걸 그냥 담고 있는 습관을 가지게 된 걸 알게 됐어요.

이 부분은 존슨 씨가 자신의 삶에 대해 새로운 시각을 가지게 되었음을 잘 보여 주고 있다. 그는 자신의 행동을 이전과 달리 이해하고 있었다. 이전에는 '자기연민에 빠져 있다.' 고 생각했으나, 이제는 '속으로는 아주 화가 나지만 그걸 그냥 담고 있다.' 는 것을 알게 되었다. 이렇게 자신의 삶을 다르게 이해하도록 돕는 것이 성공적인 역동적 치료의 핵심 요소가 된다.

이 부분은 또한 현재 자신의 상호작용 방식이 아동기의 위협적인 가족관계에 나름대로 적응하려고 애쓴 데서 나온 것임을 알게 하는 데 원가족 탐색이 중요함을 보여 준다. TLDP가 현재의 대인관계를 강조하지만, 이러한 현재의 상호작용 스타일이 과거에 중요한 적응적 기능을 하였음을 이해하도록 환자들을 돕는 것도 중요시한다. 이렇게 하여 환자들은 현재의 행동을 병리적으로 보지 않고도(예컨대, 존슨 씨는 그의 역기능적 패턴을 '습관' 이라고 보았다.), 자신의 상호작용 방식이 현재의 상황과 가능성에 비추어 얼마나 적절하지 않은지를 평가할 수 있게 된다.

[비디오테이프]

환자: 그리고 저를 쫓아낸 집주인에 대한 분노, 수잔이 있어야 할 자리에 있던 진에 대한 분노도 많았어요. 이 모든 일과, 이 모든 화를 알게 되었지요.

치료자: 부인에 대해서도 그렇구요.

환자: 물론이죠. 아내에게도 화가 났지요.

치료자: 그리고 제게도 그랬죠. 그 약 복용, 변비를 일으켰던 약을 복용하게 놔둔 것에 대해서요.

환자: 그리 크게 화가 난 건 아니었지만……

치료자: 우리 사이에서는 중요한 것이었어요.

환자: 네, 맞아요.

치료자: 제가 더 이상 치료 못하겠다고 할 수 있는 위험을 감수했기 때문이지요, 그렇죠?

환자: 맞아요.

치료자: 화를 내다 보면 무슨 일이 생길지 몰랐던 상황이었지요?

환자: 네, 몰랐어요. 그렇지만 선생님인지, 아니면 의사나, 아마도 간호사 월리가 우울증 약의 부작용 중에 변비가 있다고 말해 줬어요.

치료자: 네.

환자: 그건 알고 있었어요. 그렇지만 매일 변연화제를 꼭 복용해야 된다는 건 얘기해 주지 않았어요.

치료자: 네.

환자: 변연화제를 복용하고 있었는데, 이게 점점 설사가 생겨요. 그래서 간호사에게 "오늘은 그 약을 먹지 않겠다. 왜냐하면 심한 설사가 생긴다."라고 했어요. 그런데 간호사는 그래도 변연화제를 계속 써야 한다고 일러 주지 않은 거예요. 설사가 심해서 이삼일 동안 변연화제를 먹지 않았는데, 그랬더니, 갑자기 이게 내 힘만으론 변을 볼 수 없게 돼 버린 거예요. 그게 그렇게 된 거였죠.

우리는 여기서 존슨 씨가 여전히 신체 증상에 집착하고 있음을 볼 수 있다. 이 단기치료가 성격 전체의 변화를 가져오지 않은 것은 분명하다. 사실 나는 이 TLDP에서 심적 고통을 신체적으로 표현하는 존슨 씨의 성향에는 전혀 초점을 맞추지 않았다. 이것은 내가 '우호적으로 무관심했던' 여러 영역 중의 하나였다. 물론 단기치료가 아니었다면 신체적 증상을 심리적으로 이용하는 그의 특성을 보다 철저하게 다루었을 것이다.

변비라는 부작용으로 고생을 했지만, 입원 당시부터 복용하기 시작했던 항우울제 덕분에 존슨 씨의 증상이 개선된 것은 분명한 사실이다. 장기치료에서도 그렇지만 단기치료에서도 주요 정신 장애를 가진 환자를 치료할 때는 의사가 아닌 치료자가 치료를 하되, 의사가 약물치료를 병행하여 약의 처방과 관리를 담당하는 경우를 가장 흔하게 볼 수 있다(Beitman & Maxim, 1984; Chiles, Carlin, Benjamin, & Beitman, 1991). 이런 병행 치료, 혹은 삼각형 치료는 정신건강 서비스에 대한 수요 증가, 향정신성 약물의 효능 향상, 저비용의 심리치료를 제공하고자 하는 관리의료 플랜의 성장 등등의 다양한 이유로 인해 더욱 보편화되고 있다(Kelly, 1992).

TLDP에는 향정신성 약물을 사용하지 못하게 하는 어떤 이론적인 근거도 없다. 내가 슈퍼비전을 한 수백 명 환자들의 TLDP 치료를 보면 반 이상의 환자들이 약물치료를 받았으며, 이 약의 처방은 보통 병원에서 정신과 의사가 담당하였다. Myrna Weissman과 Gerald Klerman(1991)은 우울증을 위한 단기 대인관계 심리치료 모델의 효과를 연구한 바 있다. 이들은 여러 연구들을 검토한 뒤 약물(주로 삼환계 항우울제)은 환자가 단기치료에서 효과를 볼 가능성을 높여 준다고 결론을 내렸다. 약물의 시너지 효과에 대한 나의 경험 또한 이들의 결론을 지지한다.

관심이 있는 독자는 약물치료와 심리치료의 통합과 관련된 주제를 다룬 Beitman과 Klerman(1991), 그리고 HMO 내의 다양한 협력 모델을 구체적으로 기술한 Kisch(1991)와 Sovner(1991)를 참고하면 좋을 것이다. 유감스럽게도, 단기 심리치료가 끝난 뒤 약물치료만 계속할 경우 어떤 결과가 생기는지에 관한 이론적, 경험적 연구는 아직 보고된 바 없다.

[비디오테이프]

치료자: 존슨 씨는 조금 화가 났다고 하셨지만, 저는 그때가 우리가 함께했던 이 일에서 전환점이 되었다고 생각합니다.

환자: 제가 생각할 때도 그래요. 그렇게 생각해요. 다만 다른 큰 분노에 비교하면 작다는 그런 뜻이죠.

치료자: 우리 두 사람 사이에서는 중요했지요.

환자: 맞아요.

치료자: 물론 아버지나 부인에 대한 분노만큼은 크지 않았어요. 이해가 됩니다. 이해해요.

환자: (미소 지으며) 좀 재미있어요. 선생님은 정말 사람들이 화를 낼, 그럴 분이 아니거든요. 그러니까…… 선생님은 인내심도 많고 이해심도 많은 분이니까요.

치료자: 음…… 하지만 우리 치료가 시작될 무렵에는 그렇지 않았죠.

환자: 예?

치료자: 우리 치료가 시작될 때는 그렇지 않았어요. 기억나세요?

환자: 아, 예.

치료자: 존슨 씨에게 제가 상당히 심하게 했죠. 우리 치료 시간을 찍은 비디오테이프를 몇 개 봤는데, 저 자신이, 그러니까 사실대로 말하자면 그러는 저를 보고 저도 놀랐는데요, 때때로 제가 존슨 씨에게 마치 어린아이한테 하듯이 말하고 있더군요. 존슨 씨를 이리 저리 밀어붙이고 압박한 것 같았어요. 그런 느낌이 들지 않았는지 모르겠네요.

환자: 저도 그렇게 느꼈어요. 그렇다고 느꼈지만, 그건 선생님이 제가 중요한 걸 보게 하려고 그런다는 걸 알았지요.

치료자: 그러셨어요?

환자: 제가 더 당당하게 화를 내도록 하는 거였죠.

치료자: 으음.

환자: 화내는 법을 배우는 거죠.

치료자: 으음.

환자: 선생님은 제가 화내는 걸 배우도록 가르치고 있다고 생각했답니다.

치료자: 그랬군요.

환자: 정직한 분노를 표현하도록.

치료자: 그러니까 제가 그렇게 한 게 일종의 화를 내도된다는 허락이 된 셈이군요? 그래서 화를 내는 게 더 쉬우셨나요? 제가 밀어붙이니까?

환자: 예, 그래요. 선생님이 저한테 몇 번 조급하게 대했었지요.

치료자: (고개를 끄덕이며) 그래요, 그랬군요.

이 부분에서 우리는, 상대방에게 잘 보이려는 존슨 씨의 경향이 치료자의 인내심과 이해심에 대해 진심으로 감사하는 표현 속에도 드러나고 있음을 볼 수 있다. 우리의 단기치료는 갈등을 회피하는 그의 성향을 없애지는 못했다. 그러나 내가 나의 퉁명스럽고 지배적인 행동을 언급했을 때, 존슨 씨도 나의 인내심의 부족을 인정하고 지적하였다. 그럼에도 불구하고 그는 그것을 도움을 주고자 하는 선의의 노력으로, 즉 그가 '정직한 분노'라고 불렀던 어떤 핵심을 보도록 하기 위한 치료자의 노력으로 받아들였다.

[비디오테이프]

환자: 선생님이 이렇게 말한 건 아니지만, 마치 "존슨 씨, 벗어나세요, 그만 벗어나세요. 자신을 가엾게 여기며 주저앉는 일은 그만두세요."라고 말하는 것 같았습니다.

치료자: 네.

환자: 제가 전에 우는 소리를 많이 한 게 기억나네요.

치료자: 그러니까 제가 조급하고 성마른 인상을 주었을 때 화를 내시기가 더 쉬웠군요?

환자: 네. 나도 그렇게 반응을, 선생님과 같은 방식으로 반응하기가 더 쉬웠죠.

치료자: 흥미로운데요.

환자: 예.

치료자: 흥미로워요. 전체 치료가 어떻게 진행되었는지 생각할 게 참 많네요.

환자: 그래요. 정말 고맙습니다. 그리고 (잠시 침묵) 선생님이 마치 내 딸처럼 느껴진답니다.

치료자: 음.

환자: (웃으며) 나 자신으로부터, 또 그동안 억눌러 온 것으로부터 자유로워져서 무척 기분이 좋습니다.

치료자: 따뜻하고 자상한 마음에 감사드려요.

그리고 존슨 씨와 나는 작별 인사를 나누었다. 내가 마지막 회기의 이 부분을 수련생들에게 보여 주었을 때 그들은 다음과 같이 반응하였다.

[강의실]

수련생: 참 신나는 장면이군요. 선생님께 감사한다는 말을 할 뿐만 아니라, 실제로 훨씬 좋아 보이네요.

수련생: 극적인 변화를 보니 참 좋습니다. 정말이지 극적이에요. 존슨 씨는 10년은 젊어 보입니다. 그는 정면으로 선생님 얼굴을 쳐다보고, 또 사려 깊고도 당당한 모습으로 선생님을 대하더군요.

수련생: 그러게요. 우리가 그를 본 게 4회기였고, 16회기가 지났는데, 그를 초기에 몇 번 봤을 때는 결코 가능할 거라고 생각하지 못한 그런 발전을 이루었습니다.

수련생: 아버지에 대한 걸 말로 그렇게 표현한다는 게 아주 인상적이었어요.

수련생: 자녀들도 아버지가 많이 달라졌다고 보는 것 같습니다.

수련생: 저한테 가장 인상적이었던 것은 그가 한 말이 아니라, 그가 보여 준 비언어적인 의사소통이었는데요. 더 좋아 보이고, 단정하게 정돈되어 보이고, 외적, 신체적으로도 훨씬 좋아 보였습니다.

수련생: 그렇죠? 몸가짐이랄까, 자세도 좋아졌어요.

수련생: 불쌍해 보이지도 않았고, 또 그렇게 행동하지도 않았습니다.

수련생: 비굴한 표정을 짓지 않았어요.

저자: 존슨 씨는 치료 과정을 어떻게 보고 있나요?

수련생: 자신의 역동적 초점을 잘 이해한 것 같습니다. 치료 목표가 나약한 느낌을 떨치고 자기표현을 잘 하는 것이라고 생각하고 있습니다. 보다 적극적이고 능동적인 사람이 되기를 바라는 선생님의 목표와 아주 비슷하죠.

수련생: 선생님의 인내심과 이해심을 강조하더군요.

수련생: 선생님이 그의 문제를 알고 있다는 것과, 그 사실을 자신이 알고 있다는 걸 강조했습니다.

저자: 맞아요. 초점 중심의 단기치료에서 흔히 있는 일이지만 환자는 치료자가 자기를 전체적으로 파악하고 있고, 초점을 갖고 있으며, 치료 작업의 주제를 갖고 있다는 느낌이 든다고 언급하는 경우가 많습니다. 치료의 마스터플랜이 있다는 것을 알면 환자들은 희망과 앞으로 나아갈 힘을 얻게 됩니다.

수련생: 선생님에게 화를 낼 사람이 별로 없을 거라는 말에 대해서는 어떤 생각을 하셨어요?

저자: 두어 가지 생각이 들었습니다. 우선, 실제로 나에 대한 분노가 예컨대 아버지나 부인에 대한 분노보다 약하다는 생각을 했습니다. 두 번째로는 나에 대한 이상화의 일부라고 생각했습니다. 자신을 도와준 사람인 만큼 어떤 실수도 하지 않았을 거라는 뜻이지요. 그럼에도 불구하고 내가 치료 초기에 별로 인내심이 없었다고 말했을 때 그는 내 말을 수긍했습니다.

수련생: 하지만 그는 화를 내는 것이 바람직하다는 걸 깨닫게 하려고 선생님이 일부러 그랬다고 보더군요.

저자: 그래요. 나도 그 점이 참 흥미로웠습니다. 그는 나의 조급하고 인내심 없는 태도를 정당화해 주었는데, 남에게 휘둘리지 않으려면 적절하게 화를 내는 것이 좋다는 점을 깨닫게 해 주려고 그랬다는 겁니다. 그리고 더 나아가 화를 내도 괜찮다고 허락해 주는 뭔가가 내 행동 안에 포함되어 있었다고 말했습니다. 내가 그를 위해 화내는 방법의 모델이 되어 주었다고 말하는 것 같았습니다. 이것은 분명히 치료 과정에 대해 우리가 이해한 것과는 다르지요. 우리는 그가 자신의 요구를 충족시키려고 해도 사람들이 화를 내지 않는다는

새로운 경험을 하기를 바랐습니다. 종결할 때 그가 의식적으로 인정하는 것과 치료 중에 때때로 경험했을 나의 조급함 사이에는 다소 거리가 있는 것 같습니다. 또한 존슨 씨는 내가 때때로 참을성 없이 행동한 것은, 그가 변화할 능력이 있고 그럴 자격이 있다고 내가 믿기 때문에 그런다고 느꼈을 수도 있습니다. 따라서 나의 조급함은 오히려 어떤 희망과 긍정적인 관심으로 받아들여졌을지도 모릅니다. 어쨌든 나는 그를 약한 노인으로 대하지 않았으니까요.

수련생: 맞아요. 그리고 희망과 관련해서 말하자면, 존슨 씨는 선생님도 존슨 씨 혼자서 해 나갈 수 있다고 생각하는지 물어보았어요.

단기치료의 또 다른 이점 중의 하나는, 치료자가 치료 종결에 대해 자연스럽고 편안하게 느끼는 걸 알게 되면서 환자 또한 자신감을 갖는다는 것이다. 환자들은 종종 치료 지속 여부에 대한 치료자의 견해로부터 자신이 얼마나 나아졌는지에 대한 단서를 얻는다. 환자들은 '치료가 다 된 시점' 을 어떻게 알 수 있는지 궁금해한다. 단기치료자는 환자에게도 다른 누구에게도 '완성 시점' 이 없다고 믿는다. 발달의 과정은 죽을 때까지 계속되는 것이다. 그러한 관점에 따라 단기치료자는 완전한 치유를 치료 종결을 위한 선행 조건으로 보지 않는다. 치료 회기가 끝난 후에도 성장은 계속된다.

[강의실]

수련생: 만일 존슨 씨가 "지금 잘 하고는 있지만, 10회기를 더 하면 정말 도움이 될 거라고 생각합니다."라고 한다면 선생님은 어떻게 하시겠어요?

저자: 마지막 시간에 그렇게 갑작스럽게 회기 연장 요청을 받지 않기를 바랍니다. 단기치료자라면 치료가 끝나기 훨씬 이전에 종결 불안의 문제를 치료적 대화의 일부로서 다루어야 합니다. 정확하게 언

> 제 종결 문제가 논의되어야 하는가를 말하기는 어렵습니다. 환자 개인의 CMP의 특성에 따라 상당히 다르기 때문입니다. 그러나 환자가 종결과 관련된 감정이나 생각을 치료 기간의 2/3가 지나도록 내놓지 않으면, 치료자가 이 주제를 먼저 꺼내라고 제안하고 싶습니다. 때로는 단지 "이제 우리가 함께 작업할 시간이 6회기가 남았네요."라고 말하기만 해도 환자의 반응을 함께 논의할 기회가 생깁니다.

James Mann(1973)은 거의 전적으로 종결의 문제에 초점을 맞추는 12회기 단기치료 모델을 만들었다. 그는 시간은 흘러가고 있으며 결코 되찾을 수 없다는 사실을 환자에게 전달하기 위해서 치료자가 남은 회기 수를 매번 세어 내려가도록 권장하였다. 반면 TLDP는 종결 자체를 그렇게까지는 강조하지 않는다. TLDP에서의 종결은 역기능적 패턴을 드러내는 배경이 된다는 점에서 중요하다. 만약 어떤 환자가 분리의 경험을 할 때 많이 불안해하거나 우울해한다면, 치료자는 환자의 CMP의 재연에서 이런 분리불안이 어떻게 표출되는지를 탐색할 수 있다. TLDP 치료자는 종결기에도 새로운 경험과 새로운 이해라는 목표를 달성하기 위해 계속 작업해 나간다. 이 과정에서 환자가 이전에 경험했던 관계의 종결과 상실을 꼼꼼하게 탐색하면 환자의 현재 반응을 더 넓은 시각에서 볼 수 있다.

존슨 씨가 10회기를 더하면 도움이 될 것 같다고 말한다면 어떻게 대답할 것이냐는 질문으로 되돌아가 보자. 이 경우 나는 우선 그 요청의 이유부터 물어볼 것이다. 환자는 예컨대 재발을 두려워하거나, 종결 자체가 고통스러워서 그럴 수 있을 것이다. 그런 다음에는 아마도 아래의 답변 중에 하나 혹은 몇 가지 답변을 하지 않을까 싶다.

1. "그 마음을 잘 알겠습니다. 제 생각에 우리는 함께 작업을 잘 해 왔고

당신은 상당한 진보를 이루었습니다." 내가 이렇게 반응하는 의도는 그의 요청이 합리적이며 이해할 만하다는 것을 표시하는 것이다. 하지만 그것이 회기 연장이 가능하다거나 더 바람직하다는 것을 뜻하지는 않는다.

2. "치료는 끝났지만 당신의 성장과 발달이 끝난 것은 아닙니다. 앞으로도 계속 그렇게 성장하고 발달하기를 바랍니다." 여기서 나의 의도는 치료는 끝나지만 그의 개인적인 성장은 계속될 것임을 말하는 것이다. 나는 이런 반응이 환자가 치료 밖에서 이룰 수 있는 것에 대해 다른 사람에게 덜 의존하고 자신에 대해 더 낙관적인 견해를 갖도록 힘을 실어 주기를 바란다.
3. "작별을 고하기가 힘드시군요." 이 반응을 통해 나는 좋은 것이 끝나는 걸 보는 게 슬프고 또 어느 정도 불안할 수도 있음을 인정한다. 하지만 끝맺음은 인생의 일부이다. 그러므로 치료의 종결이 회피되어서는 안 된다. 우리는 슬픔과 걱정을 직면할 수 있고, 상처를 받지 않고 잘해 나갈 수 있다.
4. "나는 당신이 계속 진보를 이룰 것이라고 확신합니다." 환자는 이런 말속에 담긴 치료자의 믿음으로부터 유익을 얻는다. Jerome Frank (1974)가 『*Persuasion and Healing*』에서 말한 바와 같이, 치료 효과에 대한 치료자의 기대는 치료 성과에 강력한 영향을 미친다. 유감스럽게도, 그 반대의 경우도 성립한다. 짧은 시간에 무엇을 이룰 수 있을까 하는 치료자의 의구심은 미묘하게, 때로는 공공연하게 환자에게 전달되어 불안감과 사기저하를 가져온다.
5. "앞으로 성장을 위해 애써 나가다가 어려운 일에 부딪히면 나는 기꺼이 당신과 함께 다시 치료 작업을 하겠습니다." 이 언급을 통해 치료자는 추가 치료를 실패로 보지 않는다는 메시지를 전달한다. TLDP는 단 한 번만 해야 하는 것이 아니라 필요할 때 반복해서 할 수 있고, 또

해야 하는 유용한 개입이다. 여러 자료를 보면, 많은 환자들이 단기치료가 끝난 후에 치료를 더 받기 위해 되돌아온다(예: Bein et al., 1994; Budman & Gurman, 1988; Patterson, Levene, & Breger, 1977). 또한 많은 치료자와 치료 기관이 환자와의 연결의 끈을 놓지 않고 환자가 언제라도 접근할 수 있도록 허용하고 있다(Bennett, 1983).

[강의실]

수련생: 만일 존슨 씨가 종결을 앞두고 다시 우울해지고 수동적인 행동을 한다면 선생님은 어떻게 하시겠습니까?

단기치료자들은 이런 상황을 늘 만나게 된다. 종결기는 전체 치료 과정 중에서 정서적으로 특히 어려운 시기이다. 종결은 자신을 공감하고 존중하며 도움을 주던 누군가를 떠나는 일이다. 종결의 과정은 그동안 견뎌 온 다른 상실과 분리의 기억을 되살아나게 하기도 한다. 어떤 환자들은 증상이 재발하고(Sansone, Fine, & Dennis, 1991), 치료 길이의 부적절함에 대해 실망을 표시한다. 때로는 관계를 유지하기 위한 방편으로 새로운 문제를 꺼내놓기도 한다. 이는 전혀 놀라운 일이 아니다.

하지만 종결이 단지 고통스러운 과정일 뿐이라고 생각해서는 안 된다. 환자들은 자긍심과 희망도 경험한다(Fortune, 1987; Marx & Gelso, 1987). 존슨 씨도 분명 자신의 성취에 대한 기쁨과 미래의 성공에 대한 희망을 증언하고 있다.

그러나 경험이 적은 단기치료자들은 많은 경우 종결에 관한 그 자신의 문제 때문에, 치료를 계속하고 싶다는 환자의 직간접적인 호소를 잘 다루지 못한다. 기존에 해 오던 방식보다 더 일찍 치료를 종결하는 것은 초보 단기치료자를 심리적인 딜레마에 빠지게 한다. 그래서 치료자는 치료 길이를 연장하는 '그럴듯한 이유'를 찾음으로써 이러한 딜레마를 회피한다. 치료자들은 단기치료의 길이를 연장하려는 경향이 있다. 나는 단기치료를 처음 배우는 임상가나 수련생들은 회기 수를 정하기보다는 처음부터 종결 날짜를 명확히 정하는 방식을 취할 것을 제안한다. 종결 날짜를 분명히 하면 종결에 대한 저항을 억지로라도 직면해야 한다. 이는 치료자에게 매우 중요한 학습 경험이 된다.

경험이 적은 단기치료자들은 대개 다음과 같은 이유로 치료자들이 종결에 저항한다는 것을 아는 것이 도움이 된다.

1. 의존의 욕구: 의존의 문제를 가진 치료자는 도움을 줌으로써 대리적 보살핌을 얻으려고 할 수 있다.
2. 필요한 사람이 되고 싶은 욕구
3. 분리 및 상실과 관련된 갈등(잘 아는 환자를 이별하는 고통)
4. 애착 및 친밀성과 관련된 갈등(새로운 환자를 만나는 고통)
5. 친밀하고 의미 있는 관계의 상실
6. 치료적 '완벽주의': 치료 성과에 집착하고 과잉투자를 한다.
7. 가학적이고 거부적인 사람으로 보이는 것에 대한 두려움
8. 치료적 개입의 한계를 받아들이기 어려움
9. 자신의 치료 기법에 대한 불안감
10. 이익이 되는 일에 집착하게 하는 경제적 압박
11. 전문적 역할을 상실하는 것에 대한 불안감
12. 환자를 실망시키는 것에 대한 죄책감
13. '성공적인' 종결에 대한 지나친 염려

(이 자료의 일부는 Bauer & Kobos, 1987; Hoyt, 1985; Martin & Schurtman, 1985에서 인용함.)

[강의실]

수련생: 선생님이 마지막 시간에도 치료 작업을 열심히 하는 것이 인상적이었습니다.

수련생: 맞아요. 이전 회기들을 단순히 돌아보는 게 아니라, 환자의 수동성에 도전하고 자기주장을 촉진하는 작업을 계속했어요.

수련생: 그리고 이 회기에서도 계속, 상호작용의 한 부분으로 치료자 자신의 행동을 탐색하였습니다.

수련생: 비디오테이프의 마지막 부분에서 그가 치료자를 딸처럼 느낀다는 말을 했는데, 그 말에 대해 어떻게 느끼셨어요?

수련생: 저도 존슨 씨가 왜 그 말을 했는지 궁금했습니다.

저자: 어떤가요? 여러분이라면 존슨 씨가 그런 말을 한 것에 대해 기분이 좋았을까요, 아니면 불편했을까요? 그 말이 우리가 함께 나눈 이야기 중에서 거의 마지막 말이었지요.

수련생: 존슨 씨는 자녀들이 자기를 돌봐 주기를 기대하잖아요. 그러니까 선생님께도 그를 위해 가까이 있어 달라는 부탁을 하는지도 모르지요.

수련생: 저는 그렇게 생각하지 않습니다. 존슨 씨는 자신의 힘을 되찾고 있는 것 같아요. 그는 과거에는 도움이 필요한 아이 같았지만, 지금은 아버지처럼 더 많은 것을 할 수 있습니다. 어쩌면 그가 선생님에게 도움을 줄 수 있을지도 모르지요.

수련생: 그리고 어쩌면 이제는 치료자를 떠날 수 있을 만큼 나아졌다는 말 같기도 해요. 왜냐하면 그가 여전히 스스로를 아이 같다고 느꼈다면, 선생님을 떠날 수 있을 만큼 자신이 강하다는 생각을 못할 테니까요.

저자: 음, 나는 내가 딸 같다는 말을 듣고 안심이 됐어요. 그래서 나는 여러분들이 테이프에서 마지막에 들었던 '따뜻하고 자상한 마음에

감사드린다.' 는 말로 내 마음을 전달하려고 했습니다. 나는 그가 나에 대해 마치 아버지처럼 친밀하게 느낀다는 말을 하고 있다고 생각했습니다. 또한, 치료를 시작할 때의 우는 소리를 하는 아이가 아니라 자신을 어른 같이 느낀다는 말로 듣고 참 기뻤습니다. 이 사람이 처음에 치료 받으러 와서 "배가 고파요, 어떻게 좀 해 주세요, 돌봐 주세요."라고 했던 바로 그 사람입니다. 내가 딸 같다는 존슨 씨의 느낌이 훨씬 나이에 맞는 적절한 느낌이지요. 실제로 그는 내 아버지뻘 되는 나이이니까요.

나의 반응은 치료를 종결할 즈음에 존슨 씨가 치료 목표 두 가지를 계속해서 달성해 나가고 있다는 증거가 있느냐 하는 문제와 관련이 있다. 그의 치료 목표는 자신의 삶에 적극적으로 관여하여 자기효능감을 높이는 것과, 수동적이고 의존적인 태도를 유지하는 데 자신이 어떤 역할을 하는지를 이해하는 것이었다. 존슨 씨는 마지막 회기 내내 그의 인생이 훨씬 더 활기가 있고 자녀들과 더 즐겁게 상호작용을 하고 있다는 증거를 풍부하게 보여 주었다. 자녀들은 이제 아버지를 더 많이 보고 싶어 하였다. 그는 아들, 손자들과 함께 휴가를 보내자는 초대를 받았고, 딸은 그를 보러 찾아왔다. 치료 밖에서 일어나고 있는 변화를 알려 주는 이런 피드백을 들으면 단기치료자들은 안심이 된다.

하지만 환자가 아직 변화하는 와중에 있다면 뚜렷하게 가시적인 성과를 못 본 채로 단기치료를 끝내는 경우도 많이 있다. 그렇다면 치료자는 환자가 '충분히' 치료를 받았다는 것을 어떻게 알 수 있는가? 치료자들은 종결 시기를 알기 위한 길잡이로 무엇을 사용해야 하는가? 나는 다섯 가지 준거를 사용하는데, 치료자에게 안심을 주는 대략적인 순서대로 아래에 제시한다.

첫째, 환자가 중요한 타인과의 상호작용에서 변화를 보이는가? 환자가 이전보다 만족스러운 상호작용을 한다고 보고하는가?

둘째, 환자는 치료관계 안에서 자기 자신과 치료자에 대해 새로운 경험(혹은 일련의 새로운 경험들)을 하였는가?

셋째, 치료자와 환자의 관계 수준이 (부모-자녀 관계에서 성인-성인의 관계로) 변화하였는가?

넷째, 환자에 대한 치료자의 역전이 반응이 (부정적인 것에서 긍정적인 것으로) 바뀌었는가?

다섯째, 환자가 자신의 역동과 이를 유지하기 위해 해 왔던 역할에 대해 어느 정도 이해하고 있음을 보여 주는가?

만일 위 질문에 대해 대부분 '아니다' 라고 대답한다면, 그 환자는 적절한 TLDP 치료를 받았다고 볼 수 없다. 치료자는 왜 이런 일이 일어났는가를 숙고하고, 또 다른 TLDP, 다른 치료, 다른 치료자, 비전문적 개입 등 가능한 대안들의 이점을 검토해 보아야 할 것이다.

에필로그

존슨 씨는 치료가 종결된 지 1년 후에 클리닉의 다른 치료자와 추수면접을 하기 위해 다시 방문하였다. 그는 매우 잘 지내고 있었다. 술은 마시지 않고, 그때의 그 나이 많은 두 여성과 함께 살고 있었다. 또한 우울하지 않았으며, 치료를 더 받으려고 하지도 않았다. 그는 자녀들이 잘 지내고 있고, 그들과의 관계가 좋다고 말했다. 그는 정신과 의사의 검토를 거쳐 추수면접을 하기 5개월쯤 전에 항우울제 복용을 중단하였다.

존슨 씨는 몇 가지 인상적인 변화에 대해 이야기하였다. 그와 두 명의 동거인은 분노를 다루는 방법을 고안해 냈다. 만일 그들 중의 한 사람이 다른 누군가에게 화가 났다면 저녁 설거지 후에 식탁에 둘러앉아 그 이야기를 하기로 결정하였던 것이다. 게다가 존슨 씨는 일주일에 두 번씩 집에서 가까운 곳에서 자원봉사를 하고 있었다. 그러므로 그는 종결 때 보여 주었던 치료 효과를 유지할 뿐만 아니라 놀라운 진보를 계속하고 있음을 보여 주었다.

존슨 씨의 치료가 끝난 지 6년 쯤 지난 후에 나는 뜻밖에도 비공식적인 장기 추수자료를 얻게 되었다. 존슨 씨의 치료를 녹화한 비디오테이프가 전문가 훈련 워크숍에서 사용되었는데, 거기 참석했던 한 치료자가 존슨 씨(가명)가 실제로 아무개 씨가 아니냐고 물어 왔던 것이다. 그 치료자는 존슨 씨를 개인적으로는 알지 못하지만 이성 친구를 만나는 데 관심이 있는 노인들을 위한 집단을 이끌면서 그를 알게 되었다고 하였다. 존슨 씨는 2주일 전에 그 치료자의 집단에 왔었다. 그는 존슨 씨가 아주 잘 지내고 있으며, 여전히 그때의 그 두 여성과 함께 살고 있고, 사회적 교류의 범위를 넓히고 싶어 한다고 하였다.

물론 모든 단기치료가 존슨 씨의 경우처럼 항상 잘될 수는 없다. 하지만 존슨 씨의 사례는 '부정적인 선별 지표' 에도 불구하고 단기치료가 무엇을 성취할 수 있는지를 보여 주는 좋은 예가 된다. 존슨 씨는 신체적 불편감, 우울, 그리고 입원이 필요할 정도로 심각한 음주 문제를 가지고 있었던 노년기의 독신자였다. 그럼에도 우리는 그의 역기능적 대인관계 방식을 보여 주는 명확한 역동적 초점을 구성할 수 있었고, 이는 그가 TLDP에서 많은 유익을 얻는 데 크게 기여하였다.

chapter

13 _ 특수한 당면 문제가 있는 환자

이 장에서는 기저의 역기능적인 성격 스타일 위에 특정한 문제나 증상(생활의 변화에 따른 적응 문제, 자연 재해로 인한 외상 후 스트레스 반응, 은퇴 후의 주요 우울증, 신체적 질병 등)이 부가된 환자를 치료하기 위한 모델을 제시한다.

많은 관리의료 회사들이 'DSM Ⅰ축 증상만을 다루고' 만성적인 역기능적 성격 스타일은 무시하라는 지침을 주는데, 이것이 가능하다면 좋겠지만 현실은 그렇지 않다. 초보 임상가들 조차도 아주 구체적인 스트레스 요인(예: 배우자의 죽음)에 대한 환자의 반응을 성공적으로 치료하기 위해서는 그의 기저에 있는 히스테리적, 혹은 강박적, 혹은 자기애적 성격 양식을 다루어야 한다는 것을 알고 있다(Horowitz et al., 1984).

임상 경험이 풍부하면서 치료 시간의 효율적인 사용에 민감한 단기치료자들은 환자의 특정한 문제를 대인관계적 맥락 안에서 본다. 대인관계 스타일을 파악하면, 환자의 당면 문제를 개선할 수 있는 적절한 방법을 찾을 가능성이 커지기 때문이다. TLDP 치료자들은 또한 삶의 문제를 다루는 환자의 방식에 근본적인 변화를 가져오고 싶어 한다. 그래서 환자의 고유한 대처양식을 깊이 이해하는 것을 매우 중요하게 여긴다.

나는 TLDP에서 환자의 특정한 호소 문제를 어떻게 다루는지 예시하기 위하여, 의학적인 문제가 있는 환자 두 명에 대해 논의하려고 한다. 심리적인 측면에서 봤을 때, 신체적 질병이 있는 환자들은 시간제한적 개입에서 큰 유익을 얻을 수 있다(Levenson & Hales, 1993). 아픈 사람들은 상실의 문제(예: 신체의 일부분 혹은 그 기능, 자존감, 지위, 또는 삶 자체의 상실)에 대처해야만 한다. 그래서 단기치료는 그들에게 훌륭한 치료 양식이 된다. 효율적인 시간 사용을 강조하는 치료는, 인간에게 주어진 시간의 한계와 어떤 것의 종결이라고 하는 측면을 강조한다는 점에서, 환자가 직면한 상실의 주제를 공명한다. 더구나 신체적 문제로 고통받는 환자들은 과거사를 깊이 탐색하는 것에는 보통 흥미가 없다. 그들은 아프고, 두렵고, 절망적이고, 혼란스럽기 때문에 현재 상황에 대한 즉각적인 도움을 원한다. 따라서 지금-여기에 초점을 맞추는 사례개념화와 치료 기법들은 신체적 질병으로 고통 받는 환자들에게 특히 적합하고 만족스러운 것이 될 수 있다.[1)]

첫 번째 사례는 에이즈 환자이면서 애인도 에이즈에 감염되어 사망한 젊은 남성의 사례다. 여기서는 기존의 역기능적 대인관계 스타일 위에 의학적 문제가 부가된 경우를 어떻게 다루어야 하는지를 보여 줄 것이다. 두 번째는 당뇨병과 신부전증이라는 만성 질환에 시달리는 중년 남성의 사례다. 여기서는 장기간 지속되는 의학적 조건들이 역기능적 대인관계 스타일을 어떻게 조장할 수 있는지를 보여 준다.

---

1) 환자의 대인관계 스타일에 대한 TLDP의 사례개념화는 의료진들이 난해한 전문용어를 몰라도 환자를 쉽게 이해할 수 있도록 도와주는 개념 틀을 제공한다. 이것은 이전에는 그저 혼란스럽고 좌절감만을 안겨 주었던 환자의 행동과 태도를 이해하는 데 도움을 준다.

기존의 순환적 부적응 패턴에 당면 문제가 부가된 사례

아서 앨런(Arthur Allen)은 32세의 백인 동성애자이다. 그는 TLDP를 시작하기 1년 전에 에이즈 바이러스 양성 진단을 받았다. 그의 애인은 그 전해에 에이즈로 죽었다. 그는 애인의 죽음 이후에 우울해져서 아무런 기쁨도 느끼지 못하고 눈물을 흘리며 자살을 생각하곤 하였지만, 에이즈와 관련된 증상은 아직 보이지 않았다.

원래 앨런은 에이즈 환자를 위한 지지 집단에 참여하기 위해 외래 진료소에 왔다. 하지만 집단에 한 번 참석한 후에는 더 이상 가지 않겠다고 했는데, 왜냐하면 집단 지도자들이 에이즈 환자도 아니며, 집단이 진행되는 중간에 새로운 구성원을 받아들이는 진행 방식이 싫다는 것이었다. 그러나 집단치료자들이 말하기를, 앨런은 사람들의 집중적인 주목을 받지 못하는 것을 참기 어려워하고, 다른 집단원들 또한 앨런이 특권을 가진 듯이 거만한 태도를 보이기 때문에 그를 피한다고 하였다. 그래서 그들은 앨런을 개인 TLDP를 받도록 의뢰하였다. 집단에 다시 참여하기 전에, 다른 사람을 불쾌하게 만드는 자신의 태도를 개인치료를 통해 충분히 인식할 수 있기를 바랐던 것이다. 몇몇 연구자들(Perry & Markowitz, 1986)은 동성애자를 다른 치료자에게 성급하게 의뢰하는 것은 치료자의 역전이의 표시일 수 있다고 보았다. 앨런의 경우에도 집단 지도자가 그를 단기 심리치료 프로그램에 의뢰한 것은 그들의 역전이적 재연에 의한 것일 수 있으며, 이 일은 거부당했다는 환자의 느낌을 악화시켰을 것으로 보인다.

앨런은 비키 모리스(Vickey Morris)라는 심리학 박사과정 인턴과 TLDP를 시작하였다. 모리스는 30세의 여성으로, 이전에 에이즈 환자를 알고 지낸 적이 없었다. 단기 심리치료 팀은 치료 작업의 일환으로 에이즈 환자의 정신과적 치료를 전문으로 하는 임상가에게 자문을 구하였다.

모리스는 사례개념화를 하는 과정에서 환자에게 외상적 충격을 준 몇 가지 당면 문제들을 확인하였다. 환자는 6년 동안 만났던 애인을 잃어버린 것을 몹시 슬퍼하고 있었다. 이 슬픔은 살아남은 자의 죄책감(Horowitz, 1976)과, 애인의 사망 시에 자신이 집에 있기만 했더라도 그의 죽음을 막을 수 있었을 것이라는 비현실적인 지각과 뒤섞여 복잡한 양상을 보였다. 앨런은 또한 자신의 치명적 진단을 알게 된 것에 대해서도 대처해야 했다. 애인의 기일에 그 자신이 에이즈 양성 판정을 받았다는 것도 이 사례를 한층 복잡하게 만든 또 하나의 요인이 되었다.

이러한 당면 문제와는 별개로, 앨런이 전 생애에 걸쳐 사람을 조종하고, 공감할 줄 모르며, 특권의식을 가지고 사람들을 대해 왔다는 사실이 점차 분명해졌다. 이런 자기애적인 사람이 어떻게 단기치료를 통해서 자신의 슬픔을 해소하고, 현재와 미래를 효과적으로 다루며, 보다 건강한 관계를 발전시켜 자신이 사랑받고 지지받고 있다고 느낄 수 있을지도 문제였다.

분명히 이러한 목표들은 어떤 치료자에게도 벅찬 일이다. 모리스는 앨런의 (현재와 미래의) 상실과 슬픔이라는 주제에 초점을 맞추기로 하였다. 또한 치료 관계를 통해서, 고유한 생각과 감정을 지닌 타인과 관계를 형성하는 새로운 경험을 그에게 제공하고자 하였다. 치료자는, 그에게 감탄을 보내는 청중도 아니고 편리하게 그의 분노의 표적이 되는 사람도 아닌, 협력적인 파트너로서 그와 함께하는 사람으로 경험되기를 바랐다. 이러한 목표는 Lorna Benjamin(1993)이 자기애적 환자들을 위한 대인관계적 치료의 일부로서, 이 환자들의 공감 능력을 증진시키는 것에 초점을 두었던 것과 일맥상통한다.

모리스는 또한 앨런이 새로운 이해를 얻기를 바랐다. 사람을 무시하는 그의 태도가 결국 그가 갈망하는 보살핌을 받는 것을 방해한다는 사실을 깨닫기를 바랐다. 이와 더불어 시간제한적인 치료 형식이 상실에 대한 치유의 경험을 제공하여, 상실을 더 이상 거부, 처벌, 유기로 지각하지 않기를 소망하였다.

아래 제시된 축어록은 다섯 번째 회기의 일부를 발췌한 것이다. 환자는 자기보다 나이 어린 남자와의 새로운 관계에 대해 이야기하고 있다.

[비디오테이프]

환자: 나는 앤디에게서 내 몸의 한 변형체를 찾았어요. 다른 말로 하자면, 만일 사과 한 상자가 있다고 해요. 그런데 그게 썩어 가고 있다면 사람들은 좋은 사과를 골라내겠죠? 좋은 것들을 다른 사람들에게 줄 수 있고, 그래야 안 썩을 테니까요. 나하고 앤디가 한 게 바로 이런 거예요. 우리는 끊임없이 대화하죠. 뭔가 바꿀 일이 있을 때마다 나는 설명을 해요. 왜 이걸 하고, 왜 저걸 하는지. 뭐 그래 봐야 그게 나한테는 더 이상 좋을 게 없어요. 왜냐하면 나는 느리지만 확실하게 쇠약해지고 있으니까. 하지만 그에게 줄 수는 있죠. 앤디가 체육관에 가고 싶어 하는 것과 같은 일 말이죠. 그는 내가 자기를 분발시켜 주기를 바라요. 그러니 내 인생에서 할 일이 있어요. 그를 발전시킬 수 있으니까. 뭐, 정신적인 건 아니라 하더라도, 마치 교사가 하듯이 그를 분발시켜서 몸을 더 다듬도록 하고 싶어요.

치료자: 자신이 쇠약해지는 걸 어떻게 생각하세요?

환자: 뭐에 대해서요?

치료자: 쇠약해지는 것에 대해서요.

환자: 음, 그건 내가 양성이라는 말을 들었을 때와 같은 거죠. 바로 그날 그들은 세 개의 못으로 날 십자가에 매달았어요. 기본적으로는 바로 지금도 십자가에 달려있는 거예요. 결국 난……

치료자: 그러니까 에이즈 검사 결과가 당신한테는……

환자: 십자가 처형이죠. 그래서 더 이상 신문을 안 봐요. "에이즈 치료에 획기적인 방법을 발견하다!"라는 제목에 신문을 보면 하, 실험

용 쥐를 치료했다는 거야. 하지만 나는 빌어먹을 쥐가 아닌 걸!

여기서 우리는 치료자가 환자의 과대망상적인 진술, 즉 앤디를 위해 뭔가 하고, 앤디가 말하자면 자신의 피조물이 될 거라는 이야기에 관심을 보이지 않는다는 것을 알 수 있다. 그 대신 치료자는 상실이라는 주제, 자신이 쇠약해져 간다는 지각에 초점을 맞추고 있다. 썩어 가는 사과에 대한, 다소 옆길로 새는 듯한 앨런의 이야기는 '썩어 간다'는 느낌에 그가 얼마나 강하게 지배당하고 있는지를 보여 준다.

앨런은 자신의 에이즈 판정을 십자가에 달리는 것에 비유하였다. 이 비유는 환자 자신이 특별한 지위에 있다는 느낌(자신을 예수 그리스도와 비교하는 것)과 이 일이 타인에 의해 행해졌다는 믿음(외적 통제 소재)을 보여 준다. 치료자는 환자의 거대성(grandiosity)에 심한 거리감을 느꼈다. 그것은 자기애적 장애를 가진 환자들과 작업할 때 흔히 느끼는 역전이 반응이다. 이 치료에서는 환자의 시한부 상태와 성적 지향이 또 다른 장애물을 더하여 역전이 반응을 한층 더 복잡하게 만들었다.

> 치료자는 병 자체에 대해서 강한 역전이 반응을 보일 수 있다…… 동성애와 정맥주사용 마약 사용이 에이즈 감염의 원인이라고 믿는 치료자는 공감적이고 무비판적으로 경청하기가 어려울 수 있다. 감염에 대한 두려움은 환자를 수용하는 것을 주저하게 한다. 그 두려움은 치료 과정 자체에서 드러날 수 있는데, 예컨대 악수와 같이 단순한 예의상의 행동을 하는 데도 과도하게 조심하게 되는 것이다……(Adler & Beckett, 1989, pp. 203-204)

게다가 치료자는 자신이 건강하다는 것과, 환자의 성적 지향과 에이즈 감염이 그에게 낙인을 찍은 것에 대해서도 죄책감을 느꼈다. 그럼에도 치료자는 역동적 초점을 치료의 닻으로 활용하여, 환자가 협력적 관계를 경험하도록 하겠다는 원래의 치료 목표를 견지하였다. 이것은 다음 9회기의 발췌문에 잘 나타나 있다. 여기서 환자는 사람들이 자신을 이용한다는 이야기를 하고 있었다.

[비디오테이프]

치료자: 여기서는 어떨까요? 나는 당신을 어떻게 이용할까요? 혹은 내가 당신을 이용하고 있는 것에 대해서는 어떻게 생각하세요?

환자: 내가 당신을 태형(笞刑) 기둥으로 이용하죠.

치료자: 전에도 그 이야기 했었는데, 그게 무슨 뜻이에요?

환자: 태형 기둥은…… 사람들은 친구를 태형 기둥으로 가장 많이 사용해요. 고대에 시저는 노예를 끌어내서 때렸어요. 분노를 표출하는 거죠. 어떤 사람은 회초리를 들고 나가서 기둥을 후려치죠. 누군가에게 얘기하기, 밖으로 내보내기, 즉 마음을 청소하는 거죠. 담아두지 않고 배설물을 던지듯 분풀이하는 거예요. 그러다 보면 때때로 그게 되돌아올 때도 있지만, 적어도 바른 방향으로 던진 거죠.

치료자: 그 말을 들으니, 마치 내가 사람이 아니라는 듯이 들리는군요.

환자: 그래요. 맞아요. 당신은 그저 내가 느끼는 것을 느낄 뿐이니까. 배설물을 던지다 보면 되돌아오기도 한다고 했잖아요. 그렇게 나는 피드백을 받고, 그러면 또 생각하게 되지요. 내가 도대체 뭘 해서 또 이런 똥 무더기가 생겼을까 하고 생각하기 시작하죠. (웃음) 나는 무슨 역할을 하고 있는가? 나는 무슨 책임을 져야 하나? 내가 하는 일을 끝까지 계속해야 하나, 아니면 아예 그만두어야 하나? 집에 가서 모두에게 "내 집에서 나가! 나 혼자 내버려 둬!"라고 얘기할 수도 있겠지만, 혼자 살고 싶진 않아요. 내 껍질 속에 혼자 있고 싶지는 않아요. 그러니 어떤 대가를 치르든지 상관없어요. 그러나 나에게 가장 소중한 것, 그건 시간인데, 그런 점에서는 이용당

하고 싶지 않아요.

치료자: 우리 관계에 대해서 두 가지 다른 이야기를 하시네요. 한편으로는 날 인간이 아닌 화풀이 대상이나 태형 기둥으로 보는군요. 그러나 다른 한편으로는 나한테서 피드백을 받길 원하고, 우리가 함께 작업하길 원하시고요…… 당신의 삶에서 진행되는 일들을 함께 살펴보고, 거기서 당신이 어떻게 지내는지 지켜봐 주길 원하시는 것 같군요. 이 두 가지는 참 모순된 이미지네요.

환자: 하지만 사람들은 각자 서로 다른 이미지를 사용도 하고 말도 하잖아요. 나는 지금 당신을 이용하는 것이고요.

치료자: 그렇다면, 사람들과의 관계에 대해서 정말 모순된 이미지를 가지고 있군요.

환자: 이해가 안 되는데요. (웃음)

치료자: 우리는 지금 당신과 나에 대해 이야기하고 있고, 당신이 나를 어떻게 보고 있는지에 대해 얘기하고 있는 중이죠? 한편으로는 당신은 날 태형 기둥이나, 온갖 것을 다 갖다 버릴 수 있는 어떤 대상으로 보지만, 다른 한편으로는 내가 진정한 사람, 당신에게 도움이 되는 사람이 되기를 원하잖아요.

환자: 하지만 난 당신을 사람으로 보는데요.

치료자: 하지만 동시에 나를 인간이 아닌 다른 것으로 보기도 하죠.

환자: 내가 당신을 인간으로 안 본다고 하는 것은 내 머리 속에서 당신이 전문가로 존재하기 때문인데요…… 그래서 이걸 나한테서 제거하기 위해 당신을 이용하는 거죠. 나는 내 분노를 어떻게 방출해야 하는지 집에서는 배운 게 전혀 없어요. 그래도 내 일생 동안 내 안에 그게 쌓이도록 놔두는 걸 거부해 왔어요. 그 이유는 사소한 것들이 결국 나를 귀찮게 하기 때문이죠. 만일 사소한 것들이 쌓이면 그 다음엔 큰 것이 쌓일 것이고, 그 다음엔 갑자기 비명이나 질러

대는 고약한 인간이 되겠지요. 하지만 나는 그런 일이 일어나지 않길 바라요. 그래서 당신이 나한테는, 일주일에 한 번씩 와서 "자, 이걸 던질 테니 받아요!"라고 할 수 있는 어떤 장소인 셈이죠. 나는 이런 게 쌓여 부담을 주고 날 지배하는 게 싫어요. 그래서 누군가에게 퍼내야 해요. 이건 기둥이나 문을 후려치는 것과 꼭 같은 겁니다.

치료자: 여기를 당신의 감정을 쏟아 내는 장소로 여긴다는 뜻이군요.

환자: 맞아요, 왜냐하면 여기 말고 어디로 가야 할지 모르니까. 내 말은, 에이즈 환자를 위한 자원봉사 센터에 전화를 하면 그 사람들은 두 눈이 붙어 있는 고기 덩어리를 하나 보낸다고요. 그냥 저기 앉아서 아무 말도 안 해요. 또 내 친구들은 각자의 사정이 있어 바쁘고…….

치료자: 만약 내가 쓸 만한 사람이고, 또 여기가 당신이 와서 감정을 쏟아 부을 수 있는 쓸 만한 장소라고 해도, 나 역시 그저 여기 앉아 아무 말도 하지 않는, 두 눈이 붙어 있는 고기 덩어리와 다를 바 없는지도 모르겠군요.

환자: 아닌데요. 왜 그런 이야기를 하세요?

치료자: 왜냐하면 그럴 때 나는 인간이 아니잖아요.

환자: 아뇨, 당신은 인간이에요. 감정을 느끼잖아요. 당신은 내가 어떤 감정을 느끼는지, 어떻게 느끼는지 알죠.

치료자: 내게 뭘 원하세요?

환자: 나는 당신이 내게 문제의 답을 주길 원하는 게 아니라, 내가 왜 이 모든 것들이 나를 그렇게 심하게 괴롭히지 않도록 하는지, 그 점에 대해서 스스로 답을 찾을 수 있도록 도와주길 원해요.

치료자: 혹은 왜 그게 당신을 괴롭히도록 하는지?

환자: 혹은 왜 그게 나를 그렇게 심하게 괴롭히도록 하는지.

이 장면의 시작 부분에서, 치료자는 환자의 대인관계적 역동이 작용하고 있다는 가설을 제시하였다("여기서는 어떨까요? 나는 당신을 어떻게 이용할까요?"). 이런 추상적이고 이론적인 질문은 대인관계 패턴에 대한 정서적 통찰을 제공하는 데 별로 도움이 되지 않는다. 그러나 치료자는 자신의 질문을 지금-여기에서의 질문으로 수정하여, 환자가 치료자에 의해 어떻게 이용당하고 있다고 느끼는지를 물어보았다("혹은, 내가 당신을 이용하고 있는 것에 대해서는 어떻게 생각하세요?"). 물론 이런 질문도 치료자와 환자 사이에 충분한 상호교류가 펼쳐지는 맥락 안에서 해야 한다. 그래야 환자의 부적응적인 주제가 드러나는 장면을 포착할 수 있다.

앨런은 자신이 치료자를 일종의 태형 기둥으로 본다는 것, 즉 치료자를 분노 방출의 도구로 이용한다는 생각을 표현할 수 있었다. 대인관계적 관점에서 볼 때, 앨런의 카타르시스는 이전에 억눌렀던 감정을 표현하는 동시에, 그것이 두려운 결과를 가져오지는 않는지(예컨대, 치료자가 보복을 하거나 환자 스스로 압도되지는 않는지) 체험할 수 있는 기회가 있을 때만 가능한 것이다.

독자들은 여기서 투사적 동일시라는 개념(Ogden, 1982)을 떠올릴 수 있을 것이다. 대상관계 이론에서 말하는 투사적 동일시란, 어떤 사람이 용납할 수 없는 감정들과 자기 표상들을 상대방에게 투사한 다음에, 그 대상이 투사된 감정과 표상에 부합하는 방식으로 느끼고 행동하도록 무의식적으로 유도하는 일련의 과정을 뜻한다. 이렇게 하여 투사라는 심리내적 과정은 대인관계적인 과정이 된다(Cashdan, 1988). 위 사례에서 앨런은 그의 '배설물'의 일부를 치료자에게 투사한다("자, 이걸 던질 테니 받아요!"). 그리고 치료자로 하여금 그 자신이 더럽고 학대당하고 압도당한다는 느낌을 갖도록 할 만한 행동을 하여, 원래 앨런 자신의 것이었던 이런 측면들을 치료자가 동일시하도록 한다.

그러나 나는 대인관계 과정에 대한 지나친 추론을 지양하고, 기술적(記

述的)인 관점을 선호한다. 투사나 동일시는 쉽게 관찰할 수 없는 심리내적 과정이다. 환자가 정서나 자기표상을 치료자에게 투사한다고 반드시 가정할 필요는 없다. 다만 치료자는 환자의 행동에 영향을 받아 어떤 특정한 감정을 느끼거나 특정한 행동을 하도록 유도될 수는 있다. 또한 치료적 상호 교류에서 치료자가 환자가 느끼는 것과 같은 느낌을 가지게 될 수도 있다. 그러나 TLDP 관점에서 볼 때, 이 같은 일이 반드시 일어난다고 자동적으로 가정해서는 안 될 것이다.

우리의 사례로 되돌아가 보면, 치료자가 전형적인 TLDP 방식으로 대인관계적 과정에 대해 언급한 것을 볼 수 있다. 앨런이 그녀를 사람이 아닌 어떤 대상으로 취급한다는 것을 언급하고("그 말을 들으니, 마치 내가 사람이 아니라는 듯이 들리는군요."), 지금-여기에서의 그들의 관계에 초점을 맞춤으로써("우리 관계에 대해서 두 가지 다른 이야기를 하시네요."), 그녀는 자신이 그 방에 존재하고 있음을 확실하게 하였다. 그녀는 대상화된 채로 있지 않고, 두 명의 인간이 연결되어 있다는 경험을 그에게 주고 싶어 했다. 더 나아가 그녀는 치료자와의 패턴이 어떻게 다른 대인관계들에서 반복되는지를 볼 수 있도록 돕고자 하였다("그렇다면, 사람들과의 관계에 대해서 정말 모순된 이미지를 가지고 있군요.").

여기서 우리는 기저의 역기능적 대인관계 스타일에 당면 문제(이 경우 애인의 죽음에 대한 애도 반응)가 첨가된 치료 상황의 핵심을 본다. 치료자는 자신을 한 인간으로 보지 않고 끊임없이 평가절하하려는 앨런의 시도에 지속적으로 도전한다("만약…… 여기가 당신이 와서 감정을 쏟아 부을 수 있는 쓸만한 장소라고 해도, 나 역시 그저 여기 앉아 아무 말도 하지 않는, 두 눈을 가진 고기 덩어리와 다를 바 없는 지도 모르겠군요."). 그렇게 하여 치료자는 앨런의 CMP에 제동을 걸고, 두 사람이 팀을 이루어 그의 슬픔을 함께 다룰 수 있는 길을 열어 놓고자 하였다. 그 다음 회기(10회기)의 일부를 발췌한 아래의 장면은 환자의 기저에 놓인 방어 패턴과 현재의 즉각적인 욕구를 함께 다루는 예를 보여 준다.

[비디오테이프]

환자: 그러니까 내 말은, 면역체계가 붕괴되고 있는데 의사는 그저 철분 보충제가 필요하다고만 하고, 그들이 줄 수 있는 거라고는 기껏 비타민밖에 없다면, 정말 미칠 거라는 말이에요. 밖에 나가서 그 이야기를 할 수도 없어요. 왜냐하면 세상이 등을 돌릴 테니까.

치료자: 당신은 외로움도 많이 느꼈고, 또 자신이 다른 사람들과 매우 다르고, 사람들이 거부할 거라는 경험을 많이 했어요. 그들이 정말 거부할 때는 매우 화가 나고요.

환자: 내 상태를 공공연히 말할 때만 그렇죠. 사람이 많은 데서 냄새를 풍기면 사람들이 피하겠죠? 세상이 이렇게 가르쳐 왔어요. "당신은 병에 걸렸어. 당신한테서 악취가 나." 사람들은 무서운 게 왔으니 피하라는 말을 들어요. 겁을 먹는 거예요.

치료자: 당신에게는 큰 고통이지요.

환자: 괴로워요. 약간 버림받았다는 느낌이 드니까.

치료자: 그래요, 정말, 그럴 거예요.

환자: 당신도 이럴 것 같은데요. "좋아요, 하지만 방 저쪽 편에만 있어야 한다는 걸 명심하세요."

치료자: 사람들이 당신에 대해 어떻게 인식하고 또 어떻게 느낄까 생각할 때 당신이 느끼는 기분 있지요? 여기서 나하고 있을 때도 그런 비슷한 기분이 들지 않는지 궁금하군요.

환자: 그게 무슨 말이에요? 이해가 안 되는데요. (웃음)

치료자: 있잖아요. 전에도 이런 일이 있었거든요. 내가 당신에게, 당신이 하는 이야기가 우리 두 사람에게 어떤 영향을 미치는가 하는 질문을 제기했을 때도 당신은 이해가 안 된다고 했어요. 내가 우리

관계에 대해 질문할 때 어떤 느낌이 드세요?

환자: 그게 어떠냐고요?

치료자: 어떤 특별한 느낌이 있어요?

환자: 네. (잠시 침묵) 나는 그런 걸 표현하는 상당히 투박한 방법밖에 모르는데…… 그건 누군가한테 갖다 버리는 거예요.

치료자: 으음.

환자: 지금은 아무도 없어요. 내 감정, 내 좌절감, 내 분노를 갖다 버릴 수 있는 사람이 없어요.

치료자: 그렇게 당신이 나를 감정을 갖다 버릴 대상으로 보는 것에 대해서, 내가 어떻게 느낄 거라고 생각하세요?

환자: 다시 한 번 말해 주겠어요?

치료자: 내가 어떻게 느낄 거라고 생각하세요?

환자: 잘 모르겠어요. 당신은 그저 직업적인 일을 수행하고 있는 거니까. 나는 어떻게 당신을 따로 떼어서 볼지 모르겠어요. 업무를 수행하는 전문인으로서의 당신과, 내 얘기를 들어 주는 한 사람으로서의 당신을…… 모르겠어요, 어떻게 나눌지. (웃음) 나는 당신이 원해서 친구로서…… 친구로서 돕는다, 라는 말이 무슨 뜻일까요? 친구가 된다는 뜻인가요? 어쨌든, 친구로서 나를 돕고 싶어서 내 말을 경청하고 도와준다는 느낌을 나는 갖고 싶어 하는 것 같아요. 혹은, (자세를 바꾸며) 그게 당신의 직업이니까 그렇게 하는 건가요? 아무튼 당신은 내 문제를 찾아내고 또 해결하도록 나를 도와야 하니까. 나한테 직접적인 해결책을 줄 수는 없으니까. 그렇지만 문을 열 수는 있어요. 열쇠를 쥐고 있으니까. (킬킬거림) 그렇게들 말하잖아요.

치료자: 아마도, 이래서 내가 우리 관계에 대해 질문하면 당신이 혼란을 느끼는 것 같네요. 내가 그런 질문들을 하면, 바로 그 순간 나는 당신에게 물건이 아닌 한 인간이 되고, 바로 그래서 당신은 혼란스

러워지는 것이죠.

환자: (좀 더 슬픈 느낌으로, 좀 더 느리게) 혼란스러워요. 당신은 나의 공간, 내 삶 속에 들어온 사람인데, 그래서, 아, 나는 (잠시 침묵) 나에 관한 모든 정보를 말해 주어야 하는데, 왜냐하면 당신이 모든 퍼즐 조각을 갖고 있지 않으면 열쇠를 찾을 수 없을 테니까. 하지만 내가 어떻게 진정으로 당신과 가까워질 수 있겠어요? 언젠가 당신도 토미처럼 나를 떠날 거란 걸 아는데…….

치료자: (고개를 끄덕이며) 음, 으음…….

환자: 그래서 잘 모르겠어요. (슬프게) 책을 계속 읽고 싶진 않아요. 책을 읽고 내 인생을 읽다가, 12장에 도달하면 사람들은 책을 내려놓겠죠. 지겨우니까, 아니면 그냥 거기까지만 보고 싶어 했으니까. 내가 이런 이야기를 한 사람은 아무도 없어요. 아마도 내 인생에 대해서는 짐보다도 당신에게 더 많이 얘기했을 거예요.

치료자: 가장 친한 친구 말이군요. (팔짱을 끼면서) 내가 듣기로는 당신의 말은, 이 모든 게 끝날 테니까 우리가 얼마나 가까워질 수 있는지 의문이라는 뜻이군요. 또 다른 한 편으로는, 내가 당신에 대해 어떻게 느끼고 있는지도 궁금한 것 같고요. 나 또한 당신을 거부하지 않을까, 당신을 버리지 않을까 하는 두려움도 있는 것 같아요.

환자: 거부당하는 건 두렵지 않아요. 내가 두려운 건 버림받는 거죠.

여기서 치료자는 거듭해서 두 사람 사이의 관계에 대화의 초점을 맞추었다. 이렇게 함으로써 치료자는 자신이 앨런을 '떠나가지' 않는다는 것을 보여 주었다. 앨런은 사람들이 떠나는 것을 두려워하였다. 에이즈 집단상담 구성원들을 비롯해서 주변 사람들의 거절을 초래한 그의 성격 스타일, 파트너를 비롯한 가까운 사람들의 죽음과 동성애와 에이즈에 찍힌 사회적 낙인 등이 그의 이런 두려움의 주요 원인이 되었을 것이다.

치료자는 무언가를 내다 버릴 장소 취급을 받는 것에 대해서 자신이 어떻게 느낄 것 같으냐고 질문하였다. 이 질문은, 치료자에게 가까이 다가가면 버림받을지도 모른다는 앨런의 두려움을 드러나게 했다. 앨런의 대답은 그의 진정한 딜레마가 무엇인지를 보여 주었다. 거리두기는 상처받지 않도록 자신을 보호하려는 시도였으나, 동시에 그것은 그가 그렇게 원하는 돌봄과 이해를 받지 못하게 하는 방해물이 된 것이다.

이후 이들은 치료의 종결과, 그로 인해 앨런이 치료자와 가까워지는 것에 대해 걱정한다는 이야기를 나누었다. 이 과정에서 치료자는 마음이 다소 불편해졌다. 슈퍼비전 시간에 치료자는 죽음에 직면한 이 사람을 위한 치료가 시간제한적이라는 사실이 죄책감을 가져왔음을 이야기할 수 있었다. 그러나 치료자는 앨런의 때 이른 애도에 대해 연민을 표시하는 것은, 그의 무망감과 무력감을 강화하고 우울증을 더할 뿐이라는 사실을 인식하게 되었다. 그 후 치료자는 치료자로서의 자신의 역할을 유지하여 앨런이 다른 사람들과 더 친밀하게 지내는 문제를 다룰 수 있었다.

12회기에 와서 환자는 아버지에게 편지로 자신이 에이즈 양성 상태인 것을 알렸다고 하였다. 그는 전에는 아버지에게 그 말을 하지 못했다. 아버지가 '동성애자이니 그렇게 된 게 마땅하다.' 고 할까 봐 두려워서였다. 그러나 앨런은 아버지가 그 소식을 잘 받아들이고 그를 격려해 주고 싶어 한다는 응답을 받고 놀라움과 안도감을 함께 느꼈다.[2)] 이 긍정적인 경험이 계

2) 이 환자가 아버지에게 말하면서 얻은 긍정적 경험은 일반적인 경우와 동떨어진 것은 아닌 것 같다. John Markowitz와 그의 동료들(1992)은 우울한 에이즈 양성반응 환자의 대인관계적 치료에서, 처음에는 환자의 외로움이 단순히 에이즈 진단이라는 낙인찍기에 기인한 것이 아니라, 대인관계 문제에 기인한 것이기도 하다는 점을 미처 깨닫지 못했다고 보고하고 있다. 연구자들은 처음에는 그들의 환자들과 마찬가지로, 만일 환자들이 감염 사실을 중요한 타인들에게 알리면 거부당하게 될 것이라는 가정을 하였었다. 치료자들은 그와 같은 의료 정보를 말하지 않고 있는 자체가 대인관계적 분쟁의 한 표현일 수도 있다는 인식을 하게 되면서부터, 비로소 환자와 더불어 주변의 지지를 받을 수 있는 가능성을 탐색해 볼 수 있었다. 그들은 생각했던 것보다는 에이즈 환자들이 더 잘 수용된다는 사실을 발견하였다.

기가 되어 그는 치료 시간에 자신의 인생에서 만난 사람들과의 거리와 친밀성에 대해 더 많은 이야기를 할 수 있었다. 치료가 끝날 무렵에 앨런은 에이즈 양성인 친구와 함께 생활할 계획을 세웠다. 그들은 '서로를 위해 함께' 하기로 하였다.

치료는 예정대로 16회기에 종결되었다. 마지막 회기에 앨런은 앞으로 에이즈 증상이 나타나면 '지지 치료'를 받으러 다시 오고 싶다는 바람을 표시했다. 그는 자신의 심정을 말로 표현하는 것이 두려움을 줄이는 데 도움이 되었음을 인정하였다. 그리고 명상에 관한 책 한 권을 치료자인 모리스에게 선물하였고, 헤어질 때 한 번 포옹해 줄 것을 요청하였다. 모리스는 그를 안아 주었다. 또한 모리스는 클리닉에 다시 와도 좋다고 말하며 앨런을 안심시켜 주었다.

2년 후에 앨런은 다시 돌아와 9회기에 걸쳐 두 번째 단기치료를 받았다. 그때는 시력 저하, 체중 감소, 말초 신경장애, 피로, 설사 등의 에이즈 증상을 보이고 있었다. 두 번째 치료는 점차 건강이 악화되어 가고 있는 상황에 대처하는 방법과, 앞으로 삶의 질이 더 나빠질 경우를 대비해 앨런이 생각한 자살 계획을 논의하는 데 초점을 맞추었다. 그리고 1년 뒤에 그는 점점 시력을 잃어 가는 것에 대처하는 방안을 의논하기 위해 7회기의 치료를 더 받았다. 그 시점에 그는 임상적으로 우울하지 않았으며, 적극적으로 친구들과 교분을 나누고 교회 생활을 하였다. 그는 마지막으로 클리닉을 방문한 지 15개월 후에 사망하였다.

앨런의 사례는 단기치료를 주기적으로 여러 번 하는 것이 유용함을 보여준다. 그가 치료를 위해 다시 돌아올 때는 언제나 환영받았으며, 결코 치료 실패로 간주되지 않았다. 앨런은 첫 번째 시간제한적 치료가 자신에게 도움이 되었음을 기억하였다. 그리고 이 경험은 이후에 단기치료를 더 받기 위해 되돌아올 수 있는 자원이 되었다. 전 생애에 걸친 단기치료가 가능하다는 이러한 관점은, 치료자를 일종의 가족주치의로 보는 입장과 조화를 이룬다. 이 입장은 1979년에 처음으로 제안되었으며(Cummings & Vandenbos, 1979), 최근에는 Nicholas Cummings(1995)가 관리의료의 시대를 맞아 치료자가 어떻게 생존할 것인지를 논의한 글에서 상술한 바 있다.

에이즈 환자를 간헐적으로 반복해서 치료할 때는 환자의 질병이 어느 국면에 이르렀는지를 민감하게 파악해야 한다(Devine, 인쇄 중). 질병 초기의 치료적 관심사는 항체 검사에 대한 양가적 태도, 자신이 양성임을 인정하기, 질병의 공개, 장래 계획 등이 중심이 된다. 이후 질병의 진행에 따라 신체적 증상과 기능 손상이 나타나면서 치료의 초점은 개인적이고 직업적인 한계, 사람들과 의료 체계에 더 많이 의존하게 되는 상황에 맞춰진다. 질병의 마지막 단계에 오면 환자들은 삶의 질, 의학적 치료의 난폭함, 그리고 죽음의 문제와 죽어 가는 문제를 놓고 어떤 결정을 해야 하는지 등에 관심을 갖는다.

독자들은 일반적으로 단기치료가 적합하지 않다고 보는 기저의 성격 스타일을 두고 우리가 왜 시간제한적 치료를 시도하였는지 궁금해할 것이다. 우리는 TLDP가 그에게 적합하지 않다고 미리 결론을 내리기보다는, 치료 회기 내에서의 변화를 면밀하게 검토하고 지속적으로 거기에 맞추어 나감으로써 그 유용성을 현실에서 판단하려고 하였다. 위에서 기술된 TLDP 치료의 과정이 잘 보여 주듯이, 비록 우리가 앨런의 자기애적 성격 스타일을 '고치지는' 못했지만, 주위 사람들에게 벽을 쌓고 거리를 두는 그의 마음에 어느 정도 길을 낼 수 있었고, 그로 하여금 가까운 이의 죽음을 애도할 수 있도록 도울 수 있었다.

만성 질환이 순환적 부적응 패턴을 조장한 사례

환자들의 순환적 부적응 패턴(CMP)은 대체로 아동기에 시작되며 부모와의 잘못된 관계에 의해 조성된다. 그러나 때로는 생애 후반에 매우 치명적인 상황이 발생하여 대인관계 방식에 근본적인 변화가 생기는 경우도 있다.[3] 페도티(Pedotti) 씨의 사례가 바로 그런 경우를 보여 준다. 그의 질병은 너무나 만성적이고 사람을 무력하게 만드는 것이어서, 발병 이전에는 보이지 않던 부적응적인 대인관계 패턴을 작동시키게 된 것이다.

62세의 페도티 씨는 단신에 마른 편이며, 20세부터 당뇨병을 앓아 왔다. 단기 심리치료 프로그램에 의뢰될 무렵, 그는 당뇨성 망막질환과 신부전증을 앓고 있었으며 주 3회씩 혈액 투석을 받고 있었다. 주치의는 우울, 불면, 불안 문제의 경감을 바라며 그를 의뢰하였다. 페도티 씨는 자신이 죽어 가고 있으며 자신의 삶은 끝장이라고 느끼고 있었다. 주치의는 그의 만성적인 불안 때문에 항불안제(로라제팜)를 처방해 오고 있었다. 그는 우선 정신과 약물 클리닉에 가서 의학적 문제에 기인한 적응장애라는 진단을 받았다. 그는 불면증과 우울증에 대한 처방으로 트라조돈을 복용하기 시작했고, 로라제팜은 점차 줄여 나갔다. 그 시기에 그는 수척해 보였고 느리게 움직였다. 감정 표현은 거의 없었으며 때때로 눈물을 보였다. 페도티 씨는 42년 동안 아내와 함께 생활하였으며, 장성한 네 명의 건강한 자녀들을 두었다. 그는 젊은 시절 당뇨병이 발병하기 전에는 프로 권투 선수였다. 그런 다음 잠시 작은 가게의 지배인으로 일하다가 결국 건강 문제 때문에 은퇴해야만 했다.

페도티 씨는 TLDP를 받도록 의뢰되었으며, 사회복지사 인턴인 클레어 반(Clair Vann)에게 배정되었다. 그는 평가회기를 두 회기 가진 후, 1주일에 한 번씩 총 16회기의 치료를 추가로 받을 수 있었으나, 전체 치료 회기 중에서 세 번을 오지 못했다(그 중 한 번은 부친의 사망 때문이었다.). 다음은

---

3) 이 부분은 Stoudemire와 Fogel(1993)이 편집한 『*Medical-Psychiatric Practice Vol. II*』의 '신체적 질병을 가진 환자들을 위한 단기 역동치료'(H. Levenson & R. E. Hales)라는 장에 수록되었으며, American Psychiatric Press의 허락을 받아 여기에 싣는다.

치료 과정의 주요 특징들과 그 의미를 TLDP의 개념 틀에 따라 요약한 것이다.

◉ 1회기: 페도티 씨는 부인과 함께 대기실에 왔다. 도착한 즉시 페도티 부인은 치료자에게 남편의 어려움에 대해 이야기하기 시작하였다. 부인이 이야기하는 동안 페도티 씨는 침묵하고 있었으며, 음울하고 낙담한 듯이 보였다. 마침내 치료자는 환자를 부인에게서 떼어 놓을 수 있었고 그는 치료실로 천천히 걸어 들어왔다. 환자는 그의 병력을 나열하였으며, 그 질병이 자신의 활동을 제한한 것에 따른 슬픔을 이야기하였다. 그는 자신의 형제 세 명이 모두 건강하다고 하면서 자신의 병이 아버지로부터 유전된 것은 아닐까라고 생각한다고 하였다. 페도티 씨는 때때로 사람들을 피하고, 외모에 전혀 신경을 쓰지 않으며, 자신의 '불운'의 이유를 자문하곤 한다고 말했다. 이런 시기에는 자녀들은 보통 그를 내버려 두며, 아내가 진료 약속을 잡는 등의 일을 떠맡는다고 하였다.

페도티 씨는 죽음을 생각해 본 적은 있지만, 자살을 생각하거나 계획한 적은 없다고 하였다. 치료자가 보기에 그는 정서적인 어려움보다는 신체적인 필요에 대해 도움을 받는 것에 더 관심이 있는 것 같았다. 첫 회기에는 몸이 몹시 불편해서 잠시 서서 회기를 진행하기도 하였다. 또한 첫 회기 내내 페도티 씨는 치료자가 먼저 질문하기를 기다렸다. 질문을 하지 않으면 그는 불안해했다. 그는 바닥을 응시하면서 조용히, 느리게 말하였다.

치료자는 페도티 씨가 자신의 이야기를 하도록 하여 그의 행동을 관찰하였다. 페도티 씨는 자신의 아내나 치료자가 주도권을 잡는 것을 편안하게 여기는 듯했다. 이런 환자에 대해 치료자는 자신이 쓸모없다는 느낌("아마도 그는 의학적인 조언만을 필요로 할 거야.")과 정서적인 거리감("나는 치료 시간 동안 다소 지루하였다.")과 연민을 역전이로 느꼈다. 치료자는 페도티 씨의 수동성과 무력감이 그의 우울 및 불안과 크게 관계가 있다고 추측했지만, 환자가 신체적 건강 상태에만 몰두하고 있어서 TLDP가 적절하고 효과적인지에 대해서는 여전히 확신할 수 없었다.

◉ 2회기: 페도티 씨는 이번에도 부인을 동반하고 약속 시간에 맞춰 도착하였다. 페도티 씨는 사람들이 자신을 어떻게 대하는지 이야기하였다. 치료자가 공감적으로 질문하자 그는 그의 가족들이 어떻게 '나만 홀로 남겨 두는지' 를 자세하게 설명하였다. 처음에는 그들이 거리를 두는 것이 자신을 "성가시게 하지 않는다."라고 말하였다. 그러나 치료자의 적절한 탐색을 통해, 그가 가족들의 행동을 자신이 무슨 일을 겪고 있는지에 대해 관심이 없고 이해하지 못하는 증거로 해석한다는 것이 드러났다. 그는 사람들이 자신을 '미쳤다' 거나 '노력하지 않는다' 고 볼까 봐 두려워하였다. 페도티 씨는 다른 사람들이 자신을 격려해 주고 자신에게 관심을 보였으면 하는 바람을 표현하였으며, 권투 선수로 칭송받던 날들을 회상하였다.

이 회기를 마치고 치료자는 TLDP가 환자에게 적합하다는 평가를 내렸다. 환자는 자신의 문제를 대인관계적인 관점에서 이야기하고자 하였으며, 신체적인 문제에만 집착하지 않았다. 그리고 무엇보다 중요한 것은, 치료자가 환자의 반복적인 부적응적인 패턴이 그의 현재 관계들에서뿐만 아니라 지금-여기에서의 상호작용에서도 나타나고 있음을 이해하기 시작하였다는 점이다. 페도티 씨는 끊임없이 치료자가 지시를 내려 주었으면 했지만, 그럼에도 불구하고 상호작용에서 한 걸음 물러나 있어서 치료자가 적극적으로 협력하려는 것을 좌절시키고 있었다. 그 과정에서 치료자는 자신이 별로 쓸모가 없다고 느꼈으며 그로부터 거리를 두고 싶은 마음이 들었다. 이것은 페도티 씨가 자신의 부인과 아이들과의 관계에서 일어난다고 이야기했던 바로 그 관계 패턴이었다(환자가 의사에게 지시를 바라고 질병에 대해서 무력하게 느끼는 것은 드문 일도 아니고 병리적인 행동이나 감정도 아니라는 사실을 주목해야 한다. 그러나 페도티 씨의 경우에는 이러한 수동적인 패턴이 중요한 사람들과의 관계에서도 발생하며, 이로 인해 신체 질환을 지닌 환자들이 보통 느끼는 것보다 훨씬 더 무력하고 의존적이며 고립감을 느낀다는 증거를 보여주었다.). 그러나 페도티 씨는 그 자신의 대인 행동(예컨대, 우울할 때 접촉을 피하고 자신을 고립시키는 행동)이 사람들에게 무관심한 반응이나 자신을 어린아이로 취급하는 반응을 불러오고, 그래서 무가치감과 버려진 느낌을 더 느끼게 된다는 것을 모르고 있었다.

두 번에 걸친 평가회기 후에 치료자는 페도티 씨의 CMP에 대한 작업가설을 세우고 치료 목표를 도출하였다.

- 자기의 행동: 페도티 씨는 스트레스 상황에서 사람들에게 미친 사람이나 실패한 사람으로 보이는 것을 피하기 위해 수동적인 태도를 취하며, 때때로 우울하고 고립된 태도를 취한다. 이런 태도의 일부로서, 그는 한편으로는 감정(특히 분노)을 억압하고 다른 한편으로는 자신의 역할을 다하지 않고 자신의 권한과 힘을 타인에게 양도한다.
- 타인의 반응에 대한 예측: 페도티 씨는 사람들이 자신을 이해하지도, 자신에게 관심을 가지지도 않을 것이라고 생각한다. 그는 자신이 사람들에게 더 이상 영향을 끼칠 수 없으며, 사람들이 자신을 쓸모없고 비난받아 마땅한 존재요 '실패자' 로 여길 것이라고 믿는다. 그는 가족들이 그가 아프기 때문에 염려한다고 믿으며, 그가 상태가 안 좋을 때 가족들이 책임을 대신 질 것이라고 생각한다. 그는 또한 만일 감정을 드러내면 미쳤다거나 노력하지 않는다는 비판을 받으리라고 생각한다.
- 타인의 행동: 페도티 씨가 감정을 억누르고 사람들과 거리를 둘 때, 사람들은 그와 연결된다는 느낌을 가질 수 없다. 그래서 사람들 또한 물리적으로 거리를 두며, 그의 대변인(부인)을 통해서만 그와 의사소통을 한다. 그리고 이 상황은 자신의 진짜 감정을 표현하면 안 된다는 그의 두려움을 배가시킨다. 그의 수동성은 다른 사람들에게는 노력하지

않는 것으로 보이며, 때때로 그들은 그를 비난하거나 화를 낸다. 타인들은 그가 포기해 버린 책임을 대신 지지만, 그에게서는 아무 영향도 받지 않는다.

- 자기에 대한 행동(내사): 페도티 씨는 자신을 무력한 희생자로 여긴다. 자신이 느끼는 강렬한 감정을 미쳤다는 신호로 보기 때문에 그것들을 억압한다. 그는 스스로를 약하고 쓸모없고 거세된 존재, 그저 살아서 숨이나 쉬고 있는 사람으로 느낀다. 그는 자신에게 실망하였다. 한때는 자신을 투사로 여겼으나, 이제는 자신을 패배자로 여긴다.

목 표

1. 치료적 관계의 맥락에서 페도티 씨에게 필요한 새로운 경험은 보다 많은 자율성, 통제력, 영향력을 갖는 것이다. 권투 선수였던 자신을 다시 한 번 파이터로 경험하는 것이다. 치료자를 대상으로 강한 감정을 표현하면서도, 미쳤다는 비판을 받지 않는 경험을 하기를 바란다. 이것은 치료자의 입장에서는 다음의 사항들을 의미한다.
   (a) 치료 회기 중에 그를 통제하려고 하지 않는다.
   (b) 치료 과정을 검토하고 감정 표현을 격려하는 경우에만 지시적으로 행동한다.
   (c) 치료 회기 중에 환자가 주도적인 반응을 보일 때 이를 격려한다.
   (d) 그의 감정과 함께 머무른다.
   (e) 페도티 씨의 강한 감정, 특히 분노를 두려워하지 않는다.
2. 페도티 씨가 치료에서 깨닫기를 바라는 것(새로운 이해)은 다음과 같다.
   (a) 자신의 수동적이고 거리를 두는 태도가 사람들을 쫓아 버릴 뿐이라는 것을 깨닫는다.
   (b) 신체적 조건이 아무리 나빠도 자신은 여전히 가치가 있으며 사랑

하는 사람들에게 많은 것을 줄 수 있는 사람임을 깨닫는다.

또한 치료자는 이러한 사례개념화로부터 전이-역전이 문제를 추측해 볼 수 있었다(예컨대, 치료자가 과도하게 걱정하거나 정서적으로 거리를 두게 될 수 있고, 종결이 가까워지면서 환자의 의존 욕구가 강해질 수도 있을 것이다).

◉ 3~6회기: 페도티 씨는 앞의 회기와 마찬가지로 '별로 할 이야기가 없는' 채로 왔으며, 치료자가 회기를 이끌어 가기를 바랐다. 그는 소년기에 형제들과 함께 이주자 농장 캠프에서 일한 이야기를 하였다. 그의 아버지는 그가 강인한 노동자이며, 가족들이 집을 사는 데 도움이 될 만큼 많은 돈을 벌어 온다고 칭찬하였다. 페도티 씨는 치료자의 도움을 받아 그의 자존감이 신체적 능력과 강하게 결부되어 있고, 지금은 신체적인 제약이 있기 때문에 자신을 가치 없게 여긴다는 것을 알게 되었다.

페도티 씨는 자신이 얼마나 우울한지를 가족들에게 알리지 않았다고 하였다. 그는 자신의 '연약함' 이 드러나는 것을 피하기 위해 차라리 사람들을 피하는 쪽을 선택하였다. 그는 비록 치료 회기 중에 자신의 우울과 불안에 대해 말할 수 있다고 했지만, 치료자가 관찰하기로는 자신의 고통에 대한 감정 표현을 거의 하지 않았다. 치료자가 페도티 씨로 하여금 자신의 감정에 초점을 맞추도록 하자 그는 기분이 '더 좋다' 고 하였다. 그러나 왜 그런지는 몰랐다. 그는 투석을 받아서 그렇다고 생각하였다.

5회기가 시작되기 전에 페도티 씨의 부인은 치료자에게 남편이 다른 약속이 있어서 이번 회기를 빨리 마쳐야 한다고 하였다. 치료자는 "남편이 결정하시겠지요."라고 대답하였다. 그러나 막상 치료 회기 중에는 치료자가 그 문제를 먼저 꺼냈다. 그리고는 자신이 (그의 부인이 하듯이) 책임을 대신 떠맡았다는 것을 깨닫고, 환자에게 자신이 그렇게 한 것에 대해서 어떻게 느끼는지 물었다. 그는 "오, 괜찮아요."라고 대답하였다. 이 대답을 계기로 그들은 수동적인 태도의 정서적 대가와 이익에 대해 논의하였다. 또한 이를 기회로 삼아 치료자는 자신이 왜 환자를 마치 무능력한 사람처럼 대해야만 할 것 같은 느낌이 강하게 드는지 이야기할 수 있었다.

6회기에 와서 페도티 씨는 사실은 치료 시간에도 자신의 감정을 억눌렀다고 말하였다. 치료자가 그를 정신과 병동에 '감금시키고' '절대로 풀어주지 않을 것'을 두려워했다는 것이었다. 이렇게 해서 지금-여기의 치료적 관계 속에서 또 한 번의 기회가 생겼다. 이번에는 페도티 씨가 그렇게 자신을 드러낸 것을 확인하고 지지해 줄 수 있는 기회였다. 치료자는 환자에게 두려움을 그렇게 표현한 것이 위험을 무릅쓴 용기 있는 행동임을 지적하였다.

◉ 7~10회기: 단기치료의 중기에 이르러 페도티 씨는 그의 아버지에 대해 이야기를 하였다. 치료자는 이 이야기에서 페도티 씨와 그 아버지의 상황 사이에 극적인 유사성이 있음을 볼 수 있었다. 페도티 씨는 아버지가 새어머니와의 관계에서 유순하고 무력하였다고 하였다. 그의 새어머니는 아버지를 감싸 안고, 통제하고, 대변하였다. 그의 아버지 또한 당뇨병이 있었는데, 아버지가 몸이 안 좋을 때는 그들의 관계가 특히 더 그랬었다. 그는 새어머니에 대한 분노를 이야기했지만, 자신의 상황과 유사하다는 것은 인정하지 않았다. 그러나 분노에 대한 논의가 이어졌고, 이 과정에서 페도티 씨는 분노를 표현하는 것을 두려워하는 이유가 만약 그렇게 하면 사람들의 인정을 받을 수 없으리라고 예상하기 때문이라는 것을 알게 되었다. 그러나 그는 화를 내도 사람들이 자신의 이야기에 귀를 기울이고 그를 진지하게 대했던 일들을 회상할 수 있었다. 페도티 씨는 상상했던 것과 실제로 경험했던 것 사이의 이러한 괴리에 호기심을 보였다.

치료자는 페도티 씨에게, 마치 가장 나쁜 일이 일어날 것처럼 행동하는 것 같은데 혹시 그냥 죽는 날만 기다리고 있는 것은 아닌지 물어보았다. 치료자는 이런 그의 태도를 권투 선수이자 투사로서의 정체감과 대비시켰다.

환자는 즉시 그 비유를 확장해서, 그의 적(그는 이것을 자신의 건강 문제라고 생각했다)이 '매우 커서' 그것과 어떻게 싸워야 할지 모르겠다고 하였다. 그 이후의 회기들에서 치료자는 그 '싸움'을 질병에 대한 것이 아니라 정서적, 정신적 '체념'에 대한 것으로 재개념화하는 작업을 하였다. 8회기가 끝날 무렵, 페도티 씨는 신장 이식의 가능성에 대해서 이야기하면서, 혹시 형제들 중에서 누가 신장을 기증할 수도 있지 않을까 생각한다고 하였다.

페도티 씨는 부친의 사망으로 인해 그 다음 회기에 오지 못했다. 10회기에 그는 아버지와 새어머니에 대한 분노를 표현하였다. 그는, 아버지는 실제로 죽기 수년 전에 이미 죽은 셈이라고 하였으며 그 시간에 치료자는 그의 상황과 그 아버지의 상황의 유사점을 지적하였다. 그는 자신의 수동성과 회피가 자신을 죽은 것과 다름없게 만든다는 것을 인정할 수 있었고 가족들과 더 많이 교류하기를 원한다고 하였으며 신장 이식을 받고자 하는 희망을 처음으로 분명하게 피력하였다.

◉ 11~15회기: 치료의 마지막 1/3의 기간 동안 페도티 씨는 중병에 대한 아버지의 정서적, 사회적 반응과 그 자신의 반응 사이의 유사점을 점점 더 많이 인식하고 있음을 이야기하며 많은 시간을 보냈다. 그는 때 이른 정서적 죽음의 상태로 물러서기보다는 가능한 한 오랫동안 충만한 삶을 살고자 하는 바람을 표현하였다.

이 기간 동안 치료의 초점은 그들 사이에 발전한 관계와 치료의 종결이라고 하는 주제에 되풀이해서 맞춰졌다. 페도티 씨는 치료를 계속 더 받고 싶은 바람을 표명하고 그렇게 해 주도록 요청하였다. 치료자는 그가 그렇게 자기주장을 한 것을 긍정적으로 인정하면서도, 이 치료는 연장될 수 없으며, 그럼에도 차후 치료에 대한 결정은 그가 할 수 있는 일이라고 말했다. 그러나 치료자는 치료가 끝나 감에 따라 생기는 여러 가지 생각과 감정을 기꺼이 듣겠노라고 하였다.

여기에 대해 페도티 씨는 처음에는 치료 종결에 대해 생각할 시간이 없다고 하였다. 백내장 수술을 제안받은 것과 관련하여 병원에서 다른 의사의 의견을 청취하는 데 어려움이 있기 때문이라는 것이었다. 그는 자신이 받은 진료에 대해 묘사하면서, 험담하듯이 '환자를 그냥 내버려 두는 인턴 학생들' 이라고 하였다. 수련생이기도 한 치료자는 이 기회를 활용하였다. 그의 이런 최근의 경험과, 치료자가 더 이상 도움도 지지도 주지 않고 그를 내버려 두려는 것 사이에 비슷한 점이 있지 않은지 물어보았다. 페도티 씨는 다소 어려워하면서도 종결에 따른 불안, 슬픔, 그리고 어느 정도의 분노에 대해 이야기할 수 있었다. 치료자는 그런 감정은 타당하고 충분히 이해할 수 있는 것이라고 하였다. 그들 사이에 이미 친밀감이 생겼고, 그동안 함께 작업하며 환자가 도움도 받았기 때문임을 알았으나, 종결 날짜는 확고하게 유지하였다.

치료자는 페도티 씨가 치료에서 얻은 것들을 유지해 나가리라고 완전히 확신할 수는 없었지만, 그럼에도 치료를 연장하는 것이 오히려 치료를 방해할 수 있다고 평가하였다. 예정된 종결 시간을 고수함으로써 치료자는 환자를 승리의 깃발을 들 '투사' 로 생각한다는 메시지를 전하고자 하였다. 페도티 씨는 종결을 맞아, 부정적인 감정을 억제하기 쉬운 자신의 경향성을 이해하고, 치료자와의 관계를 상실하면서 느끼는 감정을 표현할 수 있는 기회를 얻을 수 있었다.

총 15회기의 치료가 끝날 무렵에 페도티 씨는 사랑하는 사람들, 특히 그의 손자, 손녀들에게 '도움을 주는 일' 에서 어떤 목적을 발견한 것 같았다. 그는 함께 사는 가족이나 분가해서 따로 사는 가족들과도 긴밀한 접촉을 다시 시작하였다. 그리고 자신의 치료 문제에 있어서도 부인에게 자기주장을 더 많이 했고 사회적 활동에도 더 많이 관여하였다. 다시 말해 그는 질병과 싸운다기보다, 포기하고 죽고 싶은 마음과 싸우는 투사로서의 자기 감각을 회복할 수 있었다.

마지막 회기로부터 두 달이 지난 후에 페도티 씨는 성공적으로 신장 이식수술을 받았다. 그리고 다시 한 달이 지난 다음, 그의 주치의는 진료 기록에 그의 심리적 상태에 대해 다음과 같이 기록하였다. "부드럽게 말하고, 우호적이고, 눈 맞춤을 잘 하며, 정서 표현이 다소 적은 편이며, 우울감은 없고, 목표 지향적이고, 미래 지향적임."

앨런과 페도티 씨의 치료는 대인관계 문제와 의학적 문제가 복잡하게 얽혀 있었기 때문에 특히 어려운 경우였다. 나는 이 치료들이 좋은 성과를 얻었다고 생각한다. 이는 부분적으로는 사례개념화와 일치하는 치료적 개입을 찾아서 시도하는, TLDP의 고유한 방법론적 틀 안에서 작업하였기 때문이다. 치료적 초점을 가지고 지금-여기에서 작업하였으므로 치료자들은 치료 상황에 압도되거나 그런 당혹감을 환자에게 전달하지 않고 치료에 임할 수 있었다. TLDP의 체계적인 틀은 치료자가 조망을 넓히고 자신감을 갖도록 해 주었으며, 이로 인해 환자들 또한 희망을 가지고 더 많은 진보를 이룰 수 있었던 것으로 보인다(Frank, 1974).

부 록

A _ 밴더빌트 치료전략 척도

(Vanderbilt Therapeutic Strategies Scale)

정신역동적 면접 방식에 대한 평정

1. 치료자는 치료 회기 중에 환자가 정서를 경험하고 표현하도록 격려한다.

1	2	3	4	5
전혀 그렇지 않다		그렇다		매우 그렇다

2. 치료자는 환자가 (치료자를 포함한) 중요한 타인에 대해 느끼는 감정을 표현하고 탐색하도록 격려한다.

1	2	3	4	5
전혀 그렇지 않다		그렇다		매우 그렇다

3. 치료자는 환자가 (치료자를 포함한) 중요한 타인에 대해 가지는 생각과 신념을 표현하고 탐색하도록 격려한다.

1	2	3	4	5
전혀 그렇지 않다		그렇다		매우 그렇다

4. 치료자는 환자가 치료에 협력할 수 있도록 적극적으로 노력한다.

1	2	3	4	5
전혀 그렇지 않다		그렇다		매우 그렇다

5. 치료자는 수용하고 이해하는 태도로 환자에게 반응한다.

1	2	3	4	5
전혀 그렇지 않다		그렇다		매우 그렇다

6. 치료자는 질문의 초점을 유지하려고 노력한다.

1	2	3	4	5
전혀 그렇지 않다		그렇다		매우 그렇다

7. 치료자는 환자가 사용하는 용어의 개인적이고 독특한 의미에 대해 질문한다.

1	2	3	4	5
전혀 그렇지 않다		그렇다		매우 그렇다

8. 치료자는 환자의 표현이나 묘사의 구체적 내용을 탐색한다.

1	2	3	4	5
전혀 그렇지 않다		그렇다		매우 그렇다

9. 치료자는 중요해 보이는 표현이나 사건에 주의를 기울인다.

1	2	3	4	5
전혀 그렇지 않다		그렇다		매우 그렇다

10. 치료자는 적극적으로 경청한다는 증거를 보인다.

1	2	3	4	5
전혀 그렇지 않다		그렇다		매우 그렇다

11. 치료자는 참여관찰자로서의 자세를 적절하게 유지하고 있는 것으로 보인다.

1	2	3	4	5
전혀 그렇지 않다		그렇다		매우 그렇다

12. 치료자는 개방형 질문을 사용한다.

1	2	3	4	5
전혀 그렇지 않다		그렇다		매우 그렇다

TLDP 치료전략에 대한 평정

13. 치료자는 환자-치료자 관계를 구체적으로 언급한다.

1	2	3	4	5
전혀 그렇지 않다		그렇다		매우 그렇다

14. 치료자는 환자가 치료자나 치료 관계에 대해 갖는 감정과 생각을 탐색하도록 격려한다.

1	2	3	4	5
전혀 그렇지 않다		그렇다		매우 그렇다

15. 치료자는 치료자가 환자에 대해 어떻게 느끼고 생각할 것 같은지 이야기하도록 환자를 격려한다.

1	2	3	4	5
전혀 그렇지 않다		그렇다		매우 그렇다

16. 치료자는 치료자를 대하는 환자의 행동에 대해 어떤 생각과 느낌이 드는지를 공개하고 논의한다.

1	2	3	4	5
전혀 그렇지 않다		그렇다		매우 그렇다

17. 치료자는 환자의 순환적 부적응 패턴(CMP)을 구성하는 요소들을 탐색한다.

1	2	3	4	5
전혀 그렇지 않다		그렇다		매우 그렇다

18. 치료자는 환자의 내사(환자가 자신에 대해 어떻게 느끼고, 자신을 어떻게 대하는가)에 대해 물어본다.

1	2	3	4	5
전혀 그렇지 않다		그렇다		매우 그렇다

19. 치료자는 환자의 반복적인 행동 패턴이나 대인관계 갈등을, 환자-치료자 사이에서 일어나는 일과 연결시켜 탐색한다.

1	2	3	4	5
전혀 그렇지 않다		그렇다		매우 그렇다

20. 치료자는 치료 과정에 영향을 줄 수 있는 장애물(예컨대, 침묵, 지각, 중요한 화제의 회피 등)에 대해 언급한다.

1	2	3	4	5
전혀 그렇지 않다		그렇다		매우 그렇다

21. 치료자는 TLDP의 시간제한적 특성이나 종결에 대해 논의한다.

1	2	3	4	5
전혀 그렇지 않다		그렇다		매우 그렇다

22. 치료자는 환자의 순환적 부적응 패턴(CMP)과 관련해서, 환자가 자신과 치료자에 대해 새로운 경험을 할 수 있는 기회를 제공한다.

1	2	3	4	5
전혀 그렇지 않다		그렇다		매우 그렇다

부 록

B _ 밴더빌트 치료전략 척도 매뉴얼[1)]

(Manual for the Vanderbilt Therapeutic Strategies Scale)

본 매뉴얼은 밴더빌트 치료전략 척도(VTSS)의 바른 사용을 돕기 위한 것이다. 이 척도는 치료 중에 이루어진 일을 기술(記述)하려는 목적을 가지고 있지만, 어느 정도는 그 일이 얼마나 잘 이루어졌는지 평가하는 용도로도 사용된다. 우리는 각 문항이 구체적인 의미를 갖도록 하여, 가능한 한 평정자가 추론을 적게 할 수 있도록 하였다. 평정자의 과제는 치료자가 특정한 행동이나 반응을 했다는 구체적인 증거를 찾는 일이다. 치료자가 문항에 기술된 주제(예: 감정)를 치료 중에 다루지 않았다면, 그 특정 장면에서의 평가는 이 사실을 반영해야 한다(즉, "전혀 그렇지 않다"에 표시해야 한다.). 이런 평가를 치료자에 대한 비난으로 여겨서는 안 되는데, 왜냐하면 그 다음 장면에서 치료자가 감정에 대해 물어볼 수도 있기 때문이다. 그래서 평

1) Stephen F. Butler and the Center for Psychotherapy Research Team, Vanderbilt University.

정자는 치료전략 척도가 '치료자' 가 아닌 '치료 장면' 을 평정하는 도구라고 생각하는 것이 좋다. 평정의 목표는 특정 치료 장면을 가능한 한 정확하고 신뢰 있게 기술하는 것이다.

치료적 상호작용의 질적 차원을 평가하기 위해 만든 일부 문항들은 다른 문항들만큼 구체적이지 못하다. 이런 문항들은 별(*)[2]표를 달아 표시하였다. 여기서 평정자는 치료자 수행의 질적인 측면을 포착하려고 노력해야 한다. 이때 평정 작업은 때때로 치료자의 구체적인 반응과 행동을 확인하는 것이기보다는, 치료 회기에 대한 평정자의 전반적 인상을 반영하기도 한다. 예를 들어서, 수용하고 이해하는 태도로 환자에게 반응하는 능력은 특정 행동에서만 드러나는 것이 아니라 치료자의 모든 행동에 반영된다고 볼 수 있다.

척도의 각 문항은 1(전혀 그렇지 않다)에서 5(매우 그렇다)까지의 점수 범위를 가진다. 1.5나 2.5와 같은, 점수와 점수 사이의 중간 점수도 허용된다. 어떤 문항에 2점 이상을 주기 위해서는 구체적인 증거가 있어야 한다. 따라서 아무런 증거도 없을 때는 가장 낮은 점수인 1점을 주어야 한다. 마찬가지로 가장 높은 점수인 5점도 평정에서 사용되어야 한다. 5점은 올림픽 체조 경기의 10점처럼, 전 세계에서 오직 한두 명만이 할 수 있는 완벽한 수행에 주어지는 '신화적인' 점수로 여겨서는 안 된다. 따라서 하나의 특정한 치료 장면은 전반적으로 높은 점수나 낮은 점수를 받을 수 있지만, 모든 치료 장면과 모든 치료자를 놓고 볼 때는 1점에서 5점까지의 전 범위에 걸친 점수가 사용될 것으로 예상된다.

평정 지침은 각 문항별로 제시된 다. 이 지침들을 참고할 때 몇 가지 일반적 사항을 염두에 두어야 한다. 첫째, 특정 전략과 개입을 실행하는 치료자

2) *문항은 상호작용의 질을 반영하는 것임.
+문항은 저자가 작성함.
S. F. Butler와 H. H. Strupp의 허락을 받아 수록함.

의 능력은 근본적으로 환자 편의 참여의 질적 수준에 의해 제한된다. 치료전략 척도는 치료자의 수행을 평가하기 위해 만들어졌지만, 현실적(또는 이론적)으로 치료 과정에 대한 환자의 기여와 무관할 수 없다. 이러한 어려운 문제에도 불구하고, 이 척도는 대부분의 경우, 치료 과정을 이끌어 가려는 치료자의 노력에 대한 증거가 있어야 한다고 가정한다. 따라서 치료자는, 예컨대 환자의 감정이나 환자-치료자 관계에 대해 주도적으로 물어보아야 한다. 아무리 어려운 환자라고 하더라도, 만약 치료자가 환자에게 생산적인 과정에 참여할 수 있는 기회를 거의 주지 않았다면, 빈약한 치료 과정이 오로지 환자 때문이라고 비난할 수는 없는 것이다.

평정자가 고려해야 할 또 다른 사항은, 치료자가 특정 주제에 대한 질문을 끈기 있게 이끌어 갈 수 있는가 하는 여부가, 숙련된 치료자와 그렇지 못한 치료자를 구분하는 한 가지 기준이 된다는 점이다. 만약 치료자가 환자에게 지금 기분이 어떤지 물었는데 환자가 "아무 느낌도 없다."라고 대답한다면, 치료자는 이 대답을 액면 그대로 받아들이든가, 아니면 계속 질문을 이어 나가 그 의미를 추적할 수 있다. 이것은 치료자가 환자를 의심하며 압박을 가하거나 좋은 말로 달래는 것을 뜻하지 않는다. 숙련된 치료자는 대화의 주제를 쉽게 포기하지 않고, 환자의 경험을 능숙하게 탐색한다. 치료자는 "내가 기분을 물었을 때 무슨 생각이 들던가요?"라는 질문을 다시 할 수 있을 것이다. 이런 후속 질문을 통해, 환자가 치료자의 말을 이해하지 못했는지, 혹은 치료자가 사실은 별로 관심이 없을 것이라고 환자가 의심을 했는지, 혹은 다른 이유가 있는지를 알 수 있을 것이다. 숙련된 탐색은 '과잉 반응'과는 구분되어야 한다. 치료자가 어떤 주어진 항목에서 높은 점수를 받기 위해서는 해당 치료전략을 쉽게 포기하지 않고 그것을 실행하려는 진지한 노력을 기울여야 한다.

이와는 달리, 치료자가 특정 전략을 수행하는 것은 분명하지만, 그 태도가 경직되거나 권위적인 경우가 있을 수 있다. 이럴 경우, 특정 전략의 사용을 묻는 문항에서는 높은 점수를 받지만, 치료자의 태도를 묻는 문항들에서는 낮은 점수를 받게 된다.

마지막으로 살펴볼 것은, 특정 문항에서 평가하는 주제에 대한 논의를 환자가 먼저 시작하거나, 치료자보다 환자가 훨씬 더 많은 이야기를 하는 경우이다. 이 경우 평정은 치료자가 해당 주제의 탐색을 촉진하는 정도를 반영해야 한다. 여기서 촉진이란, 환자의 반응을 그저 수동적으로 받아들이는 이상의 개입을 하는 것을 뜻한다. 치료자는 적극적으로 환자를 격려하고, 환자와 더불어 작업해야 한다. 만약 치료자의 개입이 환자가 제기한 주제의 논의와 탐색을 성급하게 가로막는다면 해당 문항에서 1점을 받게 된다.

각 문항에 대한 아래의 기술은 치료자의 행동을 신뢰 있게 구분하기 위한 지침을 제공하며, 평정 규칙을 가능한 한 구체적으로 제시하여 평정에 도움이 되도록 하였다. 치료전략 척도에서의 평정은 다소 복잡하다. 평정자는 제시된 지침을 잘 준수하여 판단을 내려야 한다.

정신역동적 면접 방식에 대한 평정

1. 치료자는 치료 회기 중에 환자가 정서를 경험하고 표현하도록 격려한다

해당 치료 장면에서 치료자가 환자의 정서적 경험을 전혀 탐색하지 않는다면 1점을 준다. 감정을 다루기는 했지만 그 시도가 명백하지 않고 모호하다면 2점 또는 3점을 준다. 치료자가 감정의 나눔과 토의를 촉진하려는 분명한 노력을 기울일 때에는 4점 또는 5점을 준다. 환자가 질문을 회피하더라도 치료자가 감정을 탐색하려던 노력을 지속할 때 높은 점수를 준다 ("아까 그 점에 대해 어떻게 느끼는지 질문을 했을 때 주제를 바꾸셨는데요, 내가 느낌을 물어봤을 때 어떤 생각을 하셨나요?"). 최고 점수인 5점은 치료자가 지금-여기에서 일어나는 감정에 초점을 맞추고자 하는 분명한 목적을 가지고 있을 때만 줄 수 있다. 비록 환자가 느낌을 전혀 나누지 않더라도, 치료자가 감정의 체험이나 논의를 촉진하려는 노력을 뚜렷하게 한다면 높은 점수를 줄 수 있다.

2. 치료자는 환자가 (치료자를 포함한) 중요한 타인에 대해 느끼는 감정을 표현하고 탐색하도록 격려한다

이 문항은 첫 번째 문항을 전제로 한다(즉, 1번 문항에서 높은 점수를 받아야 2번 문항에서도 높은 점수를 받을 수 있다.). 치료자의 코멘트나 질문의 형식은 1번 문항과 같을 수 있으나, 탐색되는 감정은 분명히 어떤 사람에 관한 것이어야 한다. 1번 문항에서와 마찬가지로, 5점은 지금-여기에서 느끼는 감정에 초점을 맞추는 경우에만 줄 수 있다. 시험에 실패했을 때 어떤 느낌이었는가 하는 질문은 이 문항의 평가 대상이 아니지만, 시험에 실패했을 때 부모가 보인 태도에 대해서 어떤 느낌이었는지 탐색하였다면 이 문항의 평가 대상이 된다. 치료자에 대한 느낌을 다루었다면 이 문항에서도 평가되고, 아울러 TLDP 치료전략 문항(13~22번)에서도 평가된다.

3. 치료자는 환자가 (치료자를 포함한) 중요한 타인에 대해 가지는 생각과 신념을 표현하고 탐색하도록 격려한다

이 문항은 환자의 관점, 특히 타인을 보는 환자의 시각을 이해하는 것의 중요성을 보여 준다. 치료자에 대한 생각 및 신념의 탐색은 TLDP 치료전략 문항(13~22번)에서도 평가된다. 2점 혹은 3점과 같은 낮은 평가는 생각과 신념에 대해 어느 정도 언급은 하지만, 이에 대한 구체적 탐색이 부족할 때 부여한다. 4점 이상의 점수는 생각과 신념에 대한 탐색이 구체적인 경우에 부여한다. 이때 치료자는 환자의 생각 및 신념의 특징, 상황, 대상 등에 관한 구체적인 정보를 탐색함으로써 환자로 하여금 원래 묘사했던 것보다 더 많은 것을 표현하도록 시도해야 한다. 타인에 대한 자동적 혹은 무의식적 가정을 확인하려는 광범위한 탐색과 구체화를 할 때 4점을 준다. 그런 생각과 신념을 탐색하려는 노력을 일관성 있게 지속적으로 할 때는 5점을 준다(13번 문항 참조).

*4. 치료자는 환자가 치료에 협력할 수 있도록 적극적으로 노력한다

이 문항은 치료적 상호작용의 질을 측정하기 위한 것이다. 1, 2점의 낮은 점수는 치료자 쪽에서 치료 동맹을 훼손하거나, 협력적인 치료 분위기에 심각한 문제를 일으킬 만한 일을 다루지 못했음을 의미한다. 3점은 치료자가 치료 과정을 훼손시키지는 않았지만, 그렇다고 협력 관계를 적극적으로 촉진하지도 않았을 때 부여한다. 4점과 5점은 치료자가 협력적 치료 분위기를 만들려는 구체적인 행동을 할 때 부여한다. 이때 치료자의 행동에 '우리 의식', 즉 치료자와 환자가 함께 협력하며 작업을 한다는 느낌이 있어야 한다. 예를 들자면, 치료자가 환자와 함께 어떤 주제를 검토하면서 치료자가 제시한 해석, 결론, 목표 등등의 적합성을 평가할 때는 다름 아닌 환자가 바로 '전문가'라는 태도를 가지고 대해야 한다. 4점과 5점의 차이는 협력 관계를 공고하게 하려는 치료자의 노력 정도에 대한 평정자의 판단에 달려 있다.

*5. 치료자는 수용하고 이해하는 태도로 환자에게 반응한다

이 문항 또한 치료적 상호작용의 질을 평가하는 것이다. 수용과 이해가 없는 치료자의 행동과 태도는, 판단적 태도, 생색내는 자세, 무례함, 거부적 자세, 죄책감 유발, 격분, 짜증 등을 의미한다. 치료자 쪽에서 명백하게 부적절한 태도를 보일 때는 1점을, 미묘하게 다소간의 무례한 태도를 보일 때는 2점을 준다. 3점과 4점은 치료자의 수용적인 태도가 썩 두드러지지는 않는, 보통의 치료 범위에 들 때 부여한다. 5점은 치료자가 특별히 수용적이고 큰 이해심을 보일 때 부여한다. 환자가 '끔찍하고 혐오스러운' 일(예컨대, '부주의'하거나 '무책임'한 성 경험을 자세히 이야기하거나, 가학적인 충동을 표출하는 일 등)을 한 것 때문에 자신을 비난할 때 치료자가 진실로 비판단적인 태도를 견지하면서, 환자의 생각, 감정, 미래 상황에서의 대안 등을 온화하게 탐색한다면 5점을 줄 수 있다.

*6. 치료자는 질문의 초점을 유지하려고 노력한다

이 문항은 치료자가 일관성 있게 특정 주제에 초점을 맞추면서 그것을 탐색하고 구체화하려는 노력을 하는 정도를 평가한다. 치료자가 치료 과정에서 곁길로 새거나 관련 없는 주제를 꺼낼 때, 혹은 능동적으로 치료 과정을 산만하게 만들 경우에는 1, 2점의 낮은 점수를 준다. 치료자가 환자가 꺼내는 주제를 단순히 따라갈 때는 3점을 준다. 치료 회기의 초점을 유지하려는 구체적이고 적극적인 시도를 할 때는 더 높은 점수를 준다. 그런 시도의 예로는, 현재의 주제가 이전에 나왔던 주제와 어떻게 연관되는지 질문하는 것, 환자의 도움을 구하여 주제들 간의 관련성을 파악하고 이해를 시도하는 것, 표면적으로 서로 다른 주제들을 관련짓는 요약적 진술을 하는 것 등을 들 수 있다. 치료 회기의 초점을 유지하려는 치료자의 태도가 권위적이고 통제적이라고 할지라도, 이 문항에서는 높은 평가를 받을 수 있다. 초점 맞추기의 방식과 태도는 다른 문항들에서 평가된다(예: 4, 5, 10, 11번).

7. 치료자는 환자가 사용하는 용어의 개인적이고 독특한 의미에 대해 질문한다

이 문항에서는 치료자가 환자에게 특정 단어나 어구가 무엇을 의미하는지 분명하게 물어보거나, 경험 묘사에 사용된 단어의 개인적인 의미를 탐색하는 경우에만 점수를 준다. 2점 혹은 3점의 낮은 점수는, 개인적 의미에 대해 매우 일반적인 질문을 했지만, 후속 탐색을 거의 하지 않아서 그 의미가 여전히 모호한 경우에 부여한다. 용어의 개인적인 의미를 구체적으로 여러 번 질문하거나, 개인적 의미를 중요한 신념, 느낌, 주제, 패턴과 관련지어 탐색할 때는 4점 혹은 5점의 높은 점수를 준다.

8. 치료자는 환자의 표현이나 묘사의 구체적 내용을 탐색한다

이 문항은 치료자가 구체적 사항을 파악하려고 노력한 정도를 측정한다. 치료자가 환자에게 환자 자신의 진술, 신념, 묘사 등을 구체화해 달라고 요청할 때만 2점 이상의 점수를 줄 수 있다. 치료자의 구체화 노력이 모호하거나 간헐적인 경우는 2점을 준다. 그러한 진술의 예로, "좀 더 구체적으로 이야기해 보실래요?" 또는 "그게 무슨 뜻이죠?" 등을 들 수 있다. "어디 살았었어요?" "그때가 몇 년도였지요?" "어떤 영화를 봤어요?" 등의 질문에서처럼 치료자가 단지 '사실' 만을 구체화할 때도 낮은 점수를 준다. 치료자의 구체화 시도가 썩 두드러지지는 않고 보통의 수준에 머물 때는 3점을 부여한다. 이는 치료자가 세부사항에 대해 물어는 보지만 후속 질문은 거의 하지 않아서, 환자의 경험이 구체적으로 자세히 드러나지 않은 경우이다. 치료자가 환자에게 구체적인 사항에 대해 분명하게 질문을 할 때, 특히 환자의 주관적 체험에 대해서 그렇게 할 때 4점을 준다. 구체적인 행동적 세부 사항을 탐색할 때는 5점을 부여한다. 무슨 일이 일어났는지, 그 일에 대한 환자의 반응이 어땠는지를 마음속에 시각적인 이미지로 만들 수 있는 수준이다. 만약 환자가 "상사가 나를 싫어해요."라고 말한다면, 치료자는 "상사가 어떻게 했기에 당신이 그런 생각을 하게 되었나요?"라고 반응할 수 있을 것이다. 또는 환자가 데이트를 시도했으나 "모든 것이 잘못 됐다."라고 하면, 치료자는 "그녀에게 요청할 때, 정확하게 뭐라고 말했어요?"라고 물을 수 있을 것이다. 언제나 그렇듯이, 높은 점수는 그런 시도를 철저하게 할 때만 부여한다.

*9. 치료자는 중요해 보이는 표현이나 사건에 주의를 기울인다

만약 평정자가 보기에 중요한 사건이나 언급을 치료자가 반복해서 무시하거나, 혹은 명백히 주의를 기울여야 될 일(예: 환자가 울거나 갑자기 화제를 바꾸는 경우)을 치료자가 무시하고 넘어갈 때에는 1점이나 2점을 준다. 분명히 어떤 치료자도 모든 기회를 다 활용할 수는 없다. 따라서 명백한 기회를 잡지 못했다고 해서 자동적으로 낮은 점수를 받게 되는 것은 아니다. 이 문항에서의 평가는 그 순간의 치료 과정을 고려해야 한다. 만약 치료가 방향을 상실하거나 환자가 저항하는 것처럼 보이는데, 치료자가 소극적으로 있으면서 모든 기회를 다 놓친다면 1점을 부여한다. 치료자가 환자가 말하는 것을 따라가고 있고, 중요한 사건을 놓쳤다는 증거는 없지만, 사건을 탐색하려고 애쓴 증거도 없을 때는 3점을 준다(참고사항: 회기를 녹화할 때 많은 치료자들이 카메라에 대한 환자의 반응을 언급한다. 이 자체만으로는 3점이다. 이보다 더 높거나 낮은 점수는 이것을 어떻게 다루는지에 달려 있다.). 치료자가 중요한 주제나 사건을 탐색하려고 시도할 때에는 4점을 준다. 특히 심도 있는 탐색을 할 때는 5점을 준다. 만약 치료자가 그 사건을 환자의 성격 스타일의 문제와 관련지어서 탐색할 때는 5점을 준다. 때때로 치료자가 중요한 주제를 탐색하려고 시도할 때, 환자가 그 중요성을 부인하는 경우가 있다. 환자가 처음에 사건의 중요성을 부인한다고 해도, 치료자 편에서 단념하지 않는다면 높은 점수를 받을 수 있다. 사건의 중요성을 부인하는 경우에도 노련한 치료자는 부인 그 자체의 의미를 탐색한다. 비록 최초의 주제를 더 이상 탐색하지 않더라도 그러한 전략은 여기서 높은 점수를 받는다.

***10. 치료자는 적극적으로 경청한다는 증거를 보인다**

경청은 환자가 전달하고자 하는 것을 적극적으로 듣고 있음을 뜻한다. 1점이나 2점은 수용적 경청을 방해하는 행동을 할 때 부여한다. 그 예로, 환자의 말을 끊거나, 환자가 말하고 싶어 하는 것을 모르는 척 피하거나, 환자의 말을 대뜸 반박하거나, 치료자 자신의 의제를 고집하며 환자의 주도권을 빼앗거나, 목표에서 벗어난 이야기를 장황하게 늘어놓거나, 말을 너무 많이 하거나, 선택적으로 반응하여 환자가 표현할 기회를 제한하거나, 하품을 하거나 딴청을 부리면서 흥미가 없다는 티를 내는 경우를 들 수 있다. 치료자가 경청한다는 뚜렷한 증거 없이, '일상적' 으로 환자를 따라가고 있다면 3점을 준다. 치료자가 매우 조용하게 듣고만 있어서, 치료자가 과연 환자를 경청하고 이해하고 있는지 분간하기 어려운 경우에도 3점을 준다. 매우 소극적인 치료자는 이 문항에서 3점 이상을 받을 수 없다. 4점과 5점은 환자가 말하고 싶어 하는 바를 명료화하려고 치료자가 적극적인 시도를 하고 있음을 의미한다. 이때 치료자는 구체적인 내용을 탐색하는데(7, 8, 9번 문항 참조), 이를 통해 치료자가 환자의 말을 경청하고 이해하고자 노력한다는 것이 분명하게 드러난다. 치료자가 자신이 제대로 이해했는지를 환자에게 확인할 때도 높은 점수를 준다(예컨대, 치료자가 "내가 듣기로는 당신이 말하고자 하는 뜻은……" 이라고 물어봐서 환자의 '교정' 을 받는다.).

*11. 치료자는 참여관찰자로서의 자세를 적절하게 유지하고 있는 것으로 보인다

치료자가 자신의 행동이 어떤 영향을 끼치는지 자각하지 못하는 것으로 보일 때는 1점이나 2점을 준다. 이럴 때 평정자는 치료자가 환자와 무의식적으로 '공모' 하고 있다고 느끼거나, 치료자가 지나치게 거리를 두거나 지나치게 몰입해 있다고 느끼게 된다. 치료자가 지나치게 거리를 둘 때는, 환자에게 관여하지도 않고, 차갑고, 멀리 떨어져 있는 것으로 느껴진다. 이럴 때 치료자는 활동 수준이 낮고(10번 문항), 무관심해 보이고(5번 문항), 지나치게 주지화하는 모습을 보인다. 반대로 치료자가 지나치게 몰입되어 있는 경우는, 환자와의 힘 겨루기에 휘말리거나, 환자의 적대적이고 자극적인 태도에 상보적인 반응을 보이거나, 환자의 고통에 대해 지나치게 염려하고 지나치게 안심을 시켜 주는 등의 과잉 반응을 보인다. 치료자의 관여가 대체로 적절하지만, 상호작용을 관찰한 내용을 활용하고자 하는 노력이 없을 때는 3점을 준다. 치료자가 치료 관계에의 참여와 관찰 사이를 적절히 오갈 때는 4점이나 5점을 준다. 그래서 높은 점수는 거의 항상 관계에 대한 직접적인 언급이 있을 때 받게 된다. 이때는 지금–여기를 언급하는 내용을 평정할 때 사용되는 문항들에서도 높은 점수를 받는다(TLDP 치료전략 부분 참조). 높은 점수를 받을 수 있는 치료자 반응의 예로서, "우리가 지금 싸우고 있는 것 같지요? 어쩌다 이렇게 됐을까요?" "남편이 비난할 때 참 싫다고 한 적이 있으신데요, 방금 내가 한 말도 그렇게 비난하는 것으로 느껴지지 않았을까 싶군요." 라는 반응을 들 수 있을 것이다.

*12. 치료자는 개방형 질문을 사용한다

이 문항은 치료자가 탐색을 할 때 주로 개방형 질문을 사용하는 여부를 측정한다. 치료자가 질문은 거의 하지 않고 주로 '해석' 하거나 '선언' 하듯이 말하는 경우에는 1점을 준다. 치료자가 질문하려는 노력을 어느 정도 하지만, 궁금해 하며 질문하기보다는 '선언' 하듯이 하는 경향이 뚜렷할 때는 2점을 준다. 치료자가 질문을 많이 하는 편이지만, 가끔씩 선언하듯이 견해를 밝혀서 환자가 자신의 경험을 말하기 어렵게 만들 때는 3점을 준다. 때때로 치료자가 질문과 단정적 진술을 혼합한 표현을 할 때가 있는데, 이때는 주로 관찰 혹은 해석을 질문의 형식으로 제시한다("그러니까, 고립되는 느낌이 든다는 말이지요?"). 이런 질문이 기법적으로 적절하게 사용될 수도 있다. 그러나 이것은 개방형 질문은 아니다. '예' 또는 '아니요' 라는 반응을 이끌어 내는 경향이 있기 때문이다. 평정자는 이런 형식의 질문이 너무 많이 사용되어서 환자의 표현을 제한하는지(1점), 아니면 가끔씩만 사용되는지(3점 또는 4점) 판단해야 한다. 개방형 질문을 주로 사용하지만, 그 질문이 환자의 '반응의 범위' 를 제한할 때는 4점을 준다. 이때는 치료자가 마치 환자에게 선다형 문제를 내는 듯이 보이기도 한다("화난 건가요? 아니면 슬픈 건가요?"). 치료자가 주로 개방형 질문을 사용하고, 반응을 제한하는 질문은 아주 드물게만 사용할 때는 5점을 준다. 어떤 환자들에게는 자신의 경험을 이야기한다는 것이 새롭고도 어색한 일이기 때문에, 치료자가 선택지를 주거나, 경험을 묘사할 수 있는 적당한 어휘를 제공해 주는 것이 필요할 때가 있다. 그럼에도 불구하고, 노련한 치료자는 그런 형태의 질문을 최소한으로만 사용하며, 그런 질문을 하는 경우에도 좀 더 깊이 있게 탐색하여 사용된 단어가 환자의 경험을 정확하게 묘사하는지 확인하고자 한다.

TLDP 치료전략에 대한 평정

13. 치료자는 환자-치료자 관계를 구체적으로 언급한다

이 문항은 특히 빈도를 묻는 문항이다. 따라서 환자-치료자 관계를 전혀 논의하지 않았다면 1점을 준다. 만약 치료자가 관계에 대해 짧게 언급했지만, 환자나 치료자가 더 이상의 언급을 하지 않는다면 2점을 준다. 중간 정도의 빈도로 환자-치료자 관계를 논의하였다면 3점을 주고, 이보다 더 많이 다루었다면 4점과 5점을 준다. 이 문항은 질적 차원을 평정하는 문항이 아니다. 이 문항의 주된 목적은 주어진 치료 장면이 환자-치료자 관계에 초점을 맞춘 정도가 '전혀-약간-어느 정도-많이-아주 많이' 중에서 어느 것인지를 평가하는 데 있다.

14. 치료자는 환자가 치료자나 치료 관계에 대해 갖는 감정과 생각을 탐색하도록 격려한다

이 문항은 환자가 치료자나 치료 관계에 대해 가지고 있는 느낌, 생각, 상상, 저항 등을 치료자가 탐색하려고 시도하는 정도를 평가한다. 만약 치료자가, 치료자나 치료 상황에 대해 환자가 무엇을 경험하는지 전혀 물어보지 않는다면 1점을 준다. 환자의 경험에 대한 탐색이 일시적이거나 제한된 수준이라면 2점이나 3점을 준다. 치료 관계에 대한 질문이 광범위하고 지속적이어서 치료자나 치료 상황에 대한 환자의 경험을 이해하고자 하는 치료자의 의도가 분명하게 드러날 때는 4점 또는 5점을 준다. 이 문항은 치료자의 이런 노력의 정도를 평가한다. 그러나 이를 '과다 사용' 하는 치료자는 이 문항에서는 높은 평가를 받겠지만, 10번이나 11번 문항에서는 낮은 점수를 받을 것이다.

15. 치료자는 치료자가 환자에 대해 어떻게 느끼고 생각할 것 같은지 이야기하도록 환자를 격려한다

이 문항은 "환자에 대한 나의 의도, 태도, 감정에 대해 환자는 어떻게 느낄까?" 하는 질문에 대한 답을 얻으려고 시도하는 정도를 평가한다. 환자의 지각에 대한 이런 탐색이 전혀 없다면 1점을 준다. 치료자의 태도에 대해 환자가 어떤 가설을 세우고 있는지 탐색하는 것이 일시적이거나 제한적이라면, 2점이나 3점을 준다. 광범위한 탐색과 일관성 있는 질문을 계속한다면 4점이나 5점을 준다. 이 문항은 치료자의 초점이, 치료자를 보는 환자의 시각을 탐색하는 데 얼마나 맞추어져 있는가 하는 점만을 평가한다('과다 사용' 에 대한 염려 등은 다른 부분에서 평가된다. 10번과 11번 문항을 참고하라.).

16. 치료자는 환자의 행동에 대한 자신의 반응을 사용하여, 환자와의 의사소통을 명료화하고, 사람들의 반응, 의도 등에 대한 환자의 지각에 왜곡이 없는지 탐색한다

만약 치료자가 자신의 개인적 반응을 전혀 언급하지 않거나, 단순히 자기공개를 하는 수준이라면 1점을 준다. 이 문항에서 2점 이상의 점수를 받기 위해서는, 치료자가 자신의 반응을 사용하는 목적이 (a) 환자와의 의사소통을 명료하게 하거나("내 이야기를 비판으로 들은 것 같습니다. 그러나 나는 그런 의도가 아니었어요."), (b) 환자의 부적응적인 패턴을 논의하는 지침으로 삼기 위한 것("내가 지금 변명을 하고 있다는 생각이 드네요. 혹시 사람들이 당신 앞에서 변명하려고 하는 모습을 본 적이 있나요?")이라는 증거가 있어야 한다. 이 전략을 중간 정도로 능숙하게 사용할 때는 2점 또는 3점을 준다.

이 경우 치료자는 자신의 반응을 다소 어색하고 모호하고 불확실하게 논의한다. 이 전략을 시도하는 초보 치료자는 마치 환자를 비난하는 것처럼 보일 수 있다. 이 문항에서는 '노력'이 평가된다. '비난'은 5번 문항에서 평가해야 한다. 치료자가 개인적 반응을 적절하게 사용할 때는 4점을 준다. 치료자가 자신의 반응을 다른 대인관계 상황에서의 환자의 패턴(즉, CMP)과 연관시키려는 시도를 할 때는 5점을 준다.

17. 치료자는 환자의 순환적 부적응 패턴(CMP)을 구성하는 요소들을 탐색한다

환자의 패턴을 찾으려는 시도를 전혀 하지 않으면 1점을 준다. 치료자가 환자를 '지지'하거나, 환자에게 '피드백'과 '조언'을 주려고 할 때, 혹은 그저 조용히 듣기만 할 때 이런 일이 일어난다. 치료자가 환자의 상호작용에서 나타나는 일반적인 패턴을 탐색하려고 시도는 하지만, 코멘트나 질문이 모호하거나 일시적인 경우에는 2점을 준다. 예를 들면 치료자가 "당신은 사람을 믿는 것이 어려운 것 같군요."라고 일단 말을 하지만, 더 이상 그 주제를 다루지 않을 때는 2점을 준다. 그보다 높은 점수를 받기 위해서는, '종합적으로 살펴보는' 시도가 있어야 한다. 치료자가 동일한 패턴을 보이는 여러 관계들을 연결하여 환자의 대인관계 양상을 일반화하려는 노력을 적극적으로 할 때는 3점을 준다(이때 반드시 치료자와의 관계와 연결시킬 필요는 없다. 19번 문항 참조.). 3점보다 더 높은 점수를 받기 위해서는, '일련의 사건들이 인과적으로 연결되어 있음'을 제시해야 한다. 즉, "당신이 X를 하면 다른 사람들은 Y를 하는 경향이 있는 것 같다."라는 발언과 유사한 언급을 해야 한다. 치료자가 환자의 패턴을 확인하는 과정에서 CMP 구성 절차에 명시된 범주(자기의 행동, 타인에 대한 예측, 타인의 행동, 내사)들을 사용하고 있는 것 같을 때는 4점을 준다. 치료자가 환자의 주제를 탐색하기 위해 CMP 범주와 그 범주들의 순환 관계를 사용하는 것이 분명할 때는 5점을 준다. 따라서 만약 환자가 '자기의 행동'에 해당하는 부분을 이야기할 때, 치료자가 "당신이 그렇게 할 때, 다른 사람들이 어떻게 반응할 것 같아요?"라고 질문을 한다면 높은 점수를 준다. 그러나 높은 점수를 얻기 위해 CMP의 구성 요소를 전부 다 사용할 필요는 없다. 논의되고 있는 패턴이 치료자와 관련이 있는지 여부도 상관이 없다(19번 문항 참조).

18. 치료자는 환자의 내사(환자가 자신에 대해 어떻게 느끼고, 자신을 어떻게 대하는가)에 대해 물어본다

환자가 자기 자신을 어떻게 경험하고 있는지 치료자가 전혀 탐색하지 않는다면 1점을 준다. 환자가 자신에 대해서 어떻게 느끼고, 어떻게 생각하며, 또 자신을 어떻게 대하는지 탐색하면 2점 이상의 점수를 준다. "당신이 그런 행동을 했을 때 어떤 느낌이 들었어요?"라는 질문은 다소 애매하다. 환자가 다른 사람에 대해 어떤 느낌이 들었는지("나는 그녀에게 매우 화가 났다")를 물어본 것이라면, 이는 내사를 확인하는 질문이 아니다. 환자가 자기 자신에 대해 어떻게 느끼는지("내가 그런 행동을 하다니, 너무 부끄러웠다")를 물어보았다면 2점 이상의 점수를 준다("그런 행동을 했을 때 당신 자신에 대해서는 어떤 기분이 들었습니까?"라고 질문하는 것이 더 좋을 것이다.). 치료자가 이런 질문을 하였으나, 더 이상 구체화하지 않거나 더 큰 맥락(즉, CMP)과 연결시키려는 시도를 하지 않았을 때는 2점 또는 3점을 준다. 탐색한 것을 더욱 명료화하고, 내사와 대인관계 패턴을 연결시키는 시도를 할 때는 4점 또는 5점을 준다(17번 문항도 참조할 것.).

19. 치료자는 환자의 반복적인 행동 패턴이나 대인관계 갈등을, 환자-치료자 사이에서 일어나는 일과 연결시켜 탐색한다

어떤 방향으로도 (즉, 치료 관계→다른 관계, 혹은 다른 관계→치료 관계) 둘 사이를 연결 짓지 않으면 1점을 준다. 두 관계 사이의 연관성이 암시만 되거나 모호하게 제시될 때는 2점을 준다. 치료자가 둘 사이를 연결하는 해석을 분명하게 하지만, 후속 논의와 정교화가 없다면 3점을 준다. 후속 논의가 있다면 그 정도에 따라 4점 또는 5점을 준다. 상당한 정도의 후속 논의와 구체화를 한다면 4점을 준다. 보다 폭넓게 논의를 한다면, 특히 CMP 요소들과 분명하게 연결시키며 논의를 한다면 5점을 준다. 3점 이상을 주기 위해서는 관련성의 논의가 명시적이어야 하지만, 연결의 방향은 상관이 없다. 이 문항을 평정할 때는 13번 문항도 참조해야 한다.

20. 치료자는 치료 과정에 영향을 줄 수 있는 장애물(예컨대, 침묵, 지각, 중요한 화제의 회피 등)에 대해 언급한다

이 문항은 치료자가 저항이나 치료 과정의 장애물들을 다루는 여부를 평가한다. 일반적으로 그런 장애물들은 심리치료를 구성하는 내용물이기도 하고, 생산적 치료 과정을 방해하는 환자의 어떤 행동이라도 다 여기에 포함될 수 있다. 말할 게 생각나지 않는다든가, 치료자를 믿을 수 없다든가, 치료시간에 늦게 온다든가 하는 등등의 행동이 다 포함된다. 이 문항은 그와 같은 장애물을 다룰 때의 적절성이나 타이밍, 다루는 태도와는 관계가 없다. 만약 치료자가 솔직하고 협력적이고 생산적인 치료 과정을 방해하고 있거나 장차 방해할 소지가 있는 것을 전혀 다루지 않는다면 1점을 준다. 만약 치료자가 장애물에 대해 가볍게 언급을 하지만, 그에 대해 탐색하지는 않는다면 2점을 준다. 예를 들어, 환자가 15분 지각한 것을 치료자가 알면서도 곧바로 다른 주제에 대해서 말하는 경우나, 환자가 무슨 말을 해야 할지 모르겠다고 할 때 치료자가 “그러면 어머니에 대해 얘기해 볼까요?” 라고 하면서 주제를 제공해 줄 때는 낮은 점수를 준다. 치료자가 장애물을 가볍게 언급하는 것보다는 더 깊게 들어가지만, 구체적 탐색이 부족하고 모호할 때는 3점을 준다. 치료자가 그런 장애물과 관련된 동기, 불안, 감정, 그 밖의 또 다른 의미를 탐색할 때는 4점을 준다. 치료자가 장애물에 대해 충분히 논의하고 그것을 상당히 이해하게 되었을 때는 5점을 준다. 환자가 저항하는 경우라도, 그런 논의가 환자에게 왜 힘든지를 탐색하면 5점을 줄 수 있다(예: "지난 시간에 아무 연락 없이 안 온 것에 대해서 우리가 같이 얘기하는 게 좀 어려워 보이네요. 우리가 이런 이야기를 나누는 것에 대해서는 어떻게 생각하세요?").

21. 치료자는 TLDP의 시간제한적 특성이나 종결에 대해 논의한다

이 문항에서 점수를 주려면, 치료자와의 이별이나 종결에 대한 명시적인 논의가 있어야 한다. 이 주제에 대한 논의가 전혀 없다면 1점을 준다. 환자가 몇 회기가 남았는지를 지나가듯이 이야기하는데, 치료자가 이를 다루지 않고 즉각 다른 주제로 초점을 옮긴다면 역시 1점을 준다. 치료자가 이 주제를 언급하기는 하지만, 더 다루지 않거나 구체화하지 않는다면 2점을 준다. 치료자가 이제 몇 회기 남았다고 언급하거나, "치료가 중반부에 왔네요."라고 말하더라도, 이에 대한 환자의 감정, 반응 등을 상세하게 다루려는 노력을 하지 않는다면 역시 2점을 준다. 종결이라는 주제를 어느 정도 다루지만, 그 시도가 모호하고 일시적일 때는 3점을 준다. 종결에 대한 환자의 반응을 구체적으로 탐색하였다면, 그 정도에 따라 4점 또는 5점을 준다. 다른 문항에서와 마찬가지로, 치료자가 이런 어려운 주제를 일관성 있게 견지하는 정도가 중요하다. 많은 환자들이 종결의 중요성을 부인한다. 그래서 치료자가 이 주제를 더 이상 다루지 못한다면 3점이나 4점을 준다. 치료자가 여기서 포기하지 않고 치료관계 이외의 다른 종결, 이별, 죽음 등에 대해 환자가 느꼈던 바를 질문한다면, 4점 또는 5점을 줄 수 있다.

*†22. 치료자는 환자의 순환적 부적응 패턴(CMP)과 관련해서, 환자가 자신과 치료자에 대해 새로운 경험을 할 수 있는 기회를 제공한다

이 문항은 환자의 CMP를 약화시킬 의도로 치료자가 시도한 치료적 개입의 질적 차원을 평가하기 위한 것이다. 치료자는 환자에게 통상 다른 사람들이 보이는 반응과는 정반대의 반응을 일부러 보이려고 해서는 안 된다(예컨대, 사람들이 보통 냉담한 반응을 보이는데, 치료자는 정반대로 감정 과잉의 태도를 보인다.). 그것은 진실하지 않으며, 지나친 것이다. 그보다는 치료자로서의 자세를 지키는 가운데, 특정 환자에게 가장 치료적일 수 있는 행동과 태도(즉, 환자의 순환적 부적응 패턴에 충격을 줄 수 있는 행동과 태도)가 무엇인지 생각해야 한다. 환자의 행동에 상보적으로 반응함으로써 환자의 CMP에 적극적으로 공모하는 치료자의 행동과 태도에는 1점을 준다. 예를 들어, 사람들에게 수용되기 위해서는 그들을 기쁘게 해 주어야 한다는 내용의 CMP를 가진 환자에게, 어떤 행동이 치료자를 기쁘게 해 주었다고 칭찬을 하는 경우가 여기에 포함된다. 치료자가 환자의 CMP 재연에 공모하지는 않았지만, 이전과는 다른 새로운 방식으로 관계를 맺을 수 있는 기회를 전혀 활용하지 못한 경우에는 2점을 준다. 예를 들어, 무시당하는 것과 관련된 주제로 치료를 받는 환자가 있는데, 치료자의 지각에 대해 환자가 아무런 반응도 보이지 않는데도 치료자가 이를 다루지 않고 그저 임상적 자료에만 귀를 기울이는 경우가 여기에 해당된다. 치료자가 환자에게 새로운 경험을 제공할 때는 3점을 준다. 예컨대, 평소 무책임한 스타일의 환자가 치료자에게 다음 주에 못 온다고 말할 때, 치료를 빠진다는 사실 자체보다는 무단으로 빠지지 않고 미리 알려 주었다는 점에 초점을 맞춤으로써 환자에게 새로운 경험을 제공할 수 있다. 치료자가 적당한 기회를 잘 활용하여, 환자가 CMP를 약화시킬 수 있는 경험을 심도 있게 할 수 있도록 했다면 4점 또는 5점을 준다. 이때 치료자는 그런 체험적 학습을 심화시키고자 하는 분명하고도 끈기 있는 노력을 하여야 한다(예를 들어, 환자가 그동안 '위험하다' 고 생각해 왔던 행동을 시도해 보도록 격려한다.).

참 고 문 헌

Adler, G., & Beckett, A. (1989). Psychotherapy of the patient with an HIV infection. *Psychosomatics, 30*, 203-208.

Alexander, F., & French, T. M. (1946). *Psychoanalytic therapy: Principles and applications*. New York: Ronald Press.

Altman, N. (1993). Psychoanalysis and the urban poor. *Psychoanalytic Dialogues, 3*, 29-50.

American Psychiatric Association (1994). *Diagnostic and statistical manual of mental disorders: DSM IV*. Washington, DC: American Psychiatric Press.

Anchin, J. C., & Kiesler, D. J. (Eds.). (1982). *Handbook of interpersonal psychotherapy*. New York: Pergamon Press.

Anderson, S. C., & Mandell, D. L. (1989). The use of self-disclosure by professional social workers. *Social Casework, 70*, 259-267.

Ankuta, G. Y., & Abeles, N. (1993). Client satisfaction, clinical significance, and meaningful change in psychotherapy. *Professional Psychology: Research and Practice, 24*, 70-74.

Aron, L. (1990). One-person and two-person psychologies and the method of psychoanalysis. *Psychoanalytic Psychology, 7*, 475-495.

Aron, L. (1991). The patient's experience of the analyst's subjectivity. *Psychoanalytic Dialogues, 11*, 29-51.

Bartholomew, K., & Horowitz, L. M. (1991). Attachment styles among young adults: A test of a four-category model. *Journal of Personality and Social Psychology, 61,* 226-244.

Bauer, G. P., & Kobos, J. C. (1987). *Brief therapy: Short-term psychodynamic intervention.* Northvale, NJ: Jason Aronson.

Beck, A. T., Rush, A. J., Shaw, B. F., & Emery, G. (1979). *Cognitive therapy of depression.* New York: Guilford.

Beebe, B., & Lachman, F. (1988). The contribution of mother-infant mutual influence to the origins of self and object representations. *Psychoanalytic Psychology, 5,* 305-357.

Bein, E, (1994, August). Stages of meaningful change and clinical significance in time-limited dynamic psychotherapy. In M. B. Gurtman (Chair), *Inventory of Interpersonal Problems: Clinical and research applications.* Symposium conducted at the American Psychological Association convention, Los Angeles.

Bein, E. (1995). *A long-term follow-up study on veterans receiving time-limited dynamic psychotherapy.* Unpublished doctoral dissertation, Pacific Graduate School of Psychology, Palo Alto, CA.

Bein, E., Levenson, H., & Overstreet, D. (1994. June). Outcome and follow-up data from the VAST project. In H. Levenson (Chair), *Outcome and follow-up data in brief dynamic therapy: Caveat emptor, caveat vendor.* Symposium conducted at the annual international meeting of the Society for Psychotherapy Research, York, England.

Beitman, B. D., & Klerman, G. L. (Eds.) (1991). *Integrating pharmacotherapy and psychotherapy.* Washington, DC: American Psychiatric Press.

Beitman, B. D., & Maxim, P. (1984). A survey of psychiatric practice: Implications for residency training. *Journal of Psychiatric Education, 8,* 149-153.

Benjamin, L. S. (1993). *Interpersonal diagnosis and treatment of personality disorders.* New York: Guilford.

Bennett, M. J. (1983). Focal psychotherapy: Terminable and interminable. *American Journal of Psychotherapy, 37,* 365-375.

Bennett, M. J. (1994). Can competing psychotherapists be managed? *Managed Care Quarterly, 2*, 29-35.

Berne, E. (1964). *Games people play*. New York: Grove.

Bertalanffy, L. von (1969). *General systems theory: Essays on its foundation and development* (rev. ed.). New York: Braziller.

Bibring, E. (1954). Psychoanalysis and the dynamic psychotherapies. *Journal of the American Psychoanalytic Association, 2*, 745-770.

Binder, J. L. (1993). Is it time to improve psychotherapy training? *Clinical Psychology review, 13*, 301-318.

Binder, J. L., Henry, W. P., & Strupp, H. H. (1987). An appraisal of selection criteria for dynamic psychotherapies and implications for setting time limits. *Psychiatry, 50*, 154-166.

Bloom, B. (1992). *Planned short-term psychotherapy: A clinical handbook*. Boston: Allyn and Bacon.

Boesky, D. (1990). The psychoanalytic process and its components. *Psychoanalytic Quarterly, 59*, 550-584.

Bolter, K. (1987). *Differences in therapy-related values and attitudes between short-term and long-term therapists*. Unpublished doctoral dissertation, California School of Professional Psychology, Berkeley.

Bolter, K., Levenson, H., & Alvarez, W. (1990). Differences in values between short-term and long-term therapists. *Professional Psychology: Research and Practice, 4*, 285-290.

Bongar, B., Markey, L. A., & Peterson, L. G. (1991). Views on the difficult and dreaded patient: A preliminary investigation. *Medical Psychotherapy, 4*, 9-16.

Bowlby, J. (1969). *Attachment and loss. Vol. 1, Attachment*. New York: Basis Books.

Bowlby, J. (1973). *Attachment and loss. Vol. 2, Separation, anxiety, and anger*. New York: Basic Books.

Bradmiller, L. J. (1978). Self-disclosure in the helping relationship. *Social Work Research and Abstracts, 14*, 28-35.

Bransford, J. D., Franks, J. J., Vye, N. H., & Sherwood, R. D. (1989). New approaches to instruction: Because wisdom can't be told. In S. Vosniadou & A. Ortony (Eds.), *Similarity and analogical reasoning*. New York: Cambridge University Press.

Brehm, S. S. (1966). *A theory of psychological reactance*. New York: Academic Press.

Brown, J. E., & Slee, P. T. (1986). Paradoxical strategies: The ethics of intervention. *Professional Psychology: Research and Practice*, *10*, 487-491.

Brown, S. (1985). *Treating the alcoholic: A developmental model of recovery*. New York: Wiley.

Budman, S. H., & Armstrong, E. (1992). Training for managed care settings: How to make it happen. *Psychotherapy*, *29*, 416-421.

Budman, S. H., & Gurman, A. S. (1983). The practice of brief therapy. *Professional Psychology: Research and Practice*, *14*, 277-292.

Budman, S. H., & Gurman, A. S. (1988). *Theory and practice of brief psychotherapy*. New York: Guilford.

Budman, S. H., & Stone, J. (1983). Advances in brief psychotherapy: A review of recent literature. *Hospital and Community Psychiatry*, *34*, 939-946.

Burke, W. (1992). Countertransference disclosure and the asymmetry/mutuality dilemma. *Psychoanalytic Dialogues*, *2*, 241-271.

Burlingame, G. M., & Fuhriman, A. (1987). Conceptualizing short-term treatment: A comparative review. *Counseling Psychologist*, *15*, 557-595.

Burlingame, G. M., Fuhriman, A., Paul, S., & Ogles, B. (1989). Implementing a time-limited therapy program: Differential effects of training and experience. *Psychotherapy*, *26*, 303-313.

Butler, S, F., & Binder, J. L. (1987). Cyclical psychodynamics and the triangle of insight: An integration. *Psychiatry*, *50*, 218-231.

Butler, S. F., & the Center for Psychotherapy Research Team (1986). *Working manual for the Vanderbilt Therapeutic Strategies Scale*. Unpublished manuscript. Vanderbilt University, Nashville, TN.

Butler, S. F., Flasher, L. V., & Strupp, H. H. (1993). Countertransference and qualities of the psychotherapist. In N. E. Miller, L. Luborsky, J. P. Barber, & J. P. Docherty (Eds.), *Psychodynamic treatment research: A handbook for clinical practice*. New York: Basic Books.

Butler, S. F., Lane, T. W., & Strupp, H. H. (1988, June). *Patterns of therapeutic skill acquisition as a result of training in time-limited dynamic psychotherapy*. Paper presented at the annual meeting of the Society for Psychotherapy Research, Santa Fe, NM.

Butler, S. F., & Strupp, H. H. (1989, June). *Issues in training therapists to competency: The Vanderbilt experience*. Paper presented at the annual meeting of the Society for Psychotherapy Research, Toronto.

Butler, S. F., & Strupp, H. H. (1991). Psychodynamic psychotherapy. In M. Hersen, A. Kazdin, & A. Bellack (Eds.), *The clinical psychology handbook* (2nd ed.). New York: Pergamon.

Butler, S. F., Strupp, H. H., & Binder, J. L. (1993). Time-limited dynamic psychotherapy. In S. Budman, M. Hoyt, & S. Friedman (Eds.), *The first session in brief therapy*. New York: Guilford.

Butler, S. F., Strupp, H. H., & Lane, T. W. (1987, June). *The Time-Limited Dynamic Psychotherapy Therapeutic Strategies Scale: Development of an adherence measure*. Paper presented to the international meeting of the Society for Psychotherapy Research, Ulm, West Germany.

Cashdan, S. (1988). *Object relations theory*. New York: Norton.

Chiles, J. A., Carlin, A. S., Benjamin, G. A., & Beitman, B. D. (1991). A physician, a nonmedical psychotherapist, and a patient: The pharmacotherapy-psychotherapy triangle. In B. D. Beitman & G. L. Klerman (Eds.), *Integrating pharmacotherapy and psychotherapy*. Washington, DC: American Psychiatric Press.

Clarkin, J. F., Frances, A. F., Taintor, Z., & Warburg, M. (1980). Training in brief therapy: Survey of psychiatric residency programs. *American Journal of Psychiatry, 137*, 978-979.

Cooper, S. H. (1987). Changes in psychoanalytic ideas: Transference interpretations. *Journal of the American Psychoanalytic Association, 35*,

77-98.

Crits-Christoph, P., & Barber, J. P. (Eds.). (1991). *Handbook of short-term dynamic psychotherapy*. New York: Basic Books.

Crits-Christopy, P., Cooper, A., & Luborsky, L. (1988). The accuracy of therapists' interpretations and the outcome of dynamic psychotherapy. *Journal of Consulting and Clinical Psychology, 56*, 490-495.

Cummings, N. A. (1986). The dismantling of our health system. *American Psychologist, 41*, 426-431.

Cummings, N. A. (1995). Impact on managed care on employment and training: A primer for survival. *Professional Psychology: Research and Practice, 26*, 10-15.

Cummings, N. A., & Vandenbos, G. R. (1979). The general practice of psychology. *Professional Psychology, 10*, 430-440.

Curtis, J. M. (1981). Indications and contraindications in the use of therapist's self-disclosure. *Psychological Reports, 29*, 449-507.

Davanloo, H. (Ed.). (1978). *Basic principles and techniques in short-term dynamic psychotherapy*. New York: Spectrum.

Davanloo, H. (1980). A method of short-term dynamic psychotherapy. In H. Davanloo (Ed.), *Short-term dynamic psychotherapy*. New Jersey: Jason Aronson.

Davidovitz, D. (1995). *Prevalence and training in brief therapy: A national survey of psychiatrists, psychologists, and social workers*. Unpublished doctoral dissertation, Wright Institute, Berkeley, CA.

Derogatis, L. R. (1983). *SCL-90R administration, scoring and procedures manual-11 for the revised version*. Baltimore, MD: Clinical Psychometric Research.

Devine, J. (in press). Psychotherapeutic techniques in HIV disease. In J. W. Dilly & R. Marks (Eds.), *Facing the future*. San Francisco: UCSF AIDS Project.

Dietzel, C. S., & Abeles, N. (1975). Client-therapist complementarity and therapeutic outcome. *Journal of Counseling Psychology, 22*, 264-272.

Eagle, M. N. (1984). *Recent developments in psychoanalysis: A critical evaluation*. New York: McGraw-Hill.

Eaton, T. T., Abeles, N., & Gutfreund, M. J. (1988). Therapeutic alliance and outcome: Impact of treatment length and pretreatment symptomatology. *Psychotherapy: Theory, Research and Practice, 25,* 536-542.

Emde, R. N. (1991). Positive emotions for psychoanalytic theory: Surprises from infancy research and new directions. *Journal of the American Psychoanalytic Association, 39,* 5-44.

Fenichel, O. (1941). *Problems of psychoanalytic technique*. New York: Psychoanalytic Quarterly.

Flegenheimer, W. V. (1982). *Techniques of brief psychotherapy*. New Jersey: Jason Aronson.

Foreman, S. A., & Marmar, C. R. (1985). Therapist actions that address initially poor therapeutic alliances in psychotherapy. *American Journal of Psychiatry, 142,* 922-926.

Fortune, A. E. (1987). Client and social worker reactions to termination. *Clinical Social Work Journal, 15,* 159-171.

Frank, J. D. (1974). *Persuasion and healing*. New York: Schocken,

Freud, S. [1904] (1953). Freud's psycho-analytic method. In E. Jones (Ed.), *Collected papers: Early papers* (Vol. 1, pp. 264-271). London: Hogarth.

Freud, S. [1915] (1957). The unconscious. In J. Strachey (Trans. and Ed.), *The standard edition of the complete psychological works of Sigmund Freud* (Vol. 14). London: Hogarth.

Gabbard, G. O. (1993). An overview of countertransference with borderline patients. *Journal of Psychotherapy Practice and Research, 2,* 7-18.

Garfield, S. L. (1989). *The practice of brief psychotherapy*. Elmsford, NY: Pergamon.

Gaston, L. (1990). The concept of the alliance and its role in psychotherapy: Theoretical and empirical considerations. *Psychotherapy: Theory, Research and Practice, 27,* 143-153.

Gendlin, E. T. (1991). On emotion in therapy. In J. D. Safran & L. S. Greenberg

(Eds.), *Emotion, psychotherapy, and change.* New York: Guilford.

Gill, M. M. (1979). The analysis of the transference. *Journal of the American Psychoanalytic Association, 27,* 263-288.

Gill, M. M. (1982). *Analysis of transference: Vol Ⅰ. Theory and technique.* New York: International Universities Press.

Gill, M. M. (1993). Interaction and interpretation. *Psychoanalytic Dialogues, 3,* 111-122.

Greenberg, J. R. (1986). The problem of analytic neutrality. *Contemporary Psychoanalysis, 22,* 76-86.

Greenberg, J. R. (1991). Countertransference and reality. *Psychoanalytic Dialogues, 1,* 52-73.

Greenberg, J. R., & Mitchell, S. A. (1983). *Object relations in psychoanalytic theory.* Cambridge, MA: Harvard University Press.

Guidano, V. F. (1991). Affective change events in a cognitive therapy system approach. In J. D. Safran & L. S. Greenberg (Eds.), *Emotion, psychotherapy, and change.* New York: Guilford.

Haley, J. (1976). *Problem solving therapy.* San Francisco: Jossey-Bass.

Harrist, R. S., Quintana, S. M., Strupp, H. H., Henry, W. P. (1994). Internalization of interpersonal process in time-limited dynamic psychotherapy. *Psychotherapy, 31,* 49-57.

Hartmann, K. (1994). *Case formulation and countertransference in time-limited dynamic psychotherapy.* Unpublished doctoral dissertation, Pacific Graduate School of Psychology, Palo Alto, CA.

Hartmann, K., & Levenson, H. (1995, June). *Case formulation in TLDP.* Presentation at the annual meeting of the Society for Psychotherapy Research, Vancouver, British Columbia.

Henry, W., Strupp, H., Schacht, T. E., & Gaston, L. (1994). Psychodynamic approaches. In A. Bergin & S. Garfield (Eds.), *The handbook of psychotherapy and behavior change* (4th ed.). New York: Wiley.

Henry, W. P., Schacht, T. E., Strupp, H. H., Butler, S. F., & Binder, J. L. (1993a). Effects of training in time-limited dynamic psychotherapy:

Mediators of therapists' responses to training. *Journal of Consulting and Clinical Psychology, 61*, 441-447.

Henry, W. P., Strupp, H. H., Butler, S. F., Schacht, T. E., & Binder, J. L. (1993b). Effects of training in time-limited dynamic psychotherapy: Changes in therapist behavior. *Journal of Consulting and Clinical Psychology, 61*, 434-440.

Hill, C. E., Helms, J. E., Tichenor, V., Spiegel, S. B., O'Grady, K. E., & Perry, E. S. (1988). Effects of therapist response modes in brief psychotherapy. *Journal of Counseling Psychology, 35*, 222-233.

Hill, C. E., Mahalik, J. R., & Thompson, B. J. (1989). Therapist self-disclosure. *Psychotherapy, 26*, 290-295.

Hirsch, I. (1992). An interpersonal perspective: The analyst's unwitting participation in the patient's change. *Psychoanalytic Psychology, 9*, 299-312.

Hoffman, I. Z. (1992). Some practical implications of a social-constructivist view of the psychoanalytic situation. *Psychoanalytic Dialogues, 2*, 287-304.

Horowitz, L. M., Rosenberg, S. E., Baer, B. A., Ureno, G., & Vallasenor, V. S. (1988). Inventory of Interpersonal Problems: Psychometric properties and clinical applications. *Journal of Consulting and Clinical Psychology, 56*, 885-892.

Horowitz, M. (1976). *Stress response syndromes*. New York: Basic Books.

Horowitz, M. (1987). *States of mind: Analysis of change in psychotherapy* (2nd ed.). New York: Plenum.

Horowitz, M. (1988). *Introduction to psychodynamics: A new synthesis*. New York: Basic Books.

Horowitz, M., Marmar, C., Krupnick, J., Wilner, N., Kaltreider, N., & Wallerstein, R. (1984). *Personality styles and brief psychotherapy*. New York: Basic Books.

Howard, K. I., Kopta, S. M., Krause, M. S., & Orlinsky, D. E. (1986). The dose-effect relationship in psychotherapy. *American Psychologist, 41*, 159-164.

Hoyt, M. F. (1985). Therapist resistances to short-term dynamic psychotherapy. *Journal of the American Academy of Psychoanalysis, 13,* 93-112.

Hoyt, M. F., & Austad, C. S. (1992). Psychotherapy in a staff model health organization: Providing and assuring quality care in the future. *Psychotherapy, 29,* 119-129.

Johnson, D. H., & Gelso, C. J. (1980). The effectiveness of time limits in counseling and psychotherapy: A critical review. *Counseling Psychology, 9,* 70-83.

Johnson, D. W., & Noonan, M. P. (1972). Effects of acceptance and reciprocation of self-disclosure. *Journal of Counseling Psychology, 19,* 411-416.

Kadden, R. M., Cooney, N. L., Getter, H., & Litt, M. D. (1989). Matching alcoholics to coping skills or interactional therapies: Posttreatment results. *Journal of Consulting and Clinical Psychology, 57,* 698-704.

Kagan, J. (1989). Temperamental contributions to social behavior. *American Psychologist, 44,* 668-674.

Kelly, G. (1955). *Psychology of personal constructs.* New York: Norton.

Kelly, K. V. (1992). Parallel treatment: Therapy with one clinician and medication with another. *Hospital and Community Psychiatry, 43,* 778-780.

Khatzian, E. J. (1988). The primary care therapist and patient needs in substance abuse treatment. *American Journal of Drug and Alcohol Abuse, 14,* 159-67.

Kiesler, D. J. (1982). Confronting the client-therapist relationship in psychotherapy. In J. C. Anchin & D. J. Kiesler (Eds.), *Handbook of interpersonal psychotherapy.* New York: Pergamon.

Kiesler, D. J. (1988). *Therapeutic metacommuniation: Therapist impact disclosure as feedback in psychotherapy.* Palo Alto, CA: Consulting Psychologists Press.

Kisch, J. (1991). The need for psychopharmacological collaboration in managed mental health care. In C. S. Austad & W. H. Berman (Eds.), *Psychotherapy in managed health care.* Washington, DC: American Psychological Association.

Kohlenberg, R. J., & Tsai, M. (1991). *FAP: Functional analytic psychotherapy.* New York: Plenum.

Kopta, S. M., Howard, K. I., Lowry, J. L., & Beutler, L. E. (1994). Patterns of symptomatic recovery in psychotherapy. *Journal of Clinical and Consulting Psychology, 62,* 1009-1016.

Koss, M., & Shiang, J. (1993). Research on brief psychotherapy. In A. Bergin & S. Garfield (Eds.), *Handbook of psychotherapy and behavior change* (4th ed.). New York: Wiley.

Krystal, H. (1988). *Integration and self-healing: Affect, trauma, alexithymia.* Hillsdale, NJ: Analytic Press.

La Salvia, T. (1993). Enhancing addiction treatment through psychoeducational groups. *Journal of Substance Abuse Treatment, 10,* 439-444.

Lambert, M. J. (1983). Introduction to assessment of psychotherapy outcome: Historical perspective and current issues. In M. J. Lambert, E. R. Christensen, & S. S. DeJulio (Eds.), *The assessment of psychotherapy outcome.* New York: Wiley-Interscience.

Lambert, M. J., & Bergin, A. E. (1994). Effectiveness of psychotherapy. In A. E. Bergin & S. L. Garfield (Eds.), *Handbook of psychotherapy and behavior change. (4th ed.).* New York: Wiley.

Levenson, H., & Bein, E. (1993, June). VA Short-term Psychotherapy Research Project: Outcome. In D. A. Shapiro (Chair), *Long-term outcome of brief dynamic psychotherapy.* Symposium conducted at the annual international meeting of the Society for Psychotherapy Research, Pittsburgh.

Lrbrndon, H., & Bolter, K. (1988, August). Short-term Psychotherapy Values and Attitudes: Changes with Training. In H. Levenson (Chair), *Issues in training and teaching brief therapy.* Symposium conducted at the convention of the American Psychological Association, Atlanta.

Levenson, H., & Butler, S. F. (1994). Brief dynamic individual psychotherapy. In R. E. Hales, S. C. Yudofsky, & J. A. Talbott (Eds.), *The American Psychiatric Press textbook of psychiatry.* Washington, DC: American

Psychiatric Press.

Lenvenson, H., & Davidovitz, D. (1995, August). *Prevalence of and training in brief therapy: Results of national survey of psychiatrists, psychologists, and social workers*. Presentation at the annual convention of the American Psychological Association, New York.

Levenson, H., & Hales, R. E. (1993). Brief psychodynamically informed therapy for medically ill patients. In A. Stoudemire and B. S. Fogel (Eds.), *Medical-psychiatric practice, vol. 2*. Washington, DC: American Psychiatric Press.

Levenson, H., Speed, J., & Budman, S. H. (1995). Therapist's experience, training, and skill in brief therapy: A bicoastal survey. *American Journal of Psychotherapy, 49,* 95-117.

Levinson, H. L. (1977). Termination in psychotherapy: Some salient issues. *Social Casework, 58,* 480-489.

Litt, M. D., Barbor, T. F., Delboca, F. K., Kadden, R. M., & Cooney, N. L. (1992). Types of alcoholics II: Application of an empirically derived typology to treatment matching. *Archives of General Psychiatry, 49,* 609-614.

Lorr, M., McNair, D. M., Michaux, W. W., & Raskin, A. (1962). Frequency of treatment and change in psychotherapy. *Journal of Abnormal and Social Psychology, 64*, 281-292.

Luborsky, L. (1984). *Principles of psychoanalytic psychotherapy: A manual for supportive-expressive treatment*. New York: Basic Books.

Luborsky, L., & Crits-Christoph, P. (1990). *Understanding transference: The core conflictual relationship theme method*. New York: Basic Books.

Luborsky, L., McLellan, A. T., Woody, G. E., et al. (1985). Therapist success and its determinants. *Archives of General Psychiatry, 42,* 602-611.

MacKenzie, K. R. (1988). Recent developments in brief psychotherapy. *Hospital and Community Psychiatry, 39,* 742-752.

MacKenzie, K. R. (1991). Principles of brief intensive psychotherapy. *Psychiatry Annals, 21,* 398-422.

Malan, D. H. (1963). *A study of brief psychotherapy.* New York: Plenum.

Malan, D. H. (1976). *The frontier of brief psychotherapy.* New York: Plenum.

Malan, D. H. (1979). *Individual psychotherapy and the science of psychodynamics.* London: Butterworth.

Mann, J. (1973). *Time-limited psychotherapy.* Cambridge, MA: Harvard University Press.

Markowitz, J., Klerman, G., & Perry, S. (1992). Interpersonal psychotherapy of depressed HIV positive outpatients. *Hospital and Community Psychiatry, 43,* 885-890.

Marmar, C. R., Gaston, L., Gallagher, D., et al. (1989). Alliance and outcome in late-life depression. *Journal of Nervous and Mental Disorders, 177,* 464-472.

Martin, E. S., & Schurtman, R. (1985). Termination anxiety as it affects the therapist. *Psychotherapy, 22,* 92-96.

Marx, S. A., & Gelso, C. J. (1987). Termination of individual counseling in a university counseling center. *Journal of Counseling Psychology, 34,* 3-9.

McCarthy, P. R., & Betz, N. E. (1978). Differential effects of self-disclosing versus self-involved counselor statements. *Journal of Counseling Psychology, 25,* 251-256.

McCullough, L., Farber, B. A., Winston, A., Porter, F., Pollack, J., Vingiano, W., Laikin, M., & Trujillo, M. (1991). The relationship of patient-therapist interaction to outcome in brief psychotherapy. *Psychotherapy, 28,* 525-532.

Menninger, K. (1958). *Theory of psychoanalytic technique.* New York: Basic Books.

Merikangas, K. R., & Weissman, N. M. (1986). Epidemiology of DSM-III Axis II personality disorders. In A. J. Frances & R. E. Hales (Eds.), *Psychiatry update: American Psychiatric Association annual review* (Vol. 5). Washington, DC: American Psychiatric Press.

Messer, S. B., & Warren, S. (1995). *Models of brief psychodynamic therapy: A comparative approach.* New York: Guilford.

Minuchin, S. (1974). *Families and family therapy.* Cambridge, MA: Harvard University Press.

Mitchell, S. (1988). *Relational concepts in psychoanalysis: An integration.* Cambridge, MA: Harvard University Press.

Mitchell, S. (1994). Something old, something new: Commentary on Steven Stern's "needed relationships." *Psychoanalytic Dialogues, 4,* 363-369.

Neff, W. L., Lambert, M. J., Lunnen, K. M., Budman, S. H., & Levenson, H. (1994, Nov.). *Therapists' attitudes toward short-term therapy: Change with training.* Paper presented at the meeting of the National Employee Assistance Program Association, Boston.

Neill, J. R. (1979). The difficult patient: Identification and response. *Journal of Clinical Psychiatry, 40,* 209-212.

Ogden, T. (1982.). *Projective identification and psychotherapeutic technique.* New Jersey: Jason Aronson.

O'Hanlon, W. H., & Weiner-Davis, M. (1988). *In search of solutions: A new direction in psychotherapy.* New York: Norton.

O'Malley, S. S., Foley, S. H., Watkins, S. D., Imber, S. B., Sotsky, S. M., & Elkins, I. (1988). Therapist competence and patient outcome in interpersonal psychotherapy of depression. *Journal of Consulting and Clinical Psychology, 56,* 496-501.

Orlinsky, D. E., & Howard, K. I. (1986). Process and outcome in psychotherapy. In S. L. Garfield & A. E. Bergin (Eds.), *Handbook of psychotherapy and behavior change (3rd ed.).* New York: Wiley.

Overstreet, D. L. (1993). *Patient contribution to differential outcome in time-limited dynamic psychotherapy: An empirical analysis.* Unpublished doctoral dissertation, Wright Institute, Berkeley, CA.

Palombo, J. (1987). Spontaneous self-disclosures in psychotherapy. *Clinical Social Work Journal, 15,* 107-120.

Patterson, V., Levene, H., & Breger, L. (1977). A one year follow-up of two forms of brief psychotherapy. *American Journal of Psychotherapy, 31,* 76-82.

Peake, T. H., Bordin, C. M., & Archer, R. P. (1988). *Brief psychotherapies: Changing frames of mind.* Beverly Hills, CA: Sage.

Pekarik, G., & Wierzbicki, M. (1986). The relationship between clients' expected and actual treatment duration. *Psychotherapy, 23,* 532-534.

Perry, S., Cooper, A. M., & Michels, R. (1987). The psychodynamic formulation: Its purpose, structure, and clinical application. *American Journal of Psychiatry, 144,* 543-551.

Perry, S. W., & Markowitz, J. (1986). Psychiatric interventions for AIDS-spectrum disorders. *Hospital and Community Psychiatry, 37,* 1001-1006.

Phillips, E. L. (1985). *Psychotherapy revised: New frontiers in research and practice.* Hillsdale, NJ: Erlbaum.

Phillips, E. L. (1987). The ubiquitous decay curve: Delivery similarities in psychotherapy, medicine and addiction. *Professional Psychology: Research and Practice, 18,* 650-652.

Pilkonis, P. A., & Frank, E. (1988). Personality pathology in recurrent depression: Nature, prevalence and relationship to treatment response. *American Journal of Psychiatry, 145,* 435-441.

Piper, W. E., Azim, H. F. A., Joyce, A. S., & McCallum, M. (1991). Transference interpretations, therapeutic alliance, and outcome in short-term individual psychotherapy. *Archives of General Psychiatry, 48,* 946-953.

Piper, W. E., Debbane, E. G., Bienvenu, J. P., & Garant, J. (1984). A comparative study of four forms of psychotherapy. *Journal of Consulting and Clinical Psychology, 52,* 268-279.

Piper, W. E., Joyce, A. S., McCallum, M., & Azim, H. F. A. (1993). Concentration and correspondence of transference interpretations in short-term psychotherapy. *Journal of Consulting and Clinical Psychology, 61,* 586-595.

Popper, K. R., & Eccles, J. C. (1977). *The self and its brain.* New York: Springer.

Pumpian-Mindlin, E. (1953). Consideration in the selection of patients for short-term therapy. *American Journal of Psychotherapy, 7,* 641-652.

Quintana, S. M., & Meara, N. M. (1990). Internalization of the therapeutic relationship in short term psychotherapy. *Journal of Counseling Psychology, 37,* 123-130.

Rau, F. (1989, February). *Length and stay in therapy: Myths and reality.* Paper presented at the annual convention of the California State Psychological Association, San Francisco.

Reder, P., & Tyson, R. L. (1980). Patient dropout from individual psychotherapy: A review and discussion. *Bulletin of the Menninger Clinic, 44,* 229-252.

Renik, O. (1993). Countertransference enactment and the psychoanalytic process. In M. J. Horowitz, O. F. Kernberg, & E. M. Weinshel (Eds.), *Psychic structure and psychic change: Essays in honor of Robert, S. Wallerstein, M. D.* Madison, CT: International Universities Press.

Rosenthal, R. (1976). *Experimenter effects in behavioral research.* New York: Halsted Press.

Rounsaville, B. J., O'Malley, S., Foley, S., & Weissman, M. M. (1988). Role of manual-guided training in the conduct and efficacy of interpersonal psychotherapy for depression. *Journal of Consulting and Clinical Psychology, 56,* 681-688.

Safran, J. D. (1984). Assessing the cognitive-interpersonal cycle. *Cognitive Therapy and Research, 87,* 333-348.

Safran, J. D. (1990). Towards a refinement of cognitive therapy in light of interpersonal theory: II. Practice. *Clinical Psychology Review, 10,* 107-121.

Safran, J. D., & Greenberg, L. S. (1991). Affective change processes: Synthesis and critical analysis. In J. D. Safran & L. S. Greenberg (Eds.), *Emotion, psychotherapy, and change.* New York: Guilford.

Safran, J. D., & Segal, Z. V. (1990). *Interpersonal process in cognitive therapy.* New York: Basic Books.

Sampson, H., & Weiss, J. (1986). Testing hypotheses: The approach of the Mount Zion Psychotherapy Research Group. In L. S. Greenberg & N. M. Pinsof (Eds.), *The psychotherapeutic process: A research handbook.*

New York: Guilford.

Sandler, J. (1976). Countertransference and role-responsiveness. *International Review of Psycho-Analysis, 3,* 43-47.

Sansone, R. A., Fine, M. A., & Dennis, A. B. (1991). Treatment impressions and termination experiences with borderline patients. *American Journal of Psychotherapy, 45,* 173-180.

Schacht, T. E. (1991). Can psychotherapy education advance psychotherapy integration? A view from the cognitive psychology of expertise. *Journal of Psychotherapy Integration, 1,* 305-319.

Schacht, T. E., Binder, J. L., & Strupp, H. H. (1984). The dynamic focus. In H. H. Strupp & J. L. Binder, *Psychotherapy in a new key: A guide to time-limited dynamic psychotherapy.* New York: Basic Books.

Schneider, W. J., & Pinkerton, R. S. (1986). Short-term psychotherapy and graduate training in psychology. *Professional Psychology: Research and Practice, 17,* 574-579.

Shea, M. T., Widiger, T., & Klein, M. H. (1992). Comorbidity of personality disorders and depression: Implications for treatment. *Journal of Consulting and Clinical Psychology, 60,* 857-868.

Sifneos, P. E. (1972). *Short-term psychotherapy and emotional crisis.* Cambridge, MA: Harvard University Press.

Sifneos, P. E. (1973). The prevalence of "alexithymic" characteristics in psychosomatic patients. *Journal of Psychotherapy and Psychosomatics, 22,* 255-262.

Sifneos, P. E. (1979/1987). *Short-term dynamic psychotherapy: Evaluation and technique.* New York: Plenum.

Silberschatz, G., Fetter, P., & Curtis, J. (1986). How do interpretations influence the process of psychotherapy? *Journal of Consulting and Clinical Psychology, 54,* 646-652.

Sledge, W. H., Moras, K., Hartley, D., & Levine, M. (1990). Effect of time-limited psychotherapy of patient dropout rates. *American Journal of Psychiatry, 147,* 1341-1347.

Sovner, R. (1991). A psychopharmacology service model. In C. S. Austad & W. H. Berman (Eds.), *Psychotherapy in managed health care*. Washington, DC: American Psychological Association.

Speed, J. (1992). *Therapists' practice, training, and skill in brief therapy: A survey of California and Massachusetts psychologists*. Unpublished doctoral dissertation, Wright Institute, Berkeley, CA.

Steenbarger, B. N. (1994). Duration and outcome in psychotherapy: An integrative review. *Professional Psychology: Research and Practice, 25,* 111-119.

Stern, S. (1993). Managed care, brief therapy, and therapeutic integrity. *Psychotherapy, 30,* 162-175.

Stern, S. (1994). Needed relationships and repeated relationships: An integrated relational perspective. *Psychoanalytic Dialogues, 4,* 317-345.

Strachey, J. (1934). The nature of the therapeutic action of psychoanalysis. *International Journal of Psychoanalysis, 15,* 127-159.

Straker, M. (1968). Brief psychotherapy in an outpatient clinic: Evolution and evaluation. *American Journal of Psychiatry, 124,* 1219-1226.

Strupp, H. H. (1955a). An objective comparison of Rogerian and psychoanalytic techniques. *Journal of Consulting Psychology, 19,* 1-7.

Strupp, H. H. (1955b). The effect of the psychotherapist's personal analysis upon his techniques. *Journal of Consulting Psychology, 19,* 197-204.

Strupp, H. H. (1955c). Psychotherapeutic technique, professional affiliation, and experience level. *Journal of Consulting Psychology, 19,* 97-102.

Strupp, H. H. (1957). A multidimensional system for analyzing psychotherapeutic techniques. *Psychiatry, 20,* 293-306.

Strupp, H. H. (1958). The psychotherapist's contribution to the treatment process: An experimental investigation. *Behavioral Science, 3,* 43-67.

Strupp, H. H. (1960). *Psychotherapists in action: Explorations of the therapist's contribution to the treatment process*. New York: Grune & Stratton.

Strupp, H. H. (1993). The Vanderbilt psychotherapy studies: Synopsis. *Journal of Consulting and Clinical Psychology, 61,* 431-433.

Strupp, H. H. (1980a). Success and failure in time-limited psychotherapy: A systematic comparison of two cases (Comparison 1). *Archives of General Psychiatry, 37,* 595-603.

Strupp, H. H. (1980b). Success and failure in time-limited psychotherapy: A systematic comparison of two cases (Comparison 2). *Archives of General Psychiatry, 37,* 708-716.

Strupp, H. H. (1980c). Success and failure in time-limited psychotherapy: With special reference to the performance of a lay counselor (Comparison 3). *Archives of General Psychiatry, 37,* 831-841.

Strupp, H. H. (1980d). Success and failure in time-limited psychotherapy: Further evidence (Comparison 4). *Archives of General Psychiatry, 37,* 947-954.

Strupp, H. H., & Binder, J. L. (1984). *Psychotherapy in a new key.* New York: Basic Books.

Strupp, H. H., & Hadley, S. W. (1979). Specific versus nonspecific factors in psychotherapy: A controlled study of outcome. *Archives of General Psychiatry, 36,* 1125-1136.

Sullivan, H. S. (1953). *The interpersonal theory of psychiatry.* New York: Norton.

Talmon, M. (1990). *Single-session therapy: Maximizing the effect of the first (and often only) therapeutic encounter.* San Francisco: Jossey-Bass.

Taylor, G. J., Bagby, R. M., & Parker, J. D. A. (1991). The alexithymia construct. *Psychosomatics, 32,* 153-163.

Thackrey, M., Butler, S. F., & Strupp, H. H. (1985, June). *Measurement of patient capacity for dynamic process.* Paper presented at the meeting of the Society for Psychotherapy Research, Evanston, IL.

Thompson, L. W., Gallagher, D., & Czirr, R. (1988). Personality disorder and outcome in the treatment of late-life depression. *Journal of Geriatric Psychiatry, 21,* 133-146.

Truax, C. B., & Carkhuff, R. R. (1965). Client and therapist transparency in the psychotherapeutic encounter. *Journal of Counseling Psychology, 12,* 3-8.

Ursano, R. J., & Dressler, D. D. (1977). Brief versus long-term psychotherapy: Clinician attitudes and organizational design. *Comprehensive Psychiatry, 18,* 55-60.

Walter, J., & Peller, J. (1992). *Becoming solution focused in brief therapy.* New York: Brunner/Mazel.

Watzlawick, P. (1967). *Pragmatics of human communication.* New York: Norton.

Weakland, J., Fisch, R., & Watzlawick, P. (1974). Brief therapy: Focused problem resolution. *Family Process, 13,* 141-168.

Weddington, W. W., & Cavenar, J. O. (1979). Termination initiated by the therapist: A countertransference storm. *American Journal of Psychiatry, 136,* 1302-1305.

Weiss, J. (1993). *How psychotherapy works.* New York: Guilford.

Weiss, J., Sampson, H., and the Mount Zion Psychotherapy Research Group (1986). *The psychoanalytic process: Theory, clinical observation and empirical research.* New York: Guilford.

Weissman, M. M., & Klerman, G. L. (1991). Interpersonal psychotherapy for depression. In B. D. Beitman & G. Klerman (Eds.), *Integrating pharmacotherapy and psychotherapy.* Washington, DC: American Psychological Association.

Wilkinson, S. M., & Gabbard, G. O. (1993). Therapeutic self-disclosure with borderline patients. *Journal of Psychotherapy Practice and Research, 2,* 282-295.

Winokur, M., & Dasberg, H. (1983). Teaching and learning short-term dynamic psychotherapy. *Bulletin of the Menninger Clinic, 47,* 36-52.

Wolberg, L. R. (1965). The techniques of short-term psychotherapy. In L. R. Wolberg (Ed.), *Short-term psychotherapy.* New York: Grune & Stratton.

Wolf, E. (1986). Discrepancies between analysand and analyst in experiencing the analysis. In A. Goldberg (Ed.), *Progress in self psychology II.* New York: Guilford.

Wolstein, B. (1983). The pluralism of perspectives on counter-transference.

Contemporary Psychoanalysis, *19*, 506-521.

Zetzel, E. (1956). Current concept of transference. *International Journal of Psychoanalysis*, *37*, 369-376.

Zweben, J. (1993). Recover-oriented psychotherapy: A model for addiction treatment. *Psychotherapy*, *30*, 259-268.

찾아보기

ㅊ

ㅋ, ㅌ

ㅎ

저자 소개

Hanna Levenson

클레어몬트 대학교에서 성격 및 사회 심리학으로 박사학위를 받았고, 마이애미 대학교에서 임상심리학으로 두 번째 박사학위를 받았다. 그 후 샌프란시스코에 있는 캘리포니아 주립대학교와 샌프란시스코 VA 병원, 캘리포니아 퍼시픽 병원에서 임상교수로 활동하였다. 현재는 캘리포니아 버클리 소재의 임상심리학 대학원인 Wright Institute의 교수로서 오클랜드와 샌프란시스코 지역에서 치료자를 위한 훈련을 제공하고 있으며, 개인 상담과 부부 상담을 하고 있다. 저서로 *Concise Guide to Brief Dynamic and Interpersonal Psychotherapy* (2002)가 있으며, 그 외 다수의 논문을 발표하였다.

역자 소개

정남운

서울대학교 심리학과를 졸업하고 동 대학원에서 상담심리학 전공으로 박사학위를 받았다. 현재 가톨릭대학교 심리학과 교수로 재직하면서 대상관계 이론 등을 강의하고 있다. 저 · 역서로는 『상담심리학의 기초』(공저, 2005, 학지사), 『지금-여기에서의 전이분석』(역, 2007, 학지사), 『정신분석적 진단』(공역, 2008, 학지사) 등이 있고, 다수의 논문을 발표하였다.

변은희

고려대학교 심리학과를 졸업하고 미국 퍼듀 대학교에서 인지심리학으로 박사학위를 받았으며, 가톨릭대학교 상담대학원에서 석사학위를 받았다. 합동통신사 기자와 경남대학교 심리학과 교수를 역임하였으며, 가톨릭대학교에서 강의하였고, 사학교육연구소 연구원, 성신아동청소년교육상담소 상담원으로 활동하였다. 현재 동국대학교 일산병원 신경과 신경심리검사실에서 신경심리검사를 하고 있다.

상담 실제를 위한 안내서
단기 역동적 심리치료
Time-Limited Dynamic Psychotherapy

2008년 9월 20일 1판 1쇄 발행
2024년 11월 20일 1판 8쇄 발행

지은이 • Hanna Levenson
옮긴이 • 정남운 · 변은희
펴낸이 • 김 진 환
펴낸곳 • (주) 학지사
04031 서울특별시 마포구 양화로 15길 20 마인드월드빌딩 5층
대표전화 • 02) 330-5114 팩스 • 02) 324-2345
등록번호 • 제313-2006-000265호
홈페이지 • http://www.hakjisa.co.kr
인스타그램 • https://www.instagram.com/hakjisabook

ISBN 978-89-5891-700-7 93180

정가 17,000원

역자와의 협약으로 인지는 생략합니다.
파본은 구입처에서 교환하여 드립니다.